독일 통합과 한국

독일 통합과 한국

2019년 12월 20일 초판 1쇄 인쇄
2019년 12월 27일 초판 1쇄 발행

엮은이 윤영관
지은이 강원택·김병로·김학성·박형중·신효숙·윤덕룡·전우택·전재성·정병기

펴낸이 윤철호·김천희
펴낸곳 (주)사회평론아카데미
편집 김천희
디자인 김진운
마케팅 최민규
등록번호 2013-000247(2013년 8월 23일)
전화 02-326-0333
팩스 02-326-1626
주소 03978 서울특별시 마포구 월드컵북로12길 17
ISBN 979-11-89946-43-2 93340

독일 통합과 한국

윤영관 편

강원택·김병로·김학성·박형중·신효숙·윤덕룡·전우택·전재성·정병기 지음

사회평론아카데미

차례

III 경제 통합 97

I

총론: 독일의 통합 경험과 한국

윤영관(서울대학교)

1. 들어가는 말

분단국가에게 있어서 단기적인 정치적 과제로서의 통일 못지않게 중
요한 것은 두 개의 전혀 다른 체제를 화학적으로 결합해내는 통합이라
는 중장기 과제다. 전자가 대외관계의 맥락에 중점을 두는 특정 시점에
서의 외교적, 정치적 사건이라면, 후자는 경제, 정치, 사회, 교육 등 장
기적인 전반적 체제통합 과정이다.

통일과 통합은 서로 밀접하게 연관되어 있다. 그러나 우리는 그동
안 주로 전자, 즉 통일 측면에 초점을 모아 연구해왔을 뿐 진지하게 통
합 측면에 대해 깊은 연구를 하지 못했다. 이제 우리의 시야를 넓혀서
중장기적으로 정치, 경제, 사회, 심리, 교육 차원에서의 통합을 어떻게
추구해야 할지 본격적으로 연구를 시작해야 할 때이다. 예를 들어 경제
통합을 위해서는 독일식으로 한꺼번에 통합을 시도해야 하는지 아니
면 홍콩식의 특별경제지대를 일정 기간 설정해야 할 것인지, 지방자치
를 비롯한 정치적 제도통합의 경우 북한에 어느 수준의 지방자치를 어
떤 방식으로 추진해야 할지, 또 사회 및 교육 분야의 통합은 어떻게 추
진해야 할지를 생각해 보아야 할 때이다.

이 같은 통합 측면을 연구할 때 가장 먼저 떠오르는 비교의 대상
이 독일이다. 한국 정부가 지향하고 있는 통일은 물론 점진적인 남북한
체제의 수렴을 통한 통일이고 또 통합이다. 그러나 이 같은 과정을 먼
저 겪은 역사적 사례는 찾아보기 힘들다. 독일의 경우 급작스러운 통일
이었지만, 민주주의 시장경제를 표방해온 서독 정부에 의해 사회주의
체제가 통합된 사례였다. 더구나 1990년 통일 이후 29년이 지나 상당
한 통합의 경험이 축적되었고 이에 대한 연구가 꽤 많이 축적되었다.
이에 독일의 경험에 정통한 국내 전문 연구자들을 모시고 독일 통합과

관련된 각 분야 및 주제별 연구를 통해 독일의 경험이 한반도의 미래 통합에 던져주는 함의를 검토해 보고 정책 시사점을 추출해 보고자 한다. 그리하여 그들의 경험은 어떻게 우리와 다르고 또 어떤 점들을 우리가 참고로 해야 하는 것인지 좀 더 체계적으로 미래의 한반도 통합 문제를 생각해 보고자 한다.

2. 정치통합

강원택 교수는 70여 년이라는 긴 세월 동안 상호 단절된 남북한 두 사회에서 축적된 차이를 현실적으로 인정하는 기반 위에서 통합된 새로운 공동체를 만들어 나가야 한다고 주장한다. 그런 의미에서 통일은 '이전 상태로의 복귀'라기보다는 이질적인 두 사회의 결합이라는 쉽지 않은 통합의 과정을 의미한다는 것이다. 따라서 통일 이후 두 지역 간 진정한 통합을 위해서는 어느 한쪽이 일방적이고 독단적인 형태로 이끌어 나가기보다는, 각 지역 사회의 차이와 특수성을 인정하면서 각 지역 주민의 참여와 동의를 이끌어 내려는 접근방식이 필요하다고 지적한다.

　강원택 교수는 그러한 맥락에서 중앙에서 모든 것을 획일화, 동질화하기 위해 이끌어 가는 중앙 주도형 방식보다는 남북한 두 지역의 차이를 인정하고 하위 단위의 자율성을 허용하는 방식으로 통합을 추진하는 것이 보다 현실적인 방안이라고 말한다. 통일 한국이 안정적이고 건전한 발전을 이뤄내기 위해서는 북한 주민이 민주주의 사회에서 정치적 참여와 공동체를 위한 헌신 등 민주주의 정치 규범을 익히고 내재화하는 일이 절실하게 필요하다는 것이다. 즉 통일 이후 민주화된

환경 속에서 이들을 '시민'으로 변화시키는 일이 무엇보다 중요하고
이는 또한 통일 후 북한 지역에서 퇴행적인 형태의 정당의 출현을 막
아야 한다는 점에서도 중요하다는 것이다. 그런데 강원택 교수는 이 글
에서 이 같은 두 가지 과제, 즉 분권화와 시민성의 확립이 서로 긴밀하
게 연계되어 있다는 사실에 주목한다.

　따라서 통일한국은 중앙 집중적인 정치 체제가 아니라 지역 수준
에서의 자율성이 허용되는 분권화가 필요하다. 그리고 북한 주민을 자
유민주주의 체제의 '시민'으로 변화시키기 위해서는 우선 남한 주민들
을 대상으로 하는 민주 시민교육이 중요하다는 점을 강조했다. 이를 위
해서는 지역 수준에서의 정치가 활성화될 수 있도록 현재 남한의 지방
자치제도에 대한 근본적인 인식의 변화가 필요하고 제도적 개혁도 요
구된다고 말한다. 또한 민주 시민교육 역시 '반공 교육'이나 '국민 윤
리' 교육의 차원에서 벗어나 자유민주주의 체제의 근본적 가치와 원리,
그리고 자유, 인권, 배려 등 국제사회에서 통용되는 보편적 가치를 강
조하는 것이 필요하다고 지적한다.

　정병기 교수도 통일 이후의 개혁 과정에 있어서 위로부터의 개혁
과 아래로부터의 개혁이 조화되어야 함을 강조했다. 이는 강원택 교수
가 위로부터의 중앙 집중적인 정치체제가 아니라 아래로부터의 자율
성을 살리는 지방분권을 강조한 것과 유사한 맥락이다.

　정병기 교수는 또한 통일 독일의 경우 연방제 개혁이라는 제도 개
혁이 성공한 반면 동독 독재의 청산은 미비했다는 점을 지적한다. 이것
은 역설적이게도 동독 민주화가 통일 이전에 먼저 이루어졌다는 사실
과 관련된다고 본다. 통일 이전 동독은 이미 자유선거를 통해 민주정부
를 구성하고 슈타지 폐지 등 과거사 청산을 시작했지만, 통일은 평화적
흡수통일을 위해 양 독일 지배층의 기득권을 일정하게 보장하는 타협

이 이루어졌기 때문이라는 것이다. 하지만 이러한 통일 자체도 민주화를 주도한 동독 인민들의 선택이었다는 점을 간과해서는 안 된다고 지적한다. 통일 독일의 과거사 청산과 제도 개혁은 이와 같이 민주화와 통일을 추동한 동독 인민들의 이중 역할에 기인하는 한편, 위로부터의 개혁과 아래로부터의 개혁의 조화라는 문제로 귀결되었다는 것이다.

그런데 정병기 교수에 따르면 북한의 민주화와 개혁이 동독에서처럼 추진될 가능성은 높지 않다. 하지만 다른 형태로나마 가능하고 또 필요하다고 할 때, 통일 후 북한 지역의 개혁과 사회 통합이 더 잘 이루어질 수 있도록 노력하는 것이 중요하다. 어떤 방식과 형태로든 통일이 평화적으로 성사되려면 일정한 타협을 허용할 수밖에 없고 그로 인해 위로부터의 개혁과 청산은 한계를 가질 수밖에 없기 때문이다. 따라서 아래로부터의 개혁이 동력을 가질 수 있을 때 비로소 위로부터의 개혁이 납득할 만한 수준으로 이루어지고 주민들의 동의를 얻을 수 있을 것이다. 물론 아래로부터의 개혁도 효율적인 평화적 통일을 위해서는 일정한 제약을 받을 수밖에 없다. 이것은 위로부터의 개혁과 통합이 아래로부터의 개혁과 조화를 이루되 그 자체로도 강력하게 작동해야 한다는 것을 의미한다는 것이다.

3. 경제통합

통합 과정에서 우리의 관심을 끄는 대단히 중요한 핵심적인 주제가 어떻게 서로 다른 경제체제를 효율적으로 통합해내느냐 하는 문제이다. 이와 관련하여 윤덕룡 박사는 독일 통일 경험에서 중요한 이슈들을 총괄적으로 상세히 분석하고 그것이 한국이 통일될 경우에 경제통합 관리방안과 관련하여 던져주는 시사점을 추론했다. 그에 의하면 독일의 통일 사례는 한국의 통일 준비에 참고할 수 있는 실제 사례이므로 당시 독일에서 정책결정 시 고려한 대안들의 선택 과정에서 어떤 요소들을 한국에서도 고려해야 하는지를 통해 한국적 상황을 고려한 연구결과를 도출하는 것이 가능할 것이다. 따라서 앞서 논의한 연구의 필요성과 문제의식들을 바탕으로 독일의 통일 과정에서 선택한 형태의 경제통합 및 그 외의 대안 가운데 한국에서 적용할 수 있는 방안이 무엇이 가능한지와 그 대안에 포함되어야 할 구체적인 통합 내용이 무엇이 되어야 할지를 분석함으로써 독일의 통일 사례로부터 한국이 선택할 수 있는 실질적인 대안을 모색하고자 했다.

서독의 경제체제는 잘 알려져 있는 바와 같이 "사회적 시장경제(Social Market Economy)"체제이다. 사회적 시장경제체제는 경제의 운용은 시장 메커니즘에 의존하지만 그 결과는 사회적 목표에 부합하도록 수정한다는 것이 전통적 시장경제제도와 다른 점이다. 서독의 사회적 시장경제는 동독의 사회주의적 경제제도에 의존하여 살아온 동독주민들에게 비교적 수용하기 쉬운 시장경제제도이다.

동서독 경제통합 방식은 경제적 기준으로 보면 여러 가지 비합리적인 요소들을 가지고 있었다. 경제통합은 통일정책의 일환이라는 점에서 통일에 기여하기 위해 경제적 효율성의 희생이 요구되었기 때문이다. 따라서 독일의 경제통합 정책을 경제적 기준으로만 판단하기에는 무리가 많다. 그럼에도 불구하고 경제적 합리성을 잣대로 동서독 간 경제통합을 평가해야 하는 이유는 특별한 상위목표가 존재하지 않는 한 통일비용을 절약하기 위해 기본적으로 고려해야 할 기준이 되기 때문이라는 것이다.

남북한 간 통일 과정에서도 경제적 기준 이외의 정치적 기준이나 사회적 요소 등이 경제적 기준보다 통일에 더 중요한 잣대가 될 가능성이 존재한다. 그럼에도 불구하고 경제적으로 합리적인 방안을 최대한 모색해 두어야 할 필요가 있다. 여기서 고려한 통일비용의 최소화방안은 여러 가지 가능한 대안들 중 하나의 사례로 제시되었다. 오히려 중요한 것은 이러한 대안의 배경이 되는 논리적 궤적이다. 윤덕룡 박사는 이를 통해 실제 적용 가능한 다양한 대안들이 지속적으로 개발되기를 기대한다고 말한다.

경제통합과 관련하여 박형중 박사는 동서독 경제통합 모델이 남북한 통합에 가지는 의미를 추적했다. 그에 의하면 한국에서 동서독 경제통합에서 남북 경제통합의 교훈을 찾는 연구에는 일반적으로 세 가지 특징이 있었다. 첫째, 남북한 통일이 동서독 통일처럼 급진적이고 전면적으로 이루어질 가능성이 높은 것으로 간주되었다. 둘째, 통일 과정에서 남북한 경제통합이 동서독 경제통합 과정을 전범으로 삼아 기본적으로 '그대로 따를 것'으로 상정했다. 셋째, 동서독 경제통합 과정에서 일련의 정책 실수가 발생했는데, 이는 남북한 경제통합에서는 반복되지 말아야 하거나 동서독과 남북한의 여건 차이를 감안하여 정책 수정 또는 대안이 모색되어야 한다는 것이다.

박형중 박사의 연구는 두 가지 점에서 새로운 시도를 한다. 첫째, 동서독과 남북한의 1 대 1 비교가 아니라, 사회주의 경제체제의 전환이라고 하는 보다 일반적 맥락에서 비교경제체제론식 접근을 시도한다. 이러한 접근을 취하게 되면, 동서독과 남북한의 여건 차이가 보다 합리적으로 고려될 수 있고, 또한 동서독과 같은 급진 통일의 경우뿐 아니라 다른 경우의 사례에 대해서도 적절하게 고찰할 수 있다. 둘째, 박형중 박사의 연구가 동서독 경제통합 과정에서 '순수 경제적 합리성'보다는 대외적 대내적 정치적 고려가 더 우선시되었음을 강조한다.

주요한 정치적 고려는 세 가지였다. 우선, 대외 환경에서의 '기회의 창'을 활용하는 것, 다음으로 서독의 기본질서를 손상하지 않고 동서독 통일을 성취하는 것, 마지막으로 당시 서독 집권 정당의 재집권을 위한 선거 정략적 고려였다.

4. 사회, 교육, 심리적 통합

사회부문의 통합과 관련하여 김병로 박사는 통일한국은 남북 간 이질적 제도와 가치관 때문에 사회통합과 정체성 형성 과정에서 심각한 갈등과 혼란에 직면할 것으로 예상했다. 독일은 제도통합과 과거청산 과정에서 동독지역 사람들에게 사회경제적 차별과 불이익을 주었고, 이러한 차별과 열등의식이 오스탈기와 같은 정서적 문제와 맞물림으로써 사회결속과 연대, 국가정체성 형성에 많은 어려움을 겪었다. 이러한 난관에도 불구하고 독일 특유의 '법치주의' 정신과 성숙한 시민사회 역량을 발휘하여 사회갈등과 정체성 혼란의 문제를 비교적 성공적으로 극복할 수 있었다. 통일 이후 동서독 지역 간 차이와 갈등이 분명히 존재하면서도 사회가 통합되고 새로운 정체성이 형성되는 역동적 과정으로 진행되고 있음을 독일 통합의 경험은 보여준다고 지적한다.

　김병로 박사는 이러한 독일의 경험을 바탕으로 통일한국에서도 제도적·정서적 갈등을 극복하고 통합을 증진하기 위한 실용적인 정책과 대안을 강구해야 할 것이라고 주장한다. 과거청산이나 제도통합 과정에서 법치주의를 어디까지 적용할 것인지, 역사로서의 북한의 존재와 가치를 어느 정도까지 인정해줄 것인지 등을 심도 있게 검토하여 통합자산으로 활용할 수 있는 방안을 마련할 필요가 있다. 남북 간 불평등 완화 조치와 경제지원 등 경제적 인센티브를 통합의 핵심자원으로 활용하되, 독일과 달리 서로 전쟁의 상처를 안고 있는 남북한은 '화해'를 통합의 중요한 주제로 다루어야 한다. 뿐만 아니라 문화교류를 확대하여 남북 구성원들의 공감대를 확산하고 명확한 미래비전과 통합의 핵심가치를 제시함으로써 국가정체성을 확립해 나가야 할 것이라는 것이다.

분단체제의 통합 과정에서 대단히 중요한 과제 중의 하나가 교육 분야의 통합이다. 신효숙 박사는 독일 통합의 경험을 살펴봄으로써 통일한국의 교육통합에 대한 시사점을 도출하고자 했다. 신효숙 박사에 의하면 1945년에 사회주의 체제와 민주주의 체제로 갈라졌던, 같은 분단국이었던 독일은 통일을 이루고 경제적 안정을 넘어서 이제는 유럽통합을 선도하고 있는 데 비해 한반도는 아직도 체제경쟁과 군사적 도발, 긴장관계가 조성되는 분단국으로 남아 있다. 이런 시점에서 독일 통일 과정의 재조명을 통해 새롭게 통일 준비와 통합의 방향을 모색해야 할 필요가 있다는 것이다. 따라서 신효숙 박사는 통일독일의 교육체제 통합의 내용과 그 특징, 그리고 교육통합 과정에서 제시해주는 시사점을 통해 통일한국의 바람직한 교육통합의 방향을 제안하고자 했다. 이를 위해 동서독 통일 과정에서 제기되었던 교육통합의 논의들, 교육제도와 정책, 학제 개편, 교육과정과 내용 개편, 동독 교사의 재임용과 재교육 등의 내용과 특징을 살펴보고 이러한 통합 과정이 통일한국의 교육통합에 주는 시사점을 살펴보았다.

신효숙 박사는 독일 통합의 경험은 다양한 방식으로 전개될 수 있는 상황에 대비할 수 있도록 교육통합의 시나리오와 구체적인 계획을 수립하는 데 시사점을 제시한다고 말한다. 무엇보다도 통일한국은 체제통합을 통해 달성되는 것이지만 내적 통합이 중요하며, 이를 위해 교육 복지적 측면과 공동체 교육에 기초한 교육원리가 강조되어야 한다는 것이다. 제도적 측면에서 학제 개편의 방향은 중앙 차원의 통일성을 유지하면서 지역적 다양성을 존중하는 원칙에서 북한지역의 다양성을 반영해야 할 것이다. 교육과정 측면에서는 체제유지 중심적인 정치사상 교육이 축소되고 학생들이 필수적으로 습득해야 하는 보편적인 교육 내용과 과목들이 많은 비중을 차지하도록 재편성하되, 특히 민주시민교육과 역사교육이 강조되어야 한다. 교육인력 통합에서는 새로운 교육체제 형성에 최대한 많은 남북한 교육인력이 참여할 수 있는 방안을 준비하되 교원 해고와 재임용의 객관적 심사기준, 다양한 재교육 프로그램을 마련해야 할 것이라는 것이다.

통합 과정에서 또 하나의 중요한 주제는 주민들의 심리적 통합의 문제이다. 이 문제를 살펴본 전우택 박사에 의하면 통일에 있어 심리적 통합이란 다른 통합 영역과 독립적으로 존재하는 별개의 영역이 아니다. 통일과 체제통합을 위한 정치, 경제, 사회, 문화, 각 영역의 모든 정책결정과 운영의 최종 종합 결과로서 심리적 통합이 존재하기 때문이다. 그런 의미에서 통일과 통합에 대한 어떤 정책을 결정할 때는 그것을 경제적 논리, 정치적 논리뿐 아니라, 그것이 그후 가지고 올 개인과 집단의 심리적 파급 효과, 즉 심리적 통합까지를 충분히 고려하고 결정을 내려야만 성공적인 심리적 통합을 할 수 있을 것이다. 그런 의미에서 통일과 통합의 결정적 시기에 각 영역별로 중대한 결정을 내려야 할 위치에 있을 사람들은, 자신의 전문 영역뿐만 아니라, 통일과 통합에 대한 총체적이고 종합적인 인식 능력을 가져야 할 것이다.

전우택 박사는 통일 이후 한반도에서의 심리적 통합을 위해서는 통일 후 만들어질 새로운 국가 모습에 대한 남, 북한 출신 국민들의 공동의 생각과 방향, 목표가 만들어지는 것이 중요하다고 지적한다. 그래야만 통일과 통합 과정에서 크고 작은 갈등들이 발생한다 할지라도, 그 것을 극복할 수 있는 힘과 희망을 가질 수 있기 때문이다. 그리고 이 과 정에서 중요한 것은 "사람과 삶에 대한 근본적인 존중의 태도"이다. 비 록 북한 출신 사람들이 매우 심각한 문제를 가졌던 체제 하에서 살았 던 사람들이라 생각되더라도, 남한 출신 사람들은, 그 체제가 아닌 그 안에서 태어나 학교를 다녔고, 자식들을 낳고 살면서 나름대로 최선을 다하여 살아낸 인생 그 자체들을 존중하는 태도를 가질 때만 진정한 의미의 심리적 통합을 이룰 수 있을 것이기 때문이다.

5. 독일과 한국의 비교연구

이제 시야를 넓혀 국제정치적 환경 속에서 독일이 통일되었던 경험이 한반도 통일에 던져주는 시사점을 살펴보고자 한다. 전재성 교수는 독 일 통일의 과정과 통일 이후의 독일의 외교정책이 현재 분단국가인 한 국의 향후 통일 과정과 통일 이후 한국의 외교정책에 주는 함의를 분 석한다. 전재성 교수에 의하면 서독은 동독과의 관계에서 외교역량을 축적하여 통일의 기회가 왔을 때 이를 충분히 활용하고, 국제환경에도 기민하게 대처하는 모습을 보여주었다. 또한 통일 이후 통합 과정에서 도 국익을 증진하며 자율성을 확대하고 외교정책의 폭을 넓히는 데 성 공했다. 한국의 통일은 독일에 비해 어려운 점이 많을 것이다. 남북 간 의 공유된 정체성이 약하고 대립이 심화되어 있는 상황에서 과연 북한 주민들의 친한국화가 진행될 수 있을지도 의문이라고 전재성 교수는 말한다. 더욱이 김정은 치하의 북한은 핵, 경제 병진노선을 앞세우고 핵무기 개발에 지속적인 노력을 기울이며 핵 실험을 시행해왔다. 국제적으로도 한국의 위상은 서독에 비해 강력하지 못하며 무엇보다 미중 간의 세력 경쟁이라는 구도가 통일에는 어려운 환경을 조성해주고 있다.

전재성 교수에 의하면 독일 통일 과정에 비한다면 한국은 본격적인 관여정책을 시작해야 할 초입에 놓여 있다고 볼 수 있으며, 미중 간의 대립구도가 심화되기 이전에 통일을 이루어야 하는 시한적 문제도 안고 있다. 국제환경이 허락하는 시간적 한계 속에서 독일의 동방정책과 같은 변화를 이끌어 내야 하는 과제를 안고 있는 것이다. 통일 이후 독일은 한층 증가된 자율성과 발전된 국력으로 강대국으로 발돋움하고 있다. 미국과 협력하면서도 자율적 외교 전략을 추진하면서 독자적 군사력을 증대시키고, 주변국과 선별적으로 협력하는 모습을 보였다. 이는 독일 외교정책의 가치와 가용한 정책 수단에 기반한 선택이다. 한국도 통일 이후 어떠한 외교정책의 근본 가치를 가지고 외교를 해나갈지, 그 과정에서 가용한 정책 자원이 무엇인지를 매우 현실적으로 파악하고 있어야 할 것이다.

마지막으로 김학성 교수는 독일과 한반도의 분단 및 통일문제를 연구하는 데 있어서 주의해야 할 점을 살펴보았다. 그에 의하면 독일과 한반도의 분단 상황 차이에도 불구하고, 평화통일을 지향하는 우리에게 독일 사례는 매우 유용하게 활용될 수 있다. 다만 독일 경험을 그대로 원용하는 것은 의미가 없으며, 창조적 활용을 위한 노력이 필수적이라는 것이다. 그러나 우리의 정부와 사회에서 독일의 분단과 통일을 바라보고 이해하는 방식은 다양하며, 심지어 갈등적이기도 하다. 이러한 현상은 독일의 역사적 현실과 문화에 대한 지식 부족 및 오해가 빚은 산물이 아닐 수 없다는 것이다. 그래서 김학성 교수는 우리가 독일의 분단 및 통일 경험을 창조적으로 활용하기 위해 어떠한 접근방식이 필요한지를 모색하려는 의도에서 먼저 양 분단의 비교 틀을 제시했다. 이를 기준으로 몇 가지 중요하다고 판단되는 창조적 활용의 사례를 크게 여섯 가지로 정리하고 있다.

첫째, 서독정부가 긴 안목의 실용적인 외교 정책을 추진한 덕분에 분단관리 정책이나 통일 과정이 성공했다는 점에 주목하여 우리의 대외적 통일역량 확대를 강조했다. 둘째, 서독 내부의 정치·사회·경제의 민주화가 궁극적으로 통일역량의 기초가 되었다는 점을 염두에 두고, 우리의 대내역량 증진 필요성을 제기했다. 셋째, 독일통일은 단순히 소련의 개혁 덕분만 아니라, 기본적으로 서독이 분단의 평화적 관리에 성공했기 때문에 가능했다는 점에서 우리도 이를 수용할 수 있는 방법에 대해 논의했다. 넷째, 복잡한 분단 상황에서 어떻게 정책 환경을 판단하고 정책적 우선순위를 정할 것인지의 문제와 관련하여 독일 경험에서 중요한 시사점을 찾았다. 다섯째, 서독과 남한의 비교뿐만 아니라 동독과 북한의 유사점과 차이점을 충분히 고려할 필요성을 강조했다. 마지막으로 독일 통합 경험을 토대로 우리의 통일 준비 과제를 도출하기 위한 접근태도에 대해 몇 가지 제언을 했다.

II　　　　　정치 통합

1

독일 통일에서 배우다:
지방 분권과 시민교육

강원택(서울대학교)

가. 서론

통일은 상호 분리된 두 개의 공동체가 결합한다는 의미를 지닌다. 과거 오랜 기간 동안 하나의 정치·사회·문화 공동체를 유지해 왔다고 하더라도, 이제 한반도의 통일은 현실적으로 이질화된 두 지역 간의 결합이 되었다. 다시 말해 통일은 '이전 상태로의 복귀'라기보다는 이질적인 두 사회의 결합이라는 쉽지 않은 통합의 과정을 의미하게 되었다(강원택 2011, 34-39). 따라서 통일 이후 두 지역 간 진정한 통합을 위해서는 어느 한쪽이 일방적이고 독단적인 형태로 이끌어 나가기보다는, 각 지역 사회의 차이와 특수성을 인정하면서 각 지역 주민의 참여와 동의를 이끌어 내려는 접근방식이 필요하다. 즉, 통일은 언어, 문화, 풍습이 동일한 두 지역 주민 간의 자연스러운 결합이 아니라, 두 개의 이질적 지역이 '통일 한국이라는 새로운 공동체를 만들어 가는 과정'으로 바라봐야 하는 것이다. 70여 년이라는 긴 세월 동안 상호 단절된 두 사회에서 축적된 차이를 현실적으로 인정하는 기반 위에서 통합된 새로운 공동체를 만들어 나가야 하는 것이다. 따라서, 아래의 인용문에서 보듯이, 통일 이후 통합 과정에서 해결해야 하는 많은 어려움이 존재할 수밖에 없다.

> 1945년 해방 이후 60년 넘게 정반대의 정치 및 경제제도 그리고 이로 인한 사회문화 안에서 이질화된 사람들의 공동생활 또는 사회질서는 어떻게 가능한가? 법치국가적 민주주의의 절차, 기능방식 그리고 가치체계는 통일 이후 어떻게 북한 주민들에게 거부감 없이 전달될 수 있는가? 이제까지 유효했던 사회규범의 갑작스런 붕괴로 인한 북한 주민들, 특히 청소년들의 정체성 혼란은 어떻게 극복될 수 있는가?

남한의 심각한 사회 갈등 속에서 통일 후 예측되는 남북한 주민들의 사회 갈등은 어떻게 극복될 수 있는가? 남북한 주민들 간의 부정적인 편견과 불신은 어떻게 극복될 수 있는가?(최영돈 2014, 106)

현실적으로 '다름'과 '차이'가 존재한다면, 어떤 방식으로 통합을 이끌어야 부작용과 갈등을 최소화할 수 있을 것인가에 대한 고민이 필요하다. 단절된 채 남북한이 장기간 상이한 체제에서 살아온 상황에서, 강력한 중앙권력이 두 지역을 강제적으로 동질화시키려고 하거나 획일적인 가치나 제도를 강요하고자 한다면 통일 이후 지역 간 통합의 과정은 결코 순조로울 수 없을 것이다. 이런 방식은 설사 단기적으로 성공한 듯이 보이더라도 장기적으로 훨씬 많은 비용을 지불해야 하고 통합의 근간을 위협하는 불안정을 배태시킬 수밖에 없다. 체제의 근본이 되는 제도나 규범은 중앙정부에서 정하고 이를 따르도록 강제해야 겠지만, 지역적으로 고유한 특성이나 차이를 무시한 채 모든 삶의 구조와 조직을 일률적으로 규정하려고 하는 것은 바람직하지 않을 것이다. 이와 같이 중앙에서 모든 것을 획일화, 동질화하기 위해 이끌어 가는 중앙 주도형 방식보다는 남북한 두 지역의 차이를 인정하고 하위 단위의 자율성을 허용하는 방식으로 통합을 추진하는 것이 보다 현실적인 방안으로 보인다. 통일 한국의 중앙-지방 구조를 두고 연방제에 대한 논의가 자주 거론되는 것도 이 때문일 것이다(허문영·이정우 2010; 강원택 2011; 임혁백 1999; 이옥연 2015). 그런 점에서 통일 이후 분권은 중요한 의미를 지닌다.

이와 함께 통일 이후의 한국 사회에서 중요하게 고려해야 할 점은 '시민성'의 확립 문제이다. 북한 주민들은 봉건적인 조선 왕조, 억압적인 일제 강점 이후에도 폐쇄적이고 전체주의적 체제에서 살아야 했기 때문에 민주 사회에서의 시민성, 시민의식, 정치 참여를 경험해 보지 못했다. 따라서 통일 한국이 안정적이고 건전한 발전을 이뤄내기 위해서는 북한 주민이 민주주의 사회에서 정치적 참여와 공동체를 위한 헌신 등 민주주의 정치 규범을 익히고 내재화하는 일이 절실하게 필요하다. 즉 통일 이후 민주화된 환경 속에서 이들을 '시민'으로 변화시키는 일이 무엇보다 중요하다. 이는 또한 통일 후 북한 지역에서 퇴행적인 형태의 정당의 출현을 막아야 한다는 점에서도 중요하다.

그런데 이 글에서 주목하는 점은 분권화와 시민성의 확립이 서로 긴밀하게 연계되어 있다는 사실이다. 즉, 통일 한국이 안정적으로 통합해 가기 위해서는 한편으로는 하부 단위의 자율성을 인정하면서 동시에 시민교육을 통해 새로운 체제에 북한 주민이 자발적으로 동화될 수 있도록 이끄는 것이 중요하다고 할 수 있다. 그런데 하위 단위의 자율성 증대와 시민성의 확립은 중앙정치보다 지역을 기반으로 한 하위 단위의 정치 영역에서 보다 효율적으로 이뤄질 수 있는 것이다. 이 글은 바로 이런 점에 주목하여 주로 독일의 사례와의 비교 하에 통일 한국에서의 분권화와 시민교육에 대해 논의하기로 한다.

나. 통일 한국과 지방분권

앞서 언급한 대로, 통일은 이질적 사회의 결합을 의미하기 때문에 남과 북이라는 두 개의 지역을 단기간에 물리적 강제력에 의해서 획일적이고 완전히 동질적인 사회로 만든다는 것은 사실상 불가능해 보인다. 남북한 주민이 70년간 별개의 체제에서 살아오면서 확립된 관행, 태도, 가치가 하루아침에 바뀔 것으로 기대할 수 없기 때문이다. 따라서 남북한의 통일은 어느 한쪽의 제도나 가치를 일방적으로 이식시키려고 하거나 강제적으로 동화시키려는 접근법은 그다지 효과적인 것으로 보기 어렵다(강원택 2011, 34). "그동안 북한 주민이 익숙했던 생활 방식, 관행, 사고방식, 정치 문화 등을 열등하거나 구(舊) 체제의 산물로 간주하고 남한 식의 사고로 대체되어야 하는 형태로 이를 일방적으로 강요하는 일종의 '내부 식민화'"(박종철 외 2004, 307)의 형태로는 진정한 의미의 통일을 이뤄낼 수 없는 것이다.

사실 통일이 되더라도 통일 한국에 대한 공통의 정체성이나 자부심을 갖도록 하는 데는 상당한 시간이 걸릴 것이다. 그리고 그 과정에서 적지 않은 남북 지역 간 갈등이 발생할 수 있다. 특히 새로운 환경에 적응해야 하는 북한 주민들로서는 더 큰 어려움을 겪을 수 있다. 현실적으로 통일 이후의 정치체제가 자유민주주의와 시장경제를 근간으로 하는 것이라면 북한 주민들은 상당한 체제 전환의 고통을 감내해야 하는 것이다. 또한 남한 주도의 통일로 인해 남북한 주민 간의 위화감이 생겨날 수도 있다. 이런 상황에서 남한의 체제, 가치 등을 상의하달식이고 일방적인 방식으로 강요하는 경우, 북한 주민은 사실상 '2등 시민'과 같은 소외감, 차별감을 갖게 되기 쉽다. 남한의 우월함과 열등한 존재로서의 북한이라는 이원성이 강조되고, 그러한 차별적인 인식의 기초 위에서 남한의 정치적, 경제적, 문화적 패권이 강요된다면 통일은 진정한 의미의 통합이 아니라 또 다른 갈등의 출발이 될 수밖에 없다. 통일은 남한 주민, 북한 주민 모두에게 분단 상태보다 더 나은 상황을 마련해 줄 수 있어야 할 것이다.

그런 점에서 통일 한국이라는 새로운 체제 형성을 위한 기본적 가치와 틀의 디자인은 중앙정부가 추진해야 할 일이겠지만, 그것이 북한 지역에서 수십 년간 축적되어 온 삶의 양식이나 지역적 특성에 대한 침해로까지 이어져서는 안 될 것이다. 통일 한국이라는 새로운 정치 공동체에 대한 일체감과 충성심의 확립이 중요하다고 하더라도, 중앙정부로부터의 획일적이고 상의하달 식의 접근은 북한 주민에게는 '북한 지역의 남한화'로 받아들여질 것이기 때문이다. 이런 접근법은 북한 주민의 심적 거부감이나 소외감을 불러일으키기 쉽고 통합의 효과도 떨어질 수밖에 없다. 이보다는 하위 단위 지역에서 통일 한국이라고 하는 새로운 공동체에 대한 애정과 관심을 갖도록 하는 것이 적절한 접근법으로 보인다.

이처럼 남한, 북한이라는 두 지역의 우열이 부각되는 방식보다, 실질적으로 중요한 삶의 터전이 되는 하위 지역 단위가 중심이 되어 자유민주주의라는 새로운 체제를 경험하고 그 속에서 지역적 자부심을 회복하는 동시에 체제에 자연스럽게 동화되도록 이끄는 것이 중요하다. 즉, 자치와 자율이 허용되는 여러 하위 지역의 결합이라는 시각에서 통일을 바라볼 수 있도록 하는 것이 필요하다. 통일 이후의 체제가 중앙정부 주도의 중앙집중형 방식보다 분권과 자치가 허용되는 방식으로 이뤄져야 하는 것도 바로 이런 이유 때문이다. 이러한 점은 독일의 경험에서도 나타난다.

멀리 느껴지고 익숙하지 않은 전국(연방) 차원의 정치는 아무래도 구동독 지역의 주민들에게는 자신들의 문제를 풀어 나가는 적합한 정치적 공간이 아니었다. 그런 상황에서 좀 더 익숙하고 실질적이며 접근이 쉬운 주와 지방 차원의 지방자치가 눈앞에 닥친 자신들의 문제를 해결하는 데 더 적합한 정치 공간을 마련해 주었다. 이는 또한 구동독인들의 정치적 자긍심을 높여주고 민주주의 체제 발전에 긴요한 책임 의식과 태도를 강화시켜 민주적 통합에 기여하게 되었다(윤영관

2015, 359).

이처럼 통일 이후 사실상 서독 체제에 흡수된 동독 주민들이 겪은 정체성의 혼란과 자긍심 실추에 대한 공백을 메워주고, 또 정치적 무기력증을 해소해 주는 데 큰 역할을 한 것이 바로 지방자치였던 것이다 (윤영관 2015, 358). 이처럼 국가주의적 접근보다 지방분권적 차원에서 통일 전 전체주의 체제 하에 자율과 자치를 경험해 못한 북한 주민들이 자신이 생활하는 삶의 터전에서부터 민주주의 정치를 경험하고 실험하는 기회를 갖게 됨으로써 통일 한국이라는 새로운 체제에 대한 애정과 관심을 갖도록 하는 것이 보다 바람직한 방법이다.

북한 지역에서 새로운 체제로의 전환 과정 역시 지역 사정을 잘 알고 지역 주민들로부터 신망과 존경을 받는 그 지역 출신 인물들에 의해 주도되는 경우에 보다 순조롭고 원만하게 이뤄질 수 있을 것이다. 그런 점에서 볼 때, 새로운 정치 엘리트의 육성을 위해서도 지방분권이 중요하다. 통일 이후 당면하게 될 가장 중요한 문제 중 하나는 구 공산체제에 간여하지 않았던 새로운 정치 엘리트를 어떻게 양성할 것인가 하는 것이다. 즉 민주화된 새로운 환경에서 북한 지역을 대표하는 정치 엘리트를 육성해야 하는 과제를 갖고 있는 것이다. 이를 위한 가장 효과적인 수단은 북한 지역 내에서 내부적 자치 과정을 통해서 유능한 정치 엘리트가 등장하고 정치적으로 성장해 가도록 이끄는 것이다. 이것이 가능하기 위해서는 지역에 충분한 자율권이 부여되고 이에 기반한 자치의 과정을 통해서 새로운 정치 엘리트가 육성될 수 있는 환경이 마련되어야 하는 것이다. 구동독에서도 '신정치인'의 등장은 지방정치와 긴밀한 관련이 있었다.

1990년 5월 6일 지방의회선거의 결과 새로운 정치엘리트들이 나타나 '신정치인' 그룹을 구성하기 시작했다. 또한 동독의 지방자치 행정 기관들을 중심으로 제각기 다양한 직업적 정치적 배경을 가진 그리고 다양한 정치적 개인적 야심을 가진 행위자들과 집단들로 구성되는 정치의 장이 마련되어 그 지방 고유의 상황과 여건을 정책결정에 반영시킬 수 있었다. 이들은 과거 공산당 정권하에서 어떤 정치적 직책도 맡지 않았던 사람들로 구 공산정권 시절의 엘리트들을 쫓아내고 크라이스나 게마인데, 자유시들의 선출직이나 임명직 행정 및 정치의 장(시장, 부시장 또는 국장 등)을 맡게 되었다(윤영관 2015, 348-349).

이처럼 지방분권화는 북한 지역에서 통일 이후의 새로운 체제에 충성심과 일체감을 갖는 정치 지도자를 만들어낼 수 있는 것이다. 그리고 이들이 정치적으로 성장하여 중앙정치로 나아갈 수 있다면 체제의 조속한 통합에 도움을 줄 수 있을 것이다. 이처럼 분권화는 통일 이후 북한 주민이 자유민주주의라고 하는 새로운 체제에 정체성을 갖고 그 일원이 되도록 하는 데 도움을 준다.

그런데 통일 이후 북한 주민들은 전혀 경험해 보지 못한 새로운 체제에 적응해야 하는 어려움을 겪을 수밖에 없다. 통일 이전의 북한 주민은 진정한 의미에서 '민주주의', '자치', '분권'을 경험해 본 바가 없기 때문이다. 북한 주민은 조선시대에는 백성이었고, 일제 강점기에는 식민지 신민이었고, 해방 이후에는 사실상 전체주의 왕조와 다를 바 없는 정치 환경 속에서 살아 왔다. 즉, 민주주의는 북한 주민에게 '낯선' 제도이다. 전체주의 체제라 할 수 있는 북한의 경우에는 더 말할 것도 없지만 동독에서도 유사한 상황이었다. 동독은 1956년 주를 완전히 해체했고 공산주의 체제의 특성인 민주적 중앙집중제라고 하는 상의

하달식, 수직적 구조를 수립했던 것이다. 즉 동독에서도 주민자치에 대한 경험이 사실상 없었다. 이 때문에 통일 직후 독일에서도 유사한 고민을 지니고 있었다.

다른 무엇보다 중요했던 것은 민주주의 사회의 제반 토대와 관계들에 대한 이해와 수용력을 강화하는 일이었습니다. 자의식이 확고한 시민 계급의 층이 두텁지 못한 점과 민주주의 전통이 모자라다는 사실은 익히 공공연하였고, 당연히 정치교육 사업에 근본적인 영향을 끼쳤습니다. 자의식, 개성, 관용, 갈등처리능력 등은 SED(사회주의통일당) 독재 치하에서는 늘 의심과 억압의 대상이었습니다(Rumnski 2012, 10-11).

오히려 구동독 시절 주민들은 정치 참여에 대해서 부정적인 기억을 지니고 있었다.

구동독 지역 주민들은 공산주의 체제에서의 경험으로 말미암아 정치 참여 그 자체에 대해서 독특한 부정적 시각을 갖고 있었다. 공산주의 정치체제 하에서 개인은 국가의 하부에 존재하는 것으로 진정한 의미의 정치참여 기회가 전혀 주어지지 않았다. 정치 참여는 모두 상부의 공산당에 의해 지시된 경우에 한정되었을 뿐이며 그것은 부패하고 비도적적이고 회피해야 할 대상으로 간주되었다. 이러한 오랜 사고방식은 통일 이후 새로운 정치체제 아래서도 남아 있기 마련이었다. 즉 정치는 아직도 소수의 권력자들을 위해 작동하는 것이라는 생각이 남아 있어 자연스럽게 정치참여를 꺼리게 만들었던 것이다. 이 또한 정치적 무기력증을 심화시키는 요인이 되었다(윤영관 2015, 358).

　따라서 통일 이후 동독 주민이 자유민주주의라는 새로운 체제에 적응하기 위해서는 이들에게 새로운 정치적 가치와 규범을 "가르쳐서" 새로운 체제의 작동 원리를 이해하고 이를 체화하도록 하는 일이 무엇보다 중요했던 것이다. 독일에서도 통일 이후 동독 주민에 대한 시민 정치교육이 중시될 수밖에 없었다.

　통일 독일의 경험은 국가 차원의 정치통합 또는 제도적 통합이 당위적으로 "사회통합", 즉 사회구성원들이 공유하는 기본적인 가치체계와 그 질서를 통한 내적 통합으로 귀결되지 않는다는 것을 분명하게 보여주었다. … 체계 통합은 사회통합의 노력과 병행적으로 이루어져야 하며, 사회통합은 외적 제도의 차원에서 정치 및 경제적 체계 통합보다 더욱 복합적인 문제이며, 국가의 적절한 교육 및 사회정책상의 장려책을 통해 오직 장기적으로만 기대할 수 있을 것이다. 이 맥락에서 독일 "기본법"을 중심으로 하는 자유민주주의와 법치 국가의 근본적 가치체계 고취 그리고 동·서독지역 주민들 간의 상호이해와 이질감 극복을 통한 사회통합은 독일 연방 및 주정부의 중점정책 중 하나이며, 여기서 중심적인 역할을 하는 것이 바로 (민주시민) 정치교육 (Politische Bildung)이다(최영돈 2014, 91).

　하지만, 독일의 경우에는 분단 이전 바이마르 시대의 민주주의의 경험을 지니고 있으며, 분단 시기에도 동독 주민들이 서독 텔레비전 방송을 볼 수 있었다는 점에서 그래도 우리의 경우보다는 더 나은 경우라고 할 수 있다. 그러나 이와 달리, 앞서 지적한 대로, 북한 주민의 경우 민주주의에 대한 경험은 전무하다.

　따라서 북한 주민들이 새로운 체제의 작동 원리와 특성을 이해하고 그 체제에 대한 정체성과 충성심을 갖도록 하기 위해서는 이들을 '시민'으로 만들기 위한 시민정치교육이 절실하게 필요하다. 이러한 교육은 "통일 이후 주민들에게 새로운 생활방식과 가치관을 정립시켜 공동체 의식을 조성하는 '통일 완수 교육'"(이규영 2005, 161)인 것이다.

그런데 문제는 자유민주주의 가치의 학습과 체화가 중요하다고 해도, 그것이 중앙정부 중심으로 외부적으로 주어진 교육이나 강요된 방식의 학습으로는 제대로 된 효과를 얻는 데 한계가 있을 것이라는 점이다. 예컨대, 민주주의의 가치와 원리를 마치 대학 입시 교육 하듯이 해서는 의도한 효과를 얻을 수 없는 것이다. 더욱이 국가 단위 수준에서의 정치 참여의 기회는 제한적이며, 대체로 수동적인 형태로 이뤄지기 쉽다. 현실적으로도 선거 때 투표 참여 이외에는 중앙정치 수준에서의 정치 참여의 방법은 제한적이기 때문이다. 이에 비해 자기가 살고 있는 지역의 문제를 지역 주민들이 관심을 갖고 참여하면서 스스로 해결해 낼 수 있는 시스템 하에서는 민주주의를 직접 배우고 체험할 수 있는 보다 많은 기회를 가질 수 있다. 또한 이런 환경 하에서는 정치 참여의 심리적, 제도적 문턱도 낮아지게 된다.

따라서 통일 이후의 안정적인 통합을 위해서는 북한 주민을 자유민주주의체제에 걸맞은 '시민'으로 만들기 위한 체계적인 방식의 시민정치교육이 절실하게 요구되며, 이와 함께 그러한 '시민 만들기'는 중앙정치 중심보다는 주민들이 거주하는 지역 수준에서의 참여와 자치를 통해 이뤄지도록 하는 것이 필요하다. 즉 통합을 위해서는 분권을 통한 자치와 민주시민교육이 서로 만날 수 있어야 하는 것이다.

다. 무엇을 해야 하나

통일 이후 원만하고 안정적인 통합을 위해서 분권을 통한 자치와 시민 교육이 중요하다고 하더라도, 이를 성공적으로 추진하기 위해서는 이에 대한 상당한 경험과 제도가 구비되어 있어야 한다. 이전에 전혀 경험해 보지 못한 상황에서 통일이 되었다고 해서 새로운 제도를 무작정 도입할 수는 없기 때문에, 통일 이후 갑작스럽게 분권 체제를 실험한다는 것은 현실적인 방안으로 볼 수 없다. 그런데 북한은 분단 이후 하위 단위의 자율성이 사실상 전혀 존재하지 않는 전체주의 체제에 놓여 있다는 점을 감안하면, 분권 시스템에 대한 남한의 경험이 중요할 수밖에 없다. 통일 이후를 대비하기 위해서는 무엇보다 오늘날의 남한의 제도, 관행, 남한 주민의 정치의식, 민주적 가치관 등이 통일 이전에 견고하게 확립되어 있어야 하는 것이다. 통일 준비는 북한의 변화, 개조를 논의하기 이전에 우선 남한 사회 내부에서부터 시작되어야 하는 것이다.

(1) 지방자치의 심화와 활성화

앞 절에서 논의한 대로, 안정적이고 원만한 통합을 위해서는 과감한 분권이 필요하지만, 현실적으로 오늘날 남한 사회의 상황은 이러한 요구에 부응할 만큼 충분한 분권화가 이뤄져 있지 못하다. 오랫동안 한국 정치는 모든 경쟁과 활동이 중앙을 향해 휘돌아가는 '소용돌이의 정치'(politics of vortex)(Henderson 1968)로 묘사되어 왔다. 민주화 이후 꾸준히 민주적 공고화가 진행되어 왔지만, 힘의 분산과 견제는 대통령, 국회, 사법부 등 중앙정치에서의 '수평적 관계'에 집중되어 있으며, 중앙-지방 간의 수직적 관계에서는 중앙정부의 권한은 지방에 비해 여전히 매우 강력하다. 지방자치의 재도입에도 불구하고 남한은 여전히 중앙 중심의 통치와 행정 시스템이 유지되고 있는 것이다(강원택 2014). 더욱이 "중앙의 정치인과 관료들은 자신들의 정치적 위상과 지위에 도전해 올지도 모르는 지방 엘리트의 등장을 두려워하여 지방정치가 활성화되는 것 자체를 병폐로 간주하거나 각종 방식으로 규제하는 것을 일삼아 왔다"(안청시·이광희 2002, 17). 말하자면, 민주화에도 불구하고 한국 정치는 여전히 서울을 향해 휘돌아치는 소용돌이의 정치로 남아 있다.

　이러한 문제점에서 벗어나기 위해서는 시급하게 제도적으로 해결되어야 할 과제가 존재한다. 무엇보다 통일을 대비하는 차원에서 현재 남한의 지방자치가 실질적으로 주민의 참여와 관심 속에서 지역과 지역 주민의 관심사와 문제를 스스로 해결해 나갈 수 있는 형태로 제도적으로 변화되어야 한다. 통일을 대비한 남한의 지방자치의 개선안은 크게 세 가지 측면에서 살펴볼 수 있다(이하 강원택 2014, 22-24). 첫째, 과감한 지방분권이다. 분단과 상호 대결 구도 속에서 북한은 말할 것도 남한 역시 중앙집권적인 정치 구조 하에 오랜 기간 놓여 있었다. 이러한 특성은 민주화 이후에도 크게 개선되지 않았다. 따라서 남한에서 지방자치의 역사가 이미 20년을 넘어섰지만 지방정부나 지방정치는 여전히 중앙에 대해 종속적인 위치에 놓여 있다. 지방자치제도의 무게 중심이 중앙의 행정적 기능을 제한적으로 지방에 위임하는 데 놓여 있어서, 중앙정부가 임명하던 단체장을 주민이 선출하도록 하고, 존재하지 않았던 지방의회를 구성하도록 한 것 이외의 근본적 차이를 찾기 어렵다. 권한에서의 불평등은 여전하며 지방정부는 중앙의 개입에서 자유롭지 못하며, 재정이나 법령을 통한 중앙정부의 통제적 운영 방식은 여전하다. 민주화 이후 중앙정치에서 각 기관별 수평적 분권에 있어서는 많은 진전이 있었지만, 중앙과 지방이라고 하는 수직적 분권에 대해서는 여전한 커다란 진전을 이뤄내지 못했다. 통일 후 북한 주민이 지역 단위에서의 정치 참여와 자치를 통해 자유민주주의를 경험하고 학습할 수 있도록 하기 위해서는, 지역 단위에서 실질적으로 자율성을 가진 자치 구현이 가능해야 한다는 것이 이를 위한 전제가 될 것이다.

둘째, 지역 자치의 제도적 다양성을 보장하는 것이다. 현재 지방자치에서 각 지방의 거버넌스 방식은 지방의 선택이 아니라 중앙의 결정에 의해 하향식으로 부여된 것이다. 따라서 지방자치 제도는 매우 획일적이다. 중앙정부가 결정한 하나의 획일적인 제도와 조직이 각 지방이 처한 현실이나 조건과 무관하게 운영되고 있다. 지방정부의 조직·구성, 지방의회의 구성·임기, 선거제도 등 모든 것이 지역과 무관하게 일률적으로 적용되고 있는 것이다. 이 때문에 각 지방의 고유한 특성이나 조건, 그리고 주민의 견해가 지방 통치 구조에 반영되지 않고 있다. 그러나 지역별로 주민의 선택에 의해 상이한 제도의 도입을 허용한다면, 제도적 다양성이 생겨나고 제도 간 성과의 차이나 경쟁을 통해 보다 나은 방식의 지방자치제도의 마련이 가능해질 수 있을 것이다. 또한 제도적 틀이 중앙에서 결정해서 내려보낸 것이 아니라 지역 주민이 자율적으로 결정한 것인 만큼 참여와 관심도 높아질 수 있을 것이다. 서독의 지방정치의 제도적 다양성이 동독에 미친 영향에 대한 다음 인용문도 이런 제도적 다양성의 중요함을 잘 지적하고 있다.

흥미로운 점은 권력분산에 있어서의 이러한 기본 원칙 아래 서독의 각 주(Länder) 행정의 자체 조직, 주와 하위 지방자치단체들과의 관계들을 보면 상당한 제도적 차이와 다양성이 존재했다는 것이다. 그런 의미에서 동독으로 이전될 단일한 서독모델이 존재했던 것은 아니라고까지 말하는 사람도 있다. 더 나아가 연방제와 지방자치제가 동독으로 이전된 후에도 동독의 주 의회들이나 주 정부, 그리고 지방자치단체들은 스스로의 제도적 장치들을 개발하면서 각자의 고유한 상황에 맞게 적응하고 상황을 스스로 개선해 나갔다는 점을 주목할 필요가 있다(윤영관 2015, 343-344).

세 번째는 지방정치의 활성화이다. 지방자치가 제대로 작동하기 위해서는 제도적으로 주어진 권한 내에서 그 지역이 내부적으로 완결성을 지닌 정치공동체가 되어야 한다. 중앙정치에서처럼, 지역공동체 내에서도 정치적 견제와 균형, 진정한 정치적 경쟁이 이뤄지고 주민 참여와 감시, 평가 등의 시스템이 작동되어야 하는 것이다. 그러나 오늘날의 한국에서 지방정치는 사실 중앙정치의 간섭과 구속에서 벗어나지 못하고 있으며 내부적 완결성도 결여하고 있다. 지방정치를 활성화시킬 수 있는 다양한 방법이 있겠지만, 역시 핵심은 지역 정당 정치의 강화와 활성화라고 할 수 있다. 현재와 같이 지역주의 영향 하에서 중앙 정당 조직으로부터 사실상 아무런 자율성을 갖지 못한 채 종속되어 있는 상황에서는 지방정치가 제 모습을 갖출 수 없기 때문이다. 지역을 하나의 완결된 소정치 공동체로 간주하고 그 내부에서 정당 설립과 경쟁 등을 포함한 정치적 자율성이 보장될 수 있어야 한다. 지금처럼 정당 설립의 제약 등 여러 가지 법적, 제도적 측면에서 중앙정치만을 고려한 패러다임으로부터의 전환이 요구되는 것이다. 지방정치에서 정당 정치의 역할은 통일을 고려할 때 특히 중요하다. 독일의 경험을 보면 정치적 통합 과정에서 정당은 대단히 중요한 역할을 수행했다.

독일 통일 과정에서 가장 적극적으로 정치 통합의 역할을 수행한 기관은 정당이다. 비록 동독의 정당체제가 사회주의통일당의 위성정당으로서의 역할에 머물 수밖에 없었던 역사적 한계에도 불구하고, 정당은 1989-1990년 사이 역동적으로 변화하는 상황 속에서 체제 전환을 안정적 제도화를 가능케 하는 데 중심적 역할을 수행했다. … 통일이라는 역동적 정치 과정에서 동독과 서독의 정당은 정치적 동원의 핵심적 행위자로 기능했고, 동독 주민의 자율적 선택이 이들 정당을 통해 반영되었으며, 이들에 의해 형성된 대변체제에 의해 통일은 안정적으로 이루어졌다(송태수 2015, 315).

그런데 현재 남한의 정당체계는 영호남의 편협한 지역주의에 기초해 있기 때문에, 보편적 가치에 의한 동원이 현실적으로 쉽지 않은 상황이다. 이런 환경에서는 독일과는 달리, 통일 이후 북한 주민을 효과적으로 동원하고 체제 내로 편입해낼 수 없다. 지역주의 정당 구조를 변화시키고 통일 이후 북한 주민의 민주주의 교육의 중요한 주체로서 지역 수준에서의 정당 정치가 발전할 수 있도록 제도적인 변화를 모색해야 할 것이다.

전반적으로 볼 때, 통일 이후의 통합을 위해 분권화가 중요하지만 현재 남한의 지방자치는 여전히 행정적 통제, 지방 사안에 대한 효율적 관리라는 관점이 중시될 뿐, 그것의 전제가 되어야 할 지방정치의 활성화, 주민 참여의 제도화, 지방 정당 정치의 확립 등에서는 큰 관심을 쏟지 못한 것이 사실이다. 이 때문에 지방의 문제가 지방 수준에서 해결되지 못하는 결과를 낳았고, 지방정치에 대한 효능감 부족과 폐쇄적 구조는 지방정치가 주민의 관심 속에서 효과적으로 작동하지 못하게 하는 악순환을 반복해 오도록 한 것이다(강원택 2014, 24).

정치라는 것은 이제 더 이상 국가라는 공동체 수준에서만 일어나는 권력 중심의 현상이 아니라, 사람들이 생활하는 그 자리에서 빚어지는 갈등과 문제를 해결하여 더 나은 삶의 수준을 달성하려는 노력으로 이해되어야 하며, 따라서 그 중심은 주민들의 생활이 실제로 일어나는 지방이 되어야 한다. … 이것이 바로 지방정치의 의미, 즉 지역 주민의 자기 결정성과 자기 책임성에 근거한 지역사회의 문제 해결이라는 풀뿌리 민주주의이다(김영일 2012, 45).

통일 이후 북한 주민들이 자유민주주의의 가치와 원리를 습득하면서 새로운 체제에 동화되고 일체감을 갖도록 하기 위해서는 지역 수준에서의 '풀뿌리 민주주의'가 오늘날의 남한에서 견고하게 확립되어야 하는 것이다.

(2) 남한에서의 민주시민교육 강화

북한 주민에 대한 시민교육을 위해서는 우선 남한에서의 시민교육, 정치교육이 중요하다. 앞 절에서 언급한 대로, 통일 이후의 중요한 과제는 북한 주민을 자유민주주의 체제에 맞는 '시민'으로 변화시키는 일이다. 그러나 남한 주민이 자유민주주의의 가치를 충분히 내재화시키지 못한 상황에서 북한 주민을 자유민주주의의 가치에 따라 재사회화시킨다는 것은 매우 어려운 일이다. 그러나 한국이 민주화 이후 절차적 민주주의 차원에서는 상당한 진전을 이뤘지만, 민주주의 가치의 내재화라는 측면에서는 여전히 부족한 점이 많다고 할 수 있다. 개인의 권리에 대한 인식은 매우 높지만, 이에 비해 공동체 구성원으로서의 책무, 기여, 헌신 등의 덕목과 약자, 사회적 소수자에 대한 배려 역시 아직 많이 부족하다고 할 수 있다.

통일 이후 남한보다 경제적으로 뒤떨어졌고 정치적으로 민주화되지 못한 북한 지역의 주민들에게 자유민주주의의 가치를 전수하고 이들과 '더불어' 살아가기 위한 준비가 남한 주민들에게 충분히 되어 있다고 보기 힘들다. 배려와 공존의 덕목을 갖춘 시민성이 남한에서 확립되지 못한다면 통일은 지역적인 차별과 그로 인한 갈등으로 이어지기 쉽고, 통합은 그만큼 어려워지는 것이다. 통일을 대비하기 위해서는 우선 남한 주민을 대상으로 한 민주시민교육의 강화가 무엇보다 절실하게 요구되는 것도 바로 이 때문이다.

민주시민교육은 나아가 앞으로 다가올 한반도의 통일을 대비하기 위해서도 매우 시급히 요청된다. 민주시민교육은 통일 후 북한 주민들이 새로운 정치 경제체제에 신속히 적응토록 하는데 기여할 수 있다. 즉 남한이 민주시민교육을 통하여 먼저 우리 국민들로 하여금 기존 체제에 대한 확실한 자부심과 우월성을 갖도록 하고, 민주화의 속도를 촉진시킴으로서 통일의 성취 가능성도 앞당길 수 있게 할 것이다. 동시에 통일 후에는 북한 주민을 민주적 공동체라는 틀로 더욱 용이하게 포용할 수 있을 것이다. 즉 북한 주민과의 공동생활에서 이들을 올바르게 안내하고 화합하게 하는 지식과 자세를 갖추게 하는 중요한 기능을 담당할 수 있다(이규영 2005, 163).

이는 사실 시대적 환경의 변화를 고려할 때도 필요한 것이다. 과거가 국가가 이끌고 국민들은 국가의 요구에 따라가는 발전국가의 시대였다면, 이제는 더 이상 국가가 모든 것을 끌고 나가기 어려운 시대가 되었다. 이제는 국가에 의존하는 것이 아니라 시민이 스스로 주체가 되고 참여하여 공동체를 이끌고 나가야 하는 것이다.

그런데 과거 한국에서의 정치교육은 반공이 주제였다. 이는 정통성 없는 권위주의 체제를 유지하기 위한 통치 명분이기도 했다. 실제로 '국민윤리'라는 이름으로 실행된 정치교육은 독재 정권의 정당화와 옹호, 그리고 이를 위한 사상교육의 목적을 지녔고 이 때문에 매우 부정적인 이미지를 주었던 것도 사실이다. 또 한편으로 "정치교육의 일부분인 통일교육 역시 남북한의 분단 상황이 지속되고 있는 상황에서 일방적 통일방식에 의한 체제 대립적인 통일교육이 주요 내용이 될 수밖에 없었다. 이러한 상황에서 통일교육은 한국의 체제적 우월성을 전제로 통일의 방식, 특히 북한의 무력통일에 대응하는 통일정책이 주가 되었으며, 이러한 내용의 통일교육은 동구권의 붕괴와 독일통일이 이루어지는 시기까지 계속되었다"(박광기 2000, 26). 다시 말해 "통일교육은 그 동안 체제와 이념 교육이 중심을 이루어왔다. 체제와 이념 중심의 교육은 공산주의 이념과 체제, 북한의 정치체제를 중심으로 그에 대한 한계를 지적하고 나아가 남한의 자유민주주의체제의 우월성을 강조하는 방식"(김창환 2001, 76)이었다. 결국 통일과 관련된 정치교육에서도 분단과 대립을 전제로 한 내용이었던 것이다. 그러나 이제 통일을 고려한 민주시민교육을 하고자 한다면 이러한 과거의 틀에서 벗어나야 할 것이다. 사회주의권의 몰락 이후 체제 경쟁이 의미가 없어진 만큼. 이제는 냉전적 패러다임에서 과감하게 벗어나서 보다 보편적이고 근본적인 가치를 강조해야 하는 것이다. 민주시민교육, 혹은 시민정치교육은 기본적으로는 우리 체제의 근간이 되는 자유민주주의 체제의 원리와 가치, 민주주의 사회질서의 의미, 자유, 인권, 평화 등 국제사회에서의 보편적 가치뿐만 아니라, 정치공동체에서 그 구성원인 각 시민이 공동체의 유지, 지속, 발전을 위해 마땅히 담당해야 할 책무, 기여, 헌신에 대한 내용을 포함해야 할 것이다. 즉, 자유민주주의 체제가 지닌 자유, 평등, 인권, 시민적 의무와 덕목 등 핵심적 가치가 내면화될 수 있도록 하기 위한 진정한 의미의 시민교육이 필요한 시점이다. 통일 이전 서독의 정치교육도 "편협한 관점이나 특정 이념에 근거해서 통일을 앞세우는 교육이 아니라 민주시민교육이라는 상대적으로 보편적인 원칙에 입각하여 다양한 정치교육 및 통일교육 내용과 프로그램"(박광기 2000, 52)을 강조했다는 점에 주목할 필요가 있다.

통일을 계기로 민주시민교육을 포함하는 정치교육의 목표는 민주주의의 이념과 사상에 충실하면서도 지역적 전통과 시대적 상황에 적합한 시민 행동을 발전시키는 데 있었다. 즉 민주시민교육 내지 정치교육은 정치·경제·사회에 대한 기본지식을 습득하게 함으로써 민주시민성을 육성하려고 하였다. 특히 통일 이후 정치교육은 구동독 지역 주민의 정신적 장애를 제거하고, 상호이해를 촉진시킴으로써 정체성을 확립하고자 했다. 또한 개방, 국제협력 그리고 상호번영이 필요한 유럽통합에서 독일의 역할을 분명히 하고, 신연방주의 국민을 위한 교육에 중점을 두었다(이규영 2005, 171).

통일과 관련된 정치교육에서도 이제는 반공교육, 안보교육의 수준에서 벗어나 통일 이후의 '더불어 사는 삶'을 염두에 두고 교육이 이뤄져야 할 것이다. 통합과 공존의 길에 대한 모색, 관용, 조화, 배려 등과 같은 가치를 함양하는 방향으로 통일교육이 이뤄져야 한다. 그런데 통일교육에서 남북한 주민 간의 조화와 통합을 강조하는 것이 지나치게 민족주의에 대한 강조로 이어져서는 안 될 것이다. 통일이 우리 민족에게 주는 의미와 가치가 크고, 또 경제적이든 국제정치적이든 영향력의 확대로 이어질 수도 있겠지만, 과도한 민족주의에 대한 강조는 결코 바람직하지 않다. 과도한 민족주의의 강조는 자칫 국가주의로 이어질 수 있고 자유민주주의 체제의 근간이 되는 개인의 자유, 권리에 대한 중요성을 간과할 수 있고, 더욱이 동북아를 포함한 국제사회에서의 평화, 공존, 공영의 가치를 소홀히 할 수 있기 때문이다. 통일을 이루기 위해서도 과도한 민족주의에 대한 강조는 위험하다. 독일의 경우 통일이 독일 민족주의의 부활을 위해서가 아니라 유럽 통합의 완성이라는 점을 강조했기 때문에 주변 국가의 협력을 이끌어 낼 수 있었다. 통일과 관련된 시민정치교육에서도 민족주의에 대한 강조보다는 자유, 평화, 인권, 조화와 같은 보편적 가치의 함양이 더욱 중요할 것이다.

라. 결론

지금까지 분권화와 시민교육이라는 측면에서 독일의 사례를 토대로 하여 우리에게 주는 시사점에 대해 살펴보았다. 그런데 사실 독일과 비교하면 우리의 사정은 훨씬 열악하다. 분단의 기간도 우리가 훨씬 길지만, 상호 방문이나 TV 시청이 가능했던 독일과 달리 남북한은 완전히 단절된 사회로 유지되어 왔다. 또한 역사적으로도 바이마르공화국의 민주주의를 경험해 본 독일과 달리 북한 주민들은 최소한의 수준에서도 진정한 의미의 민주주의를 겪어 보지 못했다. 따라서 남북한이 지리적 결합을 넘어 성공적인 통합을 이루기 위해서는 남한에서의 통일을 대비한 준비가 보다 철저히 이뤄져야 하는 것이다.

통일을 제도적인 통일로 보는 시각에서 탈피하는 것이다. 통일은 하나의 체제를 만들어 가는 제도적인 통일의 문제일 뿐 아니라, 의식의 통합의 문제이고, 사실상 의식의 통합이 더 중요한 문제이다. 의식이 통합을 이룰 때까지 통일은 계속 진행 중이라고 보아야 한다. 지난 독일 통일 선례에서 볼 수 있듯이 정치적 제도적 통일은 오늘과 같은 국제환경 하에서는 남북 쌍방이 정치적 합의만 이룩하면 어느 의미에서는 쉽게 이룰 수 있는 것이다. 그러나 남북한 사회의 내면적 통일, 즉 마음의 통일은 정치 제도만 통합된다 해서 결코 쉽게 이루어질 수 있는 성격의 것이 아니다. 쌍방 모두가 구시대에 심어진 가치관이나 의식구조의 변화 없이는 참된 의미에서의 화해와 단결, 협력은 이루어질 수 없는 것이 되고 만다. 통일이 된 지 10년이 지난 오늘 독일은 제도적인 통합은 이루었지만, 의식의 통합은 계속 진행 중이라는 사실에 주목할 필요가 있다(김창환 2001, 83).

이 글에서 통일 이후 남북한 두 지역 주민 간의 안정적이고 원활한 통합을 위해서는 중앙집중적인 체제가 아니라 지역 수준에서의 자율성이 허용되는 분권화가 필요하다는 점과, 북한 주민을 자유민주주의 체제의 '시민'으로 변화시키기 위해서는 우선 남한 주민들을 대상으로 하는 민주시민교육이 중요하다는 점을 강조했다. 이를 위해서는 지역 수준에서의 정치가 활성화될 수 있도록 현재 남한의 지방자치제도에 대한 근본적인 인식의 변화가 필요하고 제도적 개혁도 요구된다. 또한 민주시민교육 역시 '반공교육'이나 '국민윤리' 교육의 차원에서 벗어나 자유민주주의 체제의 근본적 가치와 원리, 그리고 자유, 인권, 배려 등 국제사회에서 통용되는 보편적 가치를 강조하는 것이 필요하다. 그리고 통일에 대한 정치교육에서는 무엇보다 과도한 민족주의를 피하고 평화와 관용, 조화를 강조하는 것이 중요하다고 보았다.

그런데 모두(冒頭)에서 언급한 대로, 시민교육과 분권화는 서로 긴밀하게 연결되어 있는 사안이다. 시민교육을 통한 시민성의 강화는 분권화된 구조 하에서 가장 효과적으로 이뤄질 수 있기 때문이다. 통일이 안정적인 통합으로 이어지기 위해서는 주민의 참여와 자치를 근간으로 하는 민주적 거버넌스, 생활 정치, 삶의 질의 추구, 공동체적 가치의 강화, 시민성의 제고와 같은 민주정치의 근본적인 관점으로부터의 제도적 개선에 대한 논의가 필요한 상황이다. 그리고 바로 이와 같은 분권과 자치를 통해 민주시민의 의식을 키워갈 수 있도록 이끄는 일이 필요하다. 이는 당위의 문제가 아니라 통합을 위해서 현실적으로 매우 절박한 문제이다. 더욱이 통일을 준비하는 것은 내일의 이야기나 북한 지역에 대한 문제가 아니다. 통일에 대한 준비는 바로 오늘 남한 사회 내부에서부터 치열하게 이뤄져야 하는 것이다.

참고문헌

강원택. 2011. 『통일 이후의 한국 민주주의』. 나남.

_____. 2014. "총론: 지방자치를 보는 시각." 강원택 편. 『한국 지방자치의 현실과 개혁과제: 지방 없는 지방자치를 넘어서』. 사회평론. 13-39.

김영일. 2012. "생활정치의 장으로서의 지방의회." 21세기 정치연구회 편. 『지방정치학으로의 산책』. 한울.

김창환. 2001. 『독일의 정치교육제도와 운영실태』. 통일교육원 보고서.

박광기. 2000. "남북한 정당통합을 위한 전제들: 동서독 정당 통합을 중심으로." 『대한정치학회보』 8(1): 149-170.

박종철·김인영·김인춘·김학성·양현모·오승렬·허문영. 2004. 『통일 이후 갈등 해소를 위한 국민 통합 방안』. 통일연구원.

송태수. 2015. "독일의 정치제도와 통일." 윤영관·강원택 편. 『통일 한국의 정치제도』. 늘품플러스. 279-331.

안청시·이광희. 2002. "한국민주주의와 지방정치 10년의 성과와 과제." 안청시 외. 『한국 지방자치와 민주주의: 10년의 성과와 과제』. 나남. 13-54.

윤영관. 2015. "독일 통일 이후 지방분권과 통일." 윤영관·강원택 편. 『통일 한국의 정치제도』. 늘품플러스. 333-365.

임혁백. 1999. "통일 한국의 헌정 제도 디자인." 『아세아연구』 101: 301-335.

이규영. 2005. "독일의 정치교육과 민주시민교육." 『국제지역연구』 9(3): 157-166.

이옥연. 2015. "통일 한국의 중앙–지방 관계." 윤영관·강원택 편. 『통일한국의 정치제도』. 늘품플러스. 127-168.

최영돈. 2014. "독일통일과 장기적 과정으로서의 사회통합: 독일 연방정치교육원의 역할을 중심으로." 『경영컨설팅리뷰』 5(2): 89-109.

키르히너, 크리스찬(Kirchner, Christian). 2006. "통일한국의 연방구조를 위한 시론." 박응격 외. 『서구 연방주의와 한국』. 인간사랑. 237-257,

허문영·이정우. 2010. 『통일 한국의 정치체제』. 통일연구원.

Henderson, Gregory. 1968. *Korea: The Politics Of Vortex.* Cambridge, Mass. Harvard University Press.

2

동독 개혁 및 독일 통일의 경험과 교훈:
위로부터의 개혁과 아래로부터의 개혁의 조화[*]

정병기(영남대학교)

[*] 이 글은 『대한정치학회보』 제27집 2호(2019)에 실린 논문 "동독 개혁과 독일 통일: 위로부터의 개혁과 아래로부터의 개혁이 한반도 통일에 주는 시사점"을 확대한 것임.

가. 머리말

2020년이면 통일 독일은 한 세대를 넘어가고, 분단 한반도는 꺾어진 80년을 맞는다. 물론 관점과 사안에 따라서는 독일도 아직 통일 후 통합을 완결하지는 못했다는 비판이 가능하다. 그러나 사회경제적 통합도 상당할 정도로 진척되어 동·서독 간 균열로 작용할 단계는 이미 지난 것으로 볼 수 있다. 그 중요한 상징적 사건이 2007년 구동독 공산당의 후신인 민사당이 서독 사민당 탈당파와 통합해 좌파당으로 통합된 것이다. 일차적으로 이것은 좌파 정당이 전국정당화함으로써 독일 전체에서 사회경제적 갈등이 더 심화되었다는 증거가 된다. 하지만 다른 한편으로 동독 지역의 새로운 지역주의를 대변하던 민사당이 전국정당화했다는 점에서는 분단에서 기인한 지역주의가 더 이상 정치적 균열로 작용하지 않게 되었다는 의미이기도 하다.

독일의 통일과 통합 과정은 연방제와 지방자치제 및 의회 정치와 정당 민주주의에 기반하는 서독의 안정적 정치 체제에 구동독 지역이 성공적으로 편입되는 과정에 다름 아니었다. 그에 따라 동독의 권력 구조는 사라지고 서독의 권력 구조가 동독 지역으로 확장되었다. 그것은 우선 국가 형태에서 단일제 국가인 동독이 해체되고 여러 주들로 나뉘어 서독 연방에 편입되는 것을 의미했으며, 중앙과 지방의 관계나 지역 간 관계에서는 동독의 중앙집권제가 서독의 지방자치제로 전환하는 것을 뜻했다.

하지만 이 과정은 비단 흡수통일에 따라 서독 정부가 관철한 위로부터의 개혁에 기인한 것만은 아니다. 동독에서는 이미 1989년에 전국적 저항을 통해 사회주의통일당(Sozialistische Einheitspartei Deutschlands. 이하 SED) 독재가 무너졌고 1990년 3월에는 최초의 자유선거를 통해 민주정부가 구성되었으며, 이 정부가 서독과 통일 협상을 추진했다. 단순화해 말하면, 독일 통일은 동독 인민들의 개혁 요구와 민주화 운동에서 발원해 동독의 새 민주정부와 서독의 연방정부가 이루어낸 결과물이라고 할 수 있다.

따라서 통일 이후의 통합을 위한 개혁도 이러한 측면을 반영할 수밖에 없다. 통합을 지향하는 개혁은 항상 구체제 청산 문제에 부딪힌다. 통일 독일에서 구체제 청산은 곧 동독 체제의 청산을 의미한다. 구동독 체제에서 인권과 민주적 권리를 탄압한 세력들에 대한 청산이 제대로 이루어지지 않고는 진정한 통합도 가능할 수 없기 때문이다. 이 문제도 특정 집단이나 세력의 이익을 위해 이용되지 않고 평등한 통합으로 연결되려면 위로부터의 개혁과 아래로부터의 개혁이 조화를 이루어야만 제대로 해결될 수 있다.

따라서 이 글은 통일 독일에서 구체제의 청산과 민주 제도의 정착을 위해 위로부터의 개혁과 아래로부터의 개혁이 구체적으로 어떻게 진행되었는지를 살펴본다. 구체적 고찰 대상은 통일 이전 동독의 개혁과 민주화 운동, 흡수통일과 연방제 편입, 슈타지 문서 처리와 SED 독재의 청산이다. 앞서 말했듯이 지방자치제 실시도 통일 독일에서 중요한 개혁 과제이지만 다른 글에서 다루므로 이 글에서는 생략한다.

나. 동독의 사회주의 개혁 운동과 통일 운동: 아래로부터의 개혁

(1) 동독 내 저항 운동과 사회주의 개혁 운동

동독 민주화 운동의 기원은 1953년 동베를린 시위로 거슬러 올라간다.

당시 작업 기준량 인상에 대한 노동자들의 파업으로 시작된 이 시위는 전국적으로 파급되고 스탈린주의 체제에 대한 저항의 의미를 갖는 반체제 운동으로 발전했다. 하지만 이 시위는 소련의 무력에 의해 진압되었고, 이어 스탈린주의 체제가 공고해진 후 오랫동안 인민들의 저항은 형성되지 못했다.

1950년대 중반부터 1970년대 후반까지 동독 내 사회적 '평화'는 지속되었는데, 그것은 체제에 의한 억압 때문만은 아니었다. 오히려 억압 체제가 분단이라는 특수한 상황과 노동을 매개로 한 효과적 통제 및 상대적으로 높은 경제성장에 의해 뒷받침되었다는 사실이 더 중요했다.[1]

우선 분단 국가인 동독에서는 1950년대의 저항이 실패한 후 많은 이견 엘리트들이 서독으로 넘어가면서 저항 엘리트가 형성될 기회가 상실되었다. 이것이 폴란드에서 졸리다르노스치(Solidarnosc)와 가톨릭의 저항이 계속되고 헝가리에서 기술 관료들이 체제 비판 세력을 형성한 것과 중요하게 다른 측면이다. 한편 헝가리, 폴란드, 체코슬로바키아, 유고슬라비아 등 상대적으로 산업이 발전한 동구권 국가들과 마찬가지로 동독에서도 높은 경제성장에 따른 사회적 통합이 작동했다. 그라이펜하겐 등(Greiffenhagen und Greiffenhagen 1994, 15)에 따르면 이와 같은 사회는 "모든 실제 생활들이 노동 현장을 통해" 성공적으로 "매개되고 보장되며 통제되는" "노동사회(Arbeitsgesellschaft)" 였다. 동독에서 노동사회는 1960년대를 거치면서 성공적으로 정착되었다고 평가된다. 뿐만 아니라 1970년대 하반기까지 동독은 다른 동구 국가들에 비해 높은 경제 발전을 이루어 풍요로운 복지를 누리는 국가

---

1   현실사회주의 동독의 사회적 통합에 대해서는 정병기(1997) 참조.

였고, 이를 토대로 계층 간 평등 수준이 높은 사회 질서를 수립해 인민
들을 효과적으로 통합할 수 있었다(Offe 1994, 246).

생산수단의 사회화를 통한 무계급 사회의 기치를 내건 동독의 사
회주의 질서가 생산수단의 사유화라는 자본 관계에 입각한 '사회적 시
장경제(Soziale Marktwirtschaft)'인 서독 자본주의 질서에 비해 사회
계층 간 평등을 더 높은 수준으로 보장했다는 점에는 이론의 여지가
없다(정병기 2006, 128). 당시 동독과 서독을 직접 비교한 자료는 없지
만, 현실사회주의 국가들과 서유럽 복지국가들을 비교한 자료들로 이
사실을 유추할 수 있다. 상대적으로 평등 수준이 악화된 1980년대 통
계로도 상위 10%와 하위 10%의 소득 대비가 서구 복지국가인 영국
에서 약 3.9배였던 데 비해, 체코슬로바키아에서 약 2.4배, 헝가리에
서 약 2.6배, 폴란드에서 약 2.8~3.0배 그리고 소련에서 약 3.3배였다
(Atkinson and Mickelwright 1992, 80, 114). 또한 그 물질적 토대와 관
련되는 경제성장을 보아도 1950년부터 1970년까지 20년간 서방 18개
국(프랑스, 서독, 영국, 아일랜드, 이탈리아, 스페인, 포르투갈, 벨기에, 네
덜란드, 룩셈부르크, 스위스, 오스트리아, 스웨덴, 노르웨이, 핀란드, 덴마
크, 그리스, 아이슬란드)의 연평균 GDP성장률이 3.8%였던 반면, 동구 8
개국(소련, 동독, 폴란드, 체코슬로바키아, 헝가리, 루마니아, 불가리아, 유
고슬라비아)은 4.2%의 성장률을 보였다(Murrell and Olson 1991).

그러나 특정한 경제적 자원에 대한 접근을 통제할 수 있는 권한
을 소유권이라고 할 때, 현실사회주의 국가인 동독은 수입과 생활 조건
을 결정하는 소유권과 관련해 자본주의와는 또 다른 불평등을 결과한
체제였다(정병기 1997; Sørensen 1994; Mayer und Diewald 1996). 자
본주의 사회가 무엇을 어떻게 생산하는지에 대한 결정권을 가진 계급
이 어떻게 분배할 것인가에 대한 결정권을 소유한 사회라면, 현실사회

주의는 정치, 경제 및 기술적 처분권 중 하나 이상을 소유하거나 적어도 참가할 권한을 가진 계층이 생산된 부에 대한 특권적 부분을 취득할 권리를 가진 사회였다(Solga 1996, 20). 동독에서 모든 정치·사회·경제적 권력은 국가 기구를 장악한 당과 관료에 집중되었고, 그에 따라 인민민주주의 요소는 퇴색해 갔다.

그럼에도 불구하고 동독의 인민들이 '정치의 수동적 대상'이 되었다고 하기는 어렵다. 왜냐 하면, 그들의 노동사회적 통제에 대한 표면적 순응에는 바로 (현실)사회주의적 평등에 의한 설득과 경제 발전에 따른 물질적 동기에 의한 '통합된 주체'라는 면이 내재해 있었기 때문이다(Mayer und Diewald 1996, 16).[2] 이러한 주체성을 가정할 때, 경제 발전이라는 물질적 토대 위에서 성립된 노동사회적 통합이 약화되면서 다시 저항이 시작된 점을 설명할 수 있다. 실제 1970년대 말부터 경제가 악화되어감에 따라 동독에서도 이른바 이견 그룹의 반대 운동(Dissidentbewegungen)이 생성되기 시작했다. 이것이 1980년대 말 소련을 비롯한 현실사회주의 전체의 변화라는 소용돌이 속에 동독 역시 그 중요한 행위자가 될 수 있었던 내부 동인이었다.

물론 1970년대 말에 생겨난 이견 그룹들의 저항은 교회를 중심으로 인텔리 계층에 기반한 소규모 평화 운동과 인권 운동 및 민주화 운동의 형태를 넘어서지 못했다. 이 운동의 주도자들은 일반 인민과 노동자들에게 받아들여지지 않은, 사회의 주변 인물들(Randfiguren)이었다(Reich 1996, 6).[3] 하지만 이 뿌리조차 없었다면 급격한 변동기에 대

---

2   한편 Greiffenhagen und Greiffenhagen(1994, 11)에 따르면, 동독 사회는 서독과 달리 민주주의가 발전하지 못하고 프로이센의 전통적인 보호-복종 정치문화를 답습해 인민들이 정치의 수동적 대상이 되었다고 한다. 그러나 이러한 관점은 소련의 무력 진압까지 불러온 1950년대 동독 사회의 저항을 설명할 수 없다.

3   이러한 의미에서 이견 그룹들의 운동과 그들을 대개 시민운동과 시민운동단체라고 부른

응하는 신속한 조직화는 불가능했을 것이다.

　　그러나 1980년대 말 소련과 동구 국가들의 개혁 물결 이후 나타난 새로운 저항 운동은 과거와는 달리 공개적 정치세력화로 등장했다는 점을 경시해서는 안 된다. 또한 여기에는 소련의 사회주의 개혁 정책이 동독 내 반대 운동에 새로운 활력을 불어넣어 사회주의 개혁의 세력화 가능성을 제시했다는 점도 중요한 외부 환경 요인으로 작용했다. 게다가 1989년 여름 헝가리와 체코슬로바키아를 거쳐 서독으로 향하는 대홍수로 시작된 여행 자유화와 민주 권리의 요구는 체제 개혁의 소리로 전환하면서 9월을 거쳐 10월에는 전 인민적 대중 시위로 확산되었다.[4]

　　이 체제 개혁 요구는 자유민주적 시민권 주장도 아니었으며 독일 통일을 지향하는 것도 아니었다. 당시 동독 인민들의 문제의식은 "우리가 인민이다!(Wir sind das Volk!)"라는 주장에서 극명하게 드러났다. 그것은 프롤레타리아트 정당이 프롤레타리아트와 인민의 이름으로 자본가로부터 빼앗은 인민의 권력을 다시 인민에게 돌려주어야 했음에도 불구하고 당과 관료라는 새로운 억압 체제가 유지되는 것에 대한 저항이었다. 마르크스주의 이론에 따르더라도 자본주의 잔재의 청산과 사회주의 혁명의 완수를 위해 필요한 기간 동안 시한부 독재를 행사한 후 인민에 의한 자치(코뮨 정치)로 전환해야 하는 것이었다. 그런데 SED 정권은 시한부 독재(Diktatur)가 아니라 당서열명부(Nomenklatur)에 입각한 전제(專制 Alleinherrschaft)로 흘러갔다. 동독 인민들은 이러한 사실을 비판하고 그 체제에 저항하기 시작한 것이다.

다. 그러나 현실사회주의 국가의 '시민' 개념은 자본주의 사회의 시민 개념과 달라 주의를 요한다.
4　1980년대 말 동독 내 사회주의 개혁 운동에 대해서는 정병기(2003, 제III장)를 주로 참조.

이 개혁 요구에 입각해 대중 시위가 전국적으로 확산되고 다양한
저항 운동 단체들이 형성되었다. 이 단체들은 슈타지(Stasi)[5] 문서 공
개를 요구하고 궁극적으로 SED 독재의 종식을 주장하며 정부를 압박
했다. 결국 강력한 국내외 압력에 처한 호네커(Erich Honecker)가 실
각하고 그 뒤를 이은 모드로(Hans Modrow)가 슈타지를 해체했으며
그 대체 기구인 방첩 기구조차 1990년에 최종적으로 폐지되었다(최승
완 2006, 416-417). 또한 1989년 11월 22일 이 단체들은 원탁회의(Der
Runde Tisch)의 구성을 제안했으며, 실제 일주일 후부터 라이프치히
(Leipzig)를 비롯해 곳곳에서 원탁회의들이 활발하게 구성되었다. 물
론 원탁회의 구성에는 SED가 저항 운동 단체들에게 책임을 분담시키
고 새로운 정국에서 대화를 통한 주도권을 장악하려는 의도도 깔려 있
었다. 하지만 같은 해 12월 3일 SED는 개혁 의지를 보여주는 상징적
의미로 당권력의 핵심 기구인 중앙위원회(Zentralkomitee)와 정치국
(Politbüro)을 해체함으로써 인민들의 요구에 부응했다.

그에 따라 특히 중앙원탁회의는 SED의 제안에 따라 인민의회 의
원들과 정당 및 저항 운동 단체 대표들로 구성되어 국가 차원의 장
래 문제를 토론하는 장으로 기능했다. 12월 7일 첫 모임이 개최된 이
래 중앙원탁회의는 정부와 협조해 새 선거법 제정과 제도 개혁 등 적
절한 개혁 조치와 수단들을 창출하고 행사하는 것을 목표로 움직였
다. 이를 통해 중앙과 지방의 원탁회의는 SED가 사회 통제력을 상실한
1989~1990년 간 권력의 공백기에 정부와 의회의 기능을 대신하는 위
치로 발전했으며, 급기야 1990년 3월 최초의 자유선거를 통한 인민의
회 구성을 성사시켰다(Rucht 1995, 11).

5   동독 정보부 겸 비밀경찰로 정확한 명칭은 국가안전부(Ministerium für Staats-
     sicherheit: MfS).

동독 인민들의 저항이 촉발된 후 원탁회의 구성을 거치는 기간은 동독 민주화 운동의 절정기였다. 1950년대 초의 저항이 소련군 투입과 동독 정부의 억압으로 실패한 것과 달리, 1980년대 말의 저항은 동구권 변화의 흐름 속에서 동독 정부의 전향적 태도로 인해 성공으로 이어졌다. 무엇보다 1980년대 말의 내부 동력은 이른바 "민주주의의 아이들(Kinder der Demokratie)"이라고 불렸던 수많은 저항 운동 단체들로부터 나왔다.[6] 인민의회 선거 직전인 1990년 2월까지 동독에서 저항 운동을 추동한 단체들로 정당 35개, 시민단체 16개, 여성단체 12개, 청년단체 52개, 노조 6개, 기타 정치단체 24개, 직업단체 42개가 조직되었다.

이 저항 운동과 그 성공은 통일 이전 동독에서 이미 민주화가 진행되었음을 의미한다. 그리고 그 민주화는 아래로부터의 개혁 요구에서 비롯되었으며, 여기에 동독 정부가 수동적으로 호응함으로써 가능했다. 하지만 진정한 인민민주주의를 지향했던 사회주의 개혁 운동은 인민의회 선거를 전후해 통일 운동으로 전환하기 시작했고 인민의회 구성 이후 통일이 급격하게 이루어지면서 개혁과 민주화의 마무리는 통일 정부에게 넘어갔다.

(2) 동독 내 개혁 운동의 통일 운동 전환과 정당의 매개

통일 이전 동독 저항 세력들은 통일보다 사회주의 내 개혁을 요구했다. 물론 다양한 단체들이 조직되었던 만큼 구체적인 주장들은 달랐다. 예를 들어, '민주주의 지금(Demokratie Jetzt)'은 사회주의가 고유한 민

---

6   동독 격변기에 드레스덴(Dresden) 시장을 지낸 베르크호퍼(Wolfgang Berghofer)의 표현. 이 단체들에 대해서는 박성조(1991, 47) 참조.

주사회임을 확신했고, '민주 출발(Demokratiscer Aufbruch)'은 더 유연한 입장에서 '민주적 사회주의'를 지향했으며, 사민당과 녹색정당은 사회주의 틀 안에서도 각각 서독의 자매 정당들과 유사한 성향을 띠었다(Sabrow 2010, 7-8). 때로 그 주장들은 서유럽 자본주의와 동유럽 현실사회주의 사이의 제3의 길로 해석되기도 한다. 하지만 적어도 사회주의를 폐지하자는 것은 아니어서, "사회주의에 대한 대안이 아니라 대안적 사회주의"를 위한 운동이었다.

그러나 이러한 경향들은 1990년 인민의회 선거를 전후해 획기적으로 변했다. 그것은 근본적으로 개혁 사회주의 주장이 스탈린주의적 현실사회주의를 극복할 만한 구체적 전망을 제시하지 못했다는 것에서 비롯된다. 또한 소련과 동구권의 변화라는 외부 요인도 간과할 수 없다. 하지만 인민의회 선거 정국이라는 짧은 기간 동안 사회주의 개혁 운동이 통일 운동으로 급격하게 변해간 것은 이러한 근본적 원인들보다 가시적인 직접적 원인들이 더 크게 작용했다고 할 수 있다. 그것은 선거 정국이라는 특징과도 밀접히 관련되는 정당의 역할이었다.[7]

상술한 바와 같이 원탁회의에 참여한 저항 운동 단체들은 슈타지 해체에 성공하고 그 비밀 서류의 소각을 막아냈으며, 선거법과 제도 개선에 영향력을 행사해 인민의회 구성을 이끌어냈다. 다시 말해 시민민주적 자유권이라고 할 수 있는 기본 인권과 선거권에 한정된 성과였다. 물론 이러한 자유권과 선거권을 토대로 민주 권리들을 더욱 확대해 가면서 새로운 민주주의 사회를 구상하고 실현해 나갈 수도 있다는 가정이 가능하다. 하지만 사회주의적 대안에 대한 획기적 구상과 실현 가능한 정책을 마련하지 못해 사회보장적 권리의 유지와 확장 및 경제

---

7 동독 인민의회 선거 정국의 정당과 저항 운동 단체들에 대해서는 정병기(2003, 제III장)를 주로 참조.

안정과 경제 민주화에서는 무력했으며 통일 과정에 대해서도 거의 영
향력을 행사할 수 없었다.

구체적으로 보면, 장벽 개방에 따른 서독 상품의 무제한 진입과 대
(對)동구 수출 부진 등에 속수무책이었고 민주적 경제 결정과 집단 소
유의 새로운 형태 제시에 실패했다. 그리고 통일 운동에 대한 대안을
창출하지 못해 방관자 입장에 머물 수밖에 없었다. 게다가 저항 운동
단체들은 개혁과 다원주의 담론을 수용하고 원탁회의를 통해 변혁 과
정에서도 주도권을 유지하려 한 모드로 정부와 사회주의 개혁이라는
기본 입장의 공유를 확인하는 수준에서 화해하고, 제도화된 안정 세력
의 하나가 되어갔다는 비판도 제기되었다(Rucht 1995, 26). 실제 이 비
판은 1990년 2월까지 원탁회의의 주요 그룹들 중 많은 수가 모드로 정
부에 영입되어 갔다는 사실로 뒷받침되고 있다(Kolinsky 1993, 243-
244).

원탁회의가 주도하는 정국은 사실상 권력의 공백기와 크게 다를
바 없었다. SED는 의도와 달리 정국 주도권을 행사할 수 없었고 저항
운동 단체들도 대안과 실행 능력의 결함을 드러냈다. 그에 따라 "우
리가 인민이다!"라는 민주화와 사회주의 개혁의 구호는 서서히 힘
을 잃어가기 시작했으며, "독일은 하나의 조국!(Deutschland einig
Vaterland!)"이라는 민족국가적 구호가 나오기도 했다.

그러나 적어도 변혁기에 주체로 활동했던 시위 대중과 단체들이
통일 구호가 등장하자 바로 통일 운동으로 전환해 간 것은 아니었다.
1989년 12월 11일 당시까지, 사회주의 개혁을 주장하는 노이에스 포
룸(Neues Forum)과 국가연합을 거친 완만한 통일 정책을 주장하는 사
민당 또는 기타 그와 유사한 입장의 신생 정당들을 지지하는 시위 대
중의 비율은 68%에 달했다(Zwahr 1993, 150).

통일 주장이 다수 대중의 지지를 획득하기 시작한 것은 인민의회 선거전이 본격적으로 시작된 1990년 1월부터였다. 경제적 대안과 개혁 사회주의의 새로운 질서를 제시하지 못한 채 분열해 간 저항 운동 단체들과 달리 정당들은 신속하게 새로운 이념과 정책 및 조직을 갖추어갔다. SED는 개혁파들이 당권을 장악한 후 민사당(민주사회주의당: PDS)으로 전환하면서 스탈린주의를 포기하고 토대 민주주의에 입각한 개혁 사회주의 노선을 도입했다. 적어도 인민의회 선거 정국에서는 저항 운동 단체들에 비해 개혁의 폭을 크게 설정하지 않고 기존 사회주의 내에서 스탈린주의 경향을 배제한 수준에서 개혁을 주장했으며 기존 조직과 지지자들을 중심으로 결집했다.

반면 기민연(기독민주연합: CDU)과 자민당(독일자민당: LDPD) 등 과거 '국민전선(Nationale Front)'이라는 집권 블록에 속했던 이른바 블록 정당들(Bolck Parteien)과 사민당(사회민주당: SDP)은 비록 SED의 주변에서 한정된 역할을 수행하기는 했지만 전국적 조직을 갖추고 있었다. 게다가 선거 정국에서는 각자 서독 자매 정당들로부터 재정과 장비의 지원 및 전문적 조언을 받았다. 특히 가장 큰 블록 정당이었던 기민연의 경우는 각 지역과 사회계층에 잘 정비된 지구당 조직을 갖추고 있었을 뿐만 아니라 당시 집권당인 서독 기민연으로부터 더욱 적극적인 지지와 지원을 받았다(Schmidt 1994, 40-41).

변혁기 동독에서 민주화와 개혁을 둘러싼 정당들의 주장은 세 가지로 구별된다. 민사당이 토대 민주주의 모델을 제안한 반면, 기민연과 그 연합 정당들은 서독 기본법 제23조에 따라 서독 편입을 통해 서독 민주주의를 도입하자고 주장했으며, 사민당과 그 연합 정당들은 서독 기본법 제146조에 따라 전 독일에 걸친 대안적 개혁 민주주의 모델을 제출했다(Richter 2010, 21).[8] 민사당 외에 다른 두 진영의 정당들은 모두 통일을 통해 민주화를 완성해 가자는 입장이었다. 다만 기민연이 급격한 흡수통일을 주장했다면, 사민당은 동독 내 민주화를 더 추진한 다음에 동서독이 새로운 민주주의 모델로 통일되어야 한다는 입장이었다.

선거전이 가열되면서 민사당의 지지가 급격하게 낮아진 반면, 기민연 중심의 선거연합인 '독일을 위한 연맹(Allianz für Deutschland)'은 지지율을 급속도로 높여갔다. '독일을 위한 연맹'은 화폐·경제·사회 통합(Währungs-, Wirtschafts- und Sozialunion) 협정을 통해 동서독 화폐의 1:1 교환(당시 실제 환율은 약 10:1)의 가능성을 구체화한 서독 콜(Helmut Kohl) 총리의 통일 정책과 함께 '사회적 시장경제'라는 장밋빛 미래의 약속을 제시했다.

당시 '독일을 위한 연맹'의 선거전은 "독일은 하나의 조국"이라는 민족국가적 구호 대신 "우리는 하나의 국민이다!(Wir sind ein Volk!)"라는 구호로 대표된다. 그것은 사회주의 내 개혁을 주장한 저항 운동 단체들의 구호였던 "우리가 인민이다!(Wir sind das Volk!)"에서 정관사 das를 부정관사 ein으로 바꾼 데 불과했다. 하지만 내용적으로는 민주화와 개혁을 요구하는 "인민(das Volk)"이라는 개념이 급격한 흡수통일의 내용을 담은 "하나의 국민(ein Volk)"으로 전환되는 것이었다. 그리고 이 구호는 SED 정권이 물러난 상태에서 이제는 소득 향상과 사회안전망 유지를 원하는 대중 정서에 효과적으로 파고들었다

---

8   서독 헌법은 '헌법(Verfassung)'이 아니라 임시 헌법이라는 의미에서 '기본법(Grund-gesetz)'이라는 명칭으로 1949년 5월 23일 제정되었다. 기본법 제23조는 통일 이후 동독 지역에 서독 기본법의 확대 적용을 가능하게 규정한 반면, 기본법 제146조는 새로운 헌법을 제정하여 통일 독일에 적용할 수 있도록 규정했다. 독일 통일은 제23조에 의거해 서독 기본법이 동독에 확대 적용되는 이른바 흡수통일로 이루어졌다. Müler-Graff 2005, 58.

(Musiolek und Wuttke 1991, 15-16). 당시 동독 대중들이 이에 화답한 것으로 회자된 구호인 "서독 마르크가 우리에게 오지 않으면 우리가 서독 마르크에게 간다!"에서 그러한 정서는 잘 드러났다.

당시 여론조사 결과와 선거 결과는 이러한 변화를 그대로 반영했다. 1989년 11월 하반기에서 1990년 2월 하반기 사이에 개혁 사회주의 지지 비율은 86%에서 56%로 하락한 반면, 통일 찬성 비율은 48%에서 79%로 상승했다(Sabrow 2010, 11). 실제 인민의회 선거에서 사회주의 개혁을 주장하는 세 정당·단체들이 도합 5.05%를 얻고, 완만한 통일을 주장한 사민당이 21.9%를 얻는 데 그친 반면, 급속한 통일을 주장하는 '독일을 위한 연맹'은 48.0%를 획득했다(Zwahr 1993, 157-158). 결국 1990년 3월의 인민의회 선거는 통일을 기정사실화한 국민투표이자 급격한 흡수통일을 선택한, 통일 방안을 둘러싼 정책 투표였다고 할 수 있다.

선거 결과 '독일을 위한 연맹'이 집권했고 공약에 따라 통일은 급속도로 진행되었지만, 적어도 변혁 초기에는 민주화와 체제 개혁이 주요 이슈였고 통일은 주요 관심 대상이 아니었다. 이러한 관점(대표적으로 Richter 2010)에서 볼 때, 동독이 통일로 서독에 편입된 것은 민주화를 위한 것이 아니었다. 동독은 통일 이전에 이미 짧은 기간이었지만 민주적 법치국가로 전환했으며, 통일은 오히려 이를 토대로 가능했다고 할 수 있다. 그러나 상술한 것처럼 그 민주화는 기본적 인권과 선거권에 한정되었으며, 선거 정국을 거치면서 민주화 및 개혁 문제는 통일 이슈와 결합되었다. 게다가 기민연과 사민당은 통일을 통해 민주화를 완성한다는 구상을 구체화했으며 선거 정국을 주도했다. 곧, 변혁 초기의 민주화와 개혁 운동은 선거 정국에서 정당들에 의해 통일 운동으로 전환했으며, 결국 통일이 주요 이슈가 되면서 정국 주도권도 저항 운동

단체에서 정당으로 넘어갔다. 그리고 그와 함께 민주화 완성의 과제도 통일 독일 정부로 이전되었고 개혁 방향도 대안 사회주의가 아니라 서독 체제를 도입하는 것으로 바뀌었다. 그 귀결은 곧 서독 체제로의 흡수통일이었다.

다. 통일 독일의 연방제 개혁과 동독 과거사의 규명 및 처리: 위로부터의 개혁

(1) 동독 지역의 연방제 편입과 통일 독일의 연방제 개혁

동독의 서독 연방 편입은 독일 연방제의 일정한 개혁을 수반했다. 국가기본법 제23조에 따라 서독 법이 동독에 확대 적용되는 흡수통일이 이루어졌지만, 연방이 확대됨으로써 나타나는 여러 가지 난제들과 갈등들을 조절하기 위해 연방제 전반에 대한 개정의 필요성이 대두되었기 때문이다. 연방제 개혁으로 불리는 이 일련의 과정은 2006년의 대폭 개정을 거쳐 통일 이후 9년에 걸쳐 완성되었다.[9] 따라서 독일의 현행 기본법은 1949년 기본법을 근간으로 하면서 연방제와 관련해서는 2006년 개정법에 토대를 두며 2009년 3월 19일 최종적으로 개정되어 2009년 7월 1일부터 효력을 발휘하였다.[10]

물론 통일 후 기본법 개정이 2006년에 처음 이루어진 것은 아니

9　연방제 개혁에 대해서는 임홍배 외(2011, 제1장 3절)를 재구성.

10　2009년 개정은 제106조에서 관련 세목을 구체화하고 제106b조를 추가하여 자동차세의 연방 이관에 따른 주들의 분담금 수령 권한을 규정하며 효력 발생일을 명기하고 일부 자구를 수정하는 정도였다. Bundesgesetzblatt Jahrgang 2009 Teil I Nr. 16, ausgegeben zu Bonn am 25. März 2009 참조.

다. 통일과 동시에 통일조약이 발효되면서 이미 기본법 개정 효과가 발생했으며, 이른바 헌법 개혁이라 불리는 2006년 기본법 개정(제42차 개정)이 이루어지기 전까지 다섯 차례의 일부 개정이 이루어졌다(제36~41차 개정. 장태주 2001, 35-37). 우선 제36차 개정이라 불리는 통일조약의 발효로 동독 지역으로 서독 기본법이 확대 적용되었으나 연방과 주의 관계(제2장), 연방 법률의 집행과 연방 행정(제8장), 공동 과제(제8a장), 사법부(제9장), 경과 규정(제11장) 등은 1995년 말까지 그 확대 적용이 유보되었다. 이때부터 연방제 개혁의 필요성이 제기되었다. 이후 1994년 10월 27일의 제37차 개정부터 2006년 제42차 기본법 개혁 이전까지 이루어진 개정의 주요 내용은 유럽 통합, 연방과 주의 관계 조정, 망명권의 제한 등에 관한 것이었다.

하지만 2006년의 기본법 개혁은 단일제 국가였던 동독이 과거의 주(州)들로 분리되어 서독 연방에 편입됨으로써 발생한 연방제에 관련된 내용이 중심이었다. 통일 후 16년이 지난 다음이었지만, 이 개정으로 통일 독일의 연방제가 완성된 셈이었다. 이는 연방제에 관한 주들 간 갈등이 얼마나 심각했는가를 알려주는 방증이기도 하다. 곧, 이 연방제 개혁은 상이한 이해관계들 간 타협의 산물로 주의 자율성이 강화된 동시에 연방의 권한도 유지 또는 강화된 이중적이고 복합적인 성격을 보여준다(윤석진·이준서 2008, 9; 유진숙 2006, 301-302).

2006년 연방제 관련 기본법 개정의 주요 과정은 다음과 같다(윤석진·이준서 2008, 46-47; 독일 연방의회 홈페이지).

• 2003년 10월~2006년 6월: 제1차 연방제개혁위원회['연방국가적 질서의 현대화에 관한 공동위원회(gemeinsame Kommission zur Modernisierung der bundesstaatlichen Ordnung:

Föderalismuskommission)’]

- 2004년 12월: 교육 관련 권한을 두고 연방과 주의 대립으로 협의 결렬
- 2005년 9월 11일: 대연정 연립 협정에서 연방제 개혁 내용 합의: "① 효과적인 의사결정과 행동을 위한 능력의 향상[법률의 성립에 다수의 다른 입장의 주가 참가하고 주정부의 대표로 구성된 연방평의회(Bundesrat)와 연방의회(Bundestag)의 지배 정당이 다른 것에 기인하는 방해의 위험성을 개선], ② 정부 책임 분배의 명확화, ③ 행정부의 유효성과 편의성의 개선
- 2005년 12월 14일: 연방 총리와 주 총리들이 위 개혁 목표에 동의하고 명시
- 2006년 3월 7일: 기민/기사연과 사민당, 연방제 개혁을 위한 기본법 개정안과 관련 법률의 개정안(BT-Drucksache 16/813, 16/814)을 연방의회에 제출; 4개 주(Nordrhein-Westfalen, Bayern, Berlin, Bremen)가 동일 내용의 기본법 및 관련 법률개정안(BT-Drucksache 178/06, 179/06)을 연방평의회에 제출
- 2006년 5월 15일~6월 2일: 연방의회 공청회
- 2006년 6월 30일: 제1차 개정 법안 연방의회 통과
- 2007년 3월 8일~2009년 3월 5일: 제2차 연방제개혁위원회 [연방–주의 재정 관계 현대화를 위한 위원회(Kommission zur Modernisierung der Bund-Länder-Finanzbeziehungen)]
- 2009년 3월 19일: 제2차 개정 법안 연방의회 통과
- 2009년 7월 2일: 개정 기본법 발효

독일의 연방 국가 개념은 단일제 국가를 거부하는 주(Land: 베를

린, 브레멘, 함부르크 등 자치시를 포함하여 총 16개)라는 자율적 구성국가들(Gliedstaaten)의 총국가(Gesamtstaat)로서(Hrbek 1991, 17), 연방과 주의 관계를 핵심으로 한다. 그 핵심 요소는 주의 폭넓은 입법권과 행정권 및 재정균형 제도와 연방평의회 제도다.

배제 규정인 연방과 주의 입법권과 행정권상의 권한·의무 배분 규정에 따라, 외무, 국방, 국제기구 가입과 연방 재정 등 연방의 주요 권한과 관련된 행정권과 법률제정권을 제외한 모든 권한과 의무가 주정부에 속한다. 그 중 교육, 문화, 치안 등은 주의 중요한 권한 영역에 해당한다. 이와 같이 이른바 행정연방주의(Verwaltungsföderalismus)라고도 불리는 독일 연방주의는 광범위한 행정권상의 자치를 인정하고 있다.[11]

좁은 의미에서 볼 때 연방제의 핵심은 '제2의회'로 불리는 연방평의회(Bundesrat) 제도다. 인구비에 따른 비례대표제로 선출되는 연방의회(Bundestag)와 달리, 연방평의회는 각 주정부가 그 크기에 따라 수를 달리하여 파견하는 대표들로 구성된다. 통일 전 3명 내지 5명이었던 각 주 대표 수는 통일 후 3명 내지 6명으로 조정되어 총수는 69명으로 늘어났다. 주들의 구체적 대표 구성은 다음과 같다(Andersen und Woyke 2003, 60).

- 6명: 바덴-뷔르템베르크(Baden-Württemberg), 바이에른(Bayern), 노르트라인-베스트팔렌(Nordrhein-Westfalen), 니더

11 그러나 일방적으로 서독의 제도가 이식된 동독 지역 주들은 근 40년 동안 입법부 구성 경험이나 행정 자치 경험이 전무한 상태여서 시설이나 재정 및 인적 측면에서 많은 난관에 봉착할 수밖에 없었다. 자치 경험 및 그 중요성에 대한 인식 부족은 통일 직후(10월 14일) 실시된 첫 주의회 선거의 투표참여율이 인민의회 선거의 93.4%에 비해 69.1%로 현저히 낮았던 것에서도 드러난다. Gibowski und Kaase 1991, 5.

작센(Niedersachsen)

- 5명: 헤센(Hessen)
- 4명: 베를린(Berlin), 브란덴부르크(Brandenburg), 라인란트-
  팔츠(Rheinland-Pfalz), 작센(Sachsen), 작센-안할트(Sachsen-
  Anhalt), 슐레스비히-홀슈타인(Schleswig-Holstein), 튀링엔
  (Thueringen)
- 3명: 브레멘(Bremen), 함부르크(Hamburg), 메클렌부르크-포
  어포머른(Mecklenburg-Vorpommern), 자르란트(Saarland)

연방평의회는 재정 관련법과 각 주에 영향을 미치는 정책 및 법안 의결에 대해 연방의회와 동등한 권한으로 동의권과 이의신청권 및 거부권을 갖는다. 그에 따라 연방의회에서 다수를 차지한 집권당이 주정부를 석권하지 못했을 때는 평의회가 효과적인 제동 역할을 할 수 있으며, 작은 주일지라도 연방의 정책 결정에 참여할 수 있는 폭을 상대적으로 크게 갖는다. 약 60%의 입법이 연방평의회의 동의를 필요로 하여 주정부가 연방 차원의 야당에 의해 장악되면 정치는 여야 간 공동 통치의 의미를 가지기도 한다(Schmidt 2005, 19). 그러나 지역 간 차별과 불평등을 효과적으로 조절하기 위한 이러한 평의회 제도도 동독 지역 전체의 공통된 이해를 대변하기에는, 동독 지역 5개 주(베를린 제외: 브란덴부르크 4, 작센 4, 작센-안할트 4, 튀링엔 4, 메클렌부르크-포어포머른 3)의 대표가 전체 69명 중 19명에 불과하다는 사실로 보아 일정한 한계를 가진다.

연방제와 관련하여 중요한 재정 체계로는 조세상의 분리[12]와 주들

---

12 주류, 담배, 석유, 교통, 자본 유통과 보험에 관련된 조세는 연방에 귀속하며, 재산세, 상속세, 자동차세와 맥주세는 주정부에 속한다. 그 외 소득세와 법인세는 연방과 주에 절반

간 수평적 재정균형 제도다(김수행 외 2006, 216-218). 특히 동독 주들과 관련하여 중요한 것은 부유한 주의 흑자 재정을 곤궁한 주로 이전시키는 재정균형 제도다. 연방기본법은 '동일한 생활조건' 형성을 보장하고 있고(구 기본법 제2장의 2조 72항과 3조 106항), 그 취지에 따라 시행되고 있는 현행 주재정균형제도는 협조적 연방주의 이념 아래 다음과 같은 세 단계의 조세수입 재분배를 내용으로 해왔다(Arbeitsgruppe Alternative Wirtschaftspolitik 2001, 26-29).

- 각 주에 돌아갈 판매세(Umsatzsteuer)의 1/4을 재정이 취약한 주들에게 그 주들의 재정이 주 전체의 재정평균 92%에까지 도달하도록 사용
- 그럼에도 해소가 되지 않을 경우 추가적으로, 각 주의 재정이 전체 평균의 95%에 이르도록 부유한 주에서 취약한 주로 재정을 이전
- 마지막으로 모든 취약한 주에 대해 그 주의 재정이 전체 평균의 99.5%에까지 이르도록 연방이 지원

그러나 부유한 세 주인 바이에른(Bayern), 바덴-뷔르템베르크(Baden-Württemberg), 헤쎈(Hessen)이 이러한 재정균형 제도를 시장 논리에 위배된다고 연방헌법재판소에 소송을 제기하였고 그 소송은 받아들여졌다. 당시 적녹 연정도 기존의 협조적 연방주의를 경쟁적 연방주의로 전환하려는 이러한 시도에 반대하지 않았다. 물론 연방헌법재판소는 2003년까지 연방기본법의 취지를 살릴 수 있는 적절한 대안

씩 납부되고, 이러한 형태의 조세와 관련된 결정은 연방과 주의 공동 권한에 속한다.

조치를 입안하고 2005년부터는 이 새로운 조치에 따라 주들 간 재정균형을 이룰 수 있도록 하라는 단서를 달았다(Arbeitsgruppe Alternative Wirtschaftspolitik 2001, 27). 이러한 단서는 2006년 개정을 통해 일정하게 달성되었다.

독일 연방법의 집행원인주의에 따라 재정 권한은 행정 권한을 따른다. 즉 연방과 주들은 자신의 과제를 수행함에 따라 발생하는 지출을 스스로 부담한다는 것이다. 그 핵심 규정은 기본법 제10장으로 일명 재정 헌법(Finanzverfasssung)이라고도 부른다. 기본법 제10장은 두 개의 큰 범주로 구분되며, 그 중 제104a조에서 제109조까지가 협의의 재정 헌법이고 제110조에서 제115조까지가 예산 헌법(Haushaltsverfassung)이다. 그러나 기본법 제109조가 재정 헌법과 예산 헌법의 성격을 모두 가지고 있어서 양자를 포괄하는 의미에서 재정 헌법과 예산 헌법이라고 보기도 한다. 이때 협의의 재정 헌법과 예산 헌법을 총괄하여 광의의 재정 헌법이라고 할 수 있다(윤석진·이준서 2008, 121).

개정 기본법도 지출부담 원칙(Ausgabenverteilung)을 유지하고 있다. 그러나 다른 한편으로는 주 재정의 연방 지원을 규정하여 주 재정 확충을 꾀하기도 한다. 개정 기본법 역시 제104a조 제3항의 "주에 의해 집행되는 금전의 급부에 관한 연방 법률은 그 급부의 전부 또는 일부를 연방이 부담하도록 규정할 수 있다"고 명시한 '금전급부법(Geldleistungsgesetz)' 조항을 유지하고 있다. 곧, 개정 기본법은 다수의 입법 권한을 주에 이관함과 동시에 기존의 주들 간 재정균형 제도를 유지하면서 주의 책임과 권한을 확대한 것으로 볼 수 있다.

그러나 2006년 개정 기본법의 연방제 규정에 대한 비판도 없지 않다. 우선, 재정 관련 조항들이 재정이 풍부한 주에게 유리하게 작용하여 주들 간 상호 경쟁이 심화될 우려가 있다는 비판이 제기되었다. 반면 주의 권한을 더 중시하는 입장에서는 주에 대한 입법 권한의 이양이 여전히 불충분하다는 의견이 표명되기도 한다(윤석진·이준서 2008, 10). 흡수통일에 따라 서독 연방제에 편입된 구동독 주들의 불리한 사정에 비추어 볼 때, 두 비판 모두 구동독 주들에게 예민하게 받아들여질 수 있다.

(2) 슈타지 문서 처리와 사회주의통일당 독재 청산

흡수통일에 따라 동독 지역에는 현실사회주의 국가기구가 해체되고 서독 제도가 수용되었고, 그로 인해 적지 않은 공무원 인사 변동이 불가피했다. 연방제와 관련된 국가 기본 질서를 규정한 것이 국가 기본법이라면, 통일 직후 기본법 개정 때까지 동독의 서독 편입에 따른 재편을 규정한 것이 통일조약이다. 특히 동독 관리들의 배제와 서독 인물들의 이식으로 대표되는 인사 정책은 이후 통일 독일의 사회적 통합에 중요한 영향을 미친 것으로 알려졌다.[13] 곧 통일조약 규정에 따라 (Henneberger 1995, 394),

- 통일 후 지속되지 않는 모든 관공서의 고용 및 임용 계약은 통일과 함께 중단되며, 최고 6개월까지(이 기간 동안은 이전 6개월간 월 평균 임금의 70%를 요구할 권한을 갖는다) 다른 기관에 임용되지 않을 때 자동 소멸되고,
- SED 정권의 특정 정치 기관 관련자는 파면되며,

---

13 인사 정책에 대해서는 정병기(1997, 제3장 1절)를 주로 참조.

- 1992년 10월 3일까지(곧, 통일 후 2년까지) 기관 해체, 잉여 인력, 자격이나 능력 미달 인력은 해임 내지 해고된다는 것이었다.

그에 따라 1989년 9월 30일 당시 전체 230만 명이었던 동독 공무원들 중 1993년까지 74만 명이 해임 또는 해고되었다. 그 이후에도 35만 명의 해임·해고가 더 진행되어 통일 이후 총 1백만 명 이상의 해임·해고가 단행되었다. 업무가 폐지되지 않고 남아 있는 빈자리에는 서독 공무원들을 임명하기도 했는데, 1993년까지 동독지역 행정기관들에 배치된 서독 공무원은 총 3만 5천 명 정도였다(연방 업무 1만 5천 명, 주 및 지역 업무 1만 명, 기타 1만 명. Henneberger 1995, 394-402; Osterland 1996). 그 밖에 대부분은 연방제와 지방자치제의 도입에 따라 동독 신설 주들과 지자체들이 새로운 인력을 채용하는 것으로 이어졌다.

정치 개혁과 관련해 인사 정책에서 중요한 것은 SED 독재 청산[14]

14　전진성(2003)은 '청산'이라는 개념이 과거와의 대면을 일정한 선에서 종결시키려 함으로써 과거에 대한 끊임없는 비판적 문제제기와 희생자에 대한 추모의 정신을 저해할 수도 있기 때문에 적당하지 않다고 주장한다. 그는 대신 '과거 극복(Bewältigung)'이라는 개념을 제안하는데, 이 개념은 과거에 대한 매우 부정적인 관념을 전제로 하면서도 과거가 단순히 청산되어야 할 대상이 아니라 부단한 '대면'을 통해 사회의 현재와 미래를 위한 긍정적인 계기로 탈바꿈될 수 있다는 믿음을 담고 있다고 한다. 그 밖에 고상두(2007)는 '진상 규명'이 더 적절하다고 주장했으며, 정흥모(1998)는 '역사 정립'이라는 개념을 사용할 것을 제안하기도 했다. 하지만 실제 독일 연방의회에서 청산에 가까운 개념인 Aufarbeitung을 사용하므로 이 글에서도 청산이라는 개념을 사용하되 그 뜻을 보다 명확히 하기 위해 '진상 규명과 처리'라는 두 용어로 풀어쓰기도 한다. '진상 규명과 처리'라는 개념은 기존에 사용된 청산이나 극복 개념과 달리 '벗어나 잊음'을 떠올리지 않는 장점을 갖기도 한다는 점에서 더 유용하다. 따라서 이 글에서 청산은 진상 규명과 처리를 함께 뜻하는 개념으로서, '드러내어 벗어나 잊기'가 완료된 극복 혹은 청산이 아니라 '드러내어 논죄하지만 기억하기'를 포함한다[그 밖에 청산 개념에 대한 논쟁은 Großbölting(2013) 참조].
청산 문제는 동독의 국가성에 대한 법적 논쟁으로도 이어졌다. 국제법적으로나 동서독의 문제였다. 그것은 슈타지 문서 공개와 더불어 시작되었고 실제 슈타지 청산 문제와 동일시되다시피 했다.

슈타지는 1950년 발족해 1989년에는 10만 명의 정식 요원을 가진 거대 국가기구로 발전해, 도청, 우편물 검열, 고문과 자의적 형사처벌, 진학·직업상 부당한 차별, 심리적 테러, 스캔들 조작을 통한 사회적 매장, 살해 등 다양한 방법으로 인권을 탄압한 것으로 밝혀졌다. 특히 인민들을 '비공식 정보 요원(Inoffizielle Mitarbeiter)'으로 이용해 이웃, 친척, 친구, 배우자까지 감시하도록 했는데, 1980년대 동안 그 인원은 연평균 동독 전체 인민의 약 1%에 해당하는 약 17만 5천 명에 달했다.[15]

앞서 기술했듯이 1989년 동독 인민들의 저항에 의해 모드로 정부가 슈타지를 해체하고 방첩 업무만 수행하는 국가안전국(Amt für Nationale Sicherheit)으로 대체했다. 하지만 정부는 정식 요원들 중 약 8천 명 정도만 해고하고 그 핵심 지도자들을 유임시켰으며, 심지어 범죄 은폐를 위해 주요 문서들을 파기하기 시작했다. 이에 인민들은 에어푸르트(Erfurt) 등지에서 슈타지 건물을 점거하는 등 다시 강력하게 저항했다. 결국 1990년 2월 정부는 국가안전국도 폐지하기로 하고 문서 파기를 중단했다. 이어 1990년 3월 구성된 인민의회가 8월 20일에 문서 공개를 토대로 슈타지를 정치·역사·사법적 측면에서 비판적으로 조명할 것을 골자로 하는 문서처리법안을 가결했다.

하지만 슈타지 처리를 통해 SED 독재를 청산하려는 작업은 다시

관계에서 합법 국가로 인정된 동독의 국가기구 행위를 판단하는 주체와 근거는 동독의 기구와 법률이라는 주장도 합당하기 때문이다. 하지만 이 글은 SED 독재 정치의 개혁에 초점을 두므로 이 법적 논쟁에 대해서는 다루지 않는다. 동독 과거 청산의 법적 논쟁에 대해서는 김동률·최성진(2015) 참조.

15 슈타지 활동과 슈타지문서처리법 제정 과정에 대해서는 최승완(2006, 414-418) 참조.

한번 어려움에 봉착했다. 무엇보다 통일조약 협상에서 통일 후 사회 통합의 저해를 우려해 슈타지 문서를 독일연방문서고에 귀속시킨다는 합의가 이루어졌기 때문이다. 이것은 최소 30년간 문서를 공개하지 않는 것을 의미했다. 결국 동독 인민들은 베를린 슈타지 건물 점거 등을 통해 또 다시 거세게 반발했고, 이 저항에 봉착한 인민의회도 비준 거부로 정부에 압력을 가했다. 그에 따라 합의는 취소되었고, 통일 독일에서 새로운 슈타지문서처리법(Stasi-Unterlagen-Gesetz)이 제정되어 1991년 12월 29일 발효되었다. 이 법을 토대로 1992년부터 본격적으로 슈타지 문서들이 공개되고 인권 탄압 행위들에 대한 진상 규명이 단행되었다. 문서처리법은 ① 공개의 원칙을 따르고, ② 당사자에게 피해가 가지 않도록 개인정보 및 인권을 보호하며, ③ 문서 공개를 통해 슈타지의 실체를 역사·정치·사법적 측면에서 철저히 조명할 수 있도록 지원하는 것을 과제와 목표로 규정했다.

이 법안에 따라 연방의회는 1992년 의회 내에 국회의원과 관계전문가들로 구성된 'SED 독재역사 및 잔재 청산 특별위원회(Enquete-Kommission zur Aufarbeitung von Geschichte und Folgen der SED-Diktatur)'를 설치했다(국회의원 32명과 관계전문가 11명을 합해 총 43명으로 구성되고 6개 분야별 소위원회로 조직됨). 또한 1998년에는 의회 밖에서 그 활동을 지원하기 위해 'SED 독재 청산 연방 재단(die Bundesstiftung zur Aufarbeitung der SED-Diktatur)'을 설립했다(황병덕 1996, 89; Bundesstiftung zur Aufarbeitung der SED-Diktatur 2013). 당시 특별위원회 설치에 대해서는 민사당이 동독에 대한 총체적 편견의 조장을 우려하며 반대했지만, 다른 모든 정당들(사민당, 기민/기사연, 자민당 및 동맹90/녹색당)은 동독 내 SED 독재에 대한 규명을 위해 필요하다는 입장에서 찬성했다(Der Beauftragte der Bundesregierung für Kultur und Medien (BKM) 2013, 21-22).

청산 특별위원회는 SED의 정책과 기구가 자행한 인권 침해와 시민권 침해를 비롯해 자연과 환경의 파괴 행위, 국제인권협약과 국제인권기준의 위반 및 각급 단계에 걸친 억압 행태를 조사하고, 그 물질적·도덕적 원상회복 가능성을 검토하며, 각 분야에서 체제 저항 활동 및 야당 활동의 유형 및 배경을 파악하고, SED 독재 시기 동독 교회의 역할과 위상을 분석하는 것을 주요 과제를 부여받았다(황병덕 1996, 89-90).

한편 연방정부도 1992년 '연방 슈타지 문서 처리청(Der Bundesbeauftragte für die Unterlagen des Staatssicherheitsdienstes der ehemaligen DDR: BStU)'을 설립하고, 동독 독재 청산 작업의 일환으로 슈타지 문서 처리를 집행했다. 연방의회 특별위원회와 달리 문서 처리청의 업무는 처음부터 다양한 반대에 부딪히기도 했다. 문서 공개를 반대하는 집단은 크게 세 부류로 나뉘는데, 보복 확산과 동독인들에 대한 첩자 낙인 같은 동서독인들 간의 괴리감 증대를 우려하는 이른바 '사회적 평화론자'들이 첫째 집단이고, 구동독 권력 엘리트와 그 수혜자들이 둘째 집단이며, 좌파에 대한 마녀사냥과 사상 검증을 우려하는 일부 서독 진보 지식인들이 셋째 집단이다(최승완 2006, 425-426). 그러나 이 집단들의 반대는 여론과 사회적 논의를 통해 상대적으로 쉽게 극복되었다.

문제는 오히려 정부로부터 행사된 압력으로 인해 독립성이 보장되지 못했다는 것이었다. 그 대표적 사건이 2001년 시작된 콜 총리와 문서처리청의 공방전이었다(최승완 2006, 433-434). 과거 슈타지가 콜을 비롯한 서독 주요 인사들을 대상으로 실시한 전화 도청의 녹취록이 당시 콜 총리의 정치자금 스캔들과 연루되었음이 밝혀지자 의회가 문서처리청에 문서 공개와 자료 제공을 요구한 것이 사건의 발단이었다. 콜 총리는 당사자가 피해를 입을 수 있다면 문서를 공개할 수 없다는 슈타지문서처리법 제5조를 근거로 의회에 자료 제공을 하지 말 것을 문서처리청에 요구했다. 하지만 문서처리청은 중요한 영향력을 가진 공인의 경우 반드시 보호해야 하는 정보를 누출하지 않는 한 그에 대한 문서를 공개할 수 있다고 명시한 문서처리법 제32조에 근거해 문서를 공개하려 했다. 결국 콜 총리는 베를린 행정재판소에 소송을 제기해 자신에 관한 기록이 학계나 언론에 개방되지 않도록 법적 조치를 취해 줄 것을 요구했다. 수년에 걸친 공방 끝에 2004년 7월 연방행정재판소가 개인의 인격권을 우선시하는 최종 판결을 내렸다. 그에 따라 문서처리청은 사회·정치적 영향력이 큰 주요 인사들, 고위 공무원, 주요 사회·정치조직 간부들에 대한 문서를 당사자의 동의에 한해 공개해야 한다는 제약을 받게 되었다.

수사기관과 사법부도 동독 과거 청산과 관련해 중요했다(고상두 2007, 26-34). 특히 베를린 특별수사부가 중요한 역할을 수행했는데, 이 특별수사부는 SED 정부의 불법 행위를 조사하기 위해 다른 주들과 연방으로부터 210명의 수사관과 60명의 검사를 지원받아 총 430명의 수사관과 80명의 검사로 구성되어 방대한 규모를 가지고 업무에 착수했다. 조사 대상은 동독을 탈주하려는 자에게 사격을 명령한 국가안보회의의 결의 행위, 국경수비대 병사의 총격 행위, 법률을 왜곡하여 판결한 판·검사들의 행위, 선거 조작과 같이 체제 유지를 위해 행한 불법 행위 등 크게 네 가지였다.

하지만 이 문제는 법률적 문제뿐만 아니라 통일 후 동서독 통합을 위해서도 매우 민감한 사안이었다. 실제 사법적 처벌은 국경 탈주자 사살과 연루된 동독 고위 관료 3명에게 최고 6년의 징역형을 언도하는 것으로 마무리되었다(마지막 SED 서기장 Egon Krenz, 동베를린 SED 지부장 Guenther Schabowski, 각료회의 부의장 Günther Kleiber).[16] 이와 같이 미진한 사법 행위에 반대해 저항 운동 단체 '민주주의 지금 (Demokratie Jetzt)'에서 활동했던 울만(Wolfgang Ullmann)은 자연법 주의에 의거해 정권 범죄를 처벌하기 위한 방안으로 도덕적 권위와 준사법적 권한을 갖고 연방대통령을 수장으로 하는 국민심판소를 설치해 범죄 책임자를 색출하고 처벌할 수 있도록 하자고 제안했다(고상두 2007, 35-37). 이에 대해 당시 바이체커(Richard von Weizsäcker) 대통령은 원칙적으로 이 제안에 찬성하였으나 국민심판소가 처벌 권한을 가져서는 안 되고 진상 규명의 권한만을 가져야 한다고 응답하였다.

　결국 이러한 요구들은 상술한 연방의회 특별위원회 설치로 마무리되었다. 하지만 의회 특별위원회조차 민주적 합의를 통해 독일의 내적 통합을 실현한다는 본래적 취지에서 벗어나 통합의 잠재력을 상실해 정치적 도구로 전락했다는 비판이 제기되기도 했다(Yoder 1999). 무엇보다 특별위원회는 동독의 현실을 전혀 경험한 적이 없는 소수 서독 전문가들과 구동독 반체제 인사들 중심으로 운영되어 동독의 역사를 총체적으로 부정하는 일방적 해석만을 시도하였다는 것이다. 이 비판은 통일 후 청산 작업을 '승자의 정의'라고 보는 민사당의 입장에 가까운 주장이기는 하지만 광범위한 대중의 참여를 배제했다는 지적은 주목할 만했다.

　이와 달리 통일 독일의 과거사 청산은 오히려 처벌의 수준이 대단히 온건했다고 말하며 '승자의 정의'라는 비판을 정면으로 반대하는 목소리도 있다(Offe 1997, 179-180). 이 입장은 통일 이전 동독 인민들

16　호네커에 대해서는 최종 선고를 받기 전에 사망할 가능성이 크다는 이유로 1993년 1월 재판 중지 결정을 내렸다.

로부터 시작된 강력한 청산의 분위기가 동력을 상실했다는 점에 주목하고, 그 원인을 서독인들의 무관심과 서독 정당들 및 정치 엘리트들의 소극적 태도 그리고 동독인들의 거부감 등에서 찾았다. 이 주장을 제기한 오페(Offe)에 따르면, 서독인들은 동독 체제의 범죄가 중남미나 나치 체제에 비해 상대적으로 온건하다고 보고 있으며, 동독의 반체제 인사들은 서독의 정치 엘리트들이 구동독 정권과의 잠재적 공모 관계가 드러나는 것을 싫어했기 때문에 소극적 태도를 취했다고 한다. 또한 동독인들은 강력한 과거사 청산을 실시할 경우 자신들이 동독 시절에 취했던 기회주의적 태도가 폭로될 것을 두려워하는 한편, 암울한 경제 현실의 극복에 우선적인 관심을 가졌다고 한다. 이것은 동독 독재의 청산을 온전하게 수행하지 못한 원인을 지적하는 색다른 주장으로 주목할 만하다. 하지만 무엇보다 동독 인민들의 강력한 민주화 투쟁과 개혁 요구들을 간과했다는 점에서 주의를 요한다.

라. 한반도 통합을 위한 시사점: 아래로부터의 개혁과 위로부터의 개혁의 조화

(1) 동독 내 개혁과 북한 내 개혁

북한 사회에서 아래로부터의 개혁이 가능할까? 이 질문에 대한 대답이 동독의 민주화에서 도출할 수 있는 가장 중요한 시사점이다. 동독과는 사정이 너무 다른 북한에서 적어도 동독과 같은 민주화로 추진된 '아래로부터의 개혁'은 가능하지 않을 것이다. 하지만 다른 형태로나마 '아래로부터의 개혁'이 전혀 불가능하다고 단정할 수는 없으며, 불가능해서도 안 된다. 그것은 지금부터 그러한 여건을 어떻게 조성하느냐에 달려 있기 때문이다.

북한은 체제와 이념에서 동독과 다른 길을 걸어 왔다. 동독 체제의 한계는 스탈린주의 체제였다는 것이지만, 그 체제는 붕괴되기 직전까지 더 큰 범주에서 보면 마르크스-레닌주의의 틀 안에서 작동했다. 따라서 공산주의 이론을 실현하는 SED라는 집단적 카리스마가 지배한 사회였다. 그러나 북한은 주체사상을 공고히 하면서 마르크스-레닌주의라는 공산주의 이념을 포기했으며 김일성 일가의 인격적 카리스마에 의존하는 사회로 변했다. 북한에서 주체사상과 조선노동당은 김일성 일가의 전제를 합리화하고 조직화하는 역할에 한정된다.

동독에서와 같은 이견 그룹과 블록 정당은 이러한 체제를 가진 북한에서 자리 잡기 어렵다. 특히나 전쟁을 치른 한반도에서 이견 그룹은 곧 반체제단체나 이적단체로 간주될 수밖에 없다. 게다가 국제무대에서는 이미 1970년대에 데탕트가 시작되었지만 한반도에서는 남한의 햇볕정책 시기를 제외하고는 정도의 차이만 있을 뿐 냉전이 지속되어 왔기 때문이다.

물론 북한에도 조선노동당 외에 다른 정당들이 존재한다(홍민 2002). '우당(友黨)'이라는 명칭으로 불리는 조선사회민주당(1945년 창당)과 조선천도교청우당(1946년 창당)이 그것이다. "노동계급의 당과 통일전선을 이룬 단계에 있는 정당"이라는 뜻에서 우당은 동독의 블록 정당과 다르지 않다. 하지만 체제 안에서 주민들을 조직하고 동원하는 것을 목적으로 하는 것이 아니라 대남 선전 활동을 중심으로 하는 조직이라는 점에서 동독의 블록 정당과는 성격을 크게 달리한다. 곧, 북한 내에서 인민을 대상으로 활동하는 정당은 조선노동당 외에는 존재하지 않는다는 것이다. 더욱이 바로 이러한 특수한 활동으로 인해 두 정당은 북한 내에 지방 조직을 갖추지 않아 전국 조직화되지 않았다는 점에서도 동독의 블록 정당들과는 판이하다.

이것은 북한 사회가 조선시대 봉건적 정치문화에서 일제 식민지를 거쳐 전체주의 국가로 진입함으로써 자본주의적 계층 갈등이 정치적으로 성장할 사회적 토대를 처음부터 갖추지 못했다는 점과도 연결된다(정병기 2015). 국가가 주도했다는 점에서 남한과 북한이 다르지 않지만, 북한식 현실사회주의적 산업화는 사회 계층을 생산수단의 소유 여하에 따라 분화시킨 것이 아니라 국가 권력의 소유 여하에 따라 분화시켰다는 점에서 남한의 경우와 판이하다. 남한도 개발독재에 의해 정부 주도의 산업화가 이루어졌지만, 이것은 의회와 시민사회 및 생활세계를 허용하면서 시장을 형성할 목적으로 이루어졌다는 점에서 자본주의적 산업혁명에 속한다. 이와 달리 북한의 산업화는 의회와 시민사회 및 생활세계를 국가에 복속시키고 시장을 허용하지 않는 전체주의적 혹은 파시즘적 산업화로 볼 수 있다.

솔가(Solga 1996, 20)의 논의를 따르면, 북한은 정치·경제·기술적 처분권 중 하나 이상을 소유하거나 적어도 참가할 권한을 가진 계층이 생산된 부에 대한 특권적 부분을 취득할 권리를 가진 사회로 형성되어 왔다. 그리고 이러한 계층 분화는 관료와 인민의 갈등이 곧 부의 특권에 따른 갈등으로 이어졌다. 이것은 북한의 개방이 이루어지더라도 체제 내 개방으로 전개될 때에는 적어도 일정 기간 강화 내지 지속될 것으로 보인다.

따라서 한반도에서 통일을 준비하는 과정은 독일의 경우에 비해 상당한 노력과 시간을 필요로 한다. 독일이 급속하게 통일되었지만 평화적인 과정을 거쳤고 통일 이후에도 정치적 혼란을 겪지 않을 수 있었던 것은 동독 내에서 이미 아래로부터의 개혁이 이루어졌으며 이를 위한 동독 내 사회적 토대가 형성되었기 때문이다. 하지만 그러한 단초를 찾기 어려운 북한에서 이러한 토대를 형성하는 것은 요원해 보이는 것이 사실이다. 때문에 남북 관계 개선과 북한의 개방을 통해 이러한 토대를 창출할 필요가 있다.

통일 이후의 갈등 구조는 분단 시기로부터 이어받은 갈등을 포함하며, 통일 과정에 따라 달리 형성되어 갈 것이다. 물론 남한 내의 갈등 구조도 중요하지만 북한 내의 갈등에 관심을 한정한다면, 북한에서도 산업화 및 개방화의 진전과 다원화가 확대되면서 지역 갈등, 계층 갈등, 도농 갈등이 발생할 것으로 예상된다(박영호 1994, 1117). 그중 도농 갈등이 평안도나 함경도 등 지역 갈등의 일부로 편입될 가능성이 있고, 개방화 속에서 통일이 진전되면서 북한 체제 이념인 주체사상으로부터 이탈해 새로운 이념 진영을 구축하는 경우가 생겨날 수도 있다. 물론 기본적으로 관료-인민의 갈등과 중첩되겠지만, 점차 계층 갈등에 사회적 토대를 두게 될 것이라는 점도 분명하다. 이러한 변화는 사회단체와 정당의 형성에 적합한 토대가 될 수 있다. 이러한 조건을 통일 이전 혹은 적어도 통일 과정에서 어떻게 실질적인 조직화로 실현해 낼 것인가가 중요하다.

통일 이후 발전과 통합을 위해서는 조선노동당 정치의 청산이 중요한 과제의 하나로 등장할 것이다. 통일 국가의 전제에서 민주주의를 삭제할 수는 없는 노릇이며, 조선노동당의 정치는 독재가 분명하기 때문이다. 이 문제도 동독의 경험에 비추어 볼 때 통일 이전에 북한 사회에서 그 토대가 형성될 수 있는 것이 중요한 관건이 된다. 북한 내에서 그러한 사회적 토대가 형성되지 않은 채 통일이 이루어진다면, 여러 정치적 이유로 인해 청산이 제대로 이루어지지 않을 가능성이 크기 때문이다.

물론 동서독에 비해 적대관계가 더욱 첨예한 남북한의 경우는 북한 체제의 청산이 더 철저하게 이루어질 것이라고 생각하기 쉽다. 그렇다고 무력에 의한 폭력적 통일을 지향해야 한다는 논리는 적절하지 못하다. 평화적 통일을 기정사실로 가정할 때, 그 과정에서 남북한 통치세력들 간에 일정한 타협이 필요할 수밖에 없으며, 이것은 통일 이후 청산에 한계로 작용할 수 있다. 2001년 콜 총리와 문서처리청의 공방전과 그 귀결이 유사한 사례다.

결국 통일 후 조선노동당 청산의 문제도 북한 내부에서 형성되는 '아래로부터의 개혁' 압력을 중요한 요소로 한다. 그리고 한 걸음 더 나아가자면, 통일 이전 북한 사회에서 이미 민주화가 일정하게 이루어져 독재 청산도 민주정부에 의한 '위로부터의 개혁'을 통해 먼저 추동된다면 더욱 바람직할 것이다. 하지만 이러한 작업은 통일 과정 및 통일 이후 통합의 과정에서 함께 추진되는 것도 가능하다. 다만 이러할 경우에도 통일 이전에 북한 내부에서 형성된 아래로부터의 압력이 중요한 변수가 되리라는 것은 분명하다.

(2) 통일 독일의 개혁 및 통합과 통일 한반도의 개혁 및 통합

통일 전 동독은 단방제 국가였고 서독은 연방제 국가였다. 그리고 흡수통일에 따라 동독이 5개의 주로 해체되어 서독 연방제에 편입되었다. 이것은 과도기와 완충 장치를 두지 않은 일시적이고 일방적인 편입이었으며, 그로 인해 연방평의회의 대표 배분 등에서 인구가 적은 동독 주들은 상대적 불평등을 감수할 수밖에 없었다.

하지만 연방제 자체는 통일 독일에서 아래로부터의 개혁과 위로부터의 개혁이 조화를 이룰 수 있는 제도적 토대가 되기도 했다. 서독

연방제의 대표적 장점인 재정균형제도가 적용되어 재정 곤란을 겪는 동독 주들이 혜택을 입은 것이 두드러진 예다. 이후 가장 부유한 서독 주들의 불만 제기와 여러 차례의 연방제 개정에도 불구하고 이 제도가 지속될 수 있었던 것은 동독 주들의 이해관계가 반영된 것으로 해석할 수 있다.

만일 과도기나 완충 장치로서 일정 기간 동안 동독 주들에 대한 대표 배분에 가중치를 부여한다거나 별도의 연방제 적용을 도입했다면, 흡수통일의 단점을 더욱 보완할 수 있었을 것이다. 실제 통일 후 첫 총선에서 연방의회 봉쇄조항[17]을 동서독 지역에 분리 적용한 것은 이와 동일한 맥락에서 이루어진 조치였다. 이를 통해 1990년 총선에서 민사당은 연방 전체 득표율이 2.4%에 불과했음에도 동독 지역에서 11.1%(서독 지역 0.3%)의 득표율을 얻어 전국 득표율에 해당하는 17석을 획득할 수 있었다(정병기 2011). 이후 민사당이 동독 주민들의 이해관계를 대변하는 정당으로 단기적으로 새로운 지역주의를 형성했다고 할 수 있지만, 장기적으로는 동서독 통합의 징검다리가 되었다고 평가할 수 있다.

반면 남한과 북한은 동일하게 단일제 국가 형태를 취하고 있다. 대부분의 통일 방안들이 연방제나 국가연합을 통일 국가의 형태로 제시해 왔듯이, 어떠한 형태로든 연방제적 방안이 통일이나 통일 후 통합에 매우 유용할 수 있다. 독일에서 기존 연방제가 긍정적으로 작용하면서도 아쉬운 점을 띠었던 것을 볼 때, 한반도의 연방제적 통합은 더욱 많은 노력을 필요로 한다. 무엇보다 중요한 것은 통일 국가에서 소수자의 입장에 서게 될 북한의 이해관계 대변을 다수결 민주주의가 아니라 합

---

17   정당명부 득표율 5% 이상 혹은 직접출마 1위 후보 3명 이상.

의 민주주의의 원칙에서 고려해야 한다는 것이다. 그것은 곧 과도기나 완충 장치를 통해 일정 기간 혹은 특별한 의제에서 북한의 발언권에 가중치를 부여할 필요가 있다는 것을 의미한다. 지역의 이익을 대변하는 상원을 두는 양원제를 둔다면 굳이 연방제가 아니더라도 연방제적 원리를 활용하는 방안이 될 수 있다.

동서독 통합에서 민사당의 역할은 매우 중요했다. 상술한 바와 같이 초기에는 동서독 간에 새로운 지역주의와 갈등을 형성하기도 했지만 장기적으로 동독 주민의 이해를 대변함으로써 오히려 동서독 주민들의 갈등이 정당 정치의 틀 내에서 합의와 조정을 통해 해결되는 데 기여했기 때문이다. 앞서 다룬 내용들로부터 직접 도출되는 것은 아니지만 논의를 좀 더 확장하면 이러한 정당정치적 갈등 조정이 통일 후 통합의 매우 중요한 변수가 됨을 알 수 있다. 이하에서는 다소 논의의 맥을 벗어남을 무릅쓰고 통일 한국의 갈등 구조와 정당정치에 대해 논의함으로써 통합의 시사점을 보완하고자 한다.[18]

통합을 주요한 목표로 하고 그 주체로서 정당을 상정할 때 정당은 사회 균열의 대변자로 이해된다. 그리고 실제 심층적으로 볼 때 정당체제는 사회 균열을 토대로 형성되어 온 것이 역사적 사실이다. 따라서 통일 한국의 정당체제도 통일 한국 사회의 갈등 구조를 반영하고 그 갈등의 해결은 정당체제의 기능과 역할에 달려 있다고 할 수 있다.

통일 한국은 남북한의 분단 사회를 이어받을 것이므로 그 주요 갈등 구조도 분단 상태로부터 계승할 것이다. 하지만 그 구조는 통일이라는 변화를 통해 남북 내부 갈등들이 혼합되고 중첩되어 나타날 것이다. 구체적으로 그것은 국제관계에 따른 민족 자주성을 둘러싼 정책 갈

18   이하 통일 한국의 정당정치에 대해서는 정병기(2015, 74-78, 95-98)를 재구성.

등, 새로운 기득권 세력과 비기득권 계층의 계층 갈등, 남과 북의 새로
운 지역 갈등이라는 세 가지 갈등이 중심이 될 가능성이 크다(박광주
1993 참조).

　우선, 민족 자주성을 둘러싼 정책 갈등은 현재 남한의 남남 갈등이
북한의 체제 이념과 중첩될 뿐 아니라 통일 한국의 새로운 국제관계와
연결되어 나타날 것이다. 특히 현 국제관계가 크게 변하지 않은 상태에
서 통일이 이루어질 가능성이 크고 또 그렇다고 가정할 때, 유일 초강
대국인 미국과 동맹을 맺으려는 입장과 새로운 국제질서인 다자간 협
력 체제 속에서 주변 강대국들을 활용하려는 입장이 대립할 것으로 보
인다.

　두 번째 주요 갈등인 새로운 계층 갈등도 남한 내부 갈등과 북한
내부 갈등의 중첩을 통해 재편성될 것이다. 물론 계층 갈등은 남한에서
도 정당체제로 뚜렷하게 형성되지는 못했다. 민주노동당의 등장 이후
정당체제에 편입되기는 했지만 유럽 국가들처럼 주요 갈등으로 정치
세력화한 것으로 보기는 어렵기 때문이다. 하지만 산업화를 거쳐 계층
갈등이 남한 사회 내 주요 갈등 요인으로 성장한 것은 사실이다. 통일
이후 계층 갈등도 남한의 양상을 닮아갈 것이다. 역사적으로 볼 때 생
산력과 경제적 관계는 대개 상대적으로 더 발전된 체제로 수렴되어 왔
듯이 북한 지역의 계층 분화가 남한처럼 생산수단의 소유에 따른 계급
적 분화로 전환될 것이기 때문이다. 그에 따라 통일 한국의 계층 갈등
은 북한의 대다수 인민들이 남한의 노동자층과 함께 통일 한국의 노동
자 계층으로 전환하는 한편, 북한의 관료들은 남한의 자본가 계층과 함
께 통일 한국의 자본가 계층으로 전환해 갈 것으로 보인다. 물론 이 전
환은 통일 과정에서 생겨날 특수를 누가 선점할 것인가에 따라 일정한
재편을 동반할 수 있다.

마지막 요소인 지역 갈등은 중층화하여 표면적으로는 지역주의를 일차적 상징구조로 하겠지만 통일로 인한 지역별 차등화와 계층 간 차등화를 내재할 가능성이 크다(박종철 1995, 41). 물론 남북 간 지역 갈등이 심해질수록 남한 혹은 북한의 내부 갈등은 상대적으로 완화될 수 있지만 완전히 사라지지는 않을 것이다(이내영 1999, 77). 하지만 통일 후 동독 지역의 상대적 저발전이 새로운 계층 구조로 연결되었던 것처럼 북한 지역의 경제적 차등화가 새로운 지역 갈등 요인으로 공고화될 공산이 크다고 할 수 있다.

이러한 갈등 구조에서 남한의 정당체제가 그대로 이어진다면 북한의 이해관계는 반영되기 어렵다. 특히 남한의 지역주의 정당체제는 남한 내 지역주의에 발목 잡혀 북한 지역의 새로운 지역주의 등장을 더욱 촉진할 것이 자명하다(강원택 2011, 62-63 참조). 게다가 통합진보당 사태 이후 계급계층 균열에 기반한 진보-보수 이념이 정당 균열로 성장할 기회도 크게 위축되었다. 결국 통일 한국에서 북한 지역의 지역적 이해관계는 계층 균열 및 진보-보수 이념을 흡수해 새로운 지역주의 정당을 등장시킬 것이다. 여기에 국제관계를 둘러싼 정책 갈등이 중첩되어 민족주의 노선이 중요한 정당 균열의 하나로 등장할 수 있다.

결국 지배적 남한 보수정당들과 소외된 북한 진보정당이라는 대립 구도가 형성된다는 시나리오가 가능하다. 이때 통일 한국의 '진보'는 북한 주민 대변을 주요 목적으로 하며 변형된 주체사상에 입각한 민족주의 노선을 띠는 왜곡된 모습으로 현상하게 된다. 그것은 곧 국수적 민족주의와 지역주의적 사회주의가 결합한 배타적 민족사회주의 정당의 한 유형에 다름 아니다. 이렇게 될 경우, 통일 독일에서 동독의 SED가 민주사회당(PDS)으로 계승되어 동독 지역 주민들을 대변했듯이 통일 한국에서 조선노동당의 계승 정당이 북한 주민들을 대변하는 상황이 도래할 수 있다. 통일 과정이나 통일 이후 질서에서 승리자로 전환하는 북한 지배 세력은 남한 보수 정당들을 지지하게 되겠지만, 통일 한국에서도 사회적 열패자로 전락하는 북한 기층 인민들은 자신들의 사회계층적 이해관계를 대변할 정당을 찾을 수 없어 조선노동당의 계승 정당을 선택할 수밖에 없을 것이기 때문이다.

따라서 통일 한국에서 왜곡된 정당체제가 형성되는 것을 방지하려면 일정한 제도적 장치들이 필요하다. 예를 들어, 조선노동당 독재에 대한 철저한 청산과 극좌 및 극우 정당의 해산 등 적극적인 개입 정책 등이 가능하다(박종철 1995, 43-47 참조). 물론 이 정책들은 북한 지역에 대한 정치적 차별 논란을 일으키고 실질적 통합을 저해하는 역효과를 발생시킬 수도 있다. 그러므로 정당 설립 요건과 의회 진입 기준 등 합리적 장치들을 예측 가능하게 제도화시키는 노력이 병행되어야 할 것이다. 그러나 정당체제는 기본적으로 사회 갈등 구조에 기반하므로 무엇보다 중요한 것은 갈등의 합리적 해결과 효율적 통합을 통해 왜곡의 근원을 없애는 일이다.

마. 맺음말

흡수통일에 따라 동독의 현실사회주의 제도들은 모두 사라지고 동독 지역들은 서독 연방에 편입되었다. 이 흡수통일은 당시 서독 콜 총리와 정부의 강력한 주도로 가능했다. 이를 두고 식민지화 (Kolonisierung)에 빗대어 콜 총리에 의한 식민지화라는 의미로 콜민화(Kohlonisierung: Kohl民化)라는 신조어가 생겨나기도 했다. 뜻빛깔상으로 그것은 동독인들의 의사에 반해 서독, 특히 서독 지배층이 동독

체제를 철저히 말살하고 동독과 동독인들을 자신의 이익을 위해 식민
(지)화했음을 의미한다. 하지만 이러한 판단은 절반 정도만 옳다.

　콜 총리와 기민연이 급속한 통일을 통해 집권을 연장하는 데 성공
했지만 통일 후 5년 내에 동서독 간 사회경제적 평등과 통합을 이룩한
다는 약속은 지켜지지 않았다. 또한 이 장에서는 다루지 않았지만 신탁
청 등을 통한 사유화 과정은 서독 자본에게 유리하게 진행되었다는 분
석들이 이어졌다. 하지만 과거사 청산과 제도 개혁이라는 정치 개혁의
측면만을 볼 때에는 오히려 동독에 대한 청산이 미비했다는 비판을 받
는다.

　이것은 콜민화 주장과 달리 서독 집권 세력과 동독 전체의 대립을
전제하는 것이 아니라 동·서독 집권 세력과 동독 인민들의 대립을 전
제할 때 설명이 가능하다. 곧 동독의 과거사 청산과 통일 독일의 정치
개혁은 동·서독 집권 세력의 이익에 부합하기 위해 동독 인민들의 요
구에 부응하지 못했기 때문이다. 사실 독일 통일은 서독 정부의 강력한
주도에 따라 흡수통일 형태로 이루어졌지만 근본적으로는 민주화를
주도한 동독 인민들에 의한 아래로부터의 개혁과 민주화 운동으로 가
능했다. 통일 이전에 이미 동독은 자유선거를 통해 민주정부를 구성하
고 슈타지 폐지 등 과거사 청산을 시작했기 때문이다.

　하지만 급속한 통일 진행 과정에서 동·서독 정부는 인민들의 요
구를 침식하는 방향으로 타협을 했다. 실제 통일조약으로 이루어진 급
속한 통일을 통해 동독의 지배층 일부는 서독 정부로부터 일정하게 신
변 안전과 권리 유지를 보장받기도 했다. 동독에서 자체 민주화가 안정
적으로 완성된 다음에 통일이 이루어졌다면 더 철저한 독재 청산이 이
루어졌을 것이라는 주장(Land 2010, 18)은 이러한 판단에 근거한다. 통
일 이후 제도 개혁과 과거사 청산은 동독 시절과 달리 주민들의 참여

가 배제된 상태에서 진행되었다는 점이 가장 큰 문제로 지적된다. 연방제 개혁은 동독 주민들의 의견이 수렴되는 과정이 생략되었으며, SED 독재 청산 작업도 주민들의 참여가 배제된 채 정치 엘리트들과 전문가들에 의해 추진되었다. 아래로부터의 개혁과 위로부터의 개혁이 조화를 이루었던 동독 민주화와 독일 통일의 맥락이 통일 이후 통합 과정에서 끊긴 것이다.

이러한 문제들에도 불구하고 독일 통일과 통합은 평화적으로 진행되었다는 점에서 높이 평가할 만하다. 통일 과정에서 폭력적 갈등이 없었을 뿐만 아니라 통일 후 통합 과정에서도 정치적 균열을 점진적이나마 잘 극복해 왔기 때문이다. 게다가 분단이 고희를 넘어선 우리나라의 입장에서 볼 때 이러한 통일은 부러워하고 전범으로 삼을 필요가 있다. 하지만 다른 한편으로는 긍정적 측면을 극대화하되 부정적 측면을 피해감으로써 타산지석으로 삼을 필요도 있다. 특히 아직 분단 상황이라는 사정을 고려하면 더욱 그러하지만 통일 이후 통합을 효과적으로 이룩하기 위해서도 통일 이전과 통일 과정에 주목하는 것은 중요하다.

통일 이전 동독에서 이루어진 아래로부터의 개혁이 북한에서 추동될 가능성은 높지 않다. 하지만 다른 형태로나마 가능하고 또 필요하다고 할 때, 통일 후 북한 지역의 개혁과 사회 통합이 더 잘 이루어질 수 있도록 노력하는 것이 중요하다. 어떤 방식과 형태로든 통일이 평화적으로 성사되려면 일정한 타협을 허용할 수밖에 없고 그로 인해 위로부터의 개혁과 청산은 한계를 가질 수밖에 없기 때문이다. 아래로부터의 개혁이 동력을 가질 수 있을 때 비로소 위로부터의 개혁이 납득할 만한 수준으로 이루어지고 주민들의 동의를 얻을 수 있을 것이다.

물론 아래로부터의 개혁도 효율적인 평화적 통일을 위해서는 일정한 제약을 받을 수밖에 없다. 이것은 위로부터의 개혁과 통합이 아래로부터의 개혁과 조화를 이루되 그 자체로도 강력하게 작동해야 한다는 것을 의미한다. 특히 조선노동당 독재의 청산과 통일 국가에서의 갈등 해결에서 이 점은 중요하다. 그리고 이를 위해서는 연방제의 장점을 활용하고 민주적 정당 정치를 활성화하는 것이 관건이 된다고 할 수 있다.

참고문헌

강원택. 2011. 『통일 이후의 한국 민주주의』. 파주: 나남.

고상두. 2007. "통일 독일의 과거 청산과 한반도에의 함의." 『통일연구』 10(2): 25-50.

김동률·최성진. 2015. "체제불법의 형법적 과거청산의 당위성에 대한 연구: 통일 후 구동독
　　체제에 대한 청산 과정에서의 논의를 중심으로." 『동서법학』 66: 449-481.

김수행·정병기·홍태영. 2006. 『제3의 길과 신자유주의: 영국, 독일, 프랑스를 중심으로』.
　　개정판. 서울: 서울대학교출판부.

박광주. 1993. "통일한국의 정치적 갈등구조." 『통일한국의 새로운 이념과 질서의 모색』.
　　한국정치학회 학술대회 발표 자료집 3권. 35-52.

박성조. 1991. 『독일통일과 분단한국』. 서울: 경남대학교 극동문제연구소.

박영호. 1994. "통일한국의 정치사회적 갈등양태와 해소방안: 신정치문화의 구축을 위하여."
　　『세계질서의 변화와 한반도 통일』. 한국정치학회 학술대회 발표 자료집 4권. 1107-1129.

박종철. 1995. "통일한국의 정치적 갈등구조와 온건다당제." 『한국과 국제정치』 11(2): 35-60.

유진숙. 2006. "연방주의 부활과 내적 동력: 2006년 독일 기본법 개정과 연방구조의 이완."
　　『한국정치학회보』 42(2): 301-321.

윤석진·이준서. 2008. 『2006년 개정 독일기본법의 주요내용 연구』. 현안분석 2008-49. 서울:
　　한국법제연구원.

이내영. 1999. "통일한국의 정치통합과 정치제도." 『아태연구』 6(2): 73-89.

임홍배·송태수·정병기. 2011. 『기초 자료로 본 독일 통일 20년』. 서울: 서울대학교출판문화원.

장태주. 2001. "독일연방공화국의 수립과 발전." 박응격 외. 『독일연방정부론』, 13-42. 서울:
　　백산자료원.

전진성. 2003. "어떻게 부담스런 과거와 대면할 것인가?: '과거극복(Vergangenheitsbewältig
　　ung)' 개념에 대한 이론적 검토." 『독일연구』 6: 133-157.

정병기. 1997. "현실사회주의의 붕괴와 통일 이후의 구동독: 개혁과 통일의 갈등." 『이론』
　　여름호, 61-86.

＿＿＿. 2003. "독일 통일 과정에서 나타난 정치·사회단체들의 대응: 개혁과 통일의
　　갈등." 『통일정책연구』 12(2): 301-334.

＿＿＿. 2006. "동구 현실사회주의의 성격과 전환: 과도기 사회구성체로서의 '관료적
　　노동사회'와 자본주의 사회구성체로의 체제전환 완결." 『정치비평』 17: 115-138.

＿＿＿. 2011. "통일 독일 구동독 지역 정당체제: 연방주별 특수성이 반영된 새로운 다양성."
　　『한국정치학회보』 45(4): 319-344.

＿＿＿. 2015. "통일 한국과 내각제." 윤영관·강원택 편. 『통일 한국의 정치 제도』. 서울:
　　늘품플러스. 89-125.

＿＿＿. 2019. "동독 개혁과 독일 통일: 위로부터의 개혁과 아래로부터의 개혁이 한반도
　　통일에 주는 시사점." 『대한정치학회보』 27(2): 1-21.

정흥모. 1998. "통일 독일의 동독 역사 (재)정립." 『국제정치논총』 38(3): 291-308.

최승완. 2006. "독일의 또 하나의 과거 청산: 구동독 국가안전부 문서처리 작업." 『역사비평』
　　74: 412-440.
홍민. 2002. "북한의 정당." 『노동사회』 61: 112-117.
황병덕. 1996. 『동서독간 정치통합연구』. 서울: 민족통일연구원.

Andersen, Uwe und Wichard Woyke, Hg. 2003, *Handwörterbuch des politischen Systems
　　der Bundesrepublik Deutschland*. Opladen: Leske + Budrich.
Arbeitsgruppe Alternative Wirtschaftspolitik. 2001. *Memorandum 2001: Modernisierung
　　durch Investitions- und Beschäftigungsoffensive -Alternative der Wirtschaftspolitik*.
　　Köln: PapyRossa Verlag.
Atkinson, Anthony Barnes and John Mickelwright. 1992. *Economic Transformation
　　in Eastern Europe and the Distribution of Income*. Cambridge, UK: Cambridge
　　University Press.
"Bundesgesetzblatt Jahrgang 2009 Teil I Nr. 16, Ausgegeben zu Bonn am 25. März
　　2009." http://www.bundesfinanzministerium.de/nn_82/DE/BMF_Startseite/
　　Aktuelles/Aktuelle_Gesetze/Gesetze_Verordnungen/033_Aend_GG_anl,templ
　　ateId=raw,property=publicationFile.pdf.
Bundesstiftung zur Aufarbeitung der SED-Diktatur. 2013. Tätigkeitsbericht 2012. Berlin:
　　Bundesstiftung zur Aufarbeitung der SED-Diktatur.
Der Beauftragte der Bundesregierung für Kultur und Medien (BKM), Hg. 2013. *Bericht
　　der Bundesregierung zum Stand der Aufarbeitung der SED-Diktatur*. Berlin:
　　Besscom AG.
Gibowski, Wolfgang G. und Max Kaase. 1991. "Auf dem Weg zum politischen Alltag.
　　Eine Analyse der ersten gesamtdeutschen Bundestagswahl vom 2. Dezember
　　1990." *Aus Politik und Zeitgeschichte*, B 11-12, 3-20.
Greiffenhagen, Martin und Sylvia Greiffenhagen. 1994. "Die ehemalige DDR als
　　das 'deutschere' Deutschland?." Landeszentrale für politische Bildung Baden-
　　Wuerttemberg, Hg. *Die neuen Bundesländer*, 9-22. Stuttgart u.a.: W. Kohlhammer.
Großbölting, Thomas. 2013. "Geschichtskonstruktion zwischen Wissenschaft und
　　Populärkultur." *Aus Politik und Zeitgeschichte* 63, H. 42/43, 19-26.
Henneberger, Fred. 1995. "Personalentwicklung in den öffentlichen Verwaltungen der
　　neuen Bundesländer." *Deutschland-Archiv* 28, H. 1, 392-403.
Hrbek, Rudolf. 1991. "Foederalismus und Parlamentarismus in der Ordnung des
　　Grundgesetzes." *Bundestag, Bundesrat, Landesparlamente: Parlamentarismus und
　　Foederalismus im Unterricht und in der politischen Bildung*. Mit Beitraegen von A.
　　Boehringer J. Buecker et al., 17-56. Rheinbreitbach: NDV.
Kolinsky, Eva. 1993. "Concepts of Party Democracy in the East." Stephen Padgett, ed.
　　Parties and Party Systems in the New Germany, 225-251. Aldershot etc.: Dartmouth.
Land, Rainer. 2010. "Eine demokratische DDR? Das Projekt 'Moderner Sozialismus'."

Aus Politik und Zeitgeschichte 60, H. 11, 13-19.

Mayer, Karl Ulrich und Martin Diewald. 1996. "Kollektiv und Eigensinn: Die Geschichte der DDR und die Lebensverläufe ihrer Buerger." *Aus Politik und Zeitgeschichte*, B 46, 8-17.

Müller-Graff, Peter-Christian. 2005. "Deutsche Wiedervereinigung: Bilanz der rechtlichen Dimension." Volker Sellin, Hg. *Deutschland fünfzehen Jahre nach der Wiedervereinigung*, 57-68. Heidelberg: C. F. Müller.

Murrell, Peter and Mancur Olson. 1991. "The Devolution of Centrally Planned Economics?." *Journal of Comparative Economics* 15, 239-265.

Musiolek, Berndt und Carola Wuttke, Hg. 1991. *Parteien und Politische Bewegungen im letzten Jahr der DDR* (Oktober 1989 bis April 1990). Mit einer Einleitung von Ralf Rytlewski. Berlin: BasisDruck Verlagsgesellschaft mbH.

Offe, Claus. 1994. *Der Tunnel am Ende des Lichts. Erkundungen der politischen Transformation im Neuen Osten*. Frankfurt am Main und New York: Campus Verlag.

_____. 1997. *Varieties of Transition: The East European and East German Experience*. Cambridge: The MIT Press.

Osterland, Martin. 1996. "Kommunale Demokratie in den neuen Bundesländern. Eine Bilanz." *Aus Politik und Zeitgeschichte*, B 50, 41-46.

Reich, Jens. 1996. "Warum ist die DDR untergegangen? Legenden und sich selbst erfüllende Prophezeiungen." *Aus Politik und Zeitgeschichte*, B 46, 3-7.

Richter, Michael. 2010. "Doppelte Demokratisierung und deutsche Einheit." *Aus Politik und Zeitgeschichte*, H. 11, 20-26.

Rucht, Dieter. 1995. "German Unification, Democratization and the Role of Social Movement: A Missed Opportunity?." Wissenschaftszentrum Berlin für Sozialforschung. Discussion-Papers FS III 95-103.

Sabrow, Martin. 2010. "Der vergessene 'Dritte Weg'." *Aus Politik und Zeitgeschichte* 60, H. 11, 6-13.

Schmidt, Manfred G. 2005. "Deutschland fünfzehen Jahre nach der Wiedervereinigung – Die politikwissenschaftlicher Perspektive." Volker Sellin, Hg. *Deutschland fünfzehen Jahre nach der Wiedervereinigung*, 15-24. Heidelberg: C. F. Müller.

Schmidt, Ute. 1994. "Transformation einer Volkspartei – Die CDU im Prozeß der deutschen Vereinigung." Oskar Niedermayer & Richard Stöss, Hg. *Parteien und Wähler im Umbruch. Parteiensystem und Wählerverhalten in der ehemaligen DDR und den neuen Bundesländern*, 37-74. Opladen: Westdeutscher Verlag.

Solga, Heike. 1996. "Klassenlagen und soziale Ungleichheit in der DDR." *Aus Politik und Zeitgeschichte*, B 46, 18-27.

Sørensen, Aage B. 1994. "Concluding Essay: Class, Status and Power." David B. Grusky, ed. *Social Stratification: Class, Race and Gender in Sociological Perspective*, 229-

241. Boulder, etc.: Westview Press.

Yoder, Jennifer A. 1999. "Truth without Reconciliation: An Appraisal of the Enquete Commissin on the SED Dictatorship in Germany." *German Politics* 8, No. 3, 59-80.

Zwahr, Hartmut. 1993. *Ende einer Selbstzerstörung: Leipzig und die Revolution in der DDR*. Göttingen: Vandenhoeck & Ruprecht.

III   경제 통합

1

독일의 통일 경험과 한국 통일 시 경제통합 관리방안 모색

윤덕룡(대외경제정책연구원)

가. 서론: 연구의 필요성과 목적

1990년 독일의 통일은 한민족에게 엄청난 희망과 자극을 주었다. 같은 분단국가로서 객관적으로 우리보다 더 불리한 통일 조건을 갖춘 동서독이 먼저 통일을 이루었기 때문이다. 특히 다른 나라들과는 달리 전쟁이나 무력을 이용하지 않고 동서독의 합의에 의해 평화적 통일을 이룬 것은 역사적 귀감이 되는 사례였다.

축하와 감격으로 시작된 독일 통일은 기대와는 달리 독일 사회에 상당한 갈등을 야기했다. 그 주된 원인은 경제문제였다. 생산성의 격차가 현저한 상황에서 급속히 실행된 경제통합으로 6개월 내에 40%의 동독 기업들이 문을 닫았다. 동독 지역 생산성 제고를 위한 투자수요와 실업 증가로 인한 사회보장지출 확대는 서독 지역 주민들의 재정부담을 급속히 늘렸다. 부족한 재원으로 이자율은 상승했고 서독 지역 기업들은 금융비용 증가와 세금 상승의 이중부담을 떠안았다. 결국 1993년에는 서독 지역 경제성장률이 마이너스를 기록했고 통일의 충격이 독일경제 전체를 침체시킬 수 있다는 공포가 동서독 주민들에게 갈등을 야기했다. 독일경제는 이듬해부터 다시 플러스 성장을 회복했고 동독 지역도 급속한 성장세를 시현했다. 그러나 동독 지역의 경제성장과 주민들의 생활수준을 개선하기 위해 지속적으로 막대한 자금이 요구되었다. 세금 인상과 각종 부담금의 인상이 이어지면서 동서독 주민들 간 갈등을 야기하는 원인이 되었다.

동서독 간 통일이 야기한 경제적 충격은 생산성의 격차가 큰 두 경제가 통합되는 과정에서 충분히 예견되었던 충격이다. 그러나 일부 충격은 통합 당시의 정책적 선택에 의해 확대되거나 심화되어 발생한 사례들도 존재한다. 생산성의 격차가 큰 경제들 사이의 통합이 야기하는 충격과 이를 약화시킬 수 있는 대안을 충분히 준비하지 않은 채 독일의 경제통합은 진행되었다. 경제적 고려보다는 통일을 조속히 기정사실화하려는 정치적 열망 때문이었다.

독일의 통일 사례는 남북한 통일을 준비하는 학자들이나 정책연구자들에게는 매우 중요한 실제 사례이므로 향후 남북한 간 통일 시 발생하게 될 문제를 예상할 수 있는 좋은 참고서가 될 수 있다. 하지만 독일 통일의 충격이 한국 사회에 알려지면서 통일문제에 대한 한국 사회의 열망도 급속히 염려로 바뀌는 결과를 초래했다. 그리고 그 이후의 통합 과정은 점진적인 적응 과정을 거치느라 큰 관심을 끌지 못했다. 그 결과 지금까지 한국 사회에 널리 알려진 동서독 통일 관련 이슈들은 대부분 동서독 통합 초기 5년 여간에 발생한 문제들이 중심이 되었다. 그 이후 독일 경제통합은 충격이 감소하고, 점차 동서독 간 생산성의 격차를 줄이기 위한 노력이 성과를 거두었고, 통일된 지 10년 이후에는 양 지역 간 경제적 수렴이 상당한 진척을 이루었다. 20년이 지나서부터는 더 이상 동서독을 분리하여 논의할 필요가 없을 만큼 경제통합이 진행되었고 경제적 문제가 지역 간 갈등을 조장하는 요인이 되지 않았다. 그러나 한국에는 이러한 경제적 통합의 중장기적 성과보다는 통일 초기의 문제들이 주로 알려져서 통일에 대한 부정적 견해가 주로 전파되었다.

독일 통일 과정에서 독일 사회가 겪은 문제는 당시 독일의 경제적 여건이 제공한 환경 안에서 발생한 문제이다. 따라서 당연히 남북한 간 통일 과정에서는 한반도의 경제 환경이 어떠한가에 따라 경제통합의 모습이나 발생될 문제가 독일과는 매우 다른 모습이 될 수 있다. 그럼에도 불구하고 독일과 한국 간 경제 환경의 유사성 및 차별성에 대한 고려가 충분히 이루어지지 않은 채 한국과 서독, 북한과 동독을 동일시

하여 논의하는 경향이 있어서 자칫 현실과 유리된 결론을 도출할 우려
가 제기되고 있기도 하다.

　　지금까지 독일의 경제통합 경험으로부터 한국의 통일 과정에서
추진할 경제통합 방안에 대한 시사점을 모색하는 연구는 다양한 분야
에서 추진되어 왔다. 이러한 연구들은 특정 정책을 대상으로 한 경우가
많아서 정책결정의 배경이나 대안에 이르기까지 충분한 검토가 이루
어진 연구들은 많지 않은 편이다. 따라서 경제통합의 초기 정책결정 동
기부터 대안에 이르기까지 자세한 검토를 통해 독일식 경제통합의 배
경에 대한 이해를 깊이하고 한국에서 시행할 경제통합 방식을 새롭게
제시할 필요가 있다.

　　독일의 통일 사례는 한국의 통일 준비에 참고할 수 있는 실제 사
례이므로 당시 독일에서 정책결정 과정에서 고려한 대안들의 선택 배
경을 이해함으로써 한국의 통일 과정에서도 고려해야 할 요소들을 선
정할 수 있다. 이러한 요소들을 한국적 상황에 적용해 한국에서 필요로

표 3-1 통일 당시 동서독 경제력 비교 (1989년)

	서독(A)	동독(B)	B/A(%)
인구 (만 명)	6,260	1,640	26.2
면적 (천 km²)	249	108	43.4
GDP (억 DM)	22,194	3,533[1]	15.9
1인당 GDP (DM)	35,827	21,539[1]	60.1
무역규모 (억 $)	6,111	470	7.7
수출 (억 $)	3,413	237	6.9
수입 (억 $)	2,698	233	8.6
총 취업인구 (천 명)	27,742	8,547	30.8

주: 1) 동독과 서독의 통화교환비율을 1:1로 전제
자료: 주독일 한국대사관(1992); 한국은행(1998) 인용.

하는 연구결과를 도출하는 것이 가능할 것으로 사료된다. 따라서 본 연구에서는 앞서 논의한 연구의 필요성과 문제의식들을 바탕으로 독일의 통일 과정에서 선택한 형태의 경제통합 및 그 외의 대안 가운데 한국에서 적용할 수 있는 방안과 그 대안에 포함되어야 할 구체적인 통합 내용이 무엇이 되어야 할지를 분석함으로써 독일의 통일 사례로부터 한국이 선택할 수 있는 실질적인 방안을 모색하고자 한다.

나. 동서독 경제통합의 주요정책과 특징

(1) 직접적, 급진적 통합

1989년 11월 동서독 간 국경이 개방되면서 동독 이주민이 급증하고 동독화폐의 가치가 급락하였다. 동독 주민들은 조속한 경제통합을 요구하기 시작했고 특히 당시 부의 상징이었던 서독마르크화 도입을 요구하였다. 동독 경제가 마비되기 시작하면서 서독도 급진적 통합으로 정책을 추진하게 된다. 서독의 헬무트 콜 수상과 동독의 한스 모드로 수상은 1990년 2월 13~14일 본에서 개최된 제2차 동서독 정상회담에서 화폐통합 및 경제공동체 형성을 위한 협상기구인 '공동전문위원회'를 구성하기로 합의했다. 이어서 1990년 5월 18일에는 「화폐·경제·사회통합에 관한 국가조약」에 서명하였고 동년 7월 1일 동서독 간 "화폐·경제·사회통합"이 이루어졌다.

　　이처럼 논의에서 실현까지 6개월도 걸리지 않은 동서독 간 경제통합은 기존의 어떤 경제통합보다 급진적으로 이루어진 것이 특징이다. 일반적으로 생산성이나 기술 격차가 있는 경제 간 통합은 충격을 최소화하기 위해 일정한 중간단계를 거치거나 단계적 통합을 시행한다. 가장 대표적인 사례가 유럽경제통합이다. 유럽경제통합은 1950년대에 통합을 시작하여 50년이 넘는 기간 동안 단계적인 통합을 추진해왔다. 그러나 동서독 간에는 중간단계도 없었고 점진적 통합 과정을 거치지도 않았다.

특히 서독의 발전된 시장경제시스템을 즉각 동독 지역에 수용하도록 결정되었기 때문에 동독 지역 주민들은 체제개혁으로 인한 적응의 부담까지 함께 감당하는 어려움을 겪게 되었다. 시장경제의 도입에 따른 제도적 변화와 함께 서독 지역 생산자들과 함께 경쟁해야 하는 이중의 부담을 지게 된 것이다.

점진적인 통합을 선택하는 경우에도 여러 가지 어려움이 존재한다. 먼저 동독 지역의 체제전환과 경제통합을 분리하여 체제전환과 경제통합 시점의 우선순위를 결정해야 한다. 동독 지역의 체제전환이 일정 수준 진척이 된 후, 제도적으로 동서독 간 동질성이 일정 수준 확보된 뒤라야 경제통합을 적극적으로 수행할 수 있을 것이므로 사실상 체제전환이 경제통합보다 우선되어야 한다. 그러나 이 경우에도 체제전환을 얼마나 빨리 시행할 것인지, 그리고 경제통합과 어떤 방식으로 연계할 것인지 등이 모두 정책적으로 결정되어야 할 사안들이다. 즉, 체제전환과 경제통합이 그 자체만으로 얼마나 점진적으로 어떤 순서로 진행되어야 할지 소위 "시점과 순서(Timing and Sequencing)"의 문제가 발생한다. 그리고 체제전환과 경제통합을 연계하는 과정에서도 동일한 문제가 존재한다.

점진적 통합을 시행하는 경우 아직 아무도 시행해보지 않았던 통합 과정의 설계이므로 정책결정의 오류로 인한 경제적 충격이나 부작용의 발생도 피하기 어렵다. 뿐만 아니라 정책설계나 결정 과정에서 관련된 사회집단이나 주체들이 정치적 압력을 행사하려 들거나 사회적 분쟁이 야기될 수도 있다. 특히 통합 과정이 점진적으로 진행될수록 이해관계의 충돌로 이러한 문제가 발생할 개연성은 높아진다. 긴 통합 과정에서 정책결정이 시장을 왜곡시키는 경우 경제적 비용은 오히려 급진적 통합 시의 충격보다 더 커질 수 있다는 문제도 야기된다.

점진적 통합방식의 또 다른 문제점은 통일 시점이 분명치 않다는 점이다. 경제적 충격을 줄이기 위해 경제통합을 지연시킬 경우 동독 주민들의 통합에 대한 열기가 사라지거나 약화될 수 있으며 오랜 통합 과정에서 오히려 통합에 대한 불만이 야기될 가능성도 배제할 수 없다. 이러한 문제들은 동서독 주민들 간 통일을 오히려 방해하는 결과를 초래할 수 있다. 설령 이러한 문제들이 발생하지 않는다 하더라도 경제통합이 언제쯤 통합하기에 충분한 수준에 도달할 수 있을지 판단할 수 있는 근거가 분명치 않기 때문에 통일 시점이 모호해진다는 문제가 제기된다.

점진적 통합을 추진할 경우 앞서 언급한 문제들은 사실상 적절한 해답을 찾기가 어렵다. 그보다는 급진적 통합을 시행하는 것이 초기에 충격이 발생한다 할지라도 시간이 경과하면 서독식 제도에 적용할 것이므로 오히려 점진주의의 여러 가지 불확실성을 제거할 수 있다는 장점이 존재한다. 이러한 이유로 동서독은 급진적 통합을 선택하였다.

급진적인 통합의 결과 동독 지역은 아무런 준비 없이 서독 지역 기업들과의 경쟁에 노출되었고 단기간에 서독 지역 기술 수준으로 산업을 구조조정해야 하는 부담을 지게 되었다. 갑작스러운 제도적 변화에 적응해야 하는 각 경제주체들은 새로운 제도를 정확히 파악하기도 전에 서독 지역과의 경쟁에 노출되어 시장에서 퇴출되는 위기에 처하였다. 그 결과 1990년 7월부터 12월까지 6개월간 동독 지역 기업의

40%가 문을 닫게 되는 엄청난 충격을 겪게 된다.

(2) 서독 경제체제의 동독 지역 도입: 사회적 시장경제체제의 확대

동서독 경제통합 과정에서 가장 먼저 결정할 사안은 어떤 경제체제를 선택할 것인가의 문제였다. 동독과 서독이 서로 다른 경제체제를 운영하고 있었기 때문이다. 당시 동유럽에서는 사회주의 경제체제가 몰락하고 대부분의 사회주의 국가들이 시장경제로 전환하는 체제개혁을 추진하고 있었다. 동독 지역에서도 사회주의 경제체제를 개혁해야 한다는 분위기가 고조되어 있어서 서독과 동일한 시장경제 외의 다른 고려는 적극적언 논의의 대상이 되지 못했다. 더구나 서독 경제가 당시 유럽에서 가장 강력한 경쟁력을 가지고 있었으므로 서독의 경제체제 외에 다른 체제를 논의해야 할 필요성을 동서독 모두가 거의 느끼지 못하였다.

　　통합을 위한 시간이 많지 않았다는 것도 다른 대안의 경제체제를 논의할·가능성을 처음부터 배제하게 된 이유이다. 동독 지역 주민들의 통합 요구와 경제적 몰락으로 인한 어려움이 가중되는 상황이었으므로 검증되지 않은 제3의 체제를 도입하는 실험을 할 수 있는 여건이 아니었다. 따라서 서독이 이미 수십 년간 운용해온 경제체제를 그대로 수용하는 것이 가장 현실적인 대안으로 받아들여졌다. 제3의 체제를 도입할 경우 그 내용의 합리성 여부를 떠나 서독 주민들까지 새로운 제도에 적응해야 하는 문제를 야기할 수 있다는 것도 부담이었다. 적응 부담을 최소화하기 위해서도 서독의 경제체제를 동독 지역에 확대 적용하는 것이 최선의 대안이었다.

　　서독의 경제체제는 잘 알려져 있는 바와 같이 "사회적 시장경제

(Social Market Economy)"체제이다. 사회적 시장경제체제는 경제의 운용은 시장 메커니즘에 의존하지만 그 결과는 사회적 목표에 부합하도록 수정한다는 것이 전통적 시장경제제도와 다른 점이다. 서독의 사회적 시장경제는 사회주의적 경제제도에 의존하여 살아온 동독 주민들에게 비교적 수용하기 쉬운 시장경제제도이다.[1] 시장에서 스스로의 능력으로 생존과 생활을 영위하지 못하는 경제주체라 할지라도 최소한 생존권과 인간적 존엄성을 사회가 함께 보장해주는 제도이기 때문이다. 이러한 이유로 동서독이 체결한 "통화·경제·사회통합을 위한 국가조약"의 전문에서는 사회적 시장경제체제를 확립한다는 통합의 기본 방향을 분명히 하고 있다. 또한 동 조약 제1장의 기본원칙 부분에서도 사회적 시장경제체제에 의한 경제통합이라는 점을 재차 강조하고 있다.

사회적 시장경제체제를 준거로 한 통합 방향은 경제통합 전반에 제시되고 있다. "통화·경제·사회통합을 위한 국가조약"의 제1장 기본원칙에서는 사회적 시장경제체제에 상응한 노동법과 사회보장제도를 확립한다고 밝힘으로써 통일이 되면 동독 지역에서도 서독의 사회적 시장경제체제에 따른 보호를 받게 될 것임을 강조하였다(표 2 참조). 서독이 사회적 시장경제체제를 자랑하다시피 내세운 이유는 사회주의를 시행한 동독 지역보다 사회적 시장경제를 운용한 서독이 오히려 더 나은 사회보장과 삶의 환경을 주민들에게 제공하고 있었기 때문이다. 따라서 통합 시 사회적 시장경제체제의 도입은 동독 지역의 사회주의적 계획경제를 시장경제제도로 전환한다는 의미와 더불어 사회보장과

---

1   김영윤(2000)은 서독의 사회적 시장경제체제가 아니었으면 동서독 간 통합이 동독 주민과 동독사회에 수용되기가 용이치 않았을 것이므로 서독의 사회적 시장경제체제가 통일의 성공요인으로 작용한 것으로 평가함.

표 3-2 통화, 경제, 사회통합에 관한 국가조약

	주요내용
전문	• 평화적인 독일통합의 완성, 사회적 시장경제체제의 확립, 유럽통합의 기여 등을 위해 동서독 간 통화·경제·사회통합을 실현
제1장 기본원칙	• 서독마르크화의 법화 인정 • 사회적 시장경제체제에 의한 경제통합 • 사회적 시장경제체제에 상응한 노동법 및 사회보장제도 확립
제2장 통화통합에 관한 규정	• 서독연방은행에 대해 통일 이후 통화정책에 관한 주도적 역할 부여 • 안정화 노력의 천명 및 이에 관한 연방은행이 책임 부여 • 동독에서의 시장경제적 금융제도 확립 • 통화통합비율의 결정
제3장 경제통합에 관한 규정	• 사회적 시장경제체제에 의한 경제정책의 추진 • GATT의 자유무역원칙 존중 및 동독이 체결한 조약의무의 이행 • 경과기간 중 동독 정부의 기업구조조정 노력 인정 • 농업 등 식량산업에 대한 EC규정 적용 • 서독의 환경보호법을 근간으로 동서독 지역의 환경균형 유지
제4장 사회통합에 관한 규정	• 결사의 자유 등을 원칙으로 한 노동법 준수 • 보험*연금 등 사회보장제도 확립 • 동독 정부의 사회보장급부금에 대한 서독 정부의 지원
제5장 재정·회계에 관한 규정	• 국가예산제도의 확립 및 과도한 재정적자 발생억제 노력 강화 • EC관세법을 근간으로 한 관세제도의 확립 • 내국세 제도의 정비 • 국가재정에 관한 정보 교환 • 세무행정의 확립을 경제통합이 선결과제로 제시
제6장 부칙	• 동 조약은 국제조약에 대해서는 영향을 미치지 않음 • 동 조약의 효력은 양국의 내부적 절차를 거쳐 상호 통보하는 때부터 발생

노동자에 대한 보호가 서독 지역 수준으로 개선될 것임을 제시하는 것이었다. 이를 통해 통일에 대한 동독 주민의 지지를 이끌어 내려는 의도가 반영된 결과였다.

경제체제 외에 경제통합과 관련하여 국가조약에서 제시하고 있는 내용은 GATT조약에 의거한 자유무역, EC규정에 의한 농업정책, 서독

지역의 환경보호법에 의한 동서독 간 환경균형, 그리고 동독 지역의 구조조정 노력 인정 등이다. 이러한 내용은 동독 산업이 서독 지역 생산자들과의 경쟁만이 아니라 전 세계와의 경쟁에 즉시 노출된다는 것을 의미한다. 그리고 EU의 공동농업규정에 의한 까다로운 규제와 서독의 환경보호법에 따른 규제가 추가적으로 적용된다는 뜻이다. 결국 동서독 간 경제통합으로 인해 동독 기업들은 국제사회의 경쟁에 대한 노출과 함께 다양한 규제 증가에 따른 생산 환경의 악화를 겪게 되었고 그로 인한 경제적 충격을 피할 수 없었다.

(3) 화폐통합: 제도적, 급진적 화폐통합

화폐통합의 진행방식

독일에서 이루어진 화폐통합은 그 진행방식에 있어서 제도적(institutional) 통합방식을 선택했다. 제도적 화폐통합이란 시장적 기능에 의존하지 않고 행정적으로 결정된 시기에 맞추어 화폐통합을 시행하는 것을 의미한다. 제도적 화폐통합에서는 화폐통합 시점을 정책담당자들이 결정한다. 통합 시의 화폐 간 환율도 일정한 기준에 근거하긴 하지만 정책적으로 결정한다. 유럽의 유로화 도입 시에는 이미 1960년대부터 시장에서 통용되던 환율이 존재했기 때문에 이를 제도적 결정의 근거로 활용할 수 있었다. 따라서 제도적 결정이 시장을 왜곡할 우려가 적었다. 그러나 동·서독화폐통합의 경우에는 판단에 활용할 적절한 자료가 없었다. 이러한 경우에는 시장논리가 왜곡되지 않게 화폐통합의 시기와 환율 수준에 대한 판단을 내릴 수 있는 유능하고 공정한 정책결정이 요구된다. 이러한 제한에도 불구하고 제도적인 방법을 선택했던 이유는 그 시기 선택이 자유롭기 때문이었다. 통합에 대한 정치적, 사회적 요구가 있을 때 이에 신속히 대응하려면 제도적 방법을 선택할 수밖에 없다.

"제도적 화폐통합"에 대칭되는 개념으로 "시장적 화폐통합"이 있다. 이 방식은 화폐통합의 시기나 전환비율까지도 시장기능에 맡기는 방식이다. 이 방식의 기본개념은 다음과 같다. 통합대상국들의 화폐가 시장에서 함께 통용될 경우 사람들이 가장 선호하는 화폐가 가장 많이 사용될 것이며 가장 많이 사용되는 화폐가 또한 가장 유용한 화폐라는 것이다. 통합화폐가 결정되어지는 과정에서는 양화가 악화를 구축하는 소위 "역(逆) 그레샴의 법칙(Anti Gresham's Law)"이 적용된다. 이들 화폐 간의 경쟁은 경제주체들이 가장 선호하는 하나의 화폐가 압도적으로 사용될 때까지 진행되며 이 과정에서 자연스럽게 화폐통합을 달성하게 된다. 이 경우 어떤 화폐가 통합화폐가 될지 그리고 얼마나 오래 이 과정이 지속될 것인지는 모두 시장에 의해 결정된다.

시장을 통한 화폐통합의 방식에는 실제 운용방법에 따라 통합되는 모든 화폐가 경쟁하는 경쟁적 화폐통합(Currency Competition Union)과 공동통화 하나와 자국통화가 경쟁하는 병행적 화폐통합(Parallel Currency Union)으로 나눌 수 있다. 동·서독의 화폐통합에서

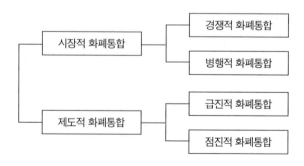

그림 3-1 화폐통합 방식

는 일반적인 화폐통합의 과정보다 시장을 통한 화폐통합의 조건이 단순화되어 있었다. 이는 서독마르크의 절대적 우위가 확보되어 있었으므로 어느 화폐가 통합화폐가 되어야 하는지의 문제가 이미 해결되어 있었고 두 나라만이 참여했으므로 경쟁적 화폐통합의 방식과 병행적 화폐통합 방식 중 선택의 문제가 저절로 해결되었기 때문이다. 즉, 동·서독 양 지역에서 동독화폐와 서독화폐를 동시에 사용할 수 있도록 했다면 화폐의 호환성이나 안정성이 뛰어난 서독화폐가 더 많이 통용되고 동독화폐는 시장에서 밀려나게 되는 Anti Gresham의 법칙이 적용되어졌을 것이다. 시간의 경과에 따라 동독의 화폐가 시장에서 자취를 감추거나 의미를 잃는 수준까지 된다면 화폐통합은 시장기능에 의해 자동적으로 이루어졌다고 볼 수 있을 것이다. 이런 경우 화폐통합의 시기나 환율에 대한 결정은 모두 시장의 기능에 맡겨지게 되므로 제도적 통합방식에서의 정책적 오류에 대한 염려를 할 필요가 없게 된다.

그러나 시장을 통한 화폐통합은 통합의 시기를 기약할 수 없고 정말로 통합이 될 것인지에 대한 확신을 주기 어려운 까닭에 화폐통합은 주로 제도적인 방법을 통하여 이루어지고 있다. 독일의 경우에도 같은 이유로 제도적 방법을 통한 화폐통합을 하게 되어 그 시기나 환율결정에 대한 적정성 논란을 야기했다.

화폐통합의 시기 결정

제도적 화폐통합의 경우에는 언제 화폐통합을 해야 하느냐는 시기 결정이 가장 중요한 문제 중 하나이다. 제도적 방법을 통한 화폐통합은 그 도입 속도에 따라 급진적 방법과 점진적 방법으로 분류할 수 있다. 급진적 방법이란 실물경제의 생산성 수렴이나 경제정책적 공조와 같은 준비 과정을 거치지 않고 단번에 화폐통합을 실시하는 경우를 말한다. 이 경우 기존에 사용하던 자국화폐는 즉시 통합화폐로 교체된다.
이 방식은 급진적 통합이 통합대상국 모두에게 이득을 가져오거나 조
속한 통합이 요구되는 정치적 상황이 발생할 경우 활용되는데 동서독
의 화폐통합은 후자의 전형적 사례라고 할 수 있다.

급진적 방식의 가장 큰 장점은 정치적 추진력이다. 단기간에 화폐
통합을 시행하기 때문에 특히 정치적 반대가 예상될 때 전략적으로 사
용할 수 있다.[2] 그러나 이 방식의 단점은 적응 과정의 문제를 미리 예측
하거나 통제하기가 어렵기 때문에 정책적 결정의 오류가 발생할 수 있
고, 화폐의 갑작스러운 전환으로 인해 경제활동에 혼란을 유발할 수 있
다는 것이다. 종합적으로 보아 급진적 방식을 통한 화폐통합은 정치적
측면에서는 이점이 있으나 경제적 측면에서는 안정을 해칠 수 있는 통
합 방식이다.[3]

점진적 화폐통합은 일정한 실물경제적 통합 조건을 충족한 후에
단계적으로 통합을 진행하는 방식이다. 유럽연합이 시행한 유로화 도
입방식이 대표적인 사례이다. 이 방식의 장점은 준비 과정을 통해 소득
수준의 차이, 경쟁력의 차이, 인플레율이나 세제상의 차이 등을 조정하
는 시간을 얻는 것이다. 조정 기간 동안 통합 상대국들 간 협조를 통해
화폐통합을 준비할 수 있으므로 충격을 줄일 수 있어서 안정적 화폐통
합이 가능하다. 뿐만 아니라 이러한 점진적 통합 과정에서는 각국의 적
응능력과 적응 과정을 관찰할 수 있기 때문에 정책 판단의 오류를 줄
이거나 수정할 수 있어서 자원의 낭비를 막을 수 있다.

---

2   자세한 설명은 Willms(1992) 192쪽 이하를 참조할 것.
3   De Grauwe(1992)는 급진적 방법을 통한 화폐통합이 경제적으로도 이점을 지니고 있
     음을 보여주었다. 그는 특히 인플레율이 높은 국가들에게 있어서 실업률을 높이지 않고
     도 인플레율을 낮출 수 있는 효과적 방법으로 적용될 수 있음을 Barro-Gordon모델을
     이용해 보여주고 있다.

반면 점진적 통합방식의 단점은 수렴 조건들을 충족시키는 과정
에서 지나치게 시간을 소요하여 실제로 화폐통합에 이를 수 있을 것인
지 신뢰를 해칠 수 있을 뿐 아니라 이 과정에서 서로 자국의 이해관계
에 유리하게 통합 방향에 영향을 주려는 행동을 할 수 있다는 것이다.
또한 채택한 경제적 수렴 기준들의 중요성도 정확히 판단하기가 어렵
다는 단점이 있다.[4] 그러나 전체적으로 점진적 방식은 급진적 방식에
비해 정치적 측면보다는 경제적 측면에서 더 이점을 지니고 있는 것으
로 볼 수 있다.

점진적 통합보다 급진적 통합방식을 취할 경우 경제의 이질성 정
도가 높으면 높을수록 더 많은 적응상의 어려움을 겪게 된다. 화폐통합
이 야기하는 적응상의 어려움이란 환율장치가 사라져서 경쟁력이 낮
은 지역이 이를 보완할 수 있는 수단을 상실하여 발생한다. 화폐통합
에 따른 환율장치의 부재로 어느 지역이 일방적으로 부를 다른 지역에
빼앗길 경우 이를 해소하기 위한 방안으로 다음과 같은 대안을 고려할
수 있다.

- 첫째, 재정을 통한 재분배,
- 둘째, 노동력 이동을 통한 실업해소와 소득수준 조정,
- 셋째, 생산성에 부합한 임금과 물가조정으로 실질소득 유지.

첫 번째 방안인 부의 재이전은 재정적인 통합이 이루어져 있지 않
으면 사실상 실현되기 어렵다.[5] 왜냐하면 화폐통합으로 인해 다른 나

---

4   예를 들어 EU의 화폐통합을 위한 수렴기준으로 Maastricht회의에서는 이자율, 재정적자
     한도, 외채한도, 명목환율의 안정성 등이 채택되었으나 이러한 기준들에 대한 논란이 제
     기되기도 했다. Pettschnigg, 1993.

라로 부가 이전된 사실의 인과성을 증명하기도 어렵고 그 규모의 산정도 곤란하기 때문이다. 따라서 재정적으로 동일한 국가와 같은 상태가 되어야 가능한 방안이다. 독일은 통일의 일환으로 화폐통합과 함께 자동적으로 재정통합이 이루어진 상태였다. 따라서 동독 지역으로 부의 이전이 가능하였으나 필요한 재정 이전 규모가 너무 커지자 양 지역 간 갈등의 원인이 되었다.

두 번째 방안은 Mundell(1961)이 최적통화지역(Optimal Currency Area)을 구성하는 조건으로 제안한 내용이다. 이 이론은 생산성의 차이가 존재하는데 환율기능이 사라져서 한 지역이 이득을 보는 경우 소득이 증가한 지역으로 노동력이 같이 움직인다면 일인당 국민소득은 이전의 균형을 회복할 것이라고 주장한다. 그러나 이 이론이 동·서독의 화폐통합 과정에서 적용되기 어려웠던 이유는 동·서독 양 지역의 기존 소득격차가 너무 커서 동독 지역의 노동력이 서독 지역에 고용되기 어려웠기 때문이다. 또한 너무 많은 이주자의 발생은 사회적 통합을 오히려 해치는 갈등요인이 될 수 있다는 우려 때문에 이주를 마냥 시장에 맡겨둘 수가 없었다.

세 번째 방안은 임금이나 물가가 생산성에 상응하는 수준에서 결정되도록 하는 것이다. 동·서독의 경우 양 지역 간 생산성의 격차가 3배 이상 되는 것으로 추정되었기 때문에 통합된 경제에서 이렇게 큰 임금격차나 물가수준의 차이를 수용한다는 것은 불가능하였다.[6]

---

5   따라서 재정통합을 최적 화폐공간을 구성하기 위한 중요한 조건으로 제시한 이론도 있다. Sachs, Sala-i-Martin, 1989.

6   임금이나 물가는 단일한 경제공간 내에서는 그 이동에 제한을 받지 않는 한 일물일가의 법칙이 적용되므로 생산성이 낮은 지역이라 할지라도 동일한 종류의 일에 대하여는 동일한 임금을 요구하게 되고 이에 따른 임금의 급격한 상승 혹은 생산성이 높은 지역으로의 이주자의 급증 등의 현상이 나타나게 된다. Hoffmann 1992.

실제로 화폐 및 경제 통합 후 동독 지역 시장은 생산성이 훨씬 앞선 서독 지역 생산자가 차지하게 되었고 동독 경제는 급격한 침체를 겪었다. 그러나 이 현상은 화폐통합 때문만이라기보다는 생산성의 차이가 큰 두 경제가 급진적으로 통합됨에 따라 일어난 현상이었다. 교역이 부분적으로만 허용되었던 양 경제가 하루아침에 통합되자 경쟁력 있는 상품이 빠른 속도로 전체 시장을 점유하게 된 것이다. 따라서 환율이 없어져서 경쟁력의 차이를 보완해 주지 못하였다고 하는 것은 동독 경제가 침체한 이유의 전부를 설명하지는 못한다. 왜냐하면 시장이 분리되어 있을 경우에는 환율장치가 없어도 시장보호가 가능하기 때문이다.

결론적으로 동독 경제가 서독과의 통합 후 더욱 침체를 겪은 근본적인 원인은 생산성의 격차로 인한 경쟁력의 차이 때문이다. 따라서 화폐 및 경제 통합이 동서독 간 생산성이 일정 수준까지 수렴한 후에 점진적으로 이루어지는 방식이 아닌 급진적 방식이었던 탓으로 동독 지역의 충격이 컸던 것으로 볼 수 있다.

화폐의 전환율 결정

동서독 간 화폐통합 과정에서 가장 주목을 받은 정책결정은 동독 주민들이 보유하고 있는 동독화폐의 전환 비율이었다. 참조할 만한 시장환율 데이터가 없어서 다양한 정책목표에 의해 환율을 결정할 수밖에 없었기 때문이다. 제시된 정책목표는 각기 정당한 근거를 제시하고 있었으며 정책선택에 따라 동독 주민들의 화폐적 자산에 직접적인 영향을 주게 되는 상황이었다. 당시 환율의 결정과 관련하여 제시된 논의들을 정리하면 〈표 3-3〉과 같다. 첫째는 사회정책적 관점에서 제시된 기준이다. 동독 지역 주민들이 자본주의 경제체제에 적응해서 살아야 하므

표 3-3 환율결정 기준과 목표

환율결정 기준	목표	해당 환율	목표환율 방향
사회정책적 기준	동독 주민생활 보장	화폐저량환율	높게(평가절상)
금융정책적 기준	화폐의 중립적 유지	화폐저량환율	중립적
산업정책적 기준	동독 산업경쟁력 보호	화폐저량환율	낮게(평가절하)

로 가급적 그들이 보유하고 있는 화폐적 자산의 구매력을 높여주자는 주장이다. 이를 위해서는 동독 지역 화폐가치를 최대한 평가절상해야 한다는 것이다. 둘째는 금융정책적 관점의 기준이다. 통화량이 너무 많아지면 인플레를 유발하고 너무 적어지면 불황을 초래할 수 있으므로 화폐적 중립성을 유지할 수 있는 수준으로 결정되어야 한다는 것이다. 셋째는 산업정책적 관점에서의 기준이다. 동독 지역 기업들이 서독이나 해외기업들과의 경쟁에서 유리한 조건을 가질 수 있도록 가급적 동독화폐의 가치를 평가절하하자는 주장이다. 이를 통해 가격경쟁력을 확보하면 더 많은 동독 기업들이 살아남게 되고 고용도 유지할 수 있다는 것이다. 여러 논의가 있었지만 결국 화폐는 금융정책적 기준에 입각하여 화폐의 중립성을 보장하는 방향으로 결정을 하였다. 그래야 서독 경제에도 큰 부담을 야기하지 않을 것으로 판단되었기 때문이다.

동독은 전통적으로 소비재산업보다는 중공업 위주의 산업정책을 펴왔을 뿐만 아니라 소비재의 공급도 억제해 왔다. 그 결과 동독 지역은 돈은 있지만 상품이 없어서 구매를 하지 못하는 구매력과잉 상태가 장기화되어 있었다.[7] 이에 따라 개인소득의 상당한 부분이 저축의 형태

---

7 이러한 현상은 사회주의 국가들의 일반적 상황이었는데 가게 앞의 긴 줄서기로 상징되던 소비재의 품귀현상은 당시 동독에서는 예를 들어 냉장고의 구입을 위해서는 20년을 기다려야 할 정도로 심화되어 있어서 국민들의 불만을 사고 있었다.

로 쌓일 수밖에 없었고 가격이 자유화되면 언제라도 인플레를 유발할 잠재력으로 간주되고 있었다. 동독 지역에 존재하는 잠재인플레에 대한 대비책을 세우는 것도 화폐통합 과정에서 중요한 과제였다. 이 과제는 동독 지역에 축적되어 있던 화폐저량(Bestandsgröße)을 어떤 수준의 비율을 적용하여 서독화폐로 전환해 주어야 하느냐의 문제로 연결되어졌다.

화폐가치의 안정이 의무사항으로 규정되어 있는 독일 연방은행에서는 전통적으로 경제적 잠재력을 기준으로 한 통화량 조절정책을 펴왔다. 이 기준에 따르면 가격수준의 안정화를 위해 동독의 편입에 따른 경제력의 추가된 크기만큼만 화폐의 양도 늘어나야 한다. 그러나 추가된 경제력의 크기를 산정하는 일과 당시 동독 내에 현금이나 예금의 형태로 존재하던 화폐의 양을 정확히 계산하는 일은 통계자료의 부정확함으로 인해 어려움을 야기시켰다. 이 기준을 적용하기 위해 동독의 서독 지역 편입에 따른 서독마르크의 적정 공급량은 동서독의 화폐유통 속도가 같다고 가정했을 때 아래의 계산식에 따라 이루어진다.[8]

---

8   이 식은 수량방정식의 이론적 근거에 따른 것으로 다음의 과정에 의해 도출된다.

(1) $M*V = P*Y$

여기에서 M: 화폐량, V: 화폐의 유통속도, P: 물가수준, Y: 국민총생산을 뜻한다.

식 (1)을 변화율에 관한 식으로 바꾸면,

(2) $m = p + y - v$

(2)의 영문 소문자로 표기된 것은 (1)식에 표시된 변수들의 변화율을 뜻한다.

식 (2)에 기초하여 물가에 영향을 미치지 않는 화폐량의 증가는 식 (3)으로 적을 수 있다.

(3) $\triangle M = \triangle Y + \triangle V$

이 식에서 동독의 편입에 따른 화폐량의 증가는

(4) $\triangle Mo = Mo = (Yo/Yw)*Mw$

가 될 것이다. 여기에서 아래첨자 o 는 동독, w는 서독을 뜻하며 식 (4)는

$Po/Vo = Pw/Vw$

의 가정 아래 다음의 두 식으로부터 도출된 것이다.

$Mo = (Po/Vo)*Yo$

동독을 위한 화폐 증발량 = 서독화폐량*(동독의 편입에 따라 추가된 경제적 잠재력 / 서독의 경제적 잠재력)

서독에서는 화폐량의 조절을 화폐량 M3를 기준으로 시행해 왔는데 1990년 초 서독의 M3 화폐량은 1,255 Billion DM에 달했다. 문제는 동독의 편입에 따라 추가된 경제적 잠재력을 계산하는 일이었다. 독일 연방은행은 경제적 잠재력을 계산하는 방법으로 자본량의 변동에 따른 계산방식을 사용하여 왔고 국민경제적 자본량의 변동은 계량경제적 추세측정 방식을 통해 추정해 왔었다.[9] 그러나 동독 지역의 자본량에 대하여 이 방법을 적용할 수가 없었으므로 그 대안이 될 수 있는 여러 기준들이 제안되었다. 예를 들면 국민총생산의 비율 또는 인구의 가중치를 고려한 생산성의 비율 등이다. 전자에 의한 방식으로는 동독 지역의 경제적 잠재력은 250 Billion DM, 후자의 방식에 의하면 203-244 Billion DM으로 추정되었다.[10] 이 결과들은 1989년 서독의 GNP를 경제적 잠재력으로 간주했을 때 서독의 9~11%에 해당한다. 당시 동독 지역 M3 화폐량은 1990년 5월 말 기준으로 263.5 Billion 동독마르크였고 동독의 경제적 잠재력을 서독의 10% 정도라고 간주했을 때 적어도 50% 이상의 화폐의 양을 감소시켜야 했다. 그 결과 화폐통합에서 기본전환 비율은 2(동독화폐) 대 1(서독화폐)로 결정되었다.

$$Mw = (Pw/Vw)*Yw$$

9   독일 연방은행의 경제적 잠재력에 대한 추정은 Cobb-Douglas 생산함수를 기초로 한 다음의 계산식에 따른다.

$Y_t = aK_t^{\beta}L_t^{(1-\beta)}e^{\gamma t}$ 여기에서 L은 기간 t의 노동투입량, K는 자본량을 뜻하며 γ는 기술진보율을 의미한다. Heise 1991, 553-558.

10   계산방식에 대하여는 Yoon(1995, 78-84), 경제적 잠재력을 계산하기 위해 쓰이는 일반적인 방법들에 관하여는 Döpke(1993)에 자세히 설명되어 있음.

그 외에 전환율 결정을 위한 논의에서 제기된 바와 같이 경제통합 초기 동독 지역 주민들의 화폐적 자산을 높여 사회적 안정을 꾀하려는 정책이 추가되었다. 이를 위해 연령계층을 셋으로 나누어 차등적으로 노년층에게는 6000DM, 장년층에게는 4000DM, 청소년층에게는 2000DM까지 1 대 1 환율을 적용하여 화폐교환을 허용해 주었다. 결과적으로 동서독화폐통합 시 동독의 편입에 따른 화폐량의 증가는 180 Billion DM에 달하였다. 이는 경제적 잠재력에 기초하여 적정수준으로 제시된 것보다 50%가량 더 증가된 규모였다. 이 규모를 고려하여 계산한 평균 전환비율은 연방은행이 애초에 계획했던 1.8 대 1보다 낮은 1.6 대 1의 수준을 나타냈다.[11]

독일의 화폐통합 과정에서는 앞서 논의한 환율 외에 또 하나의 환율을 추가적으로 적용하였다. 그것은 화폐의 유량(Flow)에 대한 환율이다. 화폐의 유량이란 매달 지급되는 임금, 연금, 장학금 등을 의미한다. 일반적인 화폐통합은 화폐의 저량과 유량에 동일한 환율을 적용한다. 그러나 동서독 간 화폐통합에서는 정책적으로 환율의 수준이 결정된 탓으로 정책의 목적에 부합하도록 서로 다른 환율을 적용하였다. 화폐유량에 적용되는 환율은 매달 지급되는 임금, 연금 등의 최초 지급수준을 결정하게 되어 경제의 경쟁력에 절대적 영향을 미친다. 물론 요소시장이 통합되면 통합된 지역 내 임금의 격차가 오래 유지되기는 어려우나 노동력이 새로운 수요처를 찾기까지 시간이 걸리므로 당분간은 생산이 유지될 수 있다. 그러나 화폐의 유량에 대한 전환율이 고평가될수록 통합 후 최초의 임금수준이 높아져서 평균생산성이 임금보다 낮은 기업들은 개혁의 기회도 얻지 못하고 문을 닫아야 하는 상황을 맞

---

11 평균 교환비율이 정확하게 일치되지 않는 것은 대상이 되는 화폐의 크기에 대한 산정방식의 차이에 인한 것으로 자세한 설명은 Bofinger(1991) 152쪽 이하를 참조할 것.

게 된다.

특히 동독 지역 상품의 경쟁력은 화폐통합 과정에서 임금의 전환율에 의해 영향을 받게 된다. 동독 상품의 경쟁력 제고 혹은 유지에 정책목표를 둘 경우에는 가능한 한 동독화폐의 가치를 낮게 산정하여 동독 상품이 서독이나 다른 외국 상품에 대하여 가격경쟁력을 유지할 수 있도록 해야 한다. 그러나 동독 지역의 임금수준이 너무 낮게 책정될 경우 동서독 간 노동력의 이동이 가능해진 탓으로 노동력이 과도하게 서독 지역으로 이동할 우려가 있었다. 인구이동은 생산성이 낮은 지역의 임금을 생산성의 개선 없이도 상승시키게 되므로 인구이동에 의해 경쟁력이 왜곡되지 않으려면 임금의 격차가 생산성의 차이에 부합되어야 한다. 서독 연방은행의 추정에 따르면 통독 직전 동독 지역의 생산성은 서독 지역의 40%가량에 달하였다. 연방은행은 동독 지역 기업들의 경쟁력을 해하지 않는 적절한 임금수준을 고려할 때 유량의 화폐에 대한 전환율을 2(동독마르크) 대 1(서독마르크)로 밝힌 바 있다.[12] 그리고 화폐통합 이전에 동독 지역의 가격을 자유화하고 이를 통해 소득상승을 선행시켜야 할 것이라고 주장했다. 또한 화폐통합 이후의 임금변동은 시장의 기능에 맡겨두는 것이 바람직하다는 의견도 제시되었다. 그러나 연방은행의 제안은 받아들여지지 않았고 임금을 포함한 화폐유량의 전환율은 1 대 1로 결정되었다. 1 대 1의 임금전환 비율은 많은 경제학자들의 반대에 부딪혔다. 반대의 근거는 국제무역시장에서 동서독 간 화폐의 환율은 1988년에 4.4 대 1이었는데 1 대 1로 할 경우 동독 지역 상품들의 경쟁력이 치명적인 타격을 받게 될 것이라는 이유였다(Hoffmann 1990; Siebert 1990). 그렇지만 Kronberger Kreis와

---

12   구체적 세부사항에 대하여는 Deutsche Bundesbank(1990a, 42) 참조.

같이 찬성하는 이들도 있었다. 이들은 당시 동독 지역의 생산성이 서독의 30-40%라고 추정하고 동독의 당시 임금이 평균 1,300동독마르크였고 서독은 3,850마르크가량이었으므로 생산성의 비율이 임금의 비율과 일치해서 경쟁력의 왜곡현상이 일어나지 않을 것이라고 주장했다(Kronberger Kreis 1990a; 1990b). 그러나 후자의 주장은 당시 동독의 생산성이 주어진 환율을 기초로 하고 있다는 것을 고려하지 않았고 동독마르크가 평가절상되었을 경우에도 생산성이 같은 상태로 유지될 것이라는 판단의 오류를 범하였다.

화폐통합 과정에서 경제적 잠재력의 증가된 크기를 훨씬 앞지르는 화폐량의 성장이 있긴 했으나 독일은 전체적으로 물가안정이 위협을 당하지는 않았다(Bofinger 1993, 152-158). 그 이유는 첫째로 동독의 서독 편입으로 인해 과도하게 늘어난 것으로 간주되는 화폐의 규모가 당시 서독 전체 화폐량에 비하면 4.5%에 불과하여 상대적으로 비중이 낮았기 때문이다. 둘째는 동독 지역 주민들이 서독의 거래방식이나 은행제도에 익숙하지 않아 화폐의 유통량이 많지 않아서 전체 경제에 대한 영향이 예상보다 적었다는 것이다. 셋째, 서독 지역 주민들은 화폐량 M3에 포함되지 않은 다른 금융자산들도 보유하고 있었으나 동독 지역 주민들에게는 저축 이외의 다른 금융자산이 없었으므로 금융자산 전체를 비교할 때 동독의 편입에 따라 늘어난 화폐의 양은 경제적 잠재력 기준의 10% 수준에 훨씬 밑도는 6.5%에 불과했다. 넷째, 동독의 늘어난 화폐 중 13 Billion DM이 사전통고 기간 등으로 묶여 있는 예금에 속해 있어서 화폐 증가의 비중이 더욱 약화되었다. 다섯째, 1988, 1989년에 이미 경기의 호황국면에 있던 서독 경제는 동독 지역의 수요증가까지 겹쳐 생산투자를 늘릴 수밖에 없었고 이에 따라 서독 지역의 화폐량도 급속히 늘게 되었다. 그 결과 동독 지역 화폐량은 서독 지역에 비해 상대적으로 그 비중이 감소하였다.

결론적으로 물가안정에 대한 화폐통합 이전의 염려는 현실적으로 심각한 문제를 유발하지 않았고 화폐정책에 대한 믿을 만한 자료도 없는 상태였음에도 불구하고 물가안정에 대한 목표는 일단 소기의 성과를 거둔 것으로 판단할 수 있다. 그러나 화폐유량의 환율이 지나치게 고평가된 결과 화폐통합 직후 동독 지역의 단위당 임금이 생산성보다 높은 수준으로 상승하였고 생산의 격감과 실업의 폭증이라는 부작용이 나타났다.

(4) 사회통합: 노동시장 및 사회보장 통합

국가조약의 제4장은 사회통합에 관련된 내용이다. 첫 번째 규정은 노동법 관련 법규의 동독 적용을 다루고 있다. 특히 근로자들이 결사의 자유를 통해 노동조합을 구성하고 자신들의 권리를 보장받도록 하는 노동법의 적용을 규정하고 있다. 이처럼 서독 지역의 노동 관련 법규를 동독 지역으로 확대 적용하는 것은 사회적 측면에서는 동독 지역 근로자들을 위한 정책이었으나 임금수준을 생산성 수준 이상으로 인상시키는 중요한 요인으로 작용하였다. 예컨대 서독 지역의 최저임금제도를 동독 지역에 적용할 경우 동독 지역 근로자 상당수의 생산성을 상회하게 되어 시장기능에 의한 고용을 불가능하게 만드는 결과를 초래하기 때문이다. 뿐만 아니라 동독 지역에 노동조합을 결성하기 위해 서독 지역 노조지도자들이 파견되어 초기 임금협상을 지도함으로써 생산성과 관련 없이 임금을 일정 수준까지 인상하는 결과를 초래했다. 이는 동독 지역 기업들의 사유화를 방해하였고 실업자를 양산시키는 원인이 되기도 했다.

보험이나 연금 등의 사회보장제도를 서독과 같은 방식으로 도입하여 적용하는 내용도 국가조약에 규정되었다. 이는 일정 기간의 수렴 단계를 거쳐 종국적으로는 서독 지역의 사회보험이나 연금제도에 동일하게 편입되도록 설계된 것이다. 서독 지역에서 운용되던 높은 수준의 사회보험과 연금 등의 사회보장제도가 동독 지역에 도입되면서 노동시장에는 실업을 증가시키는 부정적인 영향을 야기했다. 첫째는 임금부대비용의 증가로 기업의 인건비 부담이 증가하게 된 것이다. 둘째는 실업보험 및 사회보장 수준의 상승으로 노동의 기회비용이 증가하여 임금에 대한 기대치를 높이게 되었기 때문이다.

물론 초기에는 동독 지역이 자체적으로 높아진 사회보장급부금을 조달할 수 없었기 때문에 필요한 자금을 서독 정부가 지원하였다. 그러나 예상보다 급격히 증가하는 실업자로 인해 사회보장급부금에 대한 서독 정부의 부담이 높아졌고 서독 지역 근로자들의 사회보험료를 인상하여 필요한 재원을 마련하는 방안을 추진하였다. 그 결과 서독 지역 근로자들의 사회보험료 부담이 급격히 상승하였고 동독 지역 주민들에 대한 불만이 높아져 내적 통일에는 장애가 되는 결과를 초래했다.

사회적 통합을 위한 제 규정들은 동독 지역 근로자들의 권리보호와 사회보험을 통한 최소한의 생존 및 생활권을 보장하려는 의도로 도입되었다. 사회적 시장경제체제의 동독 지역 확대를 위하여 서독의 노동관계법 및 사회보장제도를 변경 없이 그대로 동독 지역에 적용하도록 하였다. 동독 지역에 결사의 자유, 단체교섭의 자율권, 노동자의 경영참가, 부당해고로부터의 보호 등 노동질서에 관한 서독법도 동독 지역에 이전하였다. 또한 연금, 의료, 산재, 실업보험 등 사회보험의 경우 서독의 고용촉진법, 연금보험법, 의료보험법, 산재보험법에 일치시킴으로써 동서독 주민이 모두 동일한 사회보장 수혜를 받도록 하였다. 사회통합을 위한 제 규정들은 통합 초기에는 현실적으로 동독 지역 근로자들의 임금을 생산성보다 높은 수준으로 결정되도록 영향을 미쳤다. 그 결과 통합 초기의 실업자 증가와 통일 비용 증가의 주요한 원인으로 작용하였다.

다. 동서독 경제통합의 경제적 충격

(1) 경제적 충격

동서독 간 통화·경제·사회 통합은 동독 지역 경제의 급격한 붕괴를 초래했다. 통일 후 동독 지역 경제는 생산 급감, 임금 상승, 실업 증가, 사회보장수요 급증 등의 문제를 야기했다. 통합 이후 5년까지 나타난 초기 거시경제지표의 변화는 임금은 지속적으로 상승하여 소위 I-곡선을 그렸고, 자본은 초기 생산성이 낮은 자본이 해체된 후 서독 지역 자본의 투자확대로 점차 증가하여 J-커브를 그렸으며 생산은 감소하다가 다시 증가하여 통일 이전 수준을 회복하는 U-커브를 그렸으나 고용은 초기 충격에서 회복되지 못하는 L-커브를 그렸다.

통합 초기 임금이 급속하게 상승하면서 고용이 감소하였고 임금 비용보다 낮은 수준의 생산성에 결부된 자본들이 해체되는 과정을 겪었다. 그 결과 동독 지역의 생산량도 통일 전보다 더 낮은 수준으로 하락하였다. 그 후 서독 지역으로부터 유입된 자본이 새로운 자본을 형성하면서 통일 이전보다 높은 규모의 자본이 형성되었고 생산도 다시 통일 이전 수준 가까이 회복되었지만 고용은 회복되지 못하였다. 그 이유는 동독 지역에 새로 형성된 자본은 자본집약적, 기술집약적 자본이었기 때문에 동독 지역의 해고된 노동력을 흡수하기에는 기술력 차이가 컸기 때문이다. 특히 중년 이상 연령층의 실업자들은 새로운 기술을 습득하지 못하여 대부분 영구적인 실업자로 전락하여 사회보장비용 지출과 통일 비용을 높이는 집단이 되었다.

동서독 경제통합 과정에서 나타난 가장 큰 문제는 노동생산성과 임금 간의 불일치였다. 화폐통합으로 임금이 생산성보다 높은 수준으로 상승하여 실업이 발생하였을 뿐만 아니라 이후 노동시장 관련 제도들이 지속적으로 임금이 생산성보다 높아지도록 영향을 미쳤다. 그 결과 통합 초기 발생한 실업자들이 영구실업자로 전락하는 결과를 초래했다.

임금을 생산성보다 높이게 된 대표적인 원인들을 열거하면 다음과 같다.

첫째, 화폐통합 시 임금전환율을 1 대 1로 결정하여 초기 임금 수준을 급격히 증가시켰기 때문이다.

둘째, 사회통합 시 노동관계법과 사회보장제도를 동독 지역에 이전하여 최저임금 수준을 높였고 노동조합과 기존 기업대표 간의 임금협상에서 생산성의 개선에 연계되지 않은 지속적인 임금인상 조건을 합의했기 때문이다.

셋째, 서독 지역으로부터의 이전소득 유입으로 동독 지역의 실질임금이 상승하는 소위 Mezzogiorno 현상이 발생했기 때문이다.

〈표 3-4〉는 통일 이후 5년간 동서독 제조업 분야의 생산성과 단위임금비용을 비교한 것이다. 동독의 절대임금이 서독의 임금 수준보다 낮기는 했지만 생산성은 그보다 훨씬 낮았기 때문에 동독 지역의 제조업 부문 단위임금비용이 서독 지역보다 높아지게 되었다. 특히 경제통합이 이루어진 1990년 하반기에는 동독 지역 단위임금비용이 서독 지

표 3-4 동서독 지역 제조업 분야 생산성 및 단위임금비용 비교

	1990	1991		1992		1993		1994	
	후반	전반	후반	전반	후반	전반	후반	전반	후반
생산성									
구동독(DM)	8	7	10	13	16	16	20	20	23
구서독(DM)	43	43	44	43	43	41	44	45	47
구동독/구서독, %	18	17	23	29	37	39	45	45	48
단위임금비용									
구동독(DM)	105	130	132	117	110	100	101	95	100
구서독(DM)	68	66	70	69	75	75	77	73	74
구동독/구서독, %	156	198	188	170	146	134	131	130	135

주: 생산성=1991년 불변가격 기준 일인당 생산, 단위임금비용=상품1단위당 피고용 임금소득

역의 2배에 가까운 198%까지 증가했기 때문에 동독 지역의 산업이 급격하게 붕괴되는 원인을 제공하였다. 이후 생산성이 급속히 개선되기는 하였지만 통일 후 5년째인 1994년까지도 동독 지역의 단위임금비용은 서독 지역보다 35%가 더 높은 현상을 보였다.

통합 과정에서 제도적 결정으로 발생한 임금의 왜곡현상은 통합 초기 1년과 2년 후 동독 지역 생산을 각각 -14.4%, -31.4% 감소시키는 결과를 가져왔다. 서독·지역에서는 동독 지역 투자를 위한 자본수요 증가로 이자율이 급격히 상승했고 수입수요 증가에 따른 경상수지의 적자전환으로 환율이 상승하였으며 1993년에는 서독 지역까지 마이너스 성장을 시현하는 경제적 어려움을 겪게 되었다. 동독 지역의 조속한 생산성 제고를 위한 투자수요와 동독 주민들의 사회보장지출 증가로 재정수요도 급증하였다.

인프라 건설수요 및 체제전환 비용도 통일 비용에 대한 부담을 높였다. 통일 초기에는 통일 비용이 연간 500-600억 마르크 정도 소요

표 3-5 통합 초기 동서독 지역 주요 경제지표의 변화

	1990	1991	1992	1993	1994	1995
구서독 지역 성장률(%)	4.5	3.6	1.6	-1.7	2.4	1.6
구동독 지역 성장률(%)	-14.4	-31.4	9.7	5.8	8.5	5.6
독일 전체 성장률(%)	2.6	0.6	2.1	-1.1	2.9	1.9
구서독 지역 물가상승률(%)	2.6	3.8	4.0	3.2	2.7	1.7
구동독 지역 물가상승률(%)	0.2	12.8	10.1	8.4	3.7	2.1
독일전체 물가상승률(%)	2.3	4.8	4.7	3.9	2.8	2.0
구서독 지역 실업률(%)	6.2	5.7	5.8	7.3	8.2	8.3
구동독 지역 실업률(%)	–	10.3	16.1	15.8	15.2	14.0
독일 전체 실업률(%)	–	6.7	7.8	8.9	9.6	9.4
구동독 총산출(억DM)	–	1,820	2,221	2,350	2,580	2,815
구동독 총지출(억DM)	–	3,330	4,083	4,291	4,615	4,925
갭(=산출-지출, 억DM)	–	-1,510	-1,862	-1,941	-2,035	-2,110
갭/동독GDP(%)	–	83	84	83	79	75
갭/서독GDP(%)	–	5.8	6.9	7.3	7.5	7.6

될 것으로 추정되었으나 실제 비용은 연간 서독GDP의 4-5%에 달하는 평균 1,500억 마르크가 매년 지출되었다. 재정은 통일 초기 국민들에게 지나친 충격을 주지 않으려고 주로 정부차입과 사회부담금 인상을 통해 통일 비용을 충당하였다. 초기 5년간(1991-1995) 정부의 재원구성을 보면 정부차입이 40%, 사회보장 기여금 인상으로 25%, 증세를 통해 25%, 그리고 정부지출 삭감으로 나머지 10%를 조달하였다.

(2) 경제적 충격의 원인

동서독 간 경제통합은 그 속도와 통합 내용 면에서 모든 것이 정책적

결정의 대상이었다. 얼마나 빨리 양 지역 간 경제를 통합할 것인지, 각 분야별 통합은 어떤 방식으로 할 것인지 등이 모두 정책적으로 결정되었다. 따라서 전체 통합 과정을 일관하는 정책적 판단의 기준이 필요했다. 명시적으로 외부에 밝히지는 않았으나 서독 정부가 내부적으로 적용한 기준은 최대한 빠른 시일 내에 통일을 가능하도록 만든다는 것이었다.[13] 그리고 모든 정책들은 이러한 목표에 기여할 수 있도록 세부사항이 만들어졌다. 그 결과 경제적으로 효용이 가장 높은 대안이 선택되기보다는 통일을 앞당길 수 있는 정책대안들이 선택되었다. 그 주요 사례들은 다음과 같다.

첫째, 급진적인 경제통합을 선택했다. 동서독 간 경제통합이 심대한 충격을 발생시킨 것은 일정 수준 불가피한 측면이 있었다. 양 지역 간 생산성과 기술수준의 격차가 지나치게 컸기 때문이다. 생산성의 차이가 큰 경제 간의 통합을 급진적으로 아무런 중간 과정이나 수렴 기간을 거치지 않고 통합한 것은 정치적인 이유 때문이었다. 예기치 않게 통일의 기회가 찾아온 상황에서 최대한 빨리 통일을 시키지 않으면 이 기회가 사라질 수 있다는 조급함이 경제통합을 급진적으로 시행하게 만든 주된 원인이었다. 그 결과 생산성이 상대적으로 낮은 동독 지역 경제가 붕괴될 가능성을 충분히 인지하고 있었지만 이를 보호하기 위한 장치를 만들기보다는 조속한 시일 내에 통합을 달성하는 방식으로 정책이 결정되고 추진되었다.

둘째, 화폐통합에서 고평가된 임금전환비율을 결정한 것이다. 2차 세계대전 이후 독일 땅에 진주한 소련군과 서방점령군이 여전히 점령

---

13 한독 간 통일문제 자문을 위해 구성된 한독통일자문위원회에서 동서독 통합 당시 경제 정책을 결정했던 인사들은 가장 중요한 문제가 빠른 시일 내에 통일을 달성하는 것이었다고 증언했다.

군 지위를 유지하고 있던 상황이어서 동독 지역 주민들이 자발적으로 통일을 요구하고 나서지 않는 이상 서독이 먼저 통일운동을 주도하기는 어려운 상황이었다. 당시 동독 주민들이 가장 염원했던 것이 구매력 높은 서독화폐를 쓰는 것이었다. 서독의 정치지도자들은 화폐통합 시 동독 주민들의 임금을 고평가해 통일을 요구하게 만드는 인센티브로 활용하였다. 화폐유량의 환율을 평가절상시켜 실질임금을 인상하는 안을 제시하여 동독 주민들이 통일에 대한 염원을 가지도록 이끌었다. 실제로 화폐통합 계획의 발표이후 조속한 화폐통합을 요구하는 시위로 동독 주민들이 거리로 나서는 일까지 벌어졌다. 즉, 화폐통합이 경제통합의 일환으로 추진되었을 뿐만 아니라 화폐유량의 환율을 따로 결정하는 방법으로 통일정책의 수단으로 활용하였다.

셋째, 사회통합을 먼저 시행하여 동독 주민들에게 통일 후의 생활에 대한 심리적 불안을 해소했다. 노동시장의 통합과 사회보장제도의 조기 통합은 동독 주민들에게 통일 이후 최저생활 수준을 제도적으로 어느 수준까지 보장하겠다는 신호를 보낸 것이라고 할 수 있다. 그 결과 동독 주민들이 통일 이후 자신들의 생활 수준에 대한 최저 수준을 확인할 수 있었고 생존 및 생계에 대한 불안을 해소할 뿐 아니라 생활 향상에 대한 기대를 가지도록 기여하였다. 그러나 한편으로는 최저임금 수준을 인상하고 노동의 기회비용을 생산성보다 높은 수준까지 상승하도록 실질임금 수준을 높이는 원인이 되었다. 결국 사회통합에 대한 정책결정들도 서독이 운용하던 사회적 시장경제체제가 추구하는 사회적 목표를 실현하기 위한 것이었을 뿐만 아니라 드러나지 않게 통일을 위해 동독 주민들의 마음을 사로잡는 수단으로도 작용했다.

넷째, 사회적 시장경제의 확산이다. 동서독 통합에서 모든 경제제도는 서독 지역의 경제철학인 사회적 시장경제(Soziale

Marktwirtschaft)의 틀 안에서 이루어졌다. 분야에 따라서는 경제적 효율성이 희생되는 현상이 발생할 것으로 예측됨에도 불구하고 동독 지역의 모든 제도는 사회적 시장경제의 철학 위에 만들어졌다. 서독의 이러한 태도는 독일 사회가 지향하는 공동체의 모습을 동독 지역 주민들에게 인식시킴으로써 내적인 통합에 기여하는 역할을 수행하게 되었다.

독일의 경제통합 시 결정된 주요 정책들은 경제통합의 일환으로 설명되고는 있으나 사실상 통일정책의 수단으로 활용된 측면이 크다. 특히 경제적 합리성과 정치적 동기가 충돌하는 경우 정치적 동기가 우선순위를 차지하였고 경제적인 충격이 확대되는 결과를 가져왔다. 따라서 동서독 경제통합 과정에서 발생한 충격은 통일이 야기하는 필연적 결과라기보다는 통일을 달성하기 위해 정책적으로 선택한 결과라고 보는 것이 옳다.

라. 남북한 경제통합에 주는 시사점

독일 통일 이후 통일 비용에 대한 우리 사회의 관심이 높아졌고 통일 비용에 대한 부담이 통일에 대한 열기를 저하시키는 결과까지 초래하고 있다. 그러나 독일의 통일 비용은 독일제도가 가지고 있는 특징과 당시 정책결정자들이 선택한 결과가 합하여 초래된 것이었다. 한국과 독일 사이에 존재하는 노동 및 사회정책적 차이를 고려하면 독일에서 발생한 통일 비용이 한국에서도 유사하게 발생한다고 가정하기는 어렵다. 독일이 선택한 정책의 배경을 이해하고 우리 상황에 맞는 정책 선택의 내용을 고민하는 것이 독일 사례를 잘 활용하는 일이 될 것이다.

경제통합과 관련하여 독일의 사례는 다음과 같은 세 가지 측면에서 시사점을 얻을 수 있다.

(1) 경제철학의 문제

동서독은 통화·경제·사회 통합을 위한 국가조약 전문에서부터 사회적 시장경제를 통일독일 전 지역에 시행하는 것을 명백히 하고 있다. 경제운영의 철학적 기반에 관한 선언은 다음과 같은 효과를 기대할 수 있다. 첫째, 동독 지역에서 시행해온 사회주의적 계획경제의 중단이다. 구동독 주민들 중에는 기존 체제의 장점을 살리고 싶거나 선호하는 구성원들이 존재할 수도 있다. 국가조약은 기존 동독의 체제에 대한 제도적 단절을 분명히 함으로써 새로운 제도의 도입을 명백히 하는 효과를 기대하게 만들었다. 이로써 그동안 통일독일의 제도적 대안에 관한 논의들 가운데 어떤 선택을 하는 것이 아니라 현행 서독 지역의 제도를 동독 지역에 확대하여 적용한다는 사실을 밝힌 것이다. 둘째, 사회적 시장경제를 통한 동독 주민들의 생존생계 및 인간적 존엄성을 보장해 주겠다는 약속을 하는 것이다. 이미 서독제도를 잘 알고 있던 동독 주민들에게 서독제도를 적용할 것이라고 선언함으로 통합 과정에서 발생할 수 있는 경제적 충격으로부터 모든 동독 주민들을 지켜주겠다고 선언한 것이다. 실제로 통일 과정에서 수많은 동독 주민들이 일자리를 잃었지만 이로 인해 경제적인 위기상황에 처하게 된 사람은 없었다. 셋째, 제도적 공백상태의 발생을 방지할 수 있었다. 통일 이전에는 동서독 양 지역의 장점을 살린 제3의 제도적 대안에 관한 논의도 수십 년 동안 진행되어 왔다. 심지어 서독 지역 헌법에서조차 통일 이후의 헌법을 확정짓지 않은 상태로 두어서 통일 이후 제도의 선택에 여지를 남겨두었었다. 그러나 동서독 간 통합이 급격히 추진되는 과정에서 서독에까지 새로운 제도를 도입하는 경우 사회 전체에 제도적 불안정으로 인한 충격이 발생할 우려가 있었다. 뿐만 아니라 통일 당시까지 서독 지역의 사회적 시장경제는 성공적인 제도로 평가되었고 독일인들이 자부심을 가진 제도였다. 동독 주민들도 이 제도에 대하여 큰 반발을 보이지 않았기 때문에 서독제도를 그대로 유지할 수 있었고 제도적 혼란을 방지할 수 있었다.

한국 사회에서는 아직 우리나라에 가장 적합한 경제체제나 철학적 기반에 대하여 공고한 합의가 존재하지 않는다. 시장경제의 원칙에 대해서는 사회구성원 대다수가 동의하는 것으로 보이지만 시장경제의 다양한 형태 중에서 어떤 제도를 운용하는 것이 바람직한지에 대해서는 사회적으로 진지한 논의가 진행되지 않았다. 최근 들어 경제민주화와 관련하여 우리나라 헌법에서 시사하는 제도가 사회적 시장경제와 유사하다는 주장이 제기된 바 있다. 그러나 법적인 조항으로서가 아니라 사회구성원 대다수가 공동으로 추구하는 공동체의 경제운용을 위한 철학적 기반에 대한 합의가 필요하다.

사회경제적 시스템을 구성하기 위한 경제철학적 기반으로서 제도적 선택을 해야 한다면 현재로서는 "자유시장경제"로 표현하게 될 가능성이 많다. 지금껏 우리나라에서는 사회적 시장경제와 같은 사회적 요소들은 선거 시 정치적 이벤트를 통해 새로운 화두로 던져지고 논의가 진행되는 등의 방식으로 확산되어 왔다. 그러나 공동체 철학으로서 합의를 추진하거나 공론에 부쳐지지는 않고 있다. 이러한 관행을 근거로 보면 우리 사회의 경제철학은 일반적으로 자유민주주의 국가에서 시행하는 시장경제라는 수준에서 "자유시장경제"로 선택할 가능성이 많다. 그러나 이러한 표현이 남북한 경제통합의 전문에 삽입될 경우 사회 전체의 철학적 가치를 대변하는 양식으로 구속성을 가질 우려도 있다.

자유시장경제를 철학적 기반으로 선언한다면 북한 지역 주민들이 통일 과정에서 경제적 어려움에 처할 경우 이들에게 사회적 보호를 제공하겠다는 신호를 주지도 못한다. 따라서 합의통일을 선택할 수 있도록 고무할 수 있는 제도적 인센티브로 활용하기도 어렵다.

경제를 운용하기 위한 사회 전반의 철학적 기반을 반드시 명시적으로 제시해야 되는 것만은 아니다. 그러나 독일의 통일 과정에서 이러한 철학적 기반의 선언은 여러 가지 혼란을 방지하고 동독 주민들이 통일을 선택하도록 만드는 데 긍정적인 영향을 미친 것으로 평가된다. 그보다 더 중요한 것은 독일의 사회적 시장경제체제가 독일 사회에서 2차 세계대전 이후 공동체적 통합을 이루는 데 기여하고 경제적 성과를 높임으로써 통일을 꿈꿀 수 있는 경제적·사회적 역량을 만드는 데 성공했다는 점이다. 그래서 국가조약에서 이러한 경제운용의 철학을 제시할 수 있었다. 우리 사회에서도 차제에 경제철학의 방향성을 논의하고 구성원들이 추구하는 공동의 목표를 가질 수 있다면 통일을 위해서나 우리 사회의 갈등 극복에 기여할 수 있을 것으로 사료된다.

(2) 생산성 격차로 인한 충격문제

남북한 간 생산성의 격차가 야기하는 경제적 충격은 급진적으로 통합을 추진할 경우 동서독에서와 유사한 형태로 발생할 가능성이 높다. 그리고 생산성의 격차는 단기간에 극복하기도 어렵다. 따라서 생산성의 격차에 따른 충격에 대비하기 위해 경제통합 방안을 세심하게 준비할 필요가 있다.

생산성의 격차가 야기하는 충격을 줄이기 위해 고려할 수 있는 요소는 다음과 같다.

첫째, 통합의 속도에 대한 문제이다. 독일은 급진적 통합을 추진하여 생산성의 충격을 피하기가 어려웠다. 그러나 점진적인 통합을 선택하여 생산성을 수렴시킬 수 있는 시간을 가질 수 있다면 경제통합 시 더 많은 북한 지역의 근로자들이 실업을 피할 수 있게 될 것이다. 그러기 위해서는 경제통합 전체를 일정한 중간 단계를 거쳐서 점차 수렴되는 과정을 통해 생산성의 격차를 줄이고 기준으로 설정한 수준까지 생산성의 간격이 축소되면 통합을 추진하는 것이다. 그러나 얼마나 오랜 기간을 중간 과정으로 설정해야 하는지, 중간 과정을 단축시킬 수 있는 방안은 무엇인지, 그리고 정치적 통일을 늦추지 않고도 경제통합을 지연시키는 것이 가능할지 등에 대한 연구가 선행되어야 한다.

일반적으로 인구이동과 관련하여 제시된 이론에 따르면 북한 지역 노동생산성이 남한 지역의 60%까지 도달한 이후에 통일하는 것이 적절하다는 기준이 제시되고 있다. 따라서 통일 이전에 남북한 경제교류 및 경제협력을 통해서 북한 지역의 생산성을 이 수준까지 높인다면 생산성의 충격을 염려하지 않아도 된다. 이러한 논리에 근거하여 급격한 통일보다는 점진적 통일을 추진하는 것이 바람직하다는 의견이 제시되기도 했다. 중간 과정을 거치건 통일 과정을 점진적으로 추진하건 남북한 간 생산성의 충격을 줄이기 위해서는 경제통합의 속도에 대한 고민이 필요하다.

둘째, 각 통합 분야별 정책대안 결정에서 생산성을 왜곡시키지 않도록 정책기준을 제시하고 적용하는 것이다. 특히 노동시장에서 생산성을 상회하는 수준으로 임금이 상승하지 않도록 관련된 모든 정책의 대안을 검토할 필요가 있다. 남북한 간 경제통합 이후 북한 지역의 생산성은 급격한 변화를 겪게 될 것이므로 근로자가 한번 노동시장에서 퇴출되면 빠르게 증가하는 생산성을 개인이 따라잡기가 어렵게 된다. 그 결과 영원히 실업자의 길을 걷게 될 가능성이 높다. 따라서 정책결정으로 인해 대규모 노동력이 시장에서 고용기회를 잃어버리는 일이 없도록 생산성의 왜곡을 최대한 방지하는 것이 필요하다.

　임금과 관련하여 생산성의 왜곡을 방지하기 위해서는 노동시장만이 아니라 사회보장 정책이나 거시경제 관련 모든 정책들이 함께 종합적으로 검토되고 결정되어야 한다. 독일의 경우 생산성의 왜곡을 가장 심각하게 야기한 정책이 통화통합 시 화폐유량(money flow)에 대한 전환비율 결정이었으며 최저임금 및 사회보장 정책의 통합 등이었다. 따라서 노동시장만이 아니라 임금에 영향을 줄 수 있는 모든 정책이 함께 고려되어야 생산성을 왜곡하는 결과를 미연에 방지할 수 있다. 예를 들면, 모든 통합관련 정책에 "노동시장 영향평가서"를 첨부하게 하여 관리하는 것이다. 이러한 제도를 통해 모든 정책결정 과정에서 시장 왜곡에 대한 경각심을 가지게 하고 실제로 이를 방지하는 효과도 기대할 수 있을 것이다.

　셋째, 노동시장의 분리 방안을 모색할 필요가 있다. 생산성의 격차가 가장 문제가 되는 분야는 노동시장이다. 다른 경제 분야의 통합은 그대로 추진하면서 생산성이 왜곡될 수 있는 노동시장만 일정 기간 분리하여 운영할 수 있다면 생산성의 격차로 인한 충격을 완화할 수 있다. 통일이 이루어지게 되면 노동시장의 통합은 저절로 이루어진다. 북한 주민들이 남한 지역 노동시장으로 이주해오면 그대로 통합이 진행되기 때문이다. 그렇다고 충격을 막기 위해 이주를 강제로 막거나 북한 지역 출신 근로자들에게 제도적으로 차별대우를 하게 되면 통일 자체가 어려워지게 된다.

　　노동시장을 분리하기 위한 가장 합리적인 방안은 북한 주민들에게 북한 지역에 머무를 인센티브를 제공하는 것이다. 즉, 자발적 선택으로 노동시장이 분리되도록 하는 방안이다. 예를 들어 북한 지역의 사유화 과정에서 일정 기간 동안 북한 지역에 계속 거주하는 조건으로 주민들에게 토지나 주택을 무상으로 혹은 저가로 분양하는 등의 방식을 활용할 수 있다. 충분히 강력한 인센티브를 제공함으로 북한주민들이 북한 지역에 머무는 것을 선택하도록 제도를 만드는 것이다. 이러한 방식으로 노동시장이 분리될 수 있다면 급진적인 통일과 경제통합을 동시에 추진하더라도 노동시장에서 생산성보다 높게 임금이 상승하는 것을 피할 수 있을 것으로 예상된다.

　　생산성의 충격을 극복하기 위한 이러한 대안들은 독일의 통합 과정에서는 자세히 검토되지 못하였다. 통일을 조기에 달성하는 것이 초미의 관심사였기 때문이다. 그 결과 통일 이후 오랜 기간 동안 경제적 충격으로 독일 사회가 어려움을 겪었다. 한국에서의 통일 과정에서도 생산성의 충격이 충분히 예상되고 있으므로 이 문제를 사전적으로 해결할 수 있도록 상기 세 가지 방향으로의 지속적인 노력이 이루어져야 할 것이다.

(3) 제도통합의 문제

경제통합은 일반적으로 시장통합과 제도통합의 영역으로 분리할 수 있다. 시장통합의 충격은 생산성의 극복이 과제이나 제도통합의 충격은 경제주체들이 달라진 제도에 적응하여야 충격이 극복된다. 동서독 통합 과정에서 제도적 변화는 동독 지역에서만 발생하였기 때문에 제도통합의 충격도 동독 주민들의 몫이었다. 문제점으로 지적할 수 있는 것은 급격한 제도적 변화이다. 동독 지역 주민들의 적응을 돕기 위한 경과 기간이나 중간 과정 없이 서독 지역의 발달된 시장경제제도를 동독에 바로 적용하였기 때문이다. 그 결과 필요 이상으로 많은 주민들이 새로운 제도에 적응하느라 갑작스럽게 생산성이 하락했고 일자리를 잃게 되었다. 통일 이후 급격한 생산성의 변화가 나타난 시기의 실업은 영구실업으로 이어질 가능성이 높기 때문에 제도적 변화의 충격을 최소화하기 위한 추가적인 대책이 필요하였다. 당시 독일에서는 적극적인 교육프로그램을 개설하여 실업자들이 최대한 빨리 새로운 제도에 적응할 수 있도록 다양한 직업교육을 제공했다. 또한 직업을 잃지 않은 사람들도 새로운 제도에 빨리 적응할 수 있도록 교육프로그램을 도입하였다. 주요 기관들 간에는 지역 간 파트너제도를 도입하여 적응교육의 책임을 맡기는 방안도 활용하였다. 그럼에도 불구하고 많은 주민들이 적응상의 어려움을 겪었고 특히 연령층이 높을수록 노동시장 복귀에 더 많은 시간이 걸린 것으로 나타났다.

한국의 경우 앞서 논의한 노동시장의 분리가 가능하게 되면 적어도 노동시장관련 제도는 통합을 늦출 수 있다. 그러나 통합 자체를 점진적으로 시행하지 않는 한 제도적 통합을 단계적으로 수행하는 것은 오히려 혼란을 초래할 가능성이 크다. 왜냐하면 제도들은 상호 연계되어 있어서 일부만 변경하는 경우 다른 제도들과의 정합성에 문제를 야기할 수 있기 때문이다.

새로운 제도에 대한 적응 과정에서 독일이 활용한 교육제도의 중요성은 아무리 강조해도 지나침이 없다. 각 산업별, 지역별, 직업별, 연령별 등으로 세분하여 필요한 제도에 대한 교육을 특정하고 최대한 빨리 주민들이 습득할 수 있도록 해야 한다. 특히 산업의 인프라에 해당하는 금융 분야나 정부의 행정관련 제도들에 대해서는 한국 사회 내

관련 분야 종사자들과 파트너제도를 도입하여 단기간에 집중적인 교육을 수행할 필요가 있다. 그래야 교육의 책임성과 더불어 학습시간의 단축도 가능하기 때문이다. 결국 제도통합의 충격은 통합 과정 자체가 점진적으로 진행되지 않는 한 최대한 빨리 새로운 제도에 익숙해지도록 교육과 훈련을 적극화하는 것이 가장 적절한 방안이다.

마. 결론

동서독 경제통합 방식은 경제적 기준으로 보면 여러 가지 비효율적인 요소들을 가지고 있었다. 경제통합도 통일정책의 일환이어서 통일에 기여하기 위해 경제적 효율성은 우선권이 후순위였기 때문이다. 따라서 독일의 경제통합 정책을 경제적 기준으로만 판단하기에는 무리가 많다. 그럼에도 불구하고 경제적 합리성을 잣대로 동서독 간 경제통합을 평가해야 하는 이유는 특별한 상위목표가 존재하지 않는 한 통일비용을 절약하기 위해 기본적으로 고려해야 할 기준이기 때문이다.

남북한 간 통일 과정에서도 경제적 기준 이외의 정치적 기준이나 사회적 요소 등이 경제적 기준보다 통일에 더 중요한 잣대가 될 가능성이 존재한다. 그럼에도 불구하고 경제적으로 효율적인 정책을 최대한 모색해야 경제적으로 가장 합리적인 방안을 적용할 수 있다. 여기서 고려한 통일 비용의 최소화 방안은 여러 가지 가능한 대안들 중 하나의 사례로 제시되었을 뿐이다. 오히려 중요한 것은 이러한 대안의 배경이 되는 논리적 궤적이다. 이를 통해 실제 적용 가능한 다양한 대안들이 지속적으로 개발될 수 있기를 기대한다.

참고문헌

게르하르트 리터. 2010. "통일독일의 사회정책." 임혁백·이은정 편. 『한반도는 통일독일이
　　될 수 있을까』. 서울: 송정.
김규륜 외. 2011. 『통일 비용·편익 연구의 새로운 접근』. 서울: 통일연구원.
김영윤. 2000. 『사회적 시장경제와 독일 통일』. 서울: 프리드리히에버트재단 주한협력사무소.
김창권. 2011. "독일 통일 후 구동독 지역 산업구조 변화와 한반도 통일시 정책적 시사점."
　　『한독경상논총』 29(3): 27-50.
송태수. 2011. "독일 통일 20년 구동독 지역의 경제적 변화와 통일 비용." 황병덕 외. 『독일의
　　평화통일과 통일독일 20년 발전상』. 서울: 늘품플러스.
안두순. 2011. "독일 통일과 경제통합 과정에 대한 평가: 한국 언론에 비친 통일방식과 통일
　　비용 논의를 중심으로." 『한독경상논총』 29(3): 1-26.
임강택. 2011. 『통일 비용·편익 추계를 위한 북한 공식경제부문의 실태연구』. 서울:
　　통일연구원.
이영선·윤덕룡·김욱·원상희. 1997. 『구동독 지역 기업 환경 변화와 경제 부흥정책』.
　　현대경제사회연구원 연구총서 97-05.

Akerlof, G., A. Rose, j. Yeelen, H. Hessenius. 1991. "East Germany in from the Cold:
　　The Economic Currency Union." *Brooking Papers on Economic Activity* (1): 1-87.
Beer, S., J Ragnitz. 1997. "Betribsgröße und Arbeitsproduktivität im ostdeutschen
　　Verarbeiteden Gewerbe." *Wirtschaft im Wandel* 3(16): 11-13.
Bellmann, L., M. Brussing. 1998. "Ausmaß und Urachen der Produktivitätslücke
　　ostdeutscher Betriebe des Verabeitenden Gewerbes." *Mitteilungen aus der
　　Arbeitsmarkt und Berufsforshung* 31 (4): 648-660.
Bundes Ministerium des Innen. 2010. Jahresbericht der Bundesregierung zum Stand der
　　Deutschen Einheit 2010.
Deutsches Institut für Weltwirtschaft, Institut für Wirtschaftsforschung Halle,
　　Institut für Welwirtschaft. 1999. *Gesamtwirschaftliche und unternehmeriche
　　Anpassunfsfortschritte in Ostdeutschland. Neunzehnter Beicht*. Kiel Discussion
　　Papers 346/347. Kiel.
Dietrich, V. 1997. "Kapitalausstattung und Produkivitätsrückstand im ostdeutschen
　　Unternehmenssektor." *Wirshaft im Wandel* 7: 5-9. Halle.
Gerling, K. 1998. *Transfers and Transition: The Impact of Government Support on Factor
　　Demand and Production in Eastern Germany*. Kiel Working Papers 878. Institute
　　of World Economics, Kiel.
Gerling, K., K-D. Schmidt. 1997a. *Restructuring and Competitiveness in the Transition
　　Process: Evidence from an Eastern German Firm Panel*. Kiel Working Papers

140

No.791, Institute of World Economics, Kiel.

Gerling, K., K-D. Schmidt. 1997b. *On the Competitive Position of Eastern German Manufacturing: Why is Catching-up so Slowly?* Kiel Working Papers No.791, Institute of World Economics, Kiel.

Klodt, H. J. Stehn et al. 1994. *Standort Deutschland: Strukturelle Herausforderungen im neuen Europa*. Kieler Studien 265, Tübingen.

Kolodt, H. 1999. *Industry Policy and the East German Productivity Puzzle*. Kiel Working Papers No.791, Institute of World Economics, Kiel.

Lange, T., G. Pugh. 1998. "Catching Up with the West: The Achievements and Limitations of Creative Destruction." In: Hoescher, J., A. Hochberg (ed.) *East Gemany's Economic Development since Unification: Domestic and Global Aspects*. McMillan Press, London.

Mallok, J. 1996. *Engpässe in ostdeutschen Fabriken: Technikausstattung, Technikeinsatz und Produkitivität im Ost-West-Vergleich*. Berlin.

Paque, K-H. 1997. "Neue Wege dr neuen Laender." *Frankfurter Allgemeine Zeitung*, Nr.171, 26. Juli: 13.

Ragnitz, J. 1997. "Zur Produktivitätslücke in Ostdeutschland." *Wirtschaft im Wandel* 7: 3–4. Halle.

Sinn, G., Sinn, H.-W. 1992. *Kaltstart: volkwirtschaftliche Aspekte der deutschen Vereiningung*. Tübingen.

Sinn, H-W. 1995. *Factor Price Distortions and Public Subsidies in East Germany*. CEPR Discussion Papers 1155. London.

Sshmidt, K.-D. 1996. *German Unification: A Progress Report. The Kiel Institute of World Economics*, Working Paper No.722, Kiel.

2

동서독 경제통합 모델이
남북한 통합에 가지는 의미

박형중(통일연구원)

가. 서론

1990년 두 독일이 통일된 지 25여 년이 흘렀다. 그러는 동안 한국에서 독일 통일은 두 가지의 매우 다른 방식으로 이해되었다. 각각의 이해 방식은 한국 통일과 관련하여 매우 상반된 시사점을 생산해 내었다.[1]

일정한 시기에는 독일 통일은 남북한의 통일이 답습하지 말아야 하는 모델로 간주되었다. 남북한을 독일식으로 통일하자면 비용이 너무 많이 들어 아마도 한국경제가 감당할 수 없는 수준일 것이라고 했다. 또한 통일된 독일의 경우에서처럼 통일 이후에도 남북한의 격차 때문에 남북 양측 주민 사이의 갈등의 골이 깊을 수 있다고 했다. 또는 독일식 통일 모델이 남북관계에는 아예 적실성이 없는 것으로 간주되는 경우도 있다. 북한은 붕괴하지 않을 것이며 중국식으로 개혁개방을 안정적으로 이루어 갈 것이라고 생각하는 경우 그러하다.

이와는 정반대의 이해 방식도 존재했다. 일정한 시기에 독일 통일은 남북한 통일이 재연해야 할 전범으로서 간주되었다. 이러한 경우 통일 비용은 우리 경제가 충분히 감당할 수 있거나 또는 오히려 통일이 비용보다 훨씬 더 큰 효용을 가져올 것이라고 주장되었다. 한 걸음 더 나가면 통일의 효용을 누리기 위해 통일을 회피하지 말고 적극 추진해야 한다고 했다. 통일 이후에 남북한 주민 사이에 갈등은 있을 수 있다는 문제의식은 있지만, 이것이 부각되는 경우는 드물었다. 이러한 방식의 발상은 북한이 조만간 붕괴할 것이며, 그에 따라 한국 주도의 통일을 성취할 가능성이 높다고 판단되는 시기에 강화되었다.

이 글의 목적은 한국에서의 독일 통일과 관련한 이러한 상반된 평

---

1   이 중에서 경제적 차원에 한해서 분석한 것으로 한문석(2010) 참조.

가를 염두에 두면서, 독일 통일 과정에서 경제통합을 재평가하고 그
것이 남북한의 경제통합에 어떠한 시사점을 갖는지를 찾아내는 것이
다. 일반적으로 한국에서 동서독 경제통합을 다루는 다수의 연구는 이
러한 문제의식에서 출발했고, 일련의 문제인식을 공유했다. 이러한 연
구는 남북한 통일이 동서독 통일처럼 급진적이고 전면적으로 이루어
질 가능성이 높은 것으로 또한 통일 과정에서 남북한 경제통합이 동서
독 경제통합 과정을 전범으로 삼아 기본적으로 '그대로 따를 것'으로
상정했다(이헌대·조윤수 2013; 김창권 2011, 2014; 송태수 2009; 고일동
2009). 그러나 동서독 경제통합 과정에서 일련의 정책 실수가 발생했
는데, 이는 남북한 경제통합에서는 반복되지 말아야 했다. 또는 동서독
과 남북한의 여건 차이를 감안하여 정책 수정 또는 대안이 모색되어야
했다. 이와 같은 연구를 통해 동서독 경제통합이 남북한의 경제통합에
주는 긍정적·부정적 시사점을 도출하는 것이다.

　　본 연구는 이러한 주류 연구와는 다른 방법을 통해 동서독 경제통
합이 남북한 경제통합에 대해서 갖는 시사점을 찾아보고자 한다. 본 연
구의 방법론상 차별점은 두 가지이다. 첫째, 본 연구는 동서독과 남북
한의 1 대 1 비교가 아니라, 사회주의 경제체제 전환이라고 하는 보다
일반적 맥락에서 비교경제체제론식 접근을 시도한다. 기존 연구는 거
의 대부분 동서독 경제통합과 남북한 경제통합을 1 대 1로 비교하면서
시사점을 찾았다. 이에 비해 본 연구는 사회주의 경제체제의 체제 전환
이라고 하는 일반론 속에서 '동서독 통일을 통한 동독의 체제 전환'이
라는 하나의 사례를 조명한다. 마찬가지로, 동서독 경제통합 사례뿐 아
니라, 사회주의 경제체제 전환의 다수 사례에서 발견된 일반론을 바탕
으로 앞으로 가능할 수도 있는 남북통일을 통한 북한 경제의 체제 전
환이라는 또 하나의 사례에서 어떠한 상황과 어떠한 정책적 과제가 발

생할 것인지에 대해 추정한다. 이러한 접근을 취하게 되면, 동서독과 남북한의 여건 차이가 보다 합리적으로 고려될 수 있고, 또한 동서독과 같은 급진 통일의 경우뿐 아니라 다른 경우에 대해서도 적절하게 고찰할 수 있다. 둘째, 본 연구는 동서독 경제통합 과정에서 '순수 경제적 합리성'보다는 대외적·대내적·정치적 고려가 더 우선시되었음을 강조한다. 이에 비해 주로 경제학자에 의해 수행된 기존 연구의 대다수는 동서독 경제통합에 관한 분석에서 정책결정에서 정치적 요소의 중요성을 간과하는 경향이 존재했다. 다시 말해, 통일 당시 서독 집권 정치가들의 대외적·대내적·정치적이고 전략적 의도가 동독의 경제체제 전환과 동서독 경제통합을 입안하고 실행하는 데서 결정적 역할을 했음에 주목한다.

이 글은 다음과 같이 구성된다. 2절은 경제적 체제 전환의 일반 모델을 제시하고, 주요한 정책 부문의 주요 내용을 서술한다. 3절은 경제체제 전환을 위한 정책 입안과 관련하여 제기되었던 두 가지 방법론을 서술한다. 그 하나는 워싱턴 컨센서스에 입각한 충격요법이다. 이는 경제체제 전환과 관련한 지배적 처방이다. 여기서는 그 처방의 내용과 의도에 대해 서술한다. 이와 대비되는 다른 하나는 진화주의적-제도주의적 비전이라고 불리는 것이다. 이러한 비전은 중국식 개혁개방에 시현되고 나타나고 있다. 이 비전은 그간 북한이 경제와 관련하여 보여준 변화를 이해하는 데도 중요하다. 4절은 동독의 경제체제 전환과 동서독 경제통합의 모델에 대해 서술한다. 동독의 체제 전환은 기본적으로 충격요법의 한 가지 구체적 사례로 간주할 수 있다. 그러나 폴란드나 러시아 등에서의 충격요법의 이행과 상당한 차이를 보여준다. 이러한 차이를 발생시킨 핵심적 이유 중의 하나는 당시 콜 총리를 중심으로 한 통치 엘리트들이 동독의 체제 전환과 동서독 경제통합과 관련하여 설정한 정치적이고 전략적인 목표 때문이다. 이 문제가 동독의 체제 전환을 주변의 다른 구 사회주의 국가에서의 체제 전환과 구별해주는 핵심적인 준거점이다. 또한 그러한 정치적이고 전략적 목표를 이해해야 동독의 체제 전환과 동서독 경제통합의 과정에서 왜 '순수' 경제적 합리성에 반하는 다시 말해 정치적인 경제정책 조치들이 취해졌는가 등을 이해할 수 있다. 5절은 그간 북한이 보여준 경제 현황과 경제정책에서의 변화에 관한 서술이다. 북한은 상당한 정도로 이미 중국식 개혁 과정과 유사한 개혁 과정을 진행시켜오고 있다. 경제체제 전환과 관련한 진화주의적-제도주의적 발상은 이와 같은 북한의 경제적 변화, 그리고 앞으로 남북한 경제통합이 당면해야 하는 (동서독 경우와의) 차별성을 이해하는 준거틀이 될 수 있다. 6절은 정책적 고려사항과 시사점을 서술한다.

나. 경제체제 전환의 일반적 모델

경제체제 전환은 사회주의 지령 경제를 시장에 기반한 경제체제로 전환하는 것을 의미한다. 단순화할 경우, 사회주의 지령 경제의 주요 특징은 네 가지이다.[2] 첫째, 시장이 존재하지 않으며 따라서 가격체계가 존재하지 않는다. 둘째, 시장과 가격 대신에 계획기관이 재화를 배분한다. 셋째, 자율적 기업이 존재하지 않는다. 계획기관은 국유기업에게 무엇을 어떻게 생산하며 누구에게 구매하고 누구에게 판매할 것인가를 지령한다. 넷째, 경제구조의 왜곡이다. 가장 특징적인 것은 중공

2　Nove(1961); Korani(1992) 참조.

업이 과잉 발전하지만, 서비스는 과소 발전한다. 대규모 기업이 소규모 기업에 비해 선호된다. 기업은 계획지표를 달성하는 방식으로 행위를 적응시킨다. 이 때문에 생산의 구성과 품질에서 왜곡이 발생한다. 기업의 실질 행위의 측면에서 보면, 예를 들어 유리 공장에 대한 계획지표가 톤수 중심이며 두껍고 무거운 유리가 생산되며, 계획지표가 면적 중심이면 얇고 깨지기 쉬운 유리가 생산된다. 또한 기업의 재정 행위의 측면에서 보면, 연성예산제약이 작용한다.

이와 같은 사회주의 경제는 대규모의 제도 변화 과정을 거쳐 시장 경제로 바뀌어야 한다. 체제 전환의 목표는 네 가지로 압축할 수 있다. 첫째, 자유화이다. 여기에는 가격, 국내 상업과 대외 무역, 그리고 노동시장의 자유화가 포함된다. 이를 통해 시장기구가 작동할 수 있는 조건이 마련되고 자원 배분의 효율성이 증가해야 한다. 둘째, 거시경제의 안정화이다. 이는 가격체계가 제대로 작동하기 위한 환경이 된다. 경제 안정화를 위해 재정정책과 화폐정책이 실시되어야 한다. 셋째, 국유재산의 사유화 및 사적 기업의 육성이다. 이를 통해 시장 신호에 반응할 수 있는 시장 기업을 만들어내야 한다. 사유화와 관련된 세 가지 조치는 국유기업의 민영화, 사적 기업의 진입 장려 그리고 기업가 계급의 창출이다. 넷째, 시장이 기능하는 데 필요한 적절한 제도체계를 만들어낸다.

초기 체제 전환이론은 자유화, 안정화 및 사유화의 세 가지를 강조했지만, 후에는 제도체계의 수립도 강조되었다. 체제 이행의 경험이 보여준 것은 자유화, 안정화 및 사유화 정책은 적절한 제도에 기반하고 있지 않은 경우 성공하지 못한다는 것이었다(Roland 2001, 30). 시장경제가 제대로 기능하기 위해서는 다음과 같은 기능을 하는 제도체계가 수립되어야 한다(Hare 2001, 6). 첫째, 재산권과 계약의 보호와 이행이 확립되어야 한다. 둘째, 은행과 여타 금융시장, 합리적인 차원에서 신용에 대한 신뢰성 있는 접근 그리고 질서 있는 기업 퇴출에 필요한 파산 및 해체 정책이 존재해야 한다. 셋째, 노동시장 제도 그리고 사회정책과 사회적 안전망이 존재해야 한다. 넷째, 기업의 재정 환경 정비, 다시 말해 재정 조치는 공정하고 예측 가능하며 실행 가능해야 하며, 조세정책이 자의적이지 말아야 한다. 다섯째, 경쟁정책, 산업정책과 무역정책을 관장하는 제도 또는 기관이 존재해야 한다. 여섯째, 경제 행위자 사이의 신뢰, 공적 제도와 관련한 신뢰와 정직성의 존재이다. 예를 들어 부패의 부재, 법집행의 확실성과 공정성 등이다.

경제체제 전환의 핵심과제는 위와 같이 요약될 수 있지만, 그 구체적 이행 방식에는 크게 두 가지 경로가 있었다. 동독을 포함하여 동중부 유럽과 구소련 지역에서의 경제체제 전환의 출발점은 위에서 언급한 특징을 갖는 고전적 사회주의 경제였다. 이러한 사회주의 경제는 체제 전환을 통해 곧바로 위에서 언급한 형태의 시장경제로 체제 전환되어야 했다. 이러한 체제 전환에서 정치체제와 경제체제는 동시에 변화했다. 그러나 중국과 베트남의 경우에는 자체적으로 점진적 조치를 통해 시장과 가격, 자율적 기업을 형성시키며 경제구조의 왜곡을 상당한 정도로 시정했다. 북한의 경우도 마찬가지여서 1990년대 중반의 경제난으로 인한 계획경제의 붕괴, 2002년의 7·1 조치, 2012년의 6·28조치, 2014년의 5·30 조치 등을 통해, 표면적으로 사회주의를 고수하면서도 시장의 발전을 이루고 있다.

이러한 경험을 보면, 경제체제 전환은 그 핵심 과제를 공유하면서도 그 핵심 과제는 국가마다 다른 방식으로 수행되었으며, 성과에서도 차이를 보여주었다. 경제체제 전환과 관련된 조치를 이행하는 데서, 정책 및 분야의 우선순위, 정책 집행의 폭과 속도가 국가마다 달랐다. 또한 정책 집행에 있어서 정부와 기업, 국제금융기관 및 유럽연합과 같은 지역 경제연합의 역할과 관여 수준도 달랐다. 또한 경제체제 전환의 결과로 탄생한 제도의 공고성과 경제 실적도 국가마다 달랐다(Elster, Offe and Preuss 1998; Melo, Denizer, Gelb and Tenev 1997). 대체적으로 보면 서유럽과 인접해 있는 폴란드, 헝가리, 체코와 같은 동유럽 국가들의 경제체제 이행은 성공적이었다고 평가할 수 있다. 반면 러시아를 비롯한 구소련 지역에서의 경제체제 전환의 성과는 만족스럽지 못했다. 이들 국가에서는 시장제도의 기능에 결함이 많아 그 대신에 부패와 마피아적 조직이 발전했다. 또한 경제 침체도 다른 경우보다 장기화했다. 가장 성공적인 경우는 중국과 베트남으로 평가된다. 유럽의 국가들이 다소간 급진적 체제 전환 모델에 입각했다면, 이 두 나라는 진화주의적이고 제도주의적 모델을 따라 변화했고, 장기간 동안 지속적인 고도성장에 성공했다. 다른 모든 경우는 경제체제 전환과 관련된 정책이 해당 국가 자체의 국내적 행위자가 주역을 하는 정치과정을 통해서 결정이 되었다면, 동독의 경우는 서독이 주도적 역할을 하며 또한 서독과의 통합이라는 과정을 통해서 경제체제 전환이 이루어졌다.

이처럼 경제체제 전환은 그 핵심과제를 공유하면서도 여건의 차이에 따라 다양한 방식으로 수행되었다. 따라서 동서독 경제통합과 남북한 경제통합을 1 대 1로 직접적으로 비교하는 것보다, 이와 같은 일반론적 맥락에서 동서독과 남북한 경제통합을 고찰하는 경우, 두 경우가 가지는 일반성과 독특성을 보다 잘 이해할 수 있다. 또한 그러한 경우, 1 대 1 비교의 경우와는 다른 교훈과 시사점도 발견할 수 있다.

다. 경제체제 전환에서 두 가지 접근법

경제학은 사회주의로부터 자본주의로의 이행과 같은 대규모 제도 변화에 관하여 처음에는 아는 것이 없었고 또한 준비되어 있지 않았다 (Roland 2001, 30). 이후 경제체제 전환과 관련한 두 가지 비전이 탄생했다. 그 하나는 워싱턴 컨센서스에 기초해 있고, 1990년대 초반 중동부 유럽 국가와 구소련 지역에서의 경제체제 전환에서 지배적 영향력을 행사했던 급진주의적 방법이었다. 이 급진주의적 방법은 대부분의 서방 정책 자문가들과 국제금융기구의 뒷받침을 받았다. 여기서의 주제가 되는 동독에서의 경제체제 전환도 기본적으로 이러한 급진주의적 방법에 입각하고 있다. 그 다른 하나는 진화주의적-제도주의적 접근이다. 이는 학자들에 의한 이론적 개념의 성격이 강하며, 그 옹호자들은 중국 및 아시아 사회주의 국가들에서의 개혁 정책을 이러한 개념을 통해 설명이 가능하다고 주장한다.

　　이 글의 주제와 관련하여 이 두 가지 접근 방법을 공히 이해하는 것이 필요하다. 그 이유는 세 가지이다. 첫째, 급진주의적 경제체제 전환이론에 대한 이해가 필요한 이유는 동독을 비롯한 동중부 유럽과 구소련의 사회주의 국가들에서의 경제체제 전환은 기본적으로 급진주의적 방법에 기초했기 때문이다. 따라서 동독의 경제체제 전환과 동서독 경제통합 그리고 동독과 다른 유럽 사회주의 국가에서의 경제체제 변화의 차이를 이해하자면 급진주의 접근의 원론에 대한 이해가 불가결하다. 둘째, 동서독 경제통합을 모델로 삼아 남북한 경제통합을 연구하는 연구물들이 준거하는 모델이 기본적으로 급진주의적 모델의 사고방식에 기반하고 있다. 따라서 이와 같은 기존 연구와 본 연구의 결론을 비교하고 이해하자면, 급진주의적 발상에 대한 이해가 필요하다(이석 편 2012). 셋째, 진화주의적-제도주의적 접근에 대한 이해가 필요한 이유는 아시아 사회주의 국가인 중국과 베트남, 그리고 이 글에서의 연구 대상인 북한에서 그간 발생한 경제적 변화를 이해하기 위해서이다. 현재 시점(2019년 말)의 북한 경제는 고전 사회주의 경제를 탈각하여 상당한 정도의 시장화 또는 체제 전환을 경험하고 있다. 이러한 변화는 이해하자면 진화주의적-제도주의적 접근의 통찰을 활용해야 한다. 이에 비해 급진주의적 모델은 고전사회주의 경제를 말 그대로 급진적으로 시장경제로 체제 전환하는 경우만을 대상으로 했다. 따라서 급진주의적 모델에만 입각하는 경우, 북한처럼 이미 상당한 정도로 자체로 시장화 도정에 들어서 있는 '사회주의적' 시장경제를 한국의 시장경제와 통합하는 문제에 대해서는 보다 적절한 해답을 구할 수 없다.

급진주의적 접근과 진화주의적-제도주의적 접근의 등장은 1990년대 초로 거슬러 올라간다. 그간 이 두 접근에 대한 비교 연구는 다양하게 전개되었다(박형중 1997; Roland 2001; Murrell 1662). 논란은 진화주의적-제도주의적 접근을 채택하고 있는 학자들이 국제업계에서 주류의 위치를 차지하고 있는 급진주의적 접근에 대한 비판을 제기하는 형태로 진행되었다. 여기서는 진화주의적-제도주의적 접근을 견지하는 Gerard Roland의 비교(Roland 2001, 31-39)를 중심으로 두 접근을 소개한다. Roland는 세 가지 차원에서 두 접근을 비교한다. 첫 번째 차원은 개혁과 개혁 전략의 정치경제학에 관한 것이다. 그의 비교를 도식화하면 〈표 3-6〉과 같다. 워싱턴 컨센서스 접근은 모든 개혁을 일거에 진행하여야 한다고 주장한다. 그래야 구 공산주의 국가구조와 구제도를 와해시킬 수 있고, 새로운 발전을 위한 '깨끗한 터전'을 만들어낼 수 있고 개혁의 불가역성을 확보할 수 있다. 모든 개혁을 일거에 취해야 하는 또 하나의 이유는 개혁 요소들이 상호보완성을 가지고 있어서

표 3-6 개혁과 개혁전략의 정치경제학

	워싱턴 컨센서스 접근	진화주의적-제도주의적 접근
불확실성에 대한 태도	효율성 증대가 확실하다는 주장, 사회공학을 신뢰	모든 구성원에게 높은 수준의 불확실성을 부과, 사회공학에 대한 회의
정치경제학적 강조점	불가역성을 창출하기 위해 기회의 창을 활용	지속적이고 점증하는 개혁에 대한 지지를 확보
부분개혁에 대한 견해	개혁의 진전을 방해하는 지대를 창출	조치의 순서에 따라 달라짐. 개혁의 진전 계기를 만들어내기도, 개혁을 정체시키기도
개혁의 상보성에 대한 견해	절대적으로 중요. 모든 주요 조치를 동시에 도입함으로써 시장경제에 시동을 걸 필요	매우 중요. 그러나 최초 개혁이 추가 개혁의 계기를 만들어낸다면, 최초 개혁이 포괄적일 필요는 없음. 과도기적 제도가 발전하고 보다 완전한 제도로 점진적으로 진화할 수 있음
개혁의 주요 지지 그룹	사유화된 기업의 소유주	중산 계급과 새로운 사적 부문
개혁의 초점	자유화, 안정화, 사유화	시장을 뒷받침하는 제도를 창출하여 기업의 진입을 확고히 증대
제도 변화에 대한 태도	법의 채택을 강조	포괄적. 법적·재정적 변화, 법의 집행, 정부 조직의 개혁, 자가 집행적인 사회적 규범의 발전
초기 조건에 대한 태도	기존하는 공산주의 국가구조를 파괴하여 "깨끗한 터전"을 창출	기존하는 제도를 활용하여 경제 파탄과 사회 불안을 막으며, 새로운 제도를 발전시킴

출처: Roland(2001, 34).

부분개혁만으로는 성과가 나지 않기 때문이라고 한다. 이처럼 일거에 개혁조치를 취할 수 있는 기회는 예외적이기 때문에 기회의 창을 적극적으로 활용해야 할 것을 주장한다. 또한 이러한 방식의 사회공학적 개혁이 효율성 증대를 확실하게 보장한다고 생각한다. 또한 부분개혁은 그로부터 지대를 취하는 행위자를 만들어내고 이들이 추가 개혁을 저지하도록 한다고 본다. 진화주의적-제도주의적 접근은 경제 전반에 걸치는 개혁 조치의 성과는 실패할 수도 또는 성공할 수도 있는데, 이 과정에서 대부분의 사람은 공히 대규모의 불확실성에 직면하게 된다 (aggregate uncertainty)고 본다. 이 접근은 전체적으로 가능한 한 기존하는 제도를 활용하는 것, 그리고 개혁 조치의 배합과 시행에서 유연성을 강조한다. 이 접근에서 보다 중요한 것은 모든 개혁 조치를 일거에 취하는 것이 아니라 선행 개혁을 통해 성과를 만들어내고 이를 발판으로 추가 개혁에 대한 지지와 계기를 만들어내는 방식으로 점진적으로 개혁을 완성하는 것이다. 또한 단순히 자유화, 안정화, 사유화 그리고 법의 선포에 그치는 것이 아니라 이러한 조치가 제대로 기능할 수 있도록 제도적 뒷받침을 만들어내는 것을 중시한다.

두 접근 비교의 두 번째 차원은 자원 배분의 변화와 관련한다. 이를 정리하면 〈표 3-7〉과 같다. 워싱턴 컨센서스는 정부가 간섭하지 않으면 시장이 자연발생적으로 발전할 수 있다고 생각한다. 이러한 환경

표 3-7 자원 배분의 변화

	워싱턴 컨센서스 접근	진화주의적-제도주의적 접근
시장과 자유화에 대한 주요 견해	정부가 간섭하지 않는다면 시장은 자연발생적으로 발전한다. 수요와 공급이 분석의 초점이다.	시장의 성장을 고양하는 데 필요한 제도적 뒷받침이 중요. 최소한의 법적이며 계약과 관련한 환경, 법 집행, 정치안정, 사업 네트워크의 구축과 장기 파트너십이 필요, 계약 행위자와 그 제도적 환경이 분석의 단위
국유기업의 효율성에 대한 주요 태도	공격적으로 폐쇄	봉쇄하면서 정치적으로 가능한 규모 축소, 사적 부문이 성장하여 국가 부문을 축소시키는 진화적 발전을 활용
정부에 대한 주요 견해	가능한 한 약화시켜 시장에 간섭하지 못하도록 할 필요	법집행과 재산권 보호에서 정부의 역할이 필요

출처: Roland(2001, 34).

을 만들자면 국유기업은 공격적으로 폐쇄되어야 하고 국가도 약화되어야 한다. 이에 비해 진화주의적–제도주의적 접근은 시장이 발전하는 데 필요한 제도적 뒷받침을 마련하는 것을 중시한다. 또한 국가는 법 집행과 재산권 보장 등과 관련하여 긍정적 역할을 하는 것을 인정하며 사적 부문의 성장을 통해 국유기업을 점진적으로 도태시키는 방식을 선호한다.

　　두 접근 비교의 세 번째 차원은 거버넌스의 변화에 관한 것이다. 이를 정리하면 〈표 3-8〉과 같다. 워싱턴 컨센서스는 급속한 사유화를 통해 정부 권력을 약화시키고, 새로운 소유자를 개혁정책의 주요한 지지 그룹으로 만들 것을 주장한다. 또한 기업의 예산 제약 경성화 문제는 정책 입안가가 그러한 의지를 가지고 있느냐 없느냐의 유무에 따라 차이가 난다고 한다. 진화주의적–제도주의적 접근은 국유기업의 사유화와 동시에 사적 부문을 발전시켜 경제의 민간 부문을 강화시키는 방

표 3-8 거버넌스 차원의 변화

	워싱턴 컨센서스 접근	진화주의적-제도주의적 접근
사유화의 초점	대중 사유화를 통해 사적 주체에게 소유권을 신속하게 이전하고 그리하여 정부의 권력을 파괴하며 시장경제에 시동을 건다. 시장이 효율적 자산거래를 보장할 것이라 신뢰	사적 부문이 유기적으로 성장시킬 것을 강조. 외부자에게 자산을 매각하여 애초부터 소유권을 효율적으로 이전하도록 보장할 것을 강조
정부 개혁과 관련한 주요 강조점	정부 규모를 축소하는 것을 강조	정부 조직을 개혁하여 정부 관료의 이해관계가 시장의 발전과 일치하도록 만드는 것이 중요
예산 제약 경성화 문제	정치적 의지의 유무에 따라 그 성과가 달라진다는 의미에서 외생적 정책	제도를 변화시켜 예산이 경성화될 수밖에 없도록 해야. 예산 경성화는 내생적 성과

출처: Roland(2001, 34).

법을 선호한다. 이 접근은 또한 정부 관료가 개혁과 시장의 발전에 공동의 이익을 가질 수 있는 방식으로 정부조직을 개혁할 것을 강조한다. 제도 개선을 통해 기업이 경성 예산 제약에 노출될 수밖에 없는 내생적 변화를 추구해야 한다.

라. 동독 경제체제 전환과 동서독 경제통합에서 정치 논리의 우선성과 그 여파

동독의 경제체제 전환은 기본적으로 앞서 언급한 워싱턴 컨센서스의 개념에 입각해 있다. 이러한 점에서 동독의 체제 전환은 폴란드, 체코, 러시아와 같이 급진적 개혁을 채택했던 국가들과 동질적 방식의 것이다.

그러나 한 가지 큰 차이가 있다. 다른 사회주의 국가들의 경우, 자체 내부의 정치과정을 매개로 하여 체제 전환과 관련한 정책 선택이 행해졌었다. 이에 대해 동독의 경제체제 전환의 경우 그 주체는 동독의 내부의 정치과정이나 행위자가 아니었고, 서독이라는 외부자가 주관하는 과정이었다. 다시 말해 동독의 민주화의 주체는 동독 주민이었지만, 경제체제 전환에서의 주체는 서독이라는 외부자였다. 서독은 동독에 서독식 체제를 가장 빠른 시일 내에 건설한다는 것을 최우선 정치적 목표를 내걸고, 이러한 관점 하에서 경제체제 전환 정책을 입안했다.

이처럼 동독이 서독과의 통일이라는 기회를 통해서 또한 서독 정치 엘리트의 주도로 경제체제 전환 과정을 수행하게 된 것은 양가적 의미를 지녔다. 동독은 서독의 입증된 제도 체계를 일거에 수용할 수 있었다. 또한 서독으로부터 동독으로의 막대한 지원을 통해 동독은 다른 체제 전환 국가들이 겪어야 했던 '눈물의 계곡'을 적어도 개인이나 가계 차원에서는 경험하지 않아도 되었다. 그러나 매우 급속하게 서독의 제도체계를 일거에 수용한다는 것, 그리고 개인이나 가계 차원에서 막대한 이전소득을 향유한다는 것 자체가 통일 독일에서 동독 지역의 경제에 오랫동안 부담으로 작용했다.

이 같은 과정에 관하여는 이미 많은 선행연구가 있기 때문에 재론하지 않는다. 다만 본 연구의 목적과 관련하여 이와 같은 과정에서 기억해야 할 핵심적 사항 몇 가지를 거론한다. 그 첫째는, 동독의 경우 민주주의 수립이라는 정치적 변화가 경제체제 전환 과정에 선행해서 완료되었다는 것이다. 1989년 11월 9일 베를린 장벽이 무너졌을 때 서독 정부는 재통일에 관한 실무 정책을 가지고 있지 않았다(Korte 1998, 481). 11월 9일 이후의 요란스러운 사건들은 동독의 정치적 민주화를 가속화시켰다. 1990년 3월 18일 동독에서 최초의 자유롭고 민주적인 인민회의 선거에서 치러졌다. 이 선거에서 급속한 통일을 주장했던 로타 드메이저가 이끌었던 동독 기민당이 승리하여 대연정을 구성했다. 동독의 대연정과 서독의 콜 정부의 협상에 의해 1990년 5월 18일 두 독일 간에 화폐경제사회동맹이 형성되고 7월 1일부터 발효되었다. 이후 두 독일 국가는 협상을 벌여 1990년 8월 3일 독일 통일조약을 체결했다. 이처럼 동독에서의 민주주의의 성립은 동독 주민의 자생적이고 자율적 과정을 통해 이루어졌다.

둘째 사항은 동독의 경제체제 전환은 서독의 주도하에 동서독 경제통합의 과정으로서 진행되었다는 점이다. 서독이 주도하는 동독의 경제체제 전환 과정은 1990년 5월 18일 두 독일 간에 화폐경제사회동맹의 결성과 함께 본격적으로 시작되었다. 동서독 통일 과정에서 경제체제 통합에 관한 서술은 이미 다양하게 분석되었기 때문에 여기서 그

것을 자세히 논하는 것은 생략한다. 그 대신에 다른 데서는 거론되지
않은 전략적 틀과 주요 특징을 중심으로 서술한다.[3]

셋째, 여기서 유의해야 할 것은 동독의 경제체제 전환과 동서독 경
제통합이 당시 서독 정부와 집권당의 정치적이고 전략적 지침 하에서
수행되었는데, 이 과정에서 동독 체제 전환과 동서독 통합에서의 정치
적이고 전략적 목표가 우선시되고, 경제적 합리성이 부차적으로 고려
되었다는 점이다. 다시 말해 동서독 경제통합과 관련되어 내려진 많은
'경제정책적' 결정은 사실에 있어서는 그에 선행하는 콜 정부의 정치
적이고 정략적인 결정을 뒷받침하고 이행하기 위해 취해진 조치들이
었다. 즉 독일 통일이라는 거시적이고 정치적 합리성과 당시 콜 정부
의 정치적 재선이라고 하는 정략적 합리성이 동서독 경제통합과 관련
한 '순수 경제적 합리성'보다 우선시되었다. 이러한 점에서 동독의 체
제 전환과 다른 나라의 경제체제 전환 간에 가장 뚜렷한 차이가 발생
했다. 두 체제 전환은 큰 테두리에서 볼 때 워싱턴 컨센서스의 기본 개
념에 입각하고 있었다. 그러나 동독의 경우 이러한 경제적 과정이 급속
하게 진행되는 통일 과정에서 서독 집권 정부의 정치적이고 전략적 목
표에 훨씬 강하게 종속되었다는 점 때문에 다른 나라의 경우와 구별되
는 여러 차이가 발생했다.

Helmut Wiesenthal의 서술을 종합하면, 이러한 차이를 네 가지
로 규정할 수 있다(Wiesenthal 1998). 동독의 경제체제 전환에서 그리
고 동서독의 경제통합에서 그 주도권을 쥐고 있던 서독 측에 이러한
네 가지 정치적 전략적 목표가 존재했었다는 것을 인식하는 것이 동독
의 경제체제 전환과 동서독 모델의 숨어 있는 특징을 이해하는 데 있

3   통일 과정에서의 경제통합 과정과 경제정책에 대한 서술은 이 책의 윤덕룡의 논문 참조.

어서 매우 중요하다. 이를 보면, 첫째, 서독 집권 엘리트에 있어서 가장 일차적인 목표는 동독에 서독 제도체계와 동질적인 제도를 만들어 낸다는 것이었다. 둘째, 동독 주민에게 즉각적으로 복지증진을 제공해야 한다는 것이었다. 셋째, 다른 사회주의 체제 전환의 경우보다 동독의 체제 전환은 훨씬 강한 시간 압력 하에서 전개되었다. 넷째, 기술적 차원에서 동독 체제 전환은 동서독 간의 국가 간 계약을 통해 조종되었다는 것이다. 이러한 네 가지 목표는 다른 사회주의 국가에서의 경제체제 전환에서는 등장하지 않았던 정치적 목표였다. 또한 이러한 네 가지 목표가 남북한 통일에 반드시 등장하지 않을 수도 있다. 또한 독일 통일 과정에서도 서독 내에 일련의 다른 견해도 존재했다(박성훈 1995). 만약 이러한 네 가지 목표를 고려하지 않을 경우, 남북한 통일은 동서독 통일 모델과는 다른 방식으로 훨씬 다양하게 구상될 수 있다. Wiesenthal이 지적하는 이러한 네 가지 특징은 매우 중요하기 때문에 보다 자세히 설명할 필요가 있다.

첫째, 동독의 경제체제 전환과 동서독 경제통합과 관련하여 당시 서독은 '동독에 서독의 제도체계와 동질적인 제도를 만들어낸다'라는 목표가 선택된 것이 의미하는 것에 대해 알아보자. 이러한 선택에 대한 대안은 두 가지가 존재했다. 먼저 동독의 경제체제 전환은, 예를 들어 '동독 내부의 동독에 기존하는 잠재력을 최대한으로 발전시키는 방식'으로 이루어질 수도 있었다. 또는 '동독경제가 세계경제라는 환경에 최소 비용으로 적응할 수 있는 방식'으로 체제 전환을 기획할 수도 있었다. 그러나 서독의 주요 엘리트들은 통일이라는 계기 때문에 능력이 입증된 서독의 제도체계가 수정되거나 개혁되는 위험에 노출되는 것도, 동독 지역에 사회주의적 유산을 내포한 구제도를 가지게 되는 것도 회피하고자 했다. 또한 동독 주민의 다수도 서독의 입증된 제도체계 이외에 그 어떤 불확실한 다른 실험을 행하는 것을 원하지 않았다. 따라서 동독에 서독과 동질적인 제도체계를 수립시킨다는 목표를 우선시하면서 또한 그것이 성공할 수 있다는 것에 대해 매우 낙관적인 태도를 취하면서, 이러한 결정이 수반하는 경제적 비용이나 경제적 위험은 부차적으로 고려되었다. 그런데 현실적으로 서독의 모든 제도체계를 즉각적으로 동독에 이식한다는 전략적 발상은 그 성패와 관련하여 매우 위험스러운 발상이었다.

독일 통일에서 두 번째 정치적 목표는 동독 주민에게 즉각적으로 복지증진을 제공해야 한다는 의무였다. 통일 과정에서 동독 주민의 복지 수준은 1989년 가을의 출발 상황과 비교하여 또한 서독의 복지 수준을 기준으로 하여 증가해야 했다. Wiesenthal은 이에 대해 다음과 같이 설명한다.

급격한 통일의 찬성자도 또한 반대자도 동독 주민이 어려운 희생을 해야 할 것이라 말하고자 하지 않았다. 통일을 논의하는 데서 체제 전환의 "피와 땀과 눈물" 또는 희생 유형은 거론되지 않았다. 이러한 방식의 의무를 지게 됨으로써, 서독이 체제 전환의 비용을 져야 한다는 결정이 내려졌다. 다른 체제 전환 국가의 주민들은 처음부터 "눈물의 계곡"(Sachs 1991)이 불가피하다는 것에 대해 계몽을 받았으며 실질소득의 심각한 감소(25-40%에 달하는)를 감수해야 했지만, 동독의 체제 전환은 개인구매력의 즉각적인 증가로부터 시작되었다. 동서독 간 사회동맹이 동등성의 원칙에 입각해 있었다는 것 그리고 화폐 교환이 동독에 유리하게 이루어졌다는 것은 체제 전환 과정의 출발을 위해 개인들에게 가치 있는 보상을 제공한 것이라 볼 수 있다. 실제로 주민의 다수는 실질소득 감소를 겪지 않았다. 취업자와 연금소득자의 가

계는 (1989년에 비교하여 1994년) 70-100%에 달하는 실질소득 증가
를 경험했다(Wiesenthal 1998).

동독 경제체제 전환과 동서독 통일의 세 번째 특징은 다른 사회주
의 체제 전환의 경우보다 현저하게 강한 시간 압력 속에서 전개되었다
는 점이다. 여기서 핵심적이었던 것은 세 가지였다.[4] 우선 독일 통일에
절호의 기회가 등장했으니 이를 놓치지 말아야 한다는 인식이었다. 일
찌감치 통화동맹이 제안된 이유는, 약화된 소련의 양보 때문에 열리게
된 독일 통일에 매우 유리한 '기회의 창'이 오래도록 열려 있지는 않을
것이라고 생각되었기 때문이었다. 다음으로 동독 주민의 서독 이주와
증가하는 불만을 조속한 통일을 통해 해결하고자 하는 시도였다. 시간
압박에 직면하여 서독에게는 두 가지 대안이 있었다. 그 하나는 양적으
로 계산하기 어려운 경제적 위험을 감수하고 즉각적으로 독일 통일을
성취하는 선택이고, 다른 하나는 독자적으로 개혁하는 동독에 재정지
원하면서 동독을 안정시키지만, 동독에서 서독으로 대량 이주와 동독
내에서 불만 증가라는 위험은 감수하는 선택이었다. 후자의 경우 재정
지원된 동독의 개혁이 성공한다는 보장도 없었고 두 국가의 통일 기회
가 다시 오리라는 보장도 없었다. 다음으로 세 번째 고려 요소는 과도
기를 두지 않고 동독에 서독식 제도를 즉각적으로 건설하는 것으로써,
동독과 서독 내에서의 통일 방식 논의 과정에서 서독 제도체계의 수정
압력이 발생하는 것을 막고자 하는 것이었다. 과도기 없이 경제통합이
성취되어야 서독의 입증된 제도가 통일 과정에서 수정되지 않을 가능
성이 높아지는 것으로 간주되었다. 다시 말해 서독 제도의 안전을 최

4   염돈재(2014) 참조.

대한으로 보장하기 위해서라면, 국민경제적으로 "가격"을 치러야 한다는 것은 의사결정 참여자들의 상당수가 인식한 사항이었다. 이러한 맥락에서 서독 정부는 두 가지 조치를 취했다. 먼저 화폐통합과 가격 자유화를 통해 동독이 세계경제에 충격적으로 통합되도록 했다. 다음으로 통일과 수반된 동독 통화가치절상과 임금인상 때문에 동독 경제의 잠재적 경쟁력을 제거당하는 것을 감수했다. 이와 같은 두 가지 사항이 동시에 발생했기 때문에 그 부정적 효과는 누적적이었다.[5] 그런데 이러한 선택의 옹호자들은 이렇게 발생한 비용은 제도(변화)의 위험성을 경감시키는 방식의 동서독 통합을 위해 불가피하게 지불해야 하는 것이라고 간주했다. 연방정부가 볼 때 독일 통일과 관련하여 "헌법 위험"이 경제적 위험보다 훨씬 컸다.

네 번째 특징은 동독의 체제 전환이 동서독 양 국가 간의 계약을 통해 조종되었다는 것이다. 폴란드, 헝가리, 체코 등에서의 체제 전환 프로젝트는 대내정치적인 행위자 형세에 따라 출범했고, 또한 상당한 정도로 '시행착오'를 통해 조종되었다(Wiesenthal 1998, 9). 이에 비해 동독 체제 전환의 모든 주요 게임들이 두 독일 정부 사이에 사전에 협상되었고, 법적 형태로 규정되었으며 계약으로 고착되었다. 다시 말해 동독의 체제 전환과 동서독 통일문제는 동독이나 서독의 내정 문제로 설정된 것이 아니라 동서독 두 국가 사이의 대외정책 차원에서 설정되었다. 이 때문에 동서독 통일에 관한 프로그램을 짜는 데서 동서독 두 국가의 입법부가 아니라 행정부가 주요 역할을 했다. 만약 동서독 통일에 관련된 여러 사안이 대내정치적 사안으로 간주되었다면 두 국가의

---

5   일반적으로 한국에서는 이러한 선택이 초래한 막중한 경제적 부담에만 주목하면서 매우 비판적 태도를 취하고, 이를 반복하지 말아야 하는 실수로 간주한다. 대표적으로 구춘권 (2011, 156-178) 참조.

입법부 그리고 정당과 사회여론이 더 중요한 역할을 했을 것이다.

위에서 언급한 네 가지 사항은 경제체제 전환과 관련하여 동독의 경우에 독특한 상황이었다고 할 수 있다. 그런데 주목해야 할 한 가지 추가적인 요인이 있다. 이는 다른 사회주의 국가에서의 경제체제 전환 과정에서도 동일하게 등장했던 요인이다. 그것은 경제체제 전환과 관련한 정책이 민주정치체제에서 정당들 간의 선거를 통한 집권 경쟁의 이해관계에 종속된다는 것이다. 앞서 언급한 것처럼 동독의 체제 전환의 경우 최우선적인 것이 동독에 서독과 동질적 제도를 수립한다는 것이었고, 경제적 합리성 차원의 고려는 부차적이었다. 그런데 경제적 합리성보다도 많은 경우 더 우선성을 가지고 고려되었던 사항이 하나 더 있었다. Wiesenthal에 따르면,

> 그것은 정당경쟁과 관련된 계산이었다. 이러한 계산도 극도로 단기적인 차원에서 "포괄적 조치를 일거에 실행한다"는 결정을 선호하도록 만들었다. 사후적으로 볼 때, 급속한 통일의 옹호자들은 다음과 같은 선호 위계를 가지고 있었다고 할 수 있다. 1. 제도적 지속성을 수반한 통일 > 2. 정당경쟁에서 성공할 가능성 > 3. 경제적 자원의 보전 (Wiesenthal 1998, 30).

이는 동독의 경제체제 전환 및 동서독 통일 과정에서 취해진 정책의 일부는 콜 정부의 재선 가능성을 높이기 위한 고려에서 취해졌다는 것을 의미한다(송태수 2006). 다시 말해 Wiesenthal에 따르면, "한편에서 시장지향적 자유화 조치를 단호하게 취하면서 다른 편에서 '정치적 이유' 다시 말해 정부의 재선출 가능성을 높이기 위해 동독 유권자들에게 풍족한 특혜를 주는 그러한 혼합 패턴이 등장했다"(Wiesenthal

1998, 3).

이와 같은 정치적 목표와 고려 때문에, 동독 경제체제 전환에서의 급진주의적 조치는 다른 사회주의 국가에서의 경우와는 다른 변화를 겪었다. 동독과 관련하여 충격요법에 버금가는 혹독한 조치는 1990년 7월 1일 경제화폐동맹 초기에 도입된 가격 자유화와 보조금 삭감이었다. Wiesenthal은 이를 다음과 같이 평가한다.

가격 자유화는 동독이 지구적 시장 여건에 갑자기 제약 없이 종속되는 것을 동반했다. 이러한 측면에서 동독의 체제변형은 다른 사회주의 국가와 비교할 때 독특하다. 동독의 사업체들에게 세계경제로의 갑작스러운 통합은 극적으로 변화된 여건에 적응할 시간이 고통스럽게 짧다는 것을 의미했다. 따라서 기업은 퇴출되었거나 국가보조금에 대량으로 의존하게 되었다(Wiesenthal 2008, 5).

그러나 급진주의가 내포하는 혹독한 경제조치와는 다른 성격의 경제조치가 동시에 취해졌다. 우선 동독 주민은 서독으로부터 후한 보상을 받았다. 대표적인 것이 동독마르크가 400퍼센트라는 막대한 가치재평가를 통해 서독마르크와 교환된 것이었다. 또한 임금과 사회소득이 서독마르크와 일대일로 고정되어 연계되었다는 것이다. 또한 급진주의 정책이 경제 안정화를 위해 정부 지출의 축소를 지시하고 있는 것과는 반대로 재정 팽창이 발생했다. 동독 지역에서 발생한 실업을 보상하기 위한 이전소득의 대부분이 대부를 통해 조달되어야 했다. 이 때문에 국가신용의 총량이 GDP의 45.5%(1990)로부터 65.7%(1997)로 증가했다.

그런데 이러한 정책은 동독에 서독식 제도체계를 일거에 급속히 건설하는 데는 불가결한 조치였지만, 동독 지역의 사회와 경제에 현저한 타격을 주었다. 동독의 소득 수준은 가장 신속하고 가장 근접하게 서유럽 소득 수준에 도달했지만, 동독의 경제 실적은 동중부유럽의 어느 경우보다 가장 빠르게 감소했다(Wiesenthal 2008). 통일과 관련하여 서독이 동독에 취한 조치의 부정적 측면은 다섯 가지로 요약될 수 있다. 첫째, 1989년으로부터 1991년 말까지 국내생산이 40% 이상 급격히 감소한 것, 둘째, (1989년으로부터 1993년까지) 모든 직장의 37%가 사라진 것, 셋째, 동유럽의 주변 국가들에 비해 투자 여건이 분명히 좋지 않다는 것, 넷째, 정치 위계와 관리 위계의 상층부에서 인적 변화가 매우 크게 발생했다는 것, 다섯째, 대량 실업과 숙련 노동 시장이 사라진 것이다. 결국 복잡한 결과의 일부로서, 동독의 주민은 한편에서 화폐 평가절상과 소득성장이라는 차원에서 극도로 유리한 보상을 받았지만, 다른 편에서 제도 변화와 경제 축소의 차원에서 공히 충격에 노출되었고 이에 따라 상당한 정도의 경제적, 사회적 그리고 "도덕적" 비용을 지불했다고 할 수 있다.

마지막으로 지적해야 할 것은 동독을 체제 전환시키는 것은 연방정부의 프로젝트였을 뿐 아니라 동시에 또는 그 이전에 "사적" 행위자의 프로젝트였다는 것이다. 연방정부의 최우선 목표가 동독에 서독과 동일한 제도체계를 수립하는 것이었는데, 이러한 제도체계는 재차 사회적 행위자에 의해 뒷받침되지 않으면 제대로 기능하지 못했을 것이다. 그런데 동독에 서독식 제도가 이식되는 것과 동시에 서독의 각종 집합적 단체들은 경쟁적으로 동독 지역으로 몰려가 다른 경쟁 단체보다 동독에서 선점의 이득을 누리고자 했다. 이렇게 하는 가운데, 이들은 이미 서독에서 존재하는 해당 이익 분야에서의 거버넌스와 동일한 거버넌스 체계를 동독에 설립하는 데 기여했다(Lehmbruch 1994).

마. 북한의 경제적 변화의 평가: 진화주의적-제도주의적 변화 의 한 사례

중동부유럽과 구소련 지역에서 사회주의 경제의 체제 전환은 고전적 계획경제 모델의 사회주의 경제가 서방식 시장경제로 변화하는 것을 대상으로 했다. 정책 사고와 여러 조치들은 이러한 맥락에서 설정되었다. 그런데 이와는 달리 중국과 베트남, 그리고 북한의 아시아 사회주의 국가들의 경우는 점진적 개혁을 통해 이미 상당한 정도로 시장경제적 요소를 도입했다. 이들 아시아 국가들은 위에서 언급했던 경제체제 전환의 두 접근 중에서 진화주의적-제도주의적 접근에 따라 점진적 체제 전환을 이행하고 있는 것으로 볼 수 있다. 그 핵심적 특징은 구 제도를 활용하면서, 손쉽게 성과가 나는 개혁을 시행하면서 추가적 개혁 조치에 대한 지지와 계기를 마련해 나간다는 것이다. 이러한 점진적 과정을 통해 보다 원시적 시장기구와 시장제도가 보다 완벽한 것으로 발전해 나간다.

따라서 동독의 경제체제 전환과 동서독 경제통합 모델과는 달리 남북한의 경제통합은 한국의 발전된 시장경제가 북한에 존재하는 그 어떤 (보다 원시적) 시장경제와의 통합이라는 맥락 속에서 행해질 것이다. 여기서는 김정은 시기 북한 경제의 변화가 도달해 있는 수준을 점검해 본다. 결론적으로 김정은 시대 북한과 1980년대 후반 중국의 경제 변화 양상은 대체로 일치한다. 또한 앞으로 북한은 이러한 방향에서 추가적 변화를 경험할 것이다. 그러나 북한의 경제 변화가 중국의 경제 변화에 상응하는 성과를 낼 개연성은 낮다. 그 이유는, 중국과 비교할 때, 외부적 환경뿐 아니라 내부적 조건이 제기하는 부정적 제약이 북한의 경우 훨씬 강하기 때문이다.

(1) 김정은 시대와 중국 1980년대 후반의 동질적 양상

김정은 시대(2012-현재) 북한과 1980년대 후반(1985-1989/1992) 중국의 경제 변화 양상의 동질성은 두 가지 측면에서 이해할 수 있다. 첫째, 국유기업에 대한 계획 지령의 폐기와 경제특구 확대 설치와 같은 개혁 조치의 기본 구상이 일치한다. 둘째, 시장기구의 존재정당성은 승인되지만, 민간 사기업이 인정되지 않는 가운데 반관-반민 기업을 주축으로 시장활동이 확대되고 있다.

정책적 제도적 측면

사회주의 경제의 일반적 변화 양상은 4가지 단계로 파악할 수 있다. 첫째 단계에서 사회주의 경제는 〈중앙집권적 계획경제＋생산수단의 국유＋공산당 통치〉로 구성된다. 둘째 단계에서는 〈분권화된 계획경제＋생산수단의 국유＋공산당 통치〉, 셋째 단계는 〈계획지령의 폐기＋생산수단의 국유＋공산당 통치〉, 넷째 단계는 〈생산수단의 민영화＋공산당 통치〉이다.

김정은 시대와 중국의 1980년대 후반은 위의 셋째 단계에 해당한다. 이 단계의 핵심 특징은 두 가지이다. 첫째, 국유기업의 경영이 계획 지령이 아니라, 상업적 원칙에 기반한다. 이데올로기적 수사로 분식하면서 에둘러 표현하고 있지만, 북한의 경우 '5·30 조치'의 내용이 궁극적으로 이러한 원칙을 선포한 것으로 볼 수 있다. 국유기업은 원료·설비의 구매, 생산품의 판매, 노동의 사용, 이윤의 사용 등에서 대폭 확대된 자율권, 다시 말해 시장원칙에 의거할 권한을 가진다. 물론 '생산수단의 소유자'인 국가는 거시경제 운영에서 그리고 국유기업의 내부 경영 사항에 대해 여전히 매우 포괄적이고 강력한 권한을 여전히 유지한다. 이를 표현해주는 것의 하나가 이러한 단계의 중국 경제에서 특징적이었던 '이중경제' 또는 '이중가격제'이다. 국가는 직접 관장하는 기간산업에 대해 시장가격보다 현저히 낮은 국정가격으로 재화를 공급한다. 그렇지만 이를 제외한 대부분의 국유기업의 경영 그리고 주민의 일상적 소비생활은 시장가격에 기초하여 운영된다. 김정은 시대 북한의 경우에도 수령경제, 김정은 치적용 건설 사업, 군수경제 등에는 시장가격보다 현저히 낮은 국정가격이 적용되고 있을 것이다.

둘째, 경제특구 확대 등 대외 개방 확대 노력이다. 김정은 시대에 들어서면서 북한은 19개의 경제개발구 설치를 서류상으로 선포했고, 적어도 표면상 외자 도입을 위한 노력을 공식적으로 진행 중이다.

'사회주의 모자를 쓴 시장기업'의 등장

사회주의 경제 3단계에서의 특징은 계획이 포괄하는 범위가 축소하는 대신 시장기구가 관장하는 범위가 확대된다. 이와 관련하여 두 가지를 지적할 수 있다.

첫째, 시장기구는 사회주의 경제를 구성하는 정당한 구성 요소로 정치적으로 승인받는다. 1980년대 후반에서 중국에서는 '사회주의 상품경제'라는 개념이 등장했고 또한 '시장이라는 새를 계획이라는 새장에 가두어 놓고 활용한다'는 비유가 사용되었다. 이 단계에서는 대부분 국유기업의 경영이 기본적으로 상업적 원칙에 의거하며, 또한 일반 주민의 일상 소비생활은 시장경제와 대체로 다름없게 된다.

둘째, '사회주의 모자를 쓴 시장형 기업'이 경제와 경제성장의 주축이 된다. 그 이유는 이 시점에서 시장기구는 법적·정치적 존재 정당성을 인정받지만, 민간 사기업의 존재 정당성은 정치적으로 부정되고 있기 때문이다. 경험적으로 보았을 때, '사회주의 모자를 쓴 시장형 기업'에는 세 가지 유형이 존재한다.

첫째 유형은 일반 국유기업이다. 이들은 (경영상 여전히 국가의 포괄적 간접 통제를 받고 있지만 적어도) 계획지령의 직접적이고 구체적 통제라는 족쇄에서는 벗어나 확대된 자율성에 기반하여 상업적 원칙에 의해 경영하도록 요구받는다.

둘째 유형은 중국 농촌에 주로 등장했던 중소 규모의 집체(集體)기업이다. 중국에서 1979년 가족농의 도입에 의해 인민공사가 해체되는 가운데, 향·진·촌과 같은 농촌 지방행정 기관의 투자, 또는 지역 농민의 투자에 의해 향진기업이 설립된다. 향진기업은 1, 2, 3차의 모든 산업에 걸쳐 활동했고, 특히 1980년대 후반부터 본격적으로 번성하기 시작했다. 북한은 아직 협동농장을 해체하지 않고 있다. 그러나 해체하는 경우 협동농장의 자산과 농민들의 노동력 및 자본 기여를 바탕으로 중국의 향진기업과 유사한 형태의 기업의 설립을 촉진할 가능성이 있다.

셋째 유형은 반관-반민기업이다. 이러한 기업은 겉으로는 당·정·군의 각종 기관이 운영하는 하부(상업)조직이라는 문패를 내걸고 있지만, 실제로는 민간업자가 투자하고 경영하는 기업이다. 북한의 경우에는 이 세 번째 유형이 '시장기업'의 대종을 이루고 있다. 이러한 현상이 주류가 된 이유는 다음과 같은 상황 때문이다. 한편, 민간은 자본과 경영능력이 있지만, 사기업은 법적으로 인정되지 않고 또한 대부분의 상업적 경제활동이 인허가를 받아야 한다. 반면, 각종 기관은 스스로의 재정을 벌어야 하는데, 자본과 경영 능력은 없지만, 일정한 설비 또는 재산을 보유하며 상업적 활동에 대한 인허가권을 가지고 있다.

주지하다시피, 북한에서 이와 같은 반관-반민 기업이 김정은 시대에 등장한 것은 아니다. 그러나 시간이 지남에 따라 두 가지 변화가 있었던 것으로 보인다. 첫째, 북한 정권 그리고 사회가 공히 이러한 반관-반민 기업에 대해 점차로 익숙해지고, 경계를 풀게 되는 한편, 둘째, 정권 차원에서 그 활용 가치를 인식하게 된 것으로 보인다. 김정은 시대의 정책은 이러한 변화를 반영하고 있는 것으로 보인다. 그리하여 첫째, 김정은 정권은 반관-반민 기업에 대해 훨씬 관용적 태도를 취하고 있으며, 둘째, 반관-반민 기업이 포괄하는 업종이 확대되고, 사업이 체계화되며, 규모가 커지고 있는 것으로 보인다. 셋째, '5·30 조치'의 '독자경영' 개념은 이미 상당히 확산되어 있는 반관-반민 기업 형태에 정치적 존재정당성을 부여하면서서, 더욱 활성화시킬 것이다.

(2) 통일 시기 북한 경제의 양상

앞으로 미래의 어떤 시점에 통일이 된다고 하면, 북한 경제는 현재보다도 훨씬 더 시장경제의 길을 따라 진화해 있을 것이다. 물론 이러한 시장경제는 독재정권 및 정치적 특권과 결합된 시장경제의 한 유형이 될 것이다. 어쨌든 북한이 이러한 방식의 경제에 도달해 있다면, 동서독 경제통합에서의 전략적 기본 발상이었던 급진적 체제 전환은 그 적실성을 상실해 있을 것이다. 반복하자면, 동서독 경제통합은 고전적 사회주의 명령경제인 동독 경제를 서독형 민주주의 시장경제로 변형시켜 통합하는 것이었다. 앞으로 어떤 시점에서 남북한 경제통합은 독재정권 및 정치권력과의 연계 때문에 잘못 발전되어 있는 북한식 시장경제를 한국식 민주주의 시장경제와 통합하는 것이 될 것이다.

바. 정책적 고려 사항

이하에서는 동독의 경제체제 전환과 동서독 경제통합의 경험이 북한의 경제체제 전환과 남북한 경제통합에 주는 고려 사항을 6가지로 정리한다.

> 1. 동독의 경제체제 전환 그리고 동서독 경제통합은 다른 국가에서의 경제체제 전환과 비교를 통해서만, 그 일반성과 특수성을 이해할 수 있다. 그 일반성과 특수성을 이해할 때만이, 그것이 북한의 경제체제 전환과 남북한 경제통합과 관련하여 교조적으로 또한 협소하게 동서독 통합모델만을 준거모델로 삼아 정책 사고를 전개하는 오류를 막을 수 있다.

동독의 경제체제 전환은 사회주의 경제체제 전환의 많은 사례 중의 하나이다. 이 많은 사례들에는 경제체제 전환으로서의 일반성과 함께, 그것이 각 해당 사례가 처한 독특한 환경과 조건을 반영하는 특수성이 함께 발현되어 있다. 그런데 이러한 일반성과 특수성은 유사한 많은 사례를 비교할 때에만 보다 적실성 있게 찾아낼 수 있으며, 또한 이론적이고 분석적 접근을 통해서만 발견될 수 있다.

북한의 경제체제 전환과 남북한 경제통합을 연구하는 데서, 동독의 전환과 동서독 통합은 반드시 연구되어야 할 사례이지만, 그것이 전자의 유일한 전범 그 자체가 될 수는 없다. 북한의 전환과 남북한 통합은 더 많은 사례 연구로부터 또한 보다 일반적인 이론으로부터 교훈과 시사점을 획득해야 한다. 또한 동독의 전환과 동서독 통합을 연구하는 것을 통해 북한의 전환과 남북한 통합의 교훈을 찾아내고자 할 경우에는, 독일의 사례가 가지고 있는 일반성과 특수성을 비교적 명확하게 찾아내어 인지할 필요가 있다. 그렇지 않은 경우, 독일 사례에 독특하고 일회적인 것이 마치 남북한의 경우에도 발생하고 적용할 수 있는 것처럼 착각할 수 있다. 다시 말해 남북한이 당면한 문제 설정과는 전혀 다른 상황에서 발생한 동서독 통일의 문제 설정과 준거틀에 우리의 사고방식을 끼워 맞추어 생각할 때 발생할 수 있는 오해와 오류를 방지할 수 있다. 이러한 경우 우리에게는 발생하지 않을 사건을 발생할 것으로 또한 그쪽에서는 발생하지 않았지만 우리에게는 발생할 문제 등에 대한 통찰력을 상실할 수 있다.

2. 동독의 경제체제 전환과 동서독 경제통합은 서독의 집권 정치 엘리트의 주도하에 그 집권 엘리트의 정치적·전략적 목표를 실현하는 방식으로 입안되고 집행되었다. 다시 말해 동독의 전환과 동서독 통합에서 당시 서독 집권 엘리트의 정치적 전략적 합리성에 보다 순수한 의미의 경제적 합리성이 종속된 상태에서 추진되었다. 따라서 동독의 전환과 동서독 통합을 순수한 경제적 합리성의 차원에서만 이해하고자 해서는 안 된다. 독일의 경우에 등장했던 정치적·전략적 목표나 고려가 앞으로 남북한의 경우에는 달리 설정될 수 있다.

이 글의 본문에서 서술하였듯이, 당시 집권 정치 엘리트의 정치적·전략적 목표에서 가장 일차적인 것은 소련이 독일 통일을 허용하게 된 '기회의 창'을 이용하자는 것이었다. 따라서 모든 것이 매우 빠른 속도로 또한 동독 주민에게 경제적 이득을 제공하여 빠르게 통일 쪽으로 끌어당기는 식의 정책이 추진되었다. 그 다음으로 중요한 정치적·

전략적 목표는 '동독에 서독과 동일한 제도체계를 수립하는 것'이었다. 이러한 목표는 당시 서독의 주요 엘리트가 폭넓게 공유하던 목표라고 할 수 있다. 그러나 이러한 목표 설정은 동독의 경제 잠재력을 최대한으로 활용하는 방식으로 또는 가장 비용이 적게 드는 방식으로 동독의 경제체제 전환을 추진한다는 목표와는 반드시 일치하는 것은 아니었다. 서독은 동독에 서독과 동일한 제도체계를 수립하는 방식으로 동독의 경제체제 전환과 동서독 경제통합을 이룩하기 위해, 경제적 합리성의 차원에서는 그 비용이 매우 비싸고 또한 그 결말의 성패가 매우 불확실했던 방식의 노선을 선택했다. 이는 경제화폐사회동맹의 체결, 동서독 마르크 교환비율의 설정 등에서 나타났다. 앞서 언급한 정치적 목표가 보다 폭넓은 당시 서독 엘리트에 의해 공유되었다면, 콜 총리가 이끄는 기민/기사당 연정의 재집권을 위한 선거 책략 역시 동독의 전환과 동서독 통합의 정책 추진에서 영향을 미쳤다. 이러한 두 가지 정치적·전략적 목표 이후에야 고려되었던 것은 보다 엄격한 경제적 합리성이었다.

  북한의 경제체제 전환과 남북한 경제통합에서 반드시 동일한 정치적·전략적 고려가 등장할지 안 할지는 불확실하다. 만약 등장하지 않는다면, 북한의 전환과 남북한 통합은 동독의 전환과 동서독 통합에서 선택되었던 정책 패키지를 반드시 선택해야 할 필요는 없다. 아마도 남북한의 경우에는 다른 정치적·전략적 고려하에서 매우 다른 방식의 경제정책적 결정이 내려질 수 있다. 다만 한 가지 확실한 것은 만약 한국이 이러한 과정을 주도한다면, 당시 한국에서의 집권 정치세력의 선거 책략이 남북한 통일 과정에 많은 영향을 미칠 것이라는 점이다. 이는 아마도 '순수 경제적 합리성'의 관점에서 볼 때, 비합리적인 정치적 결정과 절약 가능한 추가 비용을 요구하게 될 것이다. 또는 한국은 당시 한국의 경제 상황 또는 북한 측 정치세력의 요구에 따라 통일을 이루되 남북한에 당분간 또는 보다 장기적으로 상당히 다른 제도체계를 유지하기로 합의할 수도 있다. 또는 통일 비용을 절약하기 위해 북한 지역의 경제 잠재력과 경쟁력을 최대한으로 살리는 방식으로 북한의 경제체제 전환에 기초하고, 남북한의 점진적 경제통합을 추진하기로 합의할 수도 있다. 실제로 동서독 경제통합을 연구하여 남북한 경제통합에의 교훈을 이끌어 내고자 하는 많은 연구는 이러한 결론을 내리고 있다(고일동 2009; 안두순 2012; 전홍택 편 2012). 즉, 동서독식 경제통합에서 나타난 정책 실패와 과다한 비용 부담을 반복하지 않으려면, 통일이 되더라도 상당 기간 남북한에 각각 이질적인 경제체제를 용인하고 점진적으로 통합해야 한다고 제안하는 것이다. 이러한 경우, 한국 주도로 급진적으로 북한에 한국과 동질적 제도체계를 수립한다는 식의 통일전략에 비해 그 비용이 현저히 감소할 것이다.

3. 한국과 서독, 동독과 북한, 동서독관계와 남북관계의 차이를 이해하면서, 동독의 경제체제 전환과 동서독 경제통합이 북한의 전환과 남북한 통합에 어떠한 교훈을 주는가를 찾아내야 한다. 양자 사이에는 매우 많은 차이가 있지만, 체제 전환과 관련하여 핵심적 차이는 동독은 즉각적으로 시장경제와 민주주의 제도를 수립할 만한 역사적 배경 그리고 경제와 소득의 발전 수준에 도달해 있었지만, 북한은 그렇지 못하다는 것이다. 그러나 북한의 경우는 독재체제를 유지한 상태에서 상당한 정도로 기초적 시장 제도를 만들어 가고 있다.

North 등은 '제한접근사회' 또는 저발전 독재국가를 '열린접근

사회' 또는 서방식 시장경제와 민주주의 국가로 만드는 것을 두 단계로 이해해야 한다는 것을 주장한다(North, Wallis and Weingast 2009). 그 첫 단계의 문제는 개발도상사회가 일인당 소득을 400달러로부터 8,000달러로 끌어올릴 수 있도록 하는 것이다. 그 둘째 단계의 개발문제는 제한접근질서로부터 열린접근질서로 이행하도록 하는 것이다. 일인당 소득이 8,000달러로부터 35,000달러로 올리는 것이다. 첫 단계와 둘째 단계의 전환은 근본적으로 다른 성격을 갖는다. 그 이유는 첫 단계의 전환은 North 등의 이론에서 제한접근질서 속에서의 변화이지만, 둘째 단계의 전환은 제한접근질서를 열린접근질서로 바꾸는 전환이기 때문이다.

이러한 관점에서 볼 때, 민주주의와 시장경제와 관련된 제도 체계의 수용 능력에서 동독과 북한은 현저한 차이를 가지고 있는 것으로 볼 수 있다. 동독의 경우 CIA World Factbook(1990)에 따르면 1990년 붕괴 당시 일인당 GDP는 9,000달러 수준으로 North가 제시하는 8,000달러를 상회한다. 또한 2차대전 이전의 독일은 1930년대 바이마르 의회제 민주주의와 당시로서는 고도로 발전된 시장경제를 경험했다. 이 때문에 서독의 집권 엘리트들이 동독의 체제 전환을 구상하면서 곧바로 서독의 제도 체계를 이식할 수 있다고 쉽게 판단하고 또한 성공했었을 것이다(Lehmbruch 1994). 실제로 동독의 경우를 보면, 직접적으로 통일 과정이 시작되고 그와 함께 동독의 경제체제 전환이 본격적으로 시작되기 이전에 이미 스스로의 힘으로 서방식 의회민주주의 체제를 수립시켰다는 것을 기억할 수 있다.

이러한 점에서 북한은 동독과 매우 다르다. 북한은 역사적으로 자유민주주의를 경험해 본 적이 없고, 70년 이상 최고 지도자에 가장 권력이 집중된 독재체제를 유지해오고 있으며, 또한 현재의 소득 수준은

1,000-1,500달러 수준일 것으로 추정된다. 따라서 이러한 여건을 가지고 있는 북한이 한국식의 민주주의와 시장경제를 곧바로 수용할 만한 능력을 가지고 있다고 판단하는 것은 상당히 어려운 일이다. 그러나 북한이 동독에 비해 가지고 있는 장점도 있다. 동독은 고전적 사회주의 지령경제체제로부터 곧바로 민주주의 시장경제로 체제 전환했다. 그러나 북한은 사회주의 독재를 유지한 상태에서 점진적으로 시장관계를 확대시켜나가고 있다. 이 점은 북한을 한국의 시장경제로 통합시키는 데 긍정적 요소로 작용할 수 있다. 그러나 바로 이 점이 남북한의 경제통합에 부담으로 작용할 수도 있다. 동독은 독자적 시장경제 제도를 발전시키지 못한 채 사회주의 지령경제에서 곧바로 서독식 시장경제 제도를 수용했다. 그러나 북한의 경우는 독자적으로 시장경제 제도를 발전시키고 있는데, 이는 한국식 시장경제 제도와 일련의 다른 특징을 내포하게 될 가능성이 있고, 이것이 두 시장경제를 나중에 통합하는 데 비용을 청구하게 될 수도 있다.

4. 남북한 통일이 동서독 통일의 재판이 될 것이라고만 생각하지 말고, 동서독의 경우를 참조하되, 남북한의 경우에는 복수의 시나리오를 상정해야 한다.

독일이 통일된 지 이미 30년의 세월이 흘렀다. 과거에도 그러했지만 오늘날 한국과 북한이 처한 상황은 동서독의 그것과는 매우 다르다. 따라서 앞으로 남북한의 통일 과정은 불가피하게 동서독의 통일 과정과 매우 다를 수밖에 없다. 또한 오늘날 통일을 준비하는 마당에서 우리가 반드시 동서독식 통일 방식만 외골수로 준비할 수도 없다. 또한 남북한 통일 당시 한국의 집권 엘리트들이 동서독 통일 당시 서독 집권 엘리트와 동일한 정치적·정책적 목표를 설정하고 통일을 추진하게 될지 현재에는 알 수 없는 일이다.

우리는 앞으로의 통일 과정에 대해 보다 유연하고 여유로운 관점에서 준비해야 한다. 남북한의 통일은 동서독식으로 매우 빠른 속도로 또한 동독의 경제적 잠재력을 희생을 감수하면서 즉각적인 동질적 제도의 수립을 목표로 그리고 서독이 막대히 지원하는 방식으로 일어날 수도 또는 그러지 않을 수도 있다. 남북한 통일은 한국과 북한에서 두 국가 또는 정부의 보다 오랜 갈등과 공존, 그러한 사이에 북한에서 시장관계의 점진적 고도화 및 점진적 소득 수준 향상, 그리고 점진적 정치적 변화를 통해서 성취될 가능성도 있다. 이러한 방식의 통일이라면, 동서독식 통일과는 매우 다른 정치적·정책적 과제를 제기하게 될 것이다. 우리는 그 어떤 상황에도 대응할 수 있는 유연하고 여유로운 관점을 가져야 할 것이다. 이를 위해 우리는 동서독 사례에만 집착하지 않고, 더 많은 사례, 보다 일반론적이고 분석적인 접근, 다양한 시나리오 검토를 기반으로 통일 준비를 해야 한다. 남북한이 이러한 경로를 밟아가는 경우, 남북한은 국가연합을 거쳐 연방 또는 단일 제도에 기초한 통일국가를 수립할 수도 있을 것이다.

5. 한국이 북한의 경제체제 전환에 관여하는 경우, 그 목표가 무엇인지 그리고 그 방향성에 대해 분명한 자각을 가질 필요가 있다. 어떠한 정책목표를 선택하는가에 따라 한국의 대북 관여와 지원에서 그리고 남북관계에서 매우 다른 양상과 선택을 초래할 것이다. 그리고 남북한 통일에 소요되는 비용 그리고 그 성패의 불확실성이라는 이중의 불확실성의 수준이 달라질 것이다.

한국이 이와 관련하여 추진할 수 있는 목표는 크게 보아 두 가지가 있을 것이다. 그 하나는 북한이 스스로의 잠재력을 활용하여 그리고 그에 부합하는 적절한 정책과 제도 선택을 통해 경제성장과 소득증대를 이루도록 지원하는 것이다. 만약 북한이라는 국가가 상당히 오랫동안 유지되고 또한 대외적으로 비핵화와 개혁개방을 추진해 간다면, 한국이 이러한 선택을 하는 것 이외에는 다른 선택이 없을 것이다. 다른 하나는 북한 지역에 빠른 시일 내에 한국식 시장제도를 이식하고, 북한 주민의 소득을 한국 수준으로 최단 기간에 올려주는 것을 목표로 하는 정책을 추진하는 것이다. 이는 북한 정권이 붕괴하고 또한 북한 주민이 한국의 간섭을 수용할 때만 가능하다. 이 두 번째 방식이 동서독 방식이다.

만약 두 번째 방식을 선택하는 경우, 이러한 선택은 서독이 동독을 대상으로 했던 선택에 비해 현저하게 높은 수준의 불확실성을 내포할 것이다. 그 불확실성은 두 가지로 나타난다. 그 하나는 그 비용이 얼마나 될 것인가이다. 비용에 대한 불확실성은 한국과 서방의 학자들이 계산해내는 통일 비용의 액수에 엄청난 차이가 존재한다는 것에서 나타난다. 또 하나의 불확실성은 성패 여부에 대한 불확실성이다. 주지하다시피, 남북한관계는 동서독관계와는 매우 다른, 보다 정확히 현저히 갈등적인 역사를 가졌고 분단의 기간도 최소 30년 이상, 즉 한 세대 이상 길다. 또한 앞서 서술하였듯이, 동독 주민은 스스로 민주주의를 선택했으며, 서독식 시장경제와 민주주의를 수용할 수 있는 잠재력을 상당한 정도로 가지고 있었다. 그러나 북한이 한국식 제도를 포괄적으로 수용하여 제대로 기능시킬 수 있는 잠재력은 현저히 낮게 평가되어야 할 것이다.

6. 통일 과정에서 한국 정부가 주도적 역할을 해야 하겠지만, 그

궁극적 성공은 민간역량을 얼마나 동원하고 활용할 수 있는가
에 그리고 북한 지역에서 민간 부문을 얼마나 빠르고 얼마만한
규모로 강화시켜낼 수 있는가에 따라 결정될 것이다.

독일 통일의 경우 동독 사회를 체제 전환시키는 것은 연방정부의
프로젝트였을 뿐 아니라 동시에 또는 그 이전에 "사적" 행위자의 프로
젝트였다. 동서독의 통일 과정이 시작되자마자 서독의 노조와 정당을
비롯하여 각종 집합적 단체들은 경쟁적으로 동독에 진출하여 동독의
관련 단체들을 자신의 모습대로 재편하는 작업에 들어갔다. 서독의 제
도체계의 운영과 기능은 바로 이러한 집합적 민간단체의 존재와 역할
에 기반하고 있었다. 따라서 동독 지역에도 유사한 배경이 형성되지 않
으면 동독에 이식된 서독의 제도체계는 기능할 수 없었을 것이다. 다시
말해 동독에 서독의 제도를 이식하는 작업은 연방정부에 의해 주도되
고 시작되었지만, 그것을 완성시킨 것은 서독의 각종 집합적 민간단체
들의 동독 진출과 성공이었다.

이러한 뜻에서 한국식 제도체계가 북한 지역에 이식되어 제대로 기
능하자면, 북한의 사회도 한국식 사회로 변화되어 있어야 한다. 이러한
방식의 변화는 서독에서처럼 민간의 역할에 절대적으로 의존할 수밖에
없다. 그러나 적어도 현재의 시점에서 볼 때, 북한에는 자율적 민간사회
라는 것은 존재하지 않는다. 다시 말해, 한국의 민간사회가 상대해야 할
대상이 북한에는 아직 존재하지 않는다. 설령 북한이 시장경제를 수용
하는 수준이 점점 높아지더라도 아마도 상당히 오랜 기간 동안 북한에
자율적 민간사회가 존재하지 않을 수 있다. 따라서 한국의 통일 정책과
준비의 중요한 구성부분의 하나는 한국의 민간을 격려하고 활용하여 북
한에 민간 부문을 가능하면 빠른 속도로 발전시키는 것이 될 것이다.

참고문헌

고일동. 2009. "통일후 동독경제의 상황변화와 남북경제통합에 대한 시사점." 『KDI
　　북한경제리뷰』 5: 3-17.
구춘권. 2011. "독일 통일 20년의 정치경제 비판적 평가와 시사점." 『21세기 정치학회보』
　　21(1): 156-178.
김창권. 2011. "독일 통일후 구동독지역 산업구조 변화와 한반도 통일시 정책적 시사점."
　　『경상논총』 29(3): 27-50.
＿＿＿. 2014. "독일 통일 25주년의 경제적 성과 및 연구 동향." 『KDI 북한경제리뷰』 5: 50-75.
박성훈. 1995. "통일 전후 독일의 정치·경제적 통일방안에 관한 논의와 통일 후 독일 경제의
　　전개." 『비교경제연구』 3(1): 127-145.
박형중. 1997. "사회주의경제의 체제전환전략: 급진론과 진화론." 『통일연구논총』 6(1): 221-
　　241.
송태수. 2006. "1989/90 격변기 동독 내 서독 정당의 전략과 정책." FES-Information-Series.
＿＿＿. 2009. "독일 통일 20년의 경제적 통합과정." 『한·독 사회과학논총』 19(4): 173-208.
안두순. 2012. 『남북통일 해야 하는가?』. 한국문화사.
양창석. 2014. 『브란덴부르크 비망록』. 늘품플러스.
염돈재. 2010. 『독일 통일의 과정과 교훈』. 평화문제연구소.
이헌대·조윤수. 2013. "통일 후 독일 경제의 교훈." 『한국경제포럼』 6(1): 69-79.
전홍택 편. 2012. 『남북한 경제통합연구: 북한경제의 한시적 분리 운영방안』. KDI.
한문석. 2010. "통일독일의 경제적 통합에 대한 한국에서의 인식." 『한국독일사학회
　　학술발표대회 논문집』. 117-137.

Elster, Jon., Offe, Claus and Ulrich K. Preuss. 1998. *Institutional Design in Post-
　　Communist Societies: Rebuilding the Ship at Sea*. Cambridge: Cambridge University
　　Press.
Hare, Paul G. 2001. "Institutional Change and Economic Performance in the Transition
　　Economies," *Paper presented for Session II of the UNECE Spring Seminar*, May 7th
　　and 8th 2001, Geneva, p. 6.
Korani, Janos. 1992. *The socialist system: the political economy of communism*. Princeton:
　　Princeton University.
Korte, Karl-Rudolf. 1998. *Geschichte der deutschen Einheit, 4 Bde., Bd. 1,
　　Deutschlandpolitik in Helmut Kohl's Kanzlerschaft*. Berlin: Deutsche Verlags
　　Anstalt. p. 481.
Lehmbruch, Gerhard. 1994. "Dilemmata verbandlicher Einflußlogik im Prozeß
　　der deutschen Vereinigung," Wolfgang Streeck (Hrsg.), *Staat und Verbaende*
　　(Opladen: PVS-Sonder heft 25), pp. 371-392.

Lehmbruch, Gerhard. 1994. "The process of regime change in East Germany: An institutionalist scenario for German unification," *Journal of European Public Policy*, Vol. 1, Issue 1, pp. 115-141.

Melo, Martha de., Denizer, Cevdet., Gelb, Alan and Stoyan Tenev. 1997. *Circumstance and Choice: The Role of Initial Conditions and Policies in Transition Economies*. The World Bank, International Financial Corporation, October.

Murrell, Peter. 1992. "Evolutionary and Radical Approaches to Economic Reform," *Economics of Planning*, Vol. 25. 79-95.

North, Douglass C., Wallis, John Joseph and Barry R. Weingast. 2009. *Violence and Social Orders: A Conceptual Framework for Interpreting Recorded Human History*. Cambridge: Cambridge University Press. pp. 190-250.

Nove, Alec. 1992. *The Soviet Economy*. New York: F.A. Praeger.

Roland, Gerard. 2001. "Ten Years After .... Transition and Economics," *IMF Staff Papers*, Vol. 48, Special Issue, 2001 International Monetary Fund.

Wiesenthal, Helmut. 1998. *Die Transformation der DDR: Ein analytischer Rückblick auf Verfahren und Resultate*, Gutachten fuer die Forschungsgruppe Europa, Centrum fuer angewandte Politikforschung, Muenchen, Dezember.

Wiesenthal, Helmut. 2008. "Democracy Won-Economic Change Imposed: German Unification as a Case of Rapied Large-Scale Reforms." p. 5.

IV   사회, 교육, 심리적 통합

1

통일한국의 사회통합과 정체성

김병로(서울대학교)

가. 서론

통일은 이질적인 두 사회가 하나의 체제로 결합되는 과정이다. 자기 체제에 익숙해 있던 두 사회의 구성원들이 급작스럽게 변한 새로운 환경에 적응해야 하는 과정이어서 적지 않은 사회적 혼란과 심리적 충격이 예상된다. 통일이 언제, 어떤 방식으로 이루어질지 모르지만 오랫동안 단절되었던 '한국'과 '조선'이라는 두 사회가 만나는 과정에는 많은 사회문제와 갈등이 표출될 것이 분명하다. '한국'은 서구형 근대화를 추진한 반면, '조선'에는 유교문화적 전통이 아직도 깊게 뿌리 박혀 있고, 한국전쟁의 막대한 피해로 인해 적대감과 집단자폐증세, 그리고 김일성주의에 의한 종교국가적 성격이 자리 잡고 있다. 역사적 전통과 정치체제, 사고방식과 생활양식에 이르기까지 여러 형태의 갈등과 마찰이 발생할 것이다. 따라서 두 사회가 민족의식과 감정이 동력이 되어 하나의 체제로 통일을 이룬다 해도 '조선'과 '한국'의 이러한 상이한 제도와 서로 다른 가치관은 통일 과정에서 남북 간에 심각한 갈등과 정체성의 혼란을 야기할 것이다.

더욱이 남북한은 동서독과는 달리 교류가 활발하지 못하고 상호 이해가 매우 부족하다. 남북한의 인적 왕래와 무역 거래는 통일 이전 매년 평균 300만 명이 왕래했던 동서독과 비교하면 남북한의 성과는 너무 미미하다. 그것마저도 최근 몇 년 동안은 거의 중단되어 있다. 더욱이 그처럼 교류가 활발했음에도 독일은 통일이 된 지 25년이 지난 현재까지 사회통합에 많은 어려움을 겪고 있다. 동독의 생활수준이 서독의 50%에서 80%로 향상되었지만 구 동독인의 2/3는 자신들을 2등 시민으로 느끼고 있고 3/4은 서독인에 비해 차별을 받고 있다고 느끼고 있어 통일 후 사회통합이 쉽지 않음을 예고한다(통일부 2010, 159-

169).

　이런 점에서 통일 과정에서 서로 다른 가치와 이해관계를 어떻게 조정하고 통합할 것인가 하는 문제는 통일의 성패를 가르게 될 것이다. 통일은 하나의 제도에 기반한 단일한 사회를 건설하는 것으로 그 안에는 영토와 생활공간의 결합이나 정치적 통합을 넘어서 경제적, 군사적, 사회문화적 통합의 과정이 뒤따른다. 통합(integration)은 "이전의 분리된 단위들이 하나의 결합된 체계의 구성요소들로 전환되는 것"(Deutsch 1972)이며, "사회구성원들 상호간에 공동체에 대한 애착과 헌신을 도모하고 공동체적 질서를 확립하며 사회통제를 유지하는 과정"이다(Parsons 1951). 즉 사회통합은 사회의 구성원들이 규범, 가치, 신념 등을 공유함으로써 사회집단이나 집합체에 대한 소속감을 경험하게 되는 정도를 말한다. 따라서 사회가 통합되었다는 말은 분화·이질화되고 차별과 불평등이 존재하는 구성원들이 서로 결속과 연대감을 갖는 하나의 유기체로 존재하는 상태라 할 수 있다. 통합이란 동시에 사회문화적으로 분리된 집단들을 하나의 영토적 단위로 결합시키고 국민적 정체성을 확립하는 과정을 가리킨다. 통일 과정 혹은 통일된 체제에서 공통의 국민정체성, 민족정체성, 시민정체성을 가지고 서로의 문화와 사상, 가치와 생활양식을 인정하며 협력적인 관계를 만들어 나가는 것을 의미한다.

　사회통합은 사회의 통합(societal integration)과 사회적 통합(social integration)으로 구분된다. 사회의 통합은 사회와 사회 간의 결합을 의미하며, 사회적 통합은 결합된 사회체제 내에서의 구성원들이 느끼는 공동체 의식을 의미한다. 달리 말하면, 사회통합은 법적·제도적·정책적 영역에서의 통합과 통합된 제도에 반응하는 구성원들의 심리적 차원의 통합으로 크게 구분된다. 전자는 제도통합 혹은 체제통합으로, 후자는 의식통합 또는 가치통합으로 부른다. 독일의 경우처럼 통일이 급진적으로 이루어진다면 제도적 차원의 통합과 그에 대한 구성원들의 심리적 반응의 순서로 분석하는 것이 타당할 것이다. 그러나 통일 과정이 점진적으로 이루어진다 하더라도 생겨날 갈등은 그 양태나 본질적 측면에서 별다른 차이가 없을 것이다.

서로 다른 두 체제나 사회가 하나의 체제와 사회로 통합되는 과정은 공동체 안으로 끌어들이려는 통합적 요소와 공동체로부터 벗어나려는 분열·갈등의 요인들 사이의 역동적 과정으로 진행된다. 이 통합의 구심력과 분열의 원심력이 상호 변증법적 역학을 이루면서 공동체는 유지된다. 이 분화와 갈등의 원심력을 구조적 조정과 문화적 적응을 통해 어떻게 흡수함으로써 통합의 구심력을 확보하는가 하는 것이 공동체 형성의 관건이다. 특히 제도와 가치라는 두 차원에서 실질적 이해를 조정하는 측면과 함께 정서적이고 감정적인 부분을 어떻게 해소해 나갈 것인가 하는 문제는 매우 어려운 과제이다. 이미 통일을 성취하고 25년의 통합경험을 갖고 있는 독일은 한반도 통일과 사회갈등, 정체성의 여러 양상, 그리고 그에 대한 창의적 해법을 보여주는 좋은 사례다. 이런 점에서 이 글에서는 독일의 경험분석을 바탕으로 한반도의 상황과 비교하면서 한반도 통일 후 발생할 사회갈등과 정체성의 문제를 살펴보고 통합 증진을 위한 대안을 제시해 보고자 한다.

나. 독일의 사회통합 경험과 정체성 문제

독일은 통일과 통합을 비교적 성공적으로 추진한 나라다. 동독의 사회주의·공산주의 유산을 제거하고 서독의 제도로 편입하는 작업을 추진하였으며 통일 이전 독재정권이 저지른 인권탄압과 유린에 대해 처벌하는 과거청산을 실시하였다. 물론 통일과 통합의 과정에는 적지 않은 갈등이 따랐다. 제도통합과 과거청산 과정에서 동독사람들에게 많은 불이익과 차별을 받았다는 열등의식을 심어주었고 통일 이후 국가정체성 형성 문제도 쉽지 않았다. 이런 점에서 통일을 앞두고 있는 남북한은 독일의 경험을 구체적으로 살펴볼 필요가 있다. 특히 과거청산 문제, 사회경제적 차별 문제, 시민역량 문제, 정체성 문제 등은 통일을 앞두고 있는 남한이 유념해 보아야 할 부분이다. 아직 해결되지 않은 차별과 정서적 문제가 여전히 남아 있고 사회정치적 환경이 여러 면에서 한반도와 다르지만, 독일 경험으로부터 한반도가 얻을 수 있는 시사점은 대단히 크다.

(1) 법치주의에 의한 과거청산과 인적 자원의 배제 및 재활용

첫째는 동서독 제도통합 과정에서 발생하는 제도 및 인적 자원의 청산과 재활용 문제다. 통일 이후 사회통합의 가장 첨예한 이슈는 과거청산 문제였다. 분단시대 과거 정권이 자행한 인권유린과 불법행위에 대해 정리하는 작업을 말한다. 통일 이후 통합 과정에서 잘못된 과거를 바로잡고 정의를 세우는 일은 구성원들의 사회통합을 도모하며 통일국가의 정당성을 확립하는 중요한 작업이다. 이런 점에서 동독의 사회주의 통일당 정권이 저지른 불법행위에 대해 처벌하는 작업이 진행되었다. 그런데 문제는 과거 행적에 대한 처벌과 정리를 어느 범위까지 할 것인가 하는 것이었다. 동독시민들의 정치적 요구가 폭발하여 처벌의 기준을 세우기가 쉽지 않았다. 동독 인민의회의 권력남용, 사통당 지도부의 부정행위, 선거 결과 조작 등 비리가 폭로되자 동독시민들은 공산정권 40년 동안 군림해 온 비민주적 정권에 대한 철저한 조사와 처벌을 요구했다. 국가안전부의 문서 공개 직후에는 과거 행적들을 폭로하는 논의가 과열되어 모든 동독인을 사통당의 부역자로 단죄하는 듯한 감정적인 분위기가 형성되었다.

이러한 소용돌이 속에서 과거청산의 기준으로 독일 사법부는 철저하게 '법치주의' 원리를 적용하였다. 즉 당시 동독법에 따라 기소가 가능한 경우에만 사법처리를 한다는 원칙을 세운 것이다. 독일 자체가 법질서를 중시하는 나라여서 이 연장선상에서 통일 이후 과거범죄 처벌에도 철저한 법치주의를 적용하였다. 또한 통일 추진 과정에서도 동독의 입장을 고려한 협상을 진행하였다. 통일이라는 사건이 새로운 공동체로 통합하는 일인데 모두가 동의하는 명백한 기준이 없이 동독사람에 대한 처벌을 단행할 경우 그에 따른 정치사회적 부담이 클 것을 우려했기 때문이다. 명백한 법에 근거하지 않고 정치적 논리로 처벌하다가는 자칫 동독주민을 과거청산의 대상으로 만듦으로써 승자의 보복으로 비춰질 수 있고 사회통합을 저해할 위험이 있었다.

분단시대에 자행된 인권유린 및 독재에 대한 과거청산과는 별도로 동서독의 제도통합 과정에서 동독의 엘리트들이 일자리를 잃는 상황이 발생했다. 통일은 사회 각 영역에서 법·제도통합을 수반하며 이는 서독이나 동독 어느 한 체제로 제도를 일원화하는 작업을 포함하는데, 사회주의 유산을 제거하고 과거를 청산하는 과정에서 인적 청산을 필수적으로 수반한다. 독일에서도 관료, 기업, 군대, 교육 등 사회의 많은 부분에서 동독제도를 서독제도로 편입하는 조치가 이루어졌다. 서독의 제도를 기준으로 동독제도를 편입하다보니 해당 부문에서 활동하던 많은 동독인이 일자리를 잃게 됨으로써 통일에 대한 부정적 시각과 감정을 갖게 되었다. 유치원 제도와 보건의료 제도에서는 그나마 동독의 제도를 기준으로 서독제도를 편입하는 조치가 이루어져 그나마 다행이었다(이은정 2015).

베르너 페니히(Werner Pfennig) 교수의 분석에 의하면, 통일 이후 20년이 지난 2010년 현재 전체 국민의 20%를 차지하는 독일 엘리트 중 단지 5%만이 동독 지역 출신이며, 18명의 서독 지역 출신 장관들이 동쪽 연방 주(신연방주) 내각에 포함되어 있으나, 서쪽 연방 주(구연방주) 내각에는 동독 지역 출신의 장관은 한 명뿐이다. 2009년에는 연방군의 장군 중 199명이 서독 지역 출신이었고 단지 한 명만이 '동독 장군'이었다. 동독인의 3분의 2는 자신들을 2등 국민으로 느끼고 있으며, 동독인의 4분의 3은 서독인에 비해 차별을 받는다고 느낀다. 동독 지역 대학의 인문·사회과학의 교수들 중 95%가 서독 지역 출신이며, 연방헌법재판소의 16명의 재판관 중 동독 지역 출신은 단 한 명도 없다(통일부 2010, 161-162). 제도통합 과정에서 동독인에 대한 인적 청산과 서독인의 진출은 통일 독일의 사회갈등을 야기하는 근원이 되고 있다.

상층 엘리트에서 동독인들이 차별을 받은 것과는 대조적으로 기술관료나 중간엘리트는 상당 부분 해고되지 않고 직장을 유지하였다. 동독의 엘리트 교체가 전면적으로 이루어질 수 없었던 데에는 동독 지역의 전문인력 부족 때문이기도 했다. 동독 전반에 높은 실업률이 지속되면서도 기술전문인력이나 의료엔지니어 등 전문인력은 현지에서 시급히 필요했다. 이 기술전문인력은 구체제에 그다지 정치화되어 있지 않았기 때문에 정치적으로도 부담이 없었다. 과거청산으로 상층 엘리트가 교체되었고 다양한 형태로 엘리트 교체가 진행되었으나 상당수의 구체제 관료들은 통일체제에 그대로 편입되었다. 전반적으로 약 70%의 동독 엘리트가 통일정부에 다시 기용된 것으로 보고 있다.

　상황이 이렇다보니 동독의 엘리트, 특히 정치 영역에서는 통일독일에서 재기할 수 있는 공간이 형성되었다. 동독주민들도 구체제 엘리트를 모두 증오한 것은 아니었으며 동독엘리트 중에도 일을 잘하여 신임을 받았던 사람들이 있었고, 이들이 선거에 출마하여 주민들의 지지를 받았다. 그 결과 1990년 5월 최초의 지자체 선거에서 시장 중의 3/4이 무소속으로 출마하여 재선되었다. 또 사통당은 민사당(PDS)으로 변신하여 연방의회나 시의회에는 민사당이 대거 진출하였다. 통일 과정에서 소외되었다고 생각하는 사람들이 특히 민사당을 지지했기 때문이다. 사회통합의 관점에서 보면 동독의 과거 사통당이 민사당으로 변신하여 구엘리트들이 활동을 지속할 수 있었다는 사실은 매우 중요하다. 과거 통일을 거부했고 공산주의 정권에서 활동했던 사람들까지도 받아들이고 통일체제 안으로 포용한 독일의 경험은 민주주의와 법치주의가 통합의 핵심을 이루고 있음을 보여준다.

　이처럼 과거청산이 순조롭게 이루어지고 제도통합 과정에서 인적 자원이 퇴출되거나 재기용될 수 있었던 배경은 뒤에서 설명하겠지만 동독의 민주혁명 때문이라 할 수 있다. 통일 전 동독이 자발적으로 과거 문제를 해결했다는 점이 통합을 순조롭게 이끌어간 요인이 되었다. 만약 통일된 이후 독일정부가 동독정권에 대한 과거청산이나 제도통합을 주도했다면 동독인의 자존심을 상하게 만들고 많은 갈등과 문제를 야기했을 것이다. 그러나 다행스럽게 독일에서는 통일 이전에 동독 시민에 의한 민주화 혁명, 평화혁명이 진행되었고 동독인들에 의해 과거정권에 대한 비판과 청산작업이 시작되었고 대화와 협상으로 제도통합을 추진해 나갔다. 동독에서의 이러한 자발적 청산과 통합 작업은 주민들의 지지를 얻었고 동서독 주민결속의 촉진 요소가 되었다.

　법치주의에 의한 과거청산은 사회적 혼란을 최소화하고 동독주민의 사회통합에 기여했다는 평가를 받고 있다. 통일 과정에서 처벌이 너무 느슨하여 동독인들의 원한에 의한 복수가 있지 않을까 걱정을 했지만 청산 과정에서 그러한 복수나 살해가 발생하지 않았다. 그러한 점에서 동독법에 근거하여 최소의 처벌을 견지한 독일 법치주의는 독일의 사회통합에 중요한 역할을 하였다. 그러나 이들에 대한 극단적인 폭력은 없었지만 피해자들이 납득하기 어려울 만큼 처벌의 수위가 낮아 사법적 정의 확립에 입각한 내적 통합에는 문제점도 남겼다(통일부 2014b, 102). 구동독의 부당한 범죄에 대해 민주화된 서독의 잣대를 대지 않고 동독의 법을 적용하여 처벌하다보니 에리히 호네커를 비롯한 동독정권의 핵심인물들이 대부분 실형을 면하거나 경미한 처벌을 받는 데 그침으로써 시민들로부터 많은 비난과 불만을 사기도 했다. 호네커는 칠레로 망명을 갔고 고위장성들도 실제 처벌을 받은 경우는 많지 않다. 이러한 분위기 속에서 사통당 독재의 과거청산은 국가안전부 범죄의 역사로 축소되었고 이러한 처벌 기준 때문에 구동독 주민들의 반발을 초래했다.

　이런 점에서 법치주의에 의한 처벌의 최소화는 사회통합의 양면을 지니고 있는 것 같다. 크게 보면 동서독의 사회통합을 촉진한 측면이 있으나 동독주민 내부에서는 불만을 야기하여 내적 통합을 저해한 측면도 있다. 단기적으로는 동독주민들의 불만이 쏟아져 나와 갈등이 야기되었지만, 법치주의에 의한 최소한의 처벌은 결과적으로 통일독일의 사회통합에 기여한 것으로 판단된다. 독일은 법치주의에 입각하여 처벌은 최소화하되 피해자에 대한 명예회복과 복권, 물질적 보상을 실시하여 사회통합을 도모해 나갔다. 대체로 독일의 경우에는 피해자에 대한 명예회복은 어느 정도 이루어졌으나 물질적 보상이 만족할 만한 수준에 이르지 못하였다고 보고 있다. 한반도에서도 남한 내의 여러 과거청산이 미비한 상태에서 북한정권의 독재를 처벌하려 할 경우 적지 않은 마찰과 갈등이 생겨날 것으로 예상되는데, 독일의 경험을 참고하여 가해자에 대한 처벌은 최소화하는 대신 피해자에 대한 명예회복과 물질적 보상을 통합의 도구로 잘 활용할 필요가 있을 것이다.

(2) 경제사회적 차별 해소 정책

통합 과정에서 발생할 사회갈등의 두 번째 영역은 경제사회적 격차와 차별 문제다. 동독주민들이 통일을 원했던 주요한 동기가 생활수준 향상이었으므로 통일 이후 동서독 간 경제적 자원배분을 둘러싼 이해갈등이 생겨났다. 가시적으로 드러난 대표적인 경제갈등은 동서독 간 임금수준의 차이였다. 구동독주민들은 통일이 되면 서독과 같은 수준의 임금을 받을 것으로 기대하였으나 현실은 당연히 그에 미치지 못하였다. 2009년 연방노동부에 따르면 서독 지역 연간 총 소득은 28,500유로이며, 동독 지역 22,700유로로 서독 지역이 동독 지역보다 5분의 1정도 (연간 5,800유로) 더 높다. 직업별 수입은 동독 지역이 평균 17% 정도 더 적으며 생활비를 고려하더라도 9.5% 정도의 격차를 보인다. 실업률은 동독 지역이 서독 지역의 두 배이고, 연금 가치도 서독 지역의 88.7% 수준이다. 사실 통합 초기에는 동독 지역에서 임금이 상승하면서 실업자가 양산되고 많은 기업들이 지불불능상태가 되었으며 인적 자원 유출도 심각하였다. 1989년부터 1992년 사이의 짧은 시간 내에 4백만 명의 일자리가 없어졌으며 탈산업화가 큰 규모로 진행되었다. 그러한 열악한 상황이 개선되어 동독의 임금수준이 서독의 80%로 상승했으나 그럼에도 경제적 차별은 상대적인 것이어서 서독인과 동독인 간의 임금차별 문제는 사회갈등이 되고 있다.

통일 초기 급격한 인구이동과 거주이전의 문제는 동서 간 사회경제적 차별을 낳는 주요 원인이었다. 주민유동성(Human Mobility) 측면에서 보면 통일 과정에서 동서독 간 급격한 인구이동이 발생하며 특히 동독주민들의 서독으로의 이동과 이주로 동독 지역 인구가 현저히 감소하고 노령화 현상도 심화되었다. 1989~90년 동독의 인구는 1,660만 명 정도였으나 2008년 말에 1,303만 명으로 감소하였다. 인구감소의 원인은 출산율의 하락도 있지만 주된 원인은 동독인의 서독 지역으로의 이주였다. 통일 이후 111만 9천 명의 서독인이 동독 지역으로 이주한 반면, 서독으로 이주한 동독인은 203만 5천 명이었다. 통일 이전과 통일 과정에서 이른바 이탈주민의 정책도 통일 이후 주민유동성에 큰 영향을 미친다. 베를린 장벽이 무너진 1989년 11월 이후 통일된 1990년 10월까지 1년여 사이에 동독에서 서독으로 탈출한 사람은 약 48만 명이며 합법 이주민은 약 10만 명이다. 베를린 장벽이 붕괴하기 전까지 정부의 허가를 받지 않고 서독으로 탈출한 동독인은 390만 명에 이르며 합법적으로 이주한 경우도 38만 명이다. 도시 지역은 인구가 증가하는 반면 농촌 지역은 인구가 감소하였다.

경제사회적 차별이 사회통합과 정체성 형성에 특별히 문제가 되는 것은 오스탈기(Ostalgie)와 같은 정서적 문제와 맞물려 진행될 경우이다. 경제적 차이가 정서적 감정의 문제와 맞물리게 되면 차별로 느껴지며 사회통합을 방해한다. 제도통합 과정에서 벌어지는 인적 청산과 동서독 간의 임금격차, 인구이동 정책 등의 현상을 지켜보면서 동독인들은 과거가 오히려 나았다는 향수를 갖게 된다. 동독의 급격한 몰락과 황폐화된 동독의 실상에 대한 정보, 실업, 서독 출신 사람들의 거만함, 동독의 역사와 삶에 대한 지식과 섬세한 배려의 결여, 서독으로부터 감독을 받는다는 느낌 등은 개인이 그동안 이룩한 성과마저 비판받는다는 생각으로 이어져 동독인들은 많은 열등감을 갖게 되고 구동독에 대한 동경심을 갖는다. 독일 전체 혼인 중 4%만이 동독인과 서독인 간에 행해진 것을 보아도 동서독 간의 호감도가 크지 않음을 알 수 있다. 여기에는 사람들이 나이가 들면서 기억력이 감퇴하여 과거의 사건을 그다지 불편하지 않았던 것으로 인식하고 왜곡하는 경향도 한몫을 한다. "그때가 다 나빴던 것은 아니다"라는 식의 심리적인 자기보호 메커니즘이 작동하여 과거에 대한 향수에 젖어들게 된다. 구동독 시절에 대한 향수로 인한 미화 과정과 감독받고 차별받는다는 느낌은 정치적 폭발력을 가지고 있는 갈등요소다. 1990년대 동독 지역에서 나쁜 변화와 이것을 초래한 나쁜 사람들은 모두 서쪽에서 왔다는 생각이 동독사회에 정형화되어 있는데, 동독인들이 갖게 된 이러한 오스탈기 정서는 통일독일의 사회갈등을 야기하는 원인이 되고 있다.

(3) 동독의 민주혁명과 시민사회의 역량

독일의 통일과 통합이 가능했던 중요한 요인은 통일 이전에 동독에서 시민사회가 형성되었고 이를 바탕으로 동독 내 민주혁명이 선제적으로 이루어졌다는 점이다. 이렇게 성장한 시민사회 역량은 통일 과정에서 다양한 이해관계 세력들을 중재·조정하는 역할을 하며 통합을 성공적으로 이끌어 내었다. 이런 점에서 시민사회가 중심이 된 원탁회의(Runder Tisch)는 독일 통일 과정에서 핵심적 역할을 하였으며 사회통합의 주체라 할 수 있다. 원탁회의는 1989년 12월 7일부터 1990년 3월 18일 총선이 있을 때까지 매주 월요일마다 개최된 회의로 시민과 정부를 중재하고 인민회의와 각료회의를 통제하며 가장 중요한 의결기관으로 기능하였다(김영윤·양현모 2009, 91-93). 동독에서는 공산주의 치하에서도 신앙을 지킨 개신교 목사들이 주민들의 신뢰를 받았으며 이러한 개신교 목사들이 동독의 민주화와 평화혁명에 중요한 역할을 하였다. '민주주의 지금(Demokratie Jetzt)', '민주봉기(Demokratischer Aufbruch)', 뉴포럼(Neues Forum) 등은 동독의 평화혁명을 이끈 대표적 단체이며 원탁회의를 주도하였다. 원탁회의 자체도 '민주주의 지금'이 제시한 사통당, 교회, 시민운동, 위성정당 등이 참여하는 4자회의 아이디어가 발전한 것이었으며 '뉴포럼'의 요하임 가우크 목사, 볼프강 티에르제 등이 중요한 역할을 하였다. 원탁회의 구성원은 기존의 5개 블록정당과 야당 대표들이었고 그 외 소수민족 대표로서 슬라브 계통의 소르비의 대표 1인이 참석했고, 참관인으로는 독일민주여성연맹, 소비협동조합, 환경정당 대표들이었다. 중앙원탁회의 이외에도 지역, 지방, 전문 원탁회의가 생겨나 활동하였다.

원탁회의는 독일 시민사회의 저력을 보여주는 예다. 역사문화적으로 기독교가 뿌리를 내린 독일에서는 분단 이후에도 교회가 동독과 서독을 연결하는 매개 역할을 할 수 있었고 교회의 지도자들이 동독 공산정권 하에서도 생존할 수 있었다. 따라서 이들 교회 지도자들이 제안한 원탁회의는 선거로 결성된 제도가 아니었음에도 동독인민회의보다 더 활발히 여러 주제를 다루었다. 국가보위부를 해체하는 것과 1990년 5월 6일 동독에서 최초로 자유선거를 실시하는 것, 나아가 획기적인 자기변혁과 사회변혁을 위해 스탈린주의를 포기하고 민주적 사회주의를 표방할 것 등을 중앙원탁회의가 결정하였다. 처음에는 사회적 논의기관으로 운영되었으나 나중에는 입법기관의 역할을 하여 선거법, 매스컴법, 노조법, 사회헌장, 새헌법 초안을 제정하는 등 실질적인 지휘부 역할을 하였다.

뿐만 아니라, 서독 시민사회의 역량은 통일 이후 독일의 사회통합을 성공적으로 이끈 원동력이었다. 사회통합을 성공적으로 추진하기 위해서는 법과 제도를 어떻게 통합하느냐도 중요하지만, 제도를 통합하고 과거청산을 단행하는 과정에서 생겨나는 심리적이고 정서적인 문제를 어떻게 처리하느냐 하는 문제가 더 중요하다. 심리적·정서적 통합 과정에서 공동체적 일체감을 높이기 위해서는 약자에 대한 배려와 관용이 대단히 중요하다. 독일은 성숙한 시민역량을 바탕으로 통합 과정에서 약자를 배려하는 자세와 태도를 취하였다. 사회주의 유산을 제거하고 제도적 일원화를 추진하는 과정에서 약자에게 모멸감이나 열등의식을 주지 않으려는 배려는 배려의 자세가 중요하다. 군사통합의 예를 들면, 베를린 장벽 붕괴 이후 1990년 10월 통일 이전까지 1년 동안 동독체제에서 55세 이상 되는 군인들이 모두 퇴직하였고 일부는 인맥을 이용하여 군수산업 관련 기업체에 취직하거나 이스라엘, 남아공의 군사자문 등의 활동을 하기도 하는 등 변화된 상황에 적응하였다. 그 결과 병력의 10%만 남게 되었다. 이처럼 큰 갈등이나 저항 없이 군사통합이 이루어질 수 있었던 데는 동독의 군대 규모가 작았던 탓도 있었고 통일 이후 군대 규모를 축소한 이유도 있었지만 그 과정에서 동독의 자존심을 상하지 않게 하려는 적극적인 배려가 있었기 때문이다.

통합을 결정적으로 방해할 수 있는 군대를 정리하는 과정에서 그 주체가 서독이 아닌 동독이었다는 사실은 이런 점에서 중요하다. 동독의 국방부 장관이 장관의 지위를 그대로 유지하면서 이러한 모든 일들을 처리함으로써 서독에 의한 일방적 무장해제가 아니라 자발적인 퇴직이라는 자존심을 살려주었다는 점이 긍정적으로 작용했다. 특히 동부지역사령관으로 임명된 쇤봄(Schönbohm) 장군은 동부지역사령부에 근무하는 서독군 장교들에게 구동독군을 대하는 과정에서 각별하

게 유의하도록 당부하면서 점령군이 아닌 같은 독일인으로 문제를 풀
어갈 것을 지시했다(하정열 1996, 266-268). 그리고 동독군을 잘 알고
있던 동독군 장군들을 민간 고문관으로 임명하여 도움을 받고 동독군
출신 장교와 하사관 등 직업군인들을 인수하여 2년제 계약군인으로 편
입하여 동독군을 해체하는 데 귀중한 노하우를 제공받음으로써 성공
적 통합을 추진할 수 있었다(통일부 2014a, 59). 병력의 모집과 훈련도
1992년 7월부터는 '상호 징집'이라는 지침하에 동독출신 의무복무병
들을 서독 지역 부대에서 훈련시키고, 서독 출신 의무복무병들은 동독
지역 부대에서 훈련시키는 방침을 강화했다(통일부 2014a, 63-64). 약
자와 패자에 대한 배려가 독일 통합 과정에서 발견되는 특징적 요소라
할 수 있다.

(4) 국가(민족)정체성 문제

마지막으로 정체성의 문제는 독일 통일 과정에서 중요한 이슈로 등장
했다. 서로 다른 체제가 만나 새로운 사회와 국가를 형성하는 통일 과
정에는 국가정체성, 민족정체성의 문제가 생겨난다. 정체성이란 자아
정체성, 사회정체성, 민족정체성, 국가정체성 등 여러 형태로 언급되
는데 한마디로 집단정체성(collective identity)으로 포괄해 볼 수 있다.
집단정체성은 집단으로 결합되어 있는 구성원들이 갖고 있는 소속감
과 우리의식, 결속력 등 일종의 집합의식이다. 집단정체성은 그 집단이
갖고 있는 언어, 종교, 역사와 문화, 정치와 경제 등 여러 요인들에 영
향을 받아 형성되며 시대와 지역적 환경에 따라 다르게 나타난다. 집단
정체성은 또한 외부집단과의 관계에서 정의되고 형성되는 측면도 크
다. 따라서 이러한 집단정체성은 고정된 의미를 지니지 않고 하나의 지

속되는 과정 혹은 관계성이라 할 수 있다(Kim and Dittmer 1993, 11, 13; 손기영 2015).

독일에서도 과거행적에 대한 처벌이나 경제적 문제, 이동의 문제보다 더 해결하기 어려운 과제가 정체성의 혼란이 아니었나 생각된다. 통일 과정과 통일 초기에는 "우리는 하나의 민족이다(Wir sind ein Volk)"라고 외치며 쉽게 독일민족의 정체성을 확인할 수 있을 것으로 기대했으나 통일 이후 많은 갈등과 혼란을 겪었다. 가장 큰 이유는 같은 민족이었음에도 불구하고 40여 년의 분단을 지나면서 동독과 서독의 국가성이 강화되었기 때문이었다. 1987년의 경우, 서독주민은 동독과 서독이 '하나의 민족'이라는 의식(78%)을 강하게 갖고 있음에도 불구하고 79%가 서독과 동독을 '별개의 국가'로 인식하고, 특히 14~29세 젊은 세대는 83%가 서로를 '별개의 국가'로 인식할 만큼 동독과 서독의 국가성은 강화되었다(김학성 2015, 3).

동독과 서독은 전승국의 분할정책에 의해 사회주의와 자본주의, 인민민주주의와 시민민주주의의 상이한 제도를 기반으로 국가정체성을 발전시켰다. 서독은 시간이 지나면서 시민민주주의와 사회적 시장경제에 대한 자부심을 근간으로 하는 국가정체성을 발전시켜 서독주민들은 서독의 정치제도와 헌법, 경제에 대해 시간이 흐를수록 많은 자부심을 갖게 되었다. 1959년에 7%에 불과하던 서독의 정치제도에 대한 자긍심은 1978년 31%, 1988년에는 51%로 높아졌고, 경제에 대한 자긍심도 마찬가지로 1959년 33%에서 1978년 40%, 1988년 50%로 상승하였다(김학성 2015, 5). 동독의 경우에는 동독은 서구적 가치를 비판하며 국민들의 복종과 예속, 노동자의 근면과 규율 등 전통적 가치를 적극 발전시킴으로써 동독의 국가정체성을 강화하였다. 그 결과 동독주민은 서독주민보다 '자유'보다 '평등'에 훨씬 더 높은 우선적 가치를 부여하는 반면, 서독주민은 '자유'를 '평등'보다 더 중요한 가치로 인식하였다. 이러한 가치들이 동독과 서독의 국가정체성으로 내면화되었으며 이러한 유산은 통합 과정에서 장애요인으로 작용하였다.

독일의 민족정체성 형성에 어려움을 야기한 또 다른 요인은 독일이 2차대전의 패전국으로서 독일민족주의 언급이 금기시되었다는 점이다. 동독과 서독은 주변국들의 눈을 의식하여 독일민족이라는 감정을 의도적으로 드러내지 않으려고 노력하였으며 그 때문에 민족정서에 의한 공감대 형성이 어려웠다. 민족주의가 금기시된 상황에서 서독은 주로 '애국주의'와 경제발전, 헌법질서 등으로 국가정체성을 유지하였다. 민족적 정체성이 취약한 정치문화 환경에서 서독인들은 민족정체성에 입각하여 동독인들을 포용할 만한 심리적 여유를 갖지 못했다. 따라서 통일 이전 서독인의 21%는 동독을 '별개의 민족'이라고 인식하였으며, 동독과의 통일 이후 민족자긍심이 오히려 떨어지는 결과가 나오기도 하였다. 통일 이전 70% 이상의 서독국민들이 독일인이라는 사실에 긍지와 자부심을 가지고 있었으나 통일 직후 한동안 과거의 자긍심이 60% 정도로 떨어질 정도로 동서독 간 민족정체성은 이질화되었다(김학성 2015).

동서독은 냉전 시기 40년 동안 각 체제에 익숙했던 자기 정체성을 통일 이후 쉽게 바꾸지 못하였다. 특히 정치의식과 사회주의 이념에 대한 구동독 지역 주민들의 구체제에 대한 향수가 상당한 것으로 나타난다. 14-29세의 젊은 세대를 대상으로 한 정치성향 조사에서 1997년 시점에서 서독 지역에서는 60%가 당시 연방공화국 형태에 만족한다고 답했지만 동독 지역에서는 27%만이 만족한다고 응답했으며, 새로운 국가형태를 원하는 사람들이 서독에서는 15%에 불과한 데 비해 동독에서는 49%나 되었다(김학성 2015, 12). 그런가하면 2008년 조사에 따르면 동독의 사회주의 이념이 통일독일에서도 다시 고려되어야 한다는 의견에 대해 서부 지역은 48.3%가 '강한 거부'를 표시한 데 비해 동부 지역은 '강한 거부'가 7.4%에 불과한 반면 32.5%가 '강한 동의'를 표시하여 심각한 의견의 대립이 존재함을 드러낸다(김학성 2015, 27).

통일독일은 사회문화의 통합과 정체성 재형성이 많은 시간을 필요로 한다는 사실을 경험적으로 보여주고 있다. 동서독 분단 시기 형성된 의식과 가치관이 독일인의 정체성을 분리시켰으며 이러한 관점의 차이는 통일 이후 10년이 지나면서 동독인들이 자신들의 정체성을 새롭게 발견하는 경향으로 발전하였다. 이른바 오스탈기 현상으로 과거의 기억을 좋은 추억으로 그리워하는 동경심리가 생겨난 것이다. 이 오스탈기 현상이 구동독인의 정체성을 새롭게 규정하면서 통일독일의 정체성 형성에 난관이 조성되었다.

그러나 이러한 갈등과 난관에도 불구하고 독일인으로서의 민족자긍심은 구동독과 서독 지역에서 동시에 상승하고 있음 또한 사실이다. 여기에는 연방정부가 통일 비용으로 엄청난 규모의 재정을 투입한 결과 구동독 지역의 경제가 급성장하였고 구동독 주민의 사회경제적 수준이 서독의 80%까지 상승한 것이 주된 효과로 작용하고 있는 것 같다. 물론 구동독 지역 주민들의 상대적 빈곤감은 여전히 존재하고 사회안전이나 인적 유대, 어린이보호 등 여러 부문에서 구동독인들의 불만이 존재한다. 그러나 동독 출신 정치인의 연방정부 진출이 이루어지고 '참여를 통한 결속' 등 각종 정치적 불평등을 해소하는 정책이 시행됨으로써 사회통합에 기반한 국가(민족)정체성 형성이 진행되고 있다.

요컨대, 통일독일의 정체성은 구성원 내 차이가 분명히 존재하면서 동시에 공감대도 형성되는 역동적 과정으로 진행되고 있다. 통일 후 25년이 지난 독일의 경험은 체제통합 과정에서 양 체제 구성원들의 정체성이 수렴될 것이라는 막연한 기대를 갖는 대신 서로의 다름과 다양성을 인정하는 방향으로 정책을 추진해야 함을 말해준다. 특히 사회통합이나 정체성 형성은 과거청산이나 제도통합 과정에서 과거 역사로서의 동독의 존재와 가치를 어느 정도까지 인정해줄 것인가, 동독의 제도 가운데 통일 이후에도 장려하고 발전시킬 수 있는 부분은 없는가 등의 논의를 어느 정도 수용하는가에 따라 정체성 형성을 증진하기도 하고 저해하기도 한다. 최근 독일 연방정부가 구동독 지역에서 문화적 자산을 새롭게 하고 보존하는 데 심혈을 기울이고 있는 것도 통합과 정체성 형성을 증진하기 위한 노력의 일환일 것이다.

다. 통일한국의 사회통합 전략

독일의 경험이 보여주듯이 한반도에서도 과거청산 문제, 경제경제적 격차, 정체성 위기 등 독일과 유사한 사회통합의 갈등을 겪을 것으로 예상된다. 그러나 독일의 경험이 한반도에 교훈을 주고 있지만 그대로 적용되지는 않을 것이다. 인적·물적 교류의 환경, 문화와 역사, 정치외교적 환경, 내전 경험 여부 등 여러 면에서 독일과 한반도는 차이가 있으므로 이런 점들을 고려하여 한반도 상황에 맞는 사회통합 전략과 정책을 추진해야 할 것이다. 또 이러한 쟁점들이 남과 북의 정체성 투쟁과 연결되어 있고 한국과 조선이 70년의 국가정체성을 형성해온 터라 통일 이후 한국의 정체성 확립의 문제는 더 어려운 과제가 될 것이다. 정체성 문제는 다음 장에서 다루고 이 장에서는 독일의 경험을 참고하여 통일한국의 사회통합 전략을 살펴본다.

(1) 북한정권에 의한 인권유린 청산과 화해 문제

독재청산의 어려움과 법치주의 원칙

독일의 경험을 참고할 때 한반도에서 북한정권에 의한 인권유린과 독재청산의 문제가 통일 과정에서 불거지겠지만 한반도의 역사적 경험과 북한의 현실을 고려할 때 그 양상은 대단히 복잡하게 전개될 것이다. 일반적으로 독일 경험에 비추어보면, 북한의 김일성, 김정일, 김정은 3대 정권이 저지른 인권유린 행위에 대한 조사와 처벌이 진행될 것이다. 정치범수용소에 의한 인권침해는 가장 심각한 문제로 간주된다. 정치범수용소의 규모에 대해서는 1980년대에 10만 정도의 정치범이 20만 명으로 늘어난 것으로 추정되나 최근에는 다시 8~12만 명, 즉 10만 명 선으로 재평가하고 있다(통일연구원 2014, 158). 미국의 북한인권위원회는 1972년 이후 수용소에서 사망한 숫자가 약 40만 명에 달한다고 추산한다. 북한정권의 인권침해 상황에 대해서는 유엔 인권위원회에서 2003년부터 결의안이 채택되었고 2014년 12월에는 유엔총회 본회의에서 결의안이 채택될 만큼 광범위한 관심과 지지를 모으고 있다. 이러한 분위기의 연장선에서 보면 인권침해를 가한 북한정권의 책임자에 대한 처벌이 불가피할 것으로 보인다.

그러나 이 문제를 독일처럼 '법치주의'에 입각하여 접근할 때 인권유린에 대한 과거청산이 쉽지 않을 것이다. 독일은 법치주의에 의한 처벌의 기준을 다음의 세 가지로 세웠다. 첫째, 행위 당시 유효했던 동독법에 따라 형사소추가 가능한 경우에만 처리한다는 원칙이다. 둘째는 통일조약에 의해 전 독일에 확대 적용되는 독일연방헌법이 행위 시 법인 동독법보다 가벼운 처벌을 보장하는 경우 경한 법 우선의 원칙에 따라 연방헌법을 적용하였다. 셋째, 자유민주주의 국가의 법체계가 기본적으로 개인의 법질서에 의한 침해를 범죄 구성 요건으로 삼고 있기 때문에 사통당 정권 범죄의 사법 처리에 있어서도 개인이 저지른 죄의 몫을 측정할 수 있어야 한다는 원칙을 기준으로 삼았다.

이러한 원칙들이 통일 과정에서 북한에 적용하기는 쉽지 않다. 북한은 헌법 자체를 '김일성헌법'으로 규정하고 있고 독특한 '유일영도체계 확립의 10대원칙'을 갖고 있다. '유일적 영도체계 확립을 위한 10대원칙'은 1974년 2월에 제정되고 2013년 6월에 개정된 북한 내 최고의 상위법으로 간주되고 있다. 이 '10대원칙'에 따라 '수령'에 대해 충성하도록 요구하고 있으며, 수령과 지도자에 대한 불평이나 비판은 반체제 행위, 사회교란 행위로 간주되어 관리소에 수용한다. 또 남한방송을 청취하거나 3국에서 남한공관과 접촉하고, 교회·선교사와 접촉한 사람들은 북한형법 44-54조에 근거, '국가전복음모죄', '반동선전선동죄', '조국반역죄' 등의 규정을 적용하여 처벌한다. 탈북자 문제에 대해서도 북한은 1960년대 초 중국과 체결한 「중국·북한 범죄인 상호인도협정」(일명 「밀입국자 송환협정」)과 1986년 체결한 「국경지역업무협정」, 1993년 11월의 「길림성 변경관리조례」 등에 따라 탈북자를 송환한다.

그러나 북한의 인권유린 행위를 북한의 법에 근거했다고 하여 처벌을 하지 않는다면 심각한 문제가 발생할 것이다. 북한정권으로부터 직접적으로 인권침해를 당한 당사자들은 물론이거니와 국제적으로 북한인권실태를 규탄하며 활동하고 있는 수많은 인권단체가 국제법을 근거로 문제를 제기할 것이기 때문이다. 북한의 국내법을 근거로 판단을 한다 하더라도 '10대원칙'을 법률로 볼 것인지 아니면 자의적 조치로 볼 것인지에 대해서도 의견이 일치되지 않아 국가에 의한 범죄를 규정하는 데 마찰과 논란을 빚을 것으로 예상된다. 어느 정도 선까지 독일식 법치주의를 적용하여 사면을 선포할 것인지, 당장 10-15만 명으로 추산되는 정치범수용소의 수감자들은 어떻게 할 것인지에 대해서도 의견이 분분할 것이다. 따라서 법치주의 국가의 원칙을 훼손하지 않으면서 최대한 국민적 합의를 도출할 수 있는 한국적 사법청산의 원칙과 모델을 찾기 위한 노력이 필요하다(통일부 2014b, 105).

기록 보존과 대안적 지도자 발굴 및 인적 자원 재활용

이러한 딜레마를 해결하기 위해서는 가장 먼저 북한의 인권침해 실태에 대한 정확한 기록이 있어야 한다. 북한정권에 의한 인권유린 자료와 기록을 확보함으로써 법치주의 원칙의 문제를 보완해야 할 것이다. 인권침해 자료와 기록을 확보할 수 있는 가장 좋은 방법은 북한이 자체적으로 갖고 있는 수용소 서류일 것이다. 그러나 동독이나 폴란드 등 유럽 사회주의 국가들에서 그랬듯이 체제전환 과정에서 공산주의 정권이 자신들의 치부가 드러날 것을 우려해 관련된 자료를 대부분 폐기해 버림으로써 명확한 증거를 확보할 수 없었다(김규남 2015). 북한에서도 그럴 가능성이 매우 높다. 남북한이 합의에 의해 통일협상을 진행한다 해도 어느 시점이 되면 북한이 자신들의 과거 자료를 완전히 없애버릴 것이다. TV화면과 같은 공개 자료에서도 보았듯이 북한은 사람들을 숙청한 이후 이전의 화면에서도 찾을 수 없도록 행적을 완전히 삭제해 버린다. 그러한 특성으로 보았을 때 북한이 관리하고 있는 인권침해 자료를 확보한다는 것은 어려울 것으로 생각된다.

그 대안으로 준비해야 하는 작업이 바로 북한의 '관리소' 운영 실태와 인권상황에 대한 체계적이고 정밀한 조사다. 북한정권의 불법 행위를 감시하고 증거를 수집하는 기구가 필요하다. 과거 서독은 1961년 잘쯔기터 중앙기록보관소를 설치해 통일 시점까지 동독에서 자행된 4

만 1,300건의 인권침해 상황을 기록한 바 있으며 과거청산의 근거로 사용하였다. 반면 북한의 인권실태에 대해서는 여러 사람들의 증언이 나와 있고 이를 바탕으로 국제인권활동도 하고 있으나 이 이슈에 대해 체계적인 자료를 축적하는 작업은 미약하다. 현재 정치범수용소 운영 실태 자료로 널리 사용되고 있는 자료는 '통일연구원'에서 연례적으로 발간하고 있는 『북한인권백서』다. 요덕관리소와 개천관리소 등 자료가 매년 업데이트 되고 있기는 하지만, 통일 과정에서 과거청산의 근거 자료로 사용하려면 관리소 운영 실태와 수용자의 규모에 대해 보다 심층적이고 체계적인 실태조사와 자료축적 작업을 추진해야 한다. '북한인권정보센터'가 탈북자들의 인권침해 자료를 데이터베이스화하고 있으나, 탈북자 개인의 증언만을 기초로 하고 있어서 교차증언이 필요할 뿐 아니라 가해자 측 입장에서의 인권침해 자료까지 확보하여 체계화할 필요가 있다.

가장 바람직한 방법은 통일 이전에 북한에서도 동독처럼 민주화의 변화가 일어나는 것인데, 앞서도 지적했듯이 북한에서는 그러한 변화가 거의 불가능할 것이라는 점이다. 독일통합 과정에서는 개신교 목사를 중심으로 한 동독의 민주화 지도자가 상당한 역할을 하였고 중요한 시기에는 원탁회의를 결성하여 동독을 실질적으로 통치해 나갔다. 그러나 한반도의 경우에는 북한에 국가로부터 자율적인 시민사회가 전혀 존재하지 않고 김정은과 몇몇 정치지도자 외에 주민들의 의중을 결집할 수 있는 시민지도자나 집단이 존재하지 않는 상황에서 사회통합은 더 힘들 것으로 예상된다. 북한사람들이 모두 수긍할 만한 중립적인 집단이나 기관은 어디인지, 혁명원로나 전설적 영웅 같은 북한에서 존경받는 인물들이 누구인지에 대한 사전 준비와 검토가 필요할 것으로 보인다.

그럼에도 한 가지 희망적으로 기대하는 것은 현재는 그러한 가능성이 없는 것으로 보이지만, 정치지형이 바뀌면 잠재해 있던 새로운 인물이 나올 수도 있다. 페니히(Pfennig) 박사에 의하면 전환기에 동독을 새롭게 이끌어 간 사람들의 대부분은 서독에서 이전에 전혀 모르던 사람들이었다고 한다. 공산당 간부나 활동하던 예술가들은 알고 있었지만 메르켈과 같이 정치인으로 급부상한 사람들은 전혀 알려지지 않았다. 북한에도 지금은 남한에 잘 알려져 있지 않지만 지식인, 예술인, 당원들 중에 개혁을 지향하는 사람들이 분명히 있을 것이다. 북한주민의식조사에서 40대 연령층이 북한정권에 대해 비판적이고 개혁적인 성향을 갖고 있음이 확인되었다(서울대 통일평화연구원 2015, 103-104). 기아 문제가 해결되고 여행의 자유가 주어지면 개혁의식이 성장할 수 있고 통일 과정에서는 더더욱 이런 사람들이 가시화될 수도 있다.

전쟁 피해의 규명과 화해

북한에 대한 과거청산 문제는 북한 안에서만이 아니라 남한과의 관계에서도 제기된다. 6·25전쟁의 청산 문제가 바로 그것이다. 남북관계의 문제는 북한 내부의 문제보다 더 해결하기 어렵다. 6·25전쟁과 관련한 문제는 처벌보다는 남북화해 혹은 민족화해라는 차원에서 풀어 나가야 할 것이다. 과거청산의 궁극적 목적은 과거의 잘못이 무엇인지 정확히 알고 비판적으로 성찰함으로써 또 다시 이런 일이 발생하지 않도록 대비하는 것이다. 화해라는 관점에서 문제를 풀려면 가해자의 측면에서보다는 피해자의 측면에서 접근해야 한다. 6·25전쟁을 누가 일으켰는가에 관한 원인을 따지는 일은 '북한의 전면적 공격'으로 인한 것이라는 객관적 연구들이 나와 있으므로 통일 시점에서 남북이 대화와 협상으로 해결해야 할 문제일 것이다. 물론 이 과정에서도 한국은 구소

런과 중국의 자료를 근거로 북한의 책임을 주장할 수는 있겠지만, 북한
도 사회주의 시각에서 '조국해방전쟁'의 정당성을 주장할 것으로 예상
되어 책임을 규명하고 처벌하는 작업이 쉽지는 않을 것이다. 여기에는
중국과 러시아의 입장도 개입되어 있어서 통일 이전에 중국·러시아와
6·25전쟁에 관한 과거사 문제를 협의해야 할 필요도 있을 것이다.

　더 복잡한 문제는 양쪽의 피해가 너무 크고 적대의식이 여전히 심
각한 상황이어서 전쟁의 책임 소재를 따지다가 감정싸움으로 비화될
가능성이 대단히 높다. 피해의 규모 측면에서 보더라도 북한이 남한의
82-85만 명보다 더 많은 120-130만의 인적 손실을 입음으로써 적대의
식이 더 강하다(김병로 2000). 더 심각한 문제는 전쟁 시기 고아가 된
사람과 전사자·피살자 가족들이 북한에서는 상층 핵심군중을 차지하
고 있어서 전쟁의 책임 소재를 가리는 과거청산은 거의 불가능에 가깝
다고 보아야 한다. 전쟁의 청산과 관련하여서는 한반도의 상황이 동유
럽과는 전혀 다른 양상으로 전개될 가능성이 높다. 전쟁의 피해자가 상
류 기득권을 차지하고 있는 북한의 두터운 계층구조를 일시에 뒤엎는
혁명적 변화가 일어날 가능성은 희박하다. 오히려 전쟁 청산 문제를 둘
러싸고 북한의 많은 사람들이 미국과 남한에 오히려 피해보상을 청구
하는 역현상이 초래될 가능성이 훨씬 높다. 소수의 지도부에 대해 법적
처벌이 이루어진다 해도 다수는 실질적인 피해자로서 피해에 대한 보
상을 둘러싸고 치열한 다툼이 전개될 우려가 크다. 법적 측면이나 정치
적 측면의 처벌 혹은 청산과는 다른 차원에서 발생할 수 있는 갈등과 분
쟁을 해결하는 준비와 화해의 노력을 기울여야 할 필요성이 요구된다.

　따라서 사회통합의 견지에서 볼 때 한반도에서 전쟁과 관련한 과
거청산 문제는 전쟁의 원인과 책임은 미래의 시점으로 미뤄두고 통일
과정에서는 상호간 입었던 전쟁의 피해 실태를 조사·규명하고 피해를

보상하는 일에 초점을 맞춤으로써 남북화해를 도모하는 정책을 구사해야 할 것이다. 남한과 북한에 200만 명이 어떻게 살육되고 피해를 입었는가에 초점을 맞추어 함께 피해 실상을 이해하고 공감하는 작업에 노력을 집중해야 한다. 남한은 북한군의 만행에 대한 기록을 갖고 있으므로 그 부분을 부각시킬 것이나 북한은 미군의 공중폭격과 신천학살 등의 만행을 폭로할 것이다. 이러한 자료와 증거들은 남북한이 전쟁기념박물관에 각각 잘 보관하고 있으므로 서로의 피해 상황을 이해하는 좋은 자료가 될 것이다.

이런 맥락에서 보면 한반도에서는 북한의 독재정권 청산과 6·25전쟁 문제는 별도로 접근하는 것이 현명하다. 독일의 경우에는 동독정권 청산과 나치정권의 청산이 동시에 진행될 수 있었으나, 한반도에서는 북한정권이 북한국민을 대상으로 저지른 행위와 남북 간에 이루어진 행위를 나누어 보는 것이 좋을 것이다. 우선적으로 북한정권이 북한국민을 대상으로 저지른 행위에 대해 앞서 논의했듯이 법치주의와 정의구현, 민주주의라는 관점에서 청산작업을 실시하고 명예회복과 물질적 보상을 실시하도록 해야 할 것이다. 반면, 6·25전쟁과 관련하여서는 피해 규명과 화해의 원칙에서 논의를 끌어가는 것이 좋을 것이다. 즉 처벌 위주가 아닌 피해 실태 규명과 공감, 화해의 방식으로 풀어나가야 한다.

(2) 경제적 자원배분과 균형개발

저소득층 경제지원 정책

남북한 통일이 동서독보다 더 심각한 이유는 남북한의 경제적 격차가 독일보다 월등히 커서 경제적 자원배분을 둘러싼 갈등이 훨씬 심각할

것이기 때문이다. 독일은 동서독의 경제력 격차가 4배였지만 남북한은
40배를 넘는다. 현재 북한의 1인당 국민소득 1,000달러인 경제 상태로
놓고 보면 통일한국에서 북한사람들은 계층의 급격한 하향이동을 경
험하게 될 것이다. 북한경제는 '고난의 행군'을 겪으면서 대량 아사와
극빈층이 양산되었고 시장개혁 이후에는 빈부격차가 심화되어 자체적
으로도 불평등이 커지고 있다. 북한의 소득분포는 크게 상층부(20%),
중간층(55%), 극빈층(25%)으로 구분되며 600만 명가량 되는 하층민
들은 각종 질병과 영양실조 등으로 스스로 생계를 유지할 수 없는 상
황이다(김병로·김성철 1998; 김병로 2012; 김병로 2013, 171-213). 남한
에 입국해 살고 있는 탈북자들의 경우에도 정규직 근로자로 일하는 사
람들은 9.0%에 불과하다(박명규·강원택·김병로 외 2014, 133). 이렇듯
통합된 남북한은 자산 및 소득격차가 커져 계층 간 불평등은 매우 심화
될 것이며, 이와 같은 생활수준의 격차는 북한주민들로 하여금 상대적
박탈감과 열등의식을 불러일으켜 남북주민 간 통합을 저해할 것이다.

　　북한의 경제적 삶이 남한에 비해 매우 열악하다는 사실은 남북한
의 사회통합 과정에서 경제적 자원배분의 문제가 심각해질 것임을 예
고한다. 남한사람들은 통일을 그다지 열망하지 않고 그 배경에 경제적
부담을 져야 하기 때문이라는 의식이 깔려 있다. 국민의 51%만이 통일
의 필요성에 공감하고 있고 24.8%는 통일을 반대하고 있다. 통일이 국
가에는 이익이 될지 모르나 개인에게 이익이 된다는 사람은 28%에 불
과하다. 독일 통일의 경험을 지켜보면서 동독 지역에 천문학적인 재정
이 투입되고 그 부담을 서독이 고스란히 져야 했다는 생각이 생겨났다
(정은미 2015, 17, 25). 반면, 북한은 99%의 국민들이 통일을 원하고 있
는데 그 이유가 주로 경제적으로 잘살 수 있다는 희망(47.6%) 때문이
다(정은미·김병로·박명규·송영훈 2015, 37). 이런 점으로 볼 때 통일한

국에서 북한주민을 새로운 체제에 통합시키려면 경제적 처방에 더 많이 의존하는 정책을 펴야 할 것이다. 그러나 북한에 대한 경제지원 정책은 반대로 남한주민들의 불만을 살 수 있는 것이어서 남북한에 모두 형평성 있는 경제정책을 구사하는 것은 어려운 일이다.

전문인력 유출 억제 지원정책

또한 북한의 대량 인구이동과 대규모 실업으로 사회혼란과 비용이 증대하여 이에 대한 대책이 필요하다. 통일 방식 여하에 따라 약간 차이는 있겠으나 통일한국이 당면할 사회적 문제 중 가장 가시적으로 부닥치는 문제는 대량 인구이동일 것이며, 이는 사회혼란과 범죄 문제를 수반한다. 지역 간 이동이 제한되어 있는 북한에서 고난의 행군 이후 주민유성동이 크게 높아졌다는 사실을 유념해야 한다. 지역 간 인구이동율이 5% 미만이었던 북한이 식량난 후 시장체제를 운영하면서 60%를 넘었다(김병로 1999; 송영훈·김병로·박명규 2014, 82). 시장 활동을 위해 북한 안에서도 그처럼 활발한 이동을 하고 있는 상황임을 감안할 때, 통일 과정에서 경제적 목적으로 남한으로 이동하는 북한주민들이 많을 것으로 예상된다. 물론 인구이동의 규모는 북한의 경제상황 여하에 따라 달라질 것이다. 아무래도 초기에 급격한 이동이 발생하고 시간이 흐를수록 안정될 것으로 보인다. 한 연구에 의하면 베를린 장벽이 무너진 후 2개월 동안 동독주민 18만 명이 서독으로 이동하였고 그 후 안정 추세로 돌아섰는데, 이러한 경험을 한반도에 그대로 적용한다면 남북한 통일 시에는 2~3개월의 단기간 동안 북한주민 26만 명이 남한쪽으로 일시에 이동하여 큰 혼란을 일으킬 가능성이 있다(박진 2009). 물론 이보다 더 많은 인구가 대량으로 이동할 경우에는 문제가 더 심각해질 것이다.

통일 과정과 이후 남북한의 이주 문제를 어떻게 다룰 것인가 하는 문제는 새로운 통일한국의 중요한 갈등 쟁점이 될 것이다. 독일의 경우에는 우려했던 것보다는 실제 이주를 적게 했다. 그러나 더 심각한 문제는 전문적 지식을 갖춘 젊은이들의 인력 유출이었다. 전문인력의 유출을 막기 위한 정책을 강구해야 한다. 북한 안에서 자체적인 경제동력이 나올 수 있도록 개성공단과 같은 지역을 추가로 개발하여 북한의 전문청년인력을 붙들어 두어야 한다. 북한이 경제개발구로 지정한 19개 지역을 남북한이 공동으로 발전시키는 방안도 좋을 것이다. 남한의 민간기업이 각 지역에 첨단공업단지나 시범단지를 건설하여 북한의 인력이 매력을 갖고 참여할 수 있도록 만들어야 할 것이다.

통일기업가 정신 활용 및 동원

독일의 경우에는 동서독 간에 임금이나 소득수준에 차이가 없어야 한다는 헌법적 가치가 강하게 작동하여 그나마 양 지역의 격차를 많이 줄일 수 있었는데 한반도에서는 자본과 노동의 자발적 참여 방식으로는 한계가 있을 것으로 보인다. 실향민들이 갖고 있는 북한의 토지문서에 대해서도 독일의 경험을 참고하여 반환정책이 아니라 보상정책으로 확고히 추진해 나가야 한다. 독일은 토지문서 소유자들에게 재산을 돌려주는 반환정책을 추진하는 과정에서 큰 혼란과 어려움을 겪은 나머지 한국에 대해 반환정책을 취하지 말고 보상정책을 채택하도록 권고한다.

독일의 이러한 경험과 문화적 차이를 고려하여 한국은 한국적 상황과 정서에 맞는 자원을 동원하여 북한지역의 개발을 추진해 나가는 전략을 구사해야 한다. 한국은 독일과 달리 민족적인 정서가 아직은 강하고 실향민 기업들도 북한에 대한 애착이 커서 이러한 한국적 정서에 호소하여 북한에 대한 투자와 지원을 독려해 나갈 수 있을 것이다. 또 국가의 권위가 어느 정도 작동하고 있으므로 남북의 사회통합이라는 대의명분을 강조하며 국가가 기업과 시민사회를 적극적으로 설득해 나가는 노력도 기울여야 할 것이다.

라. 통일한국의 정체성 형성 방안

(1) 조선과 한국의 정체성 갈등

통일한국의 정체성을 형성하는 과정에서 한국과 조선의 국가정체성, 민족정체성을 어떻게 해결할 것인가 하는 문제는 대단히 중요하다. 한반도에는 남한과 북한이 아니라 정치·경제·사회의 실체를 지닌 한국과 조선이라는 나라가 존재하고 있다. 한국과 조선의 국호는 국가정체성과 민족정체성을 동시에 담고 있다. 한국과 조선의 정체성 문제는 사회주의와 자본주의의 이념적 차이도 내포하고 있고 신라와 고구려의 역사적 정통성, 한민족(한족)과 조선민족(맥족)의 정통성을 어떻게 재형성하느냐의 문제와 관련된다(사회과학원 력사연구소, 1991, 10-13, 129-134, 180-182; 손영종·박영해·김용간 1991, 33-43).[1] 한국과 조선이

---

1 북한은 우리 민족이 고조선 시기 이후 맥족(貊族) 혹은 예맥족(濊貊族)과 한족(韓族)으로 나뉘어 발전했다고 주장한다. 고조선의 주류인 맥족이 예족을 흡수하여 북쪽지방에서 부여를 건국하고 정통성이 고구려, 발해, 고려로 이어진 것으로 본다. 한(韓)족은 서남쪽으로 내려와 진(辰)국을 건설하고 마한을 본거지로 하여 진한, 변한을 통치한 것으로 설명한다. 1994년 10월 단군릉을 복원하면서 단군의 아들이 부루, 부우, 부소, 부여 넷이 있었다고 주장하며, 맥족(부루)와 부여 등 단군의 역사화를 통해 북한이 정통성 확립을 시도하려고 하는 것이 아닌가 하는 생각이 들기도 한다.

분단 70년 동안 생성한 역사와 민족, 국가 정체성은 완전히 상반된 것이어서 통일한국의 정체성을 형성하는 데 심각한 어려움을 겪을 것으로 예상된다.

독일과 비교할 때 남북한의 정체성 갈등이 더 심각할 것으로 판단되는 이유는 한국과 조선의 호칭 차이 때문이다. 독일은 동독과 서독으로 분단되어 있었으나 서독의 국명 Bundesrepublik Deutschland나 동독의 국명 Deutsche Demokratische Republik에서 Deutsch라는 독일 혹은 독일민족이라는 언어를 공유했다. 즉 독일은 독일어로 동서독이 독일 혹은 독일민족이라는 언어를 공유하고 공감했다는 것이다. 물론 그 언어가 담고 있는 구체적 내용을 다를 수 있겠지만 적어도 독일을 호칭하는 Deutsch라는 독일어를 동서독이 함께 사용했다. 그러나 남북한의 경우에는 상황이 전혀 다르다. 남한과 북한은 나라와 민족을 호칭하는 언어가 한국과 조선으로 확연히 구분되어 있어서 독일과는 다르게 역사와 민족의 정체성을 공감할 공통된 이름이 없다는 것이다. 오히려 외국에서는 한국과 조선을 영어로 호명하기 때문에 공통점이 더 많아 보일 것이다. 남한을 지칭하는 South Korea나 Republic of Korea 혹은 북한을 호칭하는 North Korea나 Democratic Peoples Republic of Korea에 모두 Korea라는 공통분모가 들어 있어서 '코리아'(Korea)라는 언어로 공감대를 형성할 수 있다. 그러나 한국어를 사용하는 순간 한국과 조선의 정체성은 심각한 문제에 봉착한다. 따라서 통일 과정에서 한국과 조선, 혹은 제3의 국호로 제안된 고려라는 명칭을 두고 심각한 갈등을 빚을 것으로 예상된다.

통일한국의 정체성을 규정하는 또 다른 차원의 영역은 대외관계와 남북 간 문화적 동질성이다. 한반도를 둘러싸고 있는 주변국과의 관계를 통일한국이 어떻게 형성해 나갈 것인가 하는 문제는 관심의 대상이 되고 있다. 한국과 조선은 냉전 시기 한국-미국-일본을 한 축으로, 조선-중국-구소련을 다른 한 축으로 남방삼각동맹과 북방삼각동맹의 치열한 이데올로기 전장이 되어 왔다. 탈냉전 이후 한국은 1990년과 1992년 구소련 및 중국과 각각 외교관계를 정상화하였으나, 조선은 아직 미국 및 일본과 외교관계를 정상화하지 못하고 있다. 역사적 환경 탓에 한국과 조선은 주변국에 대해 완전히 상반된 인식을 하고 있음을 볼 수 있다. 2015년 현재 남한은 미국을 가장 선호하는 국가(74.9%)로 느끼고 있지만 북한은 미국을 가장 위협적인 국가(64.4%)로 인식하고 있다. 반면 북한은 중국을 가장 선호하는 국가(71.9%)로 인식하고 있으나 남한은 8.9%만이 중국을 선호하는 국가로 인식하고 있다. 이런 상황에서는 만약 북한에 급격한 정치적 변화가 발생한다면 북한주민들이 한국에 도움을 요청하면서 통일로 이어지기보다는 중국에 지원과 도움을 요청하는 상황으로 이어질 가능성이 높다. 이러한 환경에서 통일한국의 대외정체성은 친미 혹은 친중 지향 사이에 상당한 정치적·문화적 갈등이 있을 것으로 예상된다.

(2) 민족의식의 창의적 동원: 실용주의

이런 상황에서 조선과 한국을 어떻게 통일국가로 통합할 것인가 하는 고민을 보다 심각하게 기울여야 할 것이다. 조선과 한국의 국가정체성이 강화됨에 따라 같은 민족으로 공감하는 의식은 현저히 약화되고 있다. 현재 남북한이 현재 남북한이 같은 민족으로 공감하는 비율이 어느 정도인지 가늠하기 쉽지 않다. "왜 통일을 해야 하느냐"라는 질문에 대한 응답을 기준으로 보면, 남한주민은 '같은 민족이기 때문에'라는 응답이 40.7%를 차지한다. '전쟁을 방지하기 위해', '선진국이 되기 위해'

는 각각 26.2%, 14.0%다(박명규·강원택·김병로 외 2015). '전쟁을 방지하기 위해', '선진국이 되기 위해' 등의 응답은 민족정서가 통일의 기준이 아니라 실용성이 통일의 준거가 되어야 함을 피력한 것으로 볼 수 있다. 북한주민은 "통일을 해야 하는 가장 큰 이유"로 '같은 민족이니까'에 24.1%가 응답한 반면, '북한주민이 잘살 수 있도록'에 47.6%가 응답했다. 통일의식에 나타난 민족주의를 기준으로 말하자면, 남한주민의 40%, 북한주민의 25%가 남북한을 같은 민족으로 간주하고 있다는 의미가 된다.

물론 이러한 수치들이 남북한의 민족의식을 정확히 드러내주는가는 의문의 여지가 있다. 북한은 조선의 국가, 민족 정체성을 현저히 강화하고 있다. 2015년 현재 북한은 52%의 주민들이 '주체사상'에 대한 자긍심을 갖고 있으며 30~40%는 강한 자긍심을 갖고 있는 상황이다. 항일혁명전통과 인공위성 발사, 핵무기 보유, 집단체조, 민족주의, 자주외교 등을 조선의 정체성으로 갖고 있다. 따라서 통일 이후 조선(북한)의 사상이념 교육을 폐지하고 사회주의 유산을 제거하는 과정에서 주민들의 자발적 동의와 설득을 이끌어내기 쉽지 않을 것이다. 북한의 현실에서 사회주의 이데올로기가 급격히 해체된다면, 극우 민족주의(조선민족제일주의)가 사회주의 이데올로기를 대체할 가능성이 높다. 이 경우 대외적으로 자유무역협정(FTA)과 같은 세계주의에 반대하는 여론이 강해질 것이며, 자본주의를 북한이 각인시켰던 '빈익빈 부익부'의 부정적 측면이라든가 개인주의와 윤리적 퇴폐 등으로 비판하며 폐쇄적이며 배타적인 민족주의로 흐를 가능성이 매우 높다. 사회주의를 대체하며 급성장하게 될 배타적 민족주의, 극우 민족주의를 어떻게 열린 민족주의, 국제사회와 소통하는 민족주의로 이어 나갈 것인가 하는 문제를 고민해야 한다.

이러한 조선의 정체성을 가진 구성원들을 어떻게 통일한국의 정체성으로 바꿀 수 있을 것인가 고민해야 한다. 한국의 경제적 업적과 한류문화, 정치민주화 등의 한국적 자긍심을 어떻게 북한과 공유할 것인가에 대한 대안을 생각해야 한다. 공통분모를 찾으려면 아무래도 '경제'나 '발전'과 같은 실용적인 내용으로 채워야 하지 않을까 싶다. 다행스러운 부분은 아직도 다수의 남북주민이 서로를 '적'으로 인식하기보다는 협력해야 할 대상으로 인식하고 있고 북한주민의 절반은 경제적으로 더 나은 삶을 위해 통일을 희망하고 있다는 점이다. 2015년 7월 현재 남한주민의 35.2%는 북한을 '협력대상'으로 보고 있으며, 북한주민의 62.3%가 남한을 '협력대상'으로 인식하고 있는 반면, 상대를 '적'으로 보고 있는 사람들은 남북한 모두 16%로 비슷하다. 또 위에서 언급한 바와 같이 북한주민의 46%는 경제적으로 잘살기 위해 통일을 원하고 있다.

(3) 문화교류와 북한의 문화자산 활용

한편, 남한과 북한의 경우 70년의 분단으로 문화적 이질성이 매우 심화되어 통일한국의 국가(민족)정체성을 형성하는 데 심각한 장애가 될 것으로 보인다. 남북한 주민들은 모두 사회의 여러 측면에서 남북 간 이질성이 매우 큰 것으로 인식하고 있다. 남한주민들은 선거방식(91.0%), 생활수준(93.6%), 역사인식(83.4), 언어사용(83.6%), 생활풍습(83.3%), 가치관(91.8%) 등에서 북한과 다르다고 인식하고 있다(박명규·강원택·김병로 외 2014, 94). 북한주민들도 남한에 대해 비슷한 이질감을 느끼고 있다. 북한주민들은 선거방식(97.3%), 생활수준(98.7%), 역사인식(95.3%), 언어사용(97.3%), 생활풍습(91.9%), 가치관(93.3%) 등 모든 면에서 남북한 간의 차이가 '있다'고 응답하였다(정은미·김병로·박명규 외 2015, 70). 이러한 심각한 차이와 이질성 인식은 2008년 이후 지난 몇 년 동안 큰 변화 없이 지속되고 있으며, 분단 70년이 지난 2015년 현재 남북 간 체제와 문화의 이질성은 심각한 수준이다.

통일한국의 정체성을 발전시켜 나가기 위해서는 북한이 의미 있게 축적해 온 문화적 자산을 적극 활용할 필요가 있다. 북한의 문화와 노동력, 역사, 교육 등의 부분에서 통일한국을 만드는 데서 남한이 활용해야 하는 부분도 포함된다. 독일 통일 과정에서는 보건의료와 유치원 부분에서는 동독의 제도로 통합되었다는 사례에서도 볼 수 있다. 보건의료 제도는 서독보다 동독이 우월하였으며 처음에는 서독체제로 통합하였지만 나중에는 다시 동독의 제도로 통합하였다. 이렇듯 북한의 제도와 자산들을 무조건 폐기하거나 버리는 방향으로 통합을 추구하는 것이 아니라 유치원과 보건의료 제도 등 남한이 수용하여 더 발전시킬 수 있는 제도에 대해서는 남한이 적극 채택해야 할 것이다.

(4) 대안적 국명과 정체성의 복합화

이와 같이 민족과 국가, 협력 의식이 역동적으로 작동하고 있는 현실에서 통일한국의 국가와 민족, 시민정체성을 어떻게 형성해 나갈 것인가 심도 있게 준비해야 한다. 주지하듯이 북한은 통일국가의 국호를 '고려'로 하자고 제안하고 있는데 남한은 구체적으로 제안하지 않고 있다. 아마도 통일국가의 국호와 역사, 민족 정당성을 '대한민국'과 한민족으로 해야 하지 않은가 하는 암묵적인 생각 때문일 것이다. 대한민국이 세계적으로 알려져 있고 호칭에 대한 프리미엄이 높은 것이 사실이나,

새로운 국호를 제시하지 않을 경우 통일국가의 정체성 갈등을 극복하며 통합해 내기가 쉽지 않을 것이다. 오랫동안 조선의 역사와 민족정체성을 갖고 살던 북한주민들의 저항과 거부를 어떻게 설득하고 타협해 나갈지에 대한 진지한 준비를 해야 한다.

이런 점에서 통일한국의 국가(민족) 정체성을 정치, 경제, 사회, 문화 등 여러 차원에서, 그리고 한반도를 넘어서 동북아지역통합이라는 차원에서 다층적·복합적으로 발전시켜 나가는 전략도 필요하다. 점점 다민족 사회로 발전하고 있고 경제와 문화가 세계화되고 있는 한국의 현실을 감안하면 통일한국의 단일정체성을 형성하는 일은 쉽지 않을 것이기 때문이다. 같은 민족으로 공감하는 측면이 있을 터이고 실용적 측면에서 경제협력의 대상으로 인식하는 측면이 있을 것이다. 그런가 하면 정치적·법적 측면에서 한국(남)과 조선(북)의 통합문제를 다루어야 할 부분이 있을 것이고, 경제적 이해관계와 문화적 측면에서 공감대와 차이를 따져볼 수 있을 것이다. 한국과 조선이 공유하는 민족공동체, 경제공동체, 헌법공동체, 생활공동체로서의 다층적 정체성을 복합적으로 구성하는 방식으로 통일한국의 국가(민족)정체성을 형성해 나가야 할 것이다.

마. 통일한국의 사회통합을 위한 정신과 철학

(1) 명확한 미래비전과 통합의 정신

독일의 경험을 볼 때 통합을 성공적으로 이끌기 위해서는 정치리더십이 국민들에게 확실한 미래비전과 청사진을 제시해 주는 일이 무엇보다 중요함을 알 수 있다. 독일 통일 과정에서 당시 집권자들이 가졌던 낙관적 통합론은 독일통합이 초래할 문제점을 과소평가한 오류가 있었지만 통합을 촉진하는 데는 긍정적 기여를 하였다. 독일 통일의 동력은 동독주민들이 서독주민과 같은 경제적 풍요를 당장 누릴 수 있다는 기대감이었다. 이러한 기대감을 활용하여 통일을 추진했고 통일 이후에도 통합을 유지하는 원동력이 되었다. 그러나 이러한 기대감을 충족시키기 위해서는 동독 지역에 대한 전면적 투자를 실시해야 하며, 경제적 자원배분을 어떻게 하느냐를 두고 서독인과 동독인의 이해관계가 첨예하게 대립되었다. 동독주민들은 더 많은 투자를 원했지만 서독주민들은 신연방 지역에 대한 지원이 밑 빠진 독에 물 붓는 것과 같다고 하여 불만을 표시하는 경우가 적지 않았다(통일부 2014a, 167).

이러한 상황에서 통일독일 정부는 전 독일에서 동등한 삶의 질을 보장해야 한다는 헌법적 가치를 앞세워 지원을 지속하였다. 동독인과 서독인 모두 독일국민으로서 동등하게 대우해야 한다는 헌법적 가치를 견지함으로써 통합을 도모해 나갔다. 통일 이후 5년 안에 동독노동자의 임금을 서독의 100%로 끌어올리겠다는 공약을 제시하며 경제적 인센티브를 통합에 활용하였다. 물론 5년 안에 그 공약이 달성되지는 않았지만 독일정부는 동독인과 서독인이 특히 경제적 활동에 차별이 없이 동등하게 대우하겠다는 명확한 원칙과 구체적 청사진의 제시는 동독인들의 지지를 이끌어냈다. 동독과 서독 두 지역 간 통합을 촉진하기 위해서는 경제적 격차를 줄이는 것이 절대적이며 그 해법은 결국 약자에 대한 지원과 투자를 통해서만 가능하다. 독일은 이러한 경제적 지원과 개발에 대한 비전 및 청사진 제시를 통해 동독 지역 주민들의 지지와 참여를 이끌어 내었다.

이런 점에서 다른 한편으로 통일 후 북한 공산 독재의 청산이 남한에 의한 '승자의 심판'이라는 비난의 빌미를 제공하지 않도록 하는 것이 매우 중요하다. 남한 안에서도 친일세력과 군부독재 청산이 철저히 이루어지지 않은 부분이 있기 때문에 북한정권 범죄의 심각성에도 불구하고 통일 후 남한이 주도권을 갖고 북한 체제를 청산하기는 어려울 것이다(통일부 2014b, 103). 따라서 제도통합 과정에서 북한을 대하는 태도가 점령군이 아닌 같은 민족으로 문제를 풀어나가며, 북한 출신 중에서 적극적으로 협조할 만한 사람을 활용하여 도움을 받을 필요가 있다. 군사통합과 같은 민감한 부분에서는 열악한 환경 속에서 복무하는 북한군 장교와 장병들이 한국군의 우수한 병영시설을 방문하게 하고, 동경심을 가질 수 있도록 유도함으로써 한국군 주도의 군사통합에 적극 호응하도록 유도하는 것도 필요할 것이다(통일부 2014a, 59).

요컨대, 독일의 경험은 제도통합과 인적 청산 과정에서 어떤 철학과 비전을 갖고 추진하느냐 하는 것이 사회통합의 핵심이 된다는 사실을 말해준다. 제도통합 과정에서 같은 민족이라는 유대의식을 공감하도록 하며 약자에 대한 배려를 하는 것이 중요하다. 피해자 구제가 억울한 일이 없도록 피해자들에 대한 명예회복과 생계를 지원하는 제도, 치료와 치유의 제도가 마련되어야 한다. 북한을 대표하는 파트너와 공동으로 정책을 실행하는 것도 북한주민들의 지지를 얻을 수 있는 좋은 방법이 될 것이다. 과거청산 과정에서 정의와 형평성이 중요하며 북한주민과 통일한국의 모든 구성원들이 부당하거나 불공평하다고 느끼는 일이 없이 공정하게 통합을 추진해 나가야 한다. 경제적으로는 열악하지만 자주의식과 자존심이 강한 북한과 같은 사회에서는 열등감을 자극하지 않도록 배려하는 태도가 중요할 것이다.

(2) 민주, 발전, 평화

마지막으로 한반도 통일 이후 통일한국의 통합과 정체성을 궁극적으로 끌고 가는 핵심동력이 무엇일까라는 주제다. 독일은 민주주의와 법치주의를 핵심동력으로 동원하여 통합과 정체성을 이끌어 나갔다. 그렇다면 남북한 주민을 하나로 묶어주며 한국과 조선을 아우르는 통일한국의 통합과 정체성을 증진시킬 수 있는 핵심요소는 무엇일까? 민족은 여전히 강력한 통합의 동력이고 통일 이후 정체성의 근원이 될 것이다. 남한이 다민족, 다문화 사회로 변화되었고 통일의 동력으로서 민족의식이 현저히 약화되어 있으나, 한반도 통일 과정에서 민족은 여전히 중요한 통일 촉진제로 작용할 것이며 통일 이후에도 민족의식은 쉽게 사라지지 않을 것이다. 이런 점에서 세계화 시대, 다민족·다문화 사회의 현실을 고려하면서 한국과 조선을 아우르는 우리 민족의 독창성과 문화를 발전시켜 통일한국의 민족의식과 민족문화로 정착해 나가야 할 것이다. 북한에서 주장하는 조선민족제일주의와 같이 우리 민족의 자질과 우수성을 혈통까지 거론하며 민족감정을 부추기는 것은 바람직하지 않겠지만, 통일한국의 역사와 문화에 근거하여 형성된 의식과 정서를 기억하고 공유하는 작업은 통일 이후 사회통합과 국가(민족)정체성 형성을 위해 필요한 일이다.

통일한국이 민족을 넘어서는 어떤 가치를 가장 한국적인 보편가치로 발전시켜 나가야 할 것인가? 가장 먼저 '민주'의 가치를 통일한국이 견지해야 할 보편가치로 상정해 볼 수 있을 것이다. 민주주의는 통일한국이 견지해야 할 가장 우선적인 가치이자 제도이다. 서로의 다름을 인정하고 공존하는 민주의 가치야말로 이질적인 남북한 체제를 통합하는 핵심적인 원칙이 될 것이다. 독일의 통일은 통일 이전에 동독에서 민주혁명, 평화혁명이 선행되었기 때문에 가능했다. 동독의 민주적 변화가 없었다면 통일 자체가 아예 불가능하였을 것이다. 이런 점에서 통일한국의 구성원들을 결속하고 통합하기 위해서는 민주의 가치를 적극 견지해 나가야 할 것이다. 북한의 권위주의, 전체주의 체제가 조금이라도 변화되지 않고서는 통일을 논의하기 어려울 것이다.

그러나 현실적으로 북한이 수령제도와 수령의 유일적 영도체계를 민주제도로 전환하는 것은 난망이다. 북한이 2009년 개정 헌법에서 '공산주의'를 삭제하고 '사회주의'만을 추구하겠다고 결정한 것은 긍정적인 변화이다. 세계적으로 공산주의라는 이데올로기는 동유럽의 체제붕괴로 권위를 잃은 상황에서 북한이 공산주의를 폐기하고 사회주의를 추구하는 체제로 법제화했다는 점은 긍정적이다. 그러나 2013년 6월 당의 유일령도체계를 개정하여 권위주의적 속성을 오히려 강화하였다. 이러한 극단적 권위주의 제도를 적용하여 장성택 부장에 대한 사형을 집행하는 등 민주적 가치가 부재한 사회다. 민주주의를 전혀 경험하지 못한 북한에서 민주혁명과 평화혁명이 일어난다는 것은 회의적이다. 북한주민들의 민주의식은 성숙되어 있지 않고 민주화를 추진할 집단이나 세력이 없다. 따라서 민주의 원칙과 가치라는 당위성에서 불구하고 그것이 현실적으로 작동할지는 의문의 여지가 있다.

'발전'의 가치는 이런 점에서 민주보다 훨씬 실용성이 크지 않을까 싶다. 민주의 가치가 다소 추상적인 데 비해 발전은 구성원들의 생활 속에 구체적으로 다가올 수 있기 때문이다. 통일한국이 풍요로운 사회로 발전하고 구성원들의 삶의 질이 높아지는 비전은 통일한국의 사회통합에 크게 기여할 것이다. 남한의 경제발전은 개발도상국에는 하나의 모델의 되고 있고 세계적으로도 한국의 경제는 인정받고 있다. 북한도 2002년부터 시장을 도입하여 북한주민들은 시장경제를 학습하고 있고 시장의 혜택을 받고 있다. 자본주의에 대한 이해의 차이는 남북 간에 존재하지만 북한주민들은 통일을 원하는 가장 중요한 이유로 '경제적으로 잘살기 위해'(46%)를 선택하고 있다. 이런 점에서 시장경제와 발전의 가치를 통일한국의 핵심 정체성으로 발전시켜 나가는 것이 좋을 것이다. '한강의 기적'을 이룬 남한의 경제적 성과와 과거 '천리마의 기적'을 이룬 북한의 자긍심을 합하여 새로운 경제부흥과 발전을 통일한국의 정체성과 가치로 발전시켜 나가는 것이 현실적 대안이 될 것이다.

한걸음 더 나아간다면 통일한국이 추구해야 할 정체성의 핵심은 '평화'가 될 것이다. 한반도의 통일은 단순히 남북한 민족 간의 통합이라는 차원을 넘어서는 문제다. 즉 한반도의 통일은 이데올로기 갈등이 구조화된 환경을 어떻게 관리하고 극복해 나가며 지속 가능한 평화를 구축할 것인가라는 보편적 주제다. 세계적으로 민족 간, 종교 간, 계급 간 폭력적 갈등이 심화되고 있는 갈등의 시대에 집단 간 분쟁을 해소하고 평화로운 공동체를 만드는 일은 세계가 염원하는 소망이다. 냉전의 처참한 전쟁을 치른 한반도가 이데올로기 대립을 극복하고 통일을 이룬다면 평화를 염원하는 세계인들에게 큰 희망을 줄 것이다. 이런 점에서 통일은 보편적 평화의 실현이라는 세계사적 의미를 지닌다. 세계적으로 경제적, 문화적 한류의 트랜드가 형성되고 있듯이, 통일은 한반도형 평화를 만드는 것이며 통일한국은 피스코리아로서 '평화'를 브랜드화할 수 있고 새로운 '한류'를 창출하는 역량을 갖게 될 것이다. 따라서 통일한국의 핵심적인 정체성은 '평화'가 될 수 있다.

바. 맺음말

통일 국가에서 한국과 조선의 제도·이념적 차이, 경제적 격차, 이질적인 의식과 가치를 어떻게 조화롭게 통합할 것인가 하는 과제는 쉽게 해결할 수 없는 문제다. 통일된 지 25년이 지난 독일에서도 많은 구동독인들이 차별을 느끼고 있고 구서독인들도 이질감을 여전히 느끼고 있는 현실이 사회통합의 어려움을 말해준다. 독일과 같이 교류와 왕래가 없는데다 법치주의가 성숙하지 못하고 민주시민 역량이 부족한 한반도의 현실에서 이러한 사회갈등을 통합하고 정체성을 형성해 나가기란 여간 어려운 일이 아닐 것이다. 여기에 과거청산과 같은 문제를 해결하려면 적지 않은 혼란과 갈등이 발생할 것이다. 200만의 살육을 경험하고 아직도 집단트라우마에서 헤어나지 못하고 있는 남북한이 과거를 정리하고 화해를 도모하는 과정은 현재로서는 거의 불가능에 가까울 것으로 생각된다.

이러한 상황에서 남북한이 할 수 있는 일은 민주와 발전, 평화의 비전을 제시하며 남북한 주민들의 마음을 하나로 모으고 결집시켜 나가야 할 것이다. 공정한 과거청산과 명예회복, 물질적 보상을 통해 분단시대의 아픔을 치유하고, 민주와 발전, 평화의 가치를 통합의 근간으로 삼아야 한다. 이를 위해 남북한 모두의 노력이 필요하겠지만 경제역량과 정치수준이 높은 남한 쪽에서의 역량 준비가 더욱 긴요하며, 이러한 정책을 미래의 시점이 아니라 지금부터 어떻게 통합지향적으로 추진할 것인가 하는 점이 중요하다. 통일 과정에서 혼란을 방지하고 이데올로기 차이에서 오는 벽을 넘어서려면 남북 간 불평등 완화 조치와 경제지원 등 경제적 인센티브를 활용한 실용주의 정책을 추진하여 분리갈등의 원심력을 최소화할 필요가 있다. 경제적 가치와 자원은 남북한 주민들의 마음을 하나로 모으고 결집시켜 나가는 효과적이며 실용적인 자산으로 사용될 수 있다. 또한 남북 구성원들의 공감대 확산을 위한 문화교류를 확대하여 통일한국의 국가, 민족, 역사 정체성을 확립하는 노력을 기울여야 할 것이다.

남북화해의 무드를 타고 탈냉전 25년 동안 폭발적으로 성장한 남북교류와 협력이 최근에 이르러 대치국면에 이른 것은 매우 안타까운 일이다. 핵문제와 인권문제로 북한에 대한 대북제재와 압박이 거론되는 긴장된 상황이지만, 중기적 시각에서 보면 한반도가 가야 할 방향은 교류와 협력, 개방과 개혁으로 귀결된다. 따라서 이럴 때일수록 상호 이해를 증진하는 사회문화의 교류와 통합을 위한 노력을 더욱 필요하다. 남북 당국 간 대화와 왕래가 하루속히 재개되어 경제와 사회문화 각 영역에서 교류와 협력이 진전되어야 할 것이다. 경제협력과 사회문화 교류, 민주시민역량 강화를 통해 평화와 번영의 통일공동체를 형성할 수 있기를 기대한다.

참고문헌

김규남. 2015. "폴란드의 체제전환과 과거범죄문제 해결과정." (기독교통일포럼 월례발표회, 2015.9.5).

김병로. 1999. 『북한의 지역자립체제』. 서울: 통일연구원.

_____. 2000. "한국전쟁의 인적 손실과 북한 계급정책의 변화." 『통일정책연구』 9(1): 219-242.

_____. 2012. "북한의 분절화된 시장화와 정치사회적 함의." 『북한연구학회보』 16(1).

_____. 2013. "북한의 시장화와 계층구조의 변화." 『현대북한연구』 16(1): 171-213.

김병로 외. 2013. 『한반도 분단과 평화부재의 삶: 성찰과 치유를 위한 이산가족 이야기』. 서울: 아카넷.

김병로·김성철. 1998. 『북한사회의 불평등 구조와 정치사회적 함의』. 서울: 통일연구원.

김영윤·양현모 편. 2009. 『독일, 통일에서 통합으로: 문답으로 알아보는 독일 통일』. 서울: 통일부.

김용호·유재천 편. 2002. 『민족통합의 새로운 개념과 전략(상)』. 춘천: 한림대학교출판부.

김인영 편. 2002. 『민족통합의 새로운 개념과 전략(하): 세계화와 정보화 시대의 민족통합』. 춘천: 한림대학교출판부.

김학성. 2015. "통일 이후 통합방안." (통일연구원 자문회의 발표, 2015.2.10, 광화문회의실).

박명규·강원택·김병로 외. 2014. 『2014 통일의식조사』. 서울: 서울대 통일평화연구원.

박진. 2009. "Refugee management for Possible Emergency in North Korea." (미발표 논문).

박종철 외. 2013. 『통일 이후 통합을 위한 갈등해소 방안: 사례연구 및 분야별 갈등해소의 기본방향』. 서울: 통일연구원.

사회과학원 력사연구소. 1991. 『조선전사 2: 고대편』. 평양: 과학백과사전종합출판사.

삼성경제연구소. 2009. 『한국의 사회갈등과 경제적 비용』. 서울: 삼성경제연구소.

서울대 통일평화연구원. 2015. 『2015 북한 사회변동과 주민의식 변화: 시장화, 정보화, 자유화』(서울대 통일평화연구원 학술회의 자료집, 2015.8.26, 호암교수회관).

손기영. 2015. "국가정체성 형성에 관한 이론적 연구 검토." (통일연구원 자문회의 발표, 2015.2.10, 광화문회의실)

손기웅. 2007. 『통합정책과 분단국 통일: 독일사례』. 서울: 통일연구원.

손영종·박영해·김용간. 1991. 『조선통사(상)』. 평양: 사회과학출판사.

송영훈·김병로·박명규. 2014. 『북한주민 통일의식 2008~2013: 북한이탈주민에게 묻다』. 서울: 서울대 통일평화연구원.

이은정. 2015. "2015 추진방향과 POST 2016 구상." 『독일 통일 문서자료에서 보는 통일준비』(독일 베를린자유대학·서울대학교 통일평화연구원 공동워크숍, 2015.1.28, 서울대 호암교수회관).

전경수·서병철. 1995. 『통일사회의 재편과정 - 독일과 베트남』. 서울: 서울대학교출판부.

전우택. 1997. "탈북자들의 주요 사회배경에 따른 적응과 자아정체성에 관한 연구."
『통일연구』 1(2): 109-167.

정은미. 2015. "통일에 대한 인식." 「통일의식의 분화와 역동성: 2015 통일의식조사」(서울대
통일평화연구원 학술회의, 2015.9.11, 서울대 호암교수회관).

정은미·김병로·박명규·송영훈. 2015. 『북한주민 통일의식 2014』. 서울: 서울대
통일평화연구원.

조정아·홍민·이향규·이희영·조영주. 2014. 『탈북청소년의 경계 경험과 정체성 재구성』.
서울: 통일연구원.

조정아·임순희·노귀남·이희영·홍민·양계민. 2010. 『북한주민의 의식과 정체성: 자아의 독립,
국가의 그늘, 욕망의 부상』. 서울: 통일연구원, 2010.

조한범. 2002. 『남북한 사회문화공동체 형성 방안 연구』. 서울: 통일연구원.

통일부. 2010. 『독일의 통일·통합 정책 연구 제1권 분야별 연구 1.2 사회적 변화: 동-서 분열,
인구통계, 그리고 소비행태』. 서울: 통일부.

_____. 2014a. 『독일 통일총서 1: 군사분야』. 서울: 통일부.

_____. 2014b. 『독일 통일총서 7: 과거청산분야』. 서울: 통일부.

통일연구원. 2014. 『북한인권백서 2014』. 서울: 통일연구원.

하정열. 1996. 『한반도 통일후 군사통합방안』. 서울: 팔복원.

Deutsch, Karl W., et. al. 1972. "Foreign Policy of the German Republic," Roy C. Macridis,
ed. *Foreign Policy in World Politics*. New Jersey: Prentice-Hall, Inc.

Etzioni, Anitai. 1965. *Political Unification: A Comparative Study of Leaders and Forces*.
New York: Holt, Rinehard and Winston.

Kim, Samuel S. and Lowell Dittmer. eds. 1993. *China's Quest for National Identity*.
Ithaca: Cornell University Press.

Lederarch, John Paul. 2003. *The Little Book of Conflict Transformation*. Intercourse:
Good Books.

Parsons, Talcott. 1951. *The Social System: The Major Exposition of the Author's Conceptual
Scheme for the Analysis of the Dynamics of the Social System*. Glencoe, Ill.: The Free
Press.

2

독일 통합의 경험과 통일한국의 교육통합

신효숙(북한이탈주민지원재단)

가. 들어가는 말

한반도 남북관계는 불신과 갈등관계를 지속하고 있다. 우리 국민 다수가 통일을 바라고 있지만 통일을 위해 넘어야 할 산들이 너무 많다. 한반도가 분단 75년을 맞이하는 시점에 독일은 통일 30주년을 맞이하게 된다. 1945년에 사회주의 체제와 민주주의 체제로 갈라졌던, 같은 분단국이었던 독일은 통일을 이루고 경제적 안정을 넘어서 이제는 유럽 통합을 선도하고 있다. 이와 달리 한반도는 아직도 체제경쟁과 군사적 도발, 긴장관계가 조성되는 분단국으로 남아 있다. 이런 시점에서 독일 통일 과정의 재조명을 통해 새롭게 통일 준비와 통합의 방향을 모색해야 할 것이다.

남북한은 오랫동안 상반된 이데올로기와 생활환경 속에서 이질적으로 살아왔기 때문에 체제나 제도의 통일이라는 한 사건으로 남북한 국민들이 사상과 가치관의 혼란 없이 통합되기를 기대하기는 어려울 것이다. 그런 점에서 독일 통일의 경험은 오랜 분단을 겪고 통합을 준비해야 하는 우리들에게 많은 시사점을 제시하고 있다. 사회주의 체제와 민주주의 체제가 통합되는 과정에서 나타날 수 있는 다양한 문제들을 미리 살펴볼 수 있는 학습 기회를 제공한다. 또한 독일 통합의 경험은 다양한 방식으로 전개될 수 있는 상황에 대비할 수 있도록 교육통합의 시나리오와 구체적인 대응방안을 수립하는 데 도움을 제공할 것이다.

독일 통일은 다양한 성과와 과제들을 보여주고 있다. 독일 통일의 현황에 대하여 시민의 40%는 통일이 본질적으로 완료되었다고 보고 있지만 서독 시민은 47%, 동독 시민은 17%만이 그렇다고 응답하여 동서독 지역 간에 극단적인 차이를 보여주었다. 또한 동독 지역에서는 그 차이가 상대적으로 크다는 견해가 53%로서, 서독 지역 37%와는 차이를 드러낸다(통일부 2014, 19-20). 또한 독일 통일 20년을 어떻게 보는가에 대한 질문에 서독 시민의 37%는 자신들에게 이익이, 35%는 손해가 된다고 응답한 반면에 동독 시민은 이익 42%, 손해 24%로 통일의 손익 평가에 긍정적임을 보여주고 있다(통일부 2014, 22-23). 동서독 시민은 통일을 성취된 발전으로 모두 인정하고 있지만 여전히 필수적으로 달성해야 할 '동일화', 내적 통일의 과제가 남아 있음을 인식하고 있다. 내적 통일을 이루는 데 가장 큰 문제는 물질적 생활여건의 동일화가 이루어지지 않은 점뿐만 아니라, 동등한 처우와 기회의 동등성이라는 의미에서 통합이 아직도 진행형임을 보여주고 있다.

통일은 남북한 체제의 통합이면서 주민통합을 의미한다. 통일은 70여 년 이상 상반된 이데올로기와 생활환경 속에서 살아온 남북한 주민들이 함께 살아가야 하는 것을 의미한다. 통일은 체제의 통합도 중요하지만 주민들의 사상과 가치의 통합, 심리적 통합도 중요하게 다루어져야 한다. 그런 점에서 "교육통합은 단순히 통일 후에 교육체제를 어떻게 결합할 것이냐 하는 문제만이 아니라 교육이 전반적으로 사회구성원들의 '동질화'에 어떤 기여와 역할을 할 수 있느냐 하는 문제와 직결된다"(권오현 2006, 273). 따라서 통일한국의 교육은 물리적이며 제도적인 통합안을 제시하는 수준을 넘어 사회통합의 틀 속에서 남북한의 구성원이 합의하고 공유할 수 있는 교육통합의 방안과 정책들이 제안되어야 할 것이다.

이에 본 연구의 목적은 통일독일의 교육체제 통합의 내용과 그 특징, 그리고 교육통합 과정에서 제시해 주는 시사점을 통해 통일한국의 바람직한 교육통합의 방향을 제안하는 데 있다. 이를 위해 제2절에서는 통일 이전 동서독의 교육체제와 교육정책을 개괄적으로 살펴보고자 한다. 동독의 사회주의 교육과 서독의 민주주의에 입각한 교육체제와 내용은 전혀 이질적인 것이었고, 이러한 통일 전 동서독의 교육을 살펴본다. 제3절에서는 통일독일의 교육통합의 내용과 특징, 그리고 교육통합 과정에서 제시되는 문제점을 살펴보고자 한다. 즉 동서독 통일 과정에서 제기되었던 교육통합의 논의들, 교육제도와 정책, 학제개편, 교육과정과 내용 개편, 동독교사의 재임용과 재교육 등의 내용과 특징을 살펴본다. 마지막으로 제4절에서는 통일독일의 다양한 영역별 교육통합 과정이 우리에게 주는 시사점을 살펴보면서 통일한국의 교육통합의 방향을 모색해 보고자 한다.

나. 분단구조하의 동서독 교육

(1) 동독의 교육체제와 내용

동독의 교육제도는 1945년 제2차 세계대전 패전 후 동부에 들어선 소련 점령 지역의 교육개혁에서 시작되었다. 동독은 전통적 형태의 교육을 부르주아 교육으로 비판하고, 소비에트식 사회주의 교육모델을 도입하여 동독식 종합기술학교 제도로 발전시켰다. 이전의 전통적 교육제도인 초등교육, 중등교육, 고등교육제가 폐지되었다. 서독의 교육제도가 초등, 중등, 고등으로 분화된 형태라면 동독의 교육제도는 단일 교육체제로 운영되었다. 1959년에 동독은 초등 및 중등 단계 교육 기간을 모두 포함하는 10년제 일반종합기술학교(Allgemeinbildende Polytechnische Oberschule)와 2년제 고등학교(Erweiterte Oberschule)로 구성되는 단일 학제를 수립하였다(김창환

2002, 35).

　동독 교육제도인 10년제 일반종합기술학교(POS)는 칼 마르크스의 이론에 따라 이론교육과 실기훈련, 학습과 투쟁, 이념과 활동이 일치하는 인재를 양성하는 것이 목표였다. 교육은 모든 학생들에게 이론과 실천을 함께 갖춘 종합기술적(polytechnisch) 자질을 갖추도록 하는 것이었다. 따라서 학교에서는 종합기술 수업을 도입하였고 학문적 지식과 직업기술 관련 기초교육을 중심으로 운영하는 교과과정을 실시하였다. 예를 들면 7-10학년 학생들은 '사회생산입문'(주당 1-2시간), '제도'(주당 1시간), 이와 더불어 주당 2-3시간씩 기업체에 가서 직접 생산활동에 참여하는 등 종합기술 수업을 이수해야 했다(김면 2012; 권오현 2006: 283).

　일반종합기술학교에서 10년간의 의무교육을 마친 학생들은 상급 고등학교(Erweiterte Oberschule) 또는 직업학교(Berufsausbildung)로 진학할 수 있다. 상급 고등학교는 대학으로 진학할 수 있는 과정으로 학업성적이 우수할 뿐만 아니라 동독체제에 적합한 사회활동과 정치 이데올로기적 성향을 고려해 선발되었다. 상급 고등학교로의 진학 기회는 소수 학생들에게 제한되어 있었다. 예를 들자면 고등학교 입학 연령자 중에 상급 고등학교로 진학하는 학생은 1970년에는 11%, 1984년에는 9.5%에 불과했다. 한편 일반종합기술학교 졸업자의 80% 이상은 2년제 직업학교로 진학하는데 특정 분야의 직업교육을 받는다. 직업학교를 마치면 대부분 직업 현장에 투입되는데 일부는 사회교육이나 전문학교에서 심화된 직업교육을 받은 후 대학에 진학하기도 하였다(김면 2012; 권오현 2006: 283-284).

　동독의 교육정책은 다른 공산주의 국가들과 마찬가지로 마르크스-레닌주의 이념, 사회주의 이념을 추구하고 이를 실현하는 방향으

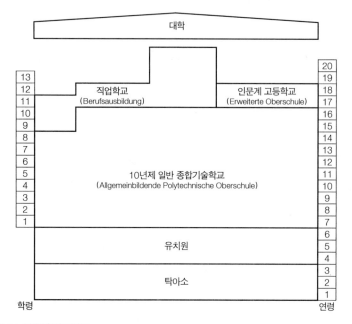

그림 4-1 동독의 학교제도

로 운영되었다. 동독의 헌법은 "교육 주권은 시민들이 사회주의 사회
를 건설하고 사회민주주의 발전에 창의적으로 참여하는 능력을 길러
주는 것"이라고 규정되어 있듯이 마르크스·레닌의 사상을 의식화시키
는 것을 목표로 하였다. 동독은 독일공산당(SED)의 지침에 따라 모든
교육정책이 입안·추진되었으며 교육행정기관은 단지 이를 집행하는
기구에 불과했다. 독일공산당이 제시한 가장 중요한 교육 목적은 독일
전체에 사회주의 국가를 완성하도록 학생들을 이념적으로 교화시키고
사회주의 인간으로 양성하는 것이었다. 이를 위해 구체적 목표로는 사
회주의 도덕, 마르크스-레닌주의 정당에 대한 충성, 노동에 대한 애정,
애국주의와 국제주의에 대한 신념을 소유한 인간으로 양성하는 것이
었다. 이러한 교육정책의 방향은 제2차 세계대전 이후 동독 국가가 건

설되고 1989년 동독이 붕괴될 때까지 일관성 있게 추구되었다(김창환 2002, 41-43).

따라서 모든 교과 활동과 교과외 활동은 사회주의 이념의 우월성을 가르치고 자본주의-제국주의를 타도의 대상으로 가르쳤다. 학교교육에서 보다 구체적으로 이를 달성하기 위해 '국가시민' 교과를 정규교과로 채택하였다. 국가시민 교과에서는 학생들을 사회주의 시민으로 키우고, 학생들로 하여금 생각하고 느끼고 행동하는 데 있어서 공산주의 이상, 사회주의적 애국주의, 프롤레타리아 국제주의 정신을 일깨워 사회주의 모국과 공산당에 충성할 수 있도록 하였다. 구체적으로 동독의 역사와 사회적 질서를 배우는 것이 중점 내용이고, 8학년에서는 동독의 헌법을, 9학년에서는 사회주의 사회발전의 법칙과 계급투쟁 과정을 배우고, 10학년에서는 노동자 계급과 노동자 당이 주도하는 사회주의 국가를 건설하는 데 있어 주요 문제들을 다루고, 11-12학년에서는 변증법적 유물사상의 기초를 배웠다.

교과활동 이외에 교과외활동으로는 유소년 조직과 청소년 조직, 그리고 군사교육을 통해 정치교육을 실시하였다. 청소년 조직으로는 6세에서 14세의 어린이들이 가입하는 피오니어그룹(Pionier Gruppe)과 14세에서 26세 청소년이 가입하는 독일 자유청년연맹(FDJ)이 대표적이다. 이러한 조직활동을 통해 어린이와 청소년들은 사회주의 이념 아래 철저한 동독 국가 시민의식을 갖춘 인간으로 양성되었다(김창환 2002: 38-39).

(2) 서독의 교육체제와 내용

1949년 독일에 독일연방공화국(서독)과 독일민주공화국(동독) 양 국가가 수립되었다. 동독이 소비에트 사회주의 모델에 따라 교육개혁이 이루어진 것과 달리 서독은 인문주의적 전통과 가치를 기반으로 나치의 반민주 전체주의 교육을 청산하고 민주주의적 교육개혁을 단행하였다. 분단 국가 수립 후 양 독일 국가는 자신들의 국가만 정통성을 부여하고 상대방을 인정하지 않는 정책을 폈다. 서독의 시급한 교육적 과제는 서독에 민주주의 사회를 건설하여 전쟁의 위험을 줄이고 평화를 정착시키는 데 기여하는 것이었다. 이러한 요청하에 민주시민교육을 최우선시하는 정치교육이 실시되었다.

제2차 세계대전 직후 서독 지역을 점령한 서방전승국은 독일의 전통적 복선형 학제를 미국식 단선형 학제로 바꾸고자 했으나 관철되지 못했다. 서독은 전통적 학제를 기반으로 교육개혁을 단행하여 3단계 학교체제를 부활하였다. 서독에는 초등학교 과정을 이수한 후 중등교육에서 인문계와 직업계가 구분되는 복선형 학제가 도입되었다. 독일은 전통적으로 각종 학교의 졸업과 생산인력체제가 일치되어 있어 자격증에 따라 직업과 지위를 결정해 왔다. 하우프트슐레를 마친 학생은 3년제 직업학교로 진학한 후 직업을 갖게 된다. 또한 서독의 학교교육은 '도야이론'의 정신적 문화전통에 근거하고 있다. 실용적 목적의 직업학교와 명확히 구분되는 김나지움에서 인문교육을 마친 학생은 대학에 진학하여 학문을 더욱 발전시킬 수 있었다(정영근 2012, 309-312).

서독의 학교제도가 다른 나라와 구분되는 점은 중등교육부터 진로의 분화에 따른 다양한 유형의 학교가 존재한다는 것이다. 서독의 학생들은 초등학교(Grundschule) 4년을 졸업하면 전기 중등학교(1단계)로 실업계인 하우프트슐레(Hauptschule: 5-6년제), 레알슐레(Realschule: 6년제), 또는 인문계인 김나지움(Gymnasium: 6년제)으로 진학한다. 때문에 서독의 교육제도를 분화된 복선형 학제라고 부르기도 한다. 후기 중등학교(2단계)로는 김나지움 상급반(3년제)과 직업학교(Berufsschule: 1-3년제)가 포함된다. 김나지움 상급반을 졸업한 학생들은 대학에 진학할 수 있으며, 직업교육을 이수한 학생들은 취업을 하거나 일정한 요건을 갖추면 일반대학에 진학할 수도 있다(김창환 2002, 13).

서독 교육행정 제도의 특징은 '주의 교육 주권'이라 할 수 있다. 교육 영역이 중앙정부에 의해 통제되는 일은 히틀러 치하의 나치정권에서만 가능하였으며 패전 후 그러한 요소들은 연방주의를 확립하게 위해 철저히 제거되었다. 연방주의 원칙에 따라 각 주는 교육과 문화 영역에서 문화주권을 지닌다. 연방정부의 교육부가 1969년에 창설되었지만 각 주의 문화주권 원칙을 존중하여 매우 제한된 범위 내에서만 권한을 행사하였다. 서독 교육체제의 이러한 특성으로 인해 각 주의 교육부는 다른 주의 교육부 및 중앙정부와의 논의를 통해 교육 안건들을 조정하게 된다. 또한 각 주는 서로 대등한 문화 및 교육정책을 수립하기 위한 심의기관으로 각주 교육부장관의 자발적인 협력체인 '주교육부장관협의회(KMK)'를 조직, 운영하고 있다. 이런 점에서 학교를 운영하기 위한 교육재정도 주와 지자체가 대부분 부담하고 연방 차원의 재정지원은 최소한도로 이루어지고 있다(정영근 2012, 325-327).

(3) 동서독의 교육체제 비교

통일 후 교육통합의 기초가 되었던 동서독의 교육체제는 2차 대전 후 양 지역을 관할하던 전승국의 개편 목표에 따라 각기 다른 방향으로 형성되었다. 독일의 분단이 심화되면서 동서독 간에는 더욱 많은 차이

점들이 드러나게 되었는데 그 주요한 특징은 다음과 같다.

　교육체제 측면에서 서독은 연방국가적 교육제도로서 각 주정부가 지역 특성에 맞게 자체적으로 교육을 실시하는 지방분권주의 체제를 유지하였으나, 동독은 중앙집권적 교육제도로서 중앙정부, 그것도 독일공산당(SED)이 교육에 대한 전권을 행사하였다. 서독은 초등학교를 마친 후 각자의 능력과 적성에 따라 하우프트슐레(Hauptschule), 레알슐레(Realschule), 김나지움(Gymnasium) 등 세 종류의 학교 중 하나로 진학하는 복수학제인 데 비하여, 동독은 교육의 평준화라는 이름 아래 10학년제 일반종합기술학교에서 초중 과정을 모두 마치는 단일학제였다. 직업교육에 있어서도 서독은 학교에서의 이론 공부와 산업체에서의 실습을 병행하는 이원적 교육제도인 데 비하여, 동독은 국가의 통제 아래 기업 내 직업학교에서 이론과 실습을 동시에 실시하였다(강구섭 2012, 48; 임선택 2000, 40-41).

　서독에서는 자유민주주의와 시장경제에 기초하여 개인이 국가에 우선한다는 원칙이 교육제도에 반영되었지만 동독에서는 사회주의 국가 건설을 목적으로 집단이 개인을 우선하였다. 교육목표에서 서독은 개개인의 능력을 개발하고 민주시민으로서의 권리와 의무를 수행하는 인간 육성에 비중을 두었지만, 동독은 당과 국가의 요구에 부응하는 사회주의적 인간 형성에 중점을 두었다. 교육 내용에서 서독은 민주주의 기본 이념과 자유주의 사회경제 질서를 교육하는 데 주력하면서 동독의 정치, 경제, 사회, 문화, 사상 등의 제반 실태를 그대로 서술하고 알리는 교육을 추진하였다면, 동독에서는 사회주의 국가 건설의 목적으로 서독을 비롯한 자본주의와 제국주의 이념에 대항해야 한다는 내용의 정치이데올로기 교육이 강조되었다.

　교육 방법에 있어서 서독은 개인의 발전은 국가에게 책임이 있는

표 4-1 동서독 교육의 특징 비교

	서독	동독
주관기관	- 교육은 지방정부 소관	- 교육은 중앙정부 소관
학교운영	- 반나절 학교	- 전일제 학교
사립학교	- 전체 학생의 약 3%	- 사립학교 없음
취학 전 교육	- 1980년대에 들어서서 국가 교육정책의 대상으로 부각됨	- 이미 1960년대에 완성, 탁아소, 유치원 등은 여성 취업기회 확대에 기여
교육제도	- 종적으로 초등교육(4년)-중등교육 I 단계(6년)-중등교육 II단계(3년) - 5-6학년 진로모색 단계 도입 - 횡적으로 하우프트슐레(Hauptschule), 레알슐레(Realschule), 김나지움(Gymnasium)으로 구분되는 3유형 복선형 제도	- 종적으로 일반 종합기술학교(10년)-김나지움으로 이어지는 단선형 제도 - 횡적으로 후기 중등교육 단계에 김나지움, 직업학교, 특수학교 등이 있음
진로/경쟁	- 3유형 학교제도 속에서 10살 이후에 진로 결정 - 낮은 단계로 내려오는 경우는 종종 있으나, 높은 단계로 올라가는 경우는 적음 - 극심한 경쟁체제	- 통일성의 원칙에 입각하여 개별적인 교육이 허용되지 않음 - 경쟁의식보다는 협동심(집단의식) 고취에 노력
직업교육	- 일반교육과 직업교육이 유리됨 - 직업교육은 2원제(Duel System) - 학문중심적 교육과정 개혁으로 일과 학교의 분	- 원칙적으로는 일반교육과 직업교육이 분리되었음 - 그러나 일반학교에서 노작교육, 종합기술교육을 통하여 직업교육 및 생산의 가교 역할을 함
변화 추세	- 학문 중심의 교육과정으로 개정	- 공장산업의 근대화가 이루어지면서 생산성을 높이기 위한 노동교육의 한계가 드러남

자료: 오기성·박창언·신효숙(2008, 29-30).

게 아니고 개인 자신에게 있다는 점이 강조되었다. 개개인의 고유성과 독자성, 그리고 창조력이 중요하게 여길 뿐 아니라 개인이 자신의 발전에 책임을 지는 것이다. 반대로 동독은 집단주의적 가치와 행위가 중요하여 학생들은 독자적인 창작 능력, 비판 능력보다는 순종, 질서 등 집단적이고 획일적인 가치를 습득하고 규율과 규범을 준수하도록 하였다. 이와 같이 통일 전 1989년까지, 동서독은 학제, 교육목표, 교육과정, 교사양성과정, 직업교육 등 교육 전반에 걸쳐 서로 다른 체제가 양립되어 있었다. 교육통합은 현저히 다른 동독과 서독의 교육 전반을 빠른 시간 안에 통합하는 것이었다.

다. 통일독일의 교육체제 통합 과정

(1) 동서독 통일 과정과 교육통합

1990년 통일이 되기 이전부터 동독에서는 교육제도와 학교교육 문제에 대한 국민들의 비판의 소리가 날로 커져갔다. 1989년에 호네커가 퇴각하고, 1990년 3월에 동독 최초의 자유선거가 실시되기까지 도처에서 교육개혁에 대한 논의가 활발히 이루어졌다. 새로운 교육의 목표와 교과 내용 및 교육과정에 관한 토론이 이루어지고 새로운 계획과 많은 제안들이 쏟아져 나왔다. 이 시기만 해도 동독의 주민들은 자신들이 학교교육을 민주화하고 교육개혁을 성공적으로 이룰 수 있을 것이라는 희망에 부풀어 있었다. 그들에게 중요한 문제는 교육의 민주화와 학생들의 다양한 능력을 길러줄 수 있는 교육체계로의 개혁이었다. 따라서 1989년 11월에 미미하나마 동독 지역의 교육개혁이 이루어졌다. 학교교육에서 이념적 지배를 강하게 받았던 부분은 폐지되거나 대체되었다. 국가시민 과목 대신 사회 과목이 신설되었고, 외국어 과목도 개편되어 제1외국어로서 러시아의 독점적 지위가 무너졌다. 교련 과목은 폐지되었고 역사 과목은 크게 개편되었다(염돈재 2010, 288; 하이케 카아크 2002, 4).

1990년 3월, 동독 최초의 자유선거가 실시되어 드 메지에르 정부가 수립되었다. 이후 동서독 정부는 교육통합을 위한 많은 접촉을 가졌으며, 서독의 교육부장관회의, 학술원 등 관련 기관들은 나름대로 교육통합에 관한 여러 가지 권고사항들을 제시하였다. 그 중 대표적인 것으로 서독연방정부와 주정부, 그리고 동독정부가 1990년에 구성한 동서독 교육공동위원회를 들 수 있다. 이 위원회의 목적은 양 독일 교육제도가 함께 발전해 가기 위한 구상안과 전략을 마련하는 것이었다. 이 시기만 해도 양측은 서독의 교육제도를 채택하는 것뿐만 아니라 동독교육제도에서도 유용한 부분은 그대로 유지하거나 경우에 따라 서독에 적용시킬 수도 있다는 생각을 하고 있었다. 더욱이 상당수의 서독 출신 교육 전문가들은 전 독일을 아우르는 대대적인 교육개혁이 낡은 서독의 교육구조 및 교육 내용을 개혁할 수 있는 좋은 기회라고 보았다. 양 독일 교육위원회는 번갈아가며 본과 동베를린에서 개최되었다 (임선택 2000, 42; 하이케 카아크 2002, 4).

그러나 통일 과정이 빠르게 진행되면서 상황이 변화되어 극도로 다른 양 독일의 교육제도를 평준화하기 위해서는 동독 교육제도를 서독의 체제에 따라 개혁 또는 개편하는 방향으로 모아졌다. 드 메지에르 정부는 서독 정부와의 통일협상을 빠르게 진행시켜 나갔다. 1990년 5월 18일 화폐, 경제 및 사회 통합에 관한 조약이 체결되었고, 1990년 8월 31일에는 양측의 정치, 법과 제도 등 전반적인 사회체제를 단일화하기 위한 합의 사항을 담은 '독일 통일 건설에 관한 조약(통일조약)'이 체결되었다. 이후 1991년 6월 31일까지 서독의 교육체제를 동독 지역에 이식하여 동독 교육을 정상화시키는 방향으로 진행되었다. 이때 통일독일의 제도통합과 신연방주 교육인프라 구축을 촉진시킨 것은 '통

표 4-2 신연방주 행정구축을 위한 신·구연방주 자매결연

신연방주(동독)	구연방주(서독)
브란덴부르크	노르트라인-베스트팔렌
작센	바덴-뷔르템베르크, 바이에른
작센-안할트	니더작센
튀링엔	헤센, 라인란트-팔츠, 바이에른
메클렌부르크-포어폼메른	슐레스비히-홀슈타인, 브레멘, 함부르크

일조약' 제15조 '주정부 행정을 위한 과도기 규칙' 3항에 의한 동독과 서독 각 연방주 간의 자매결연이었다. 이에 따라 〈표 4-2〉와 같은 협력 관계가 성립되었다. 이 통일조약에 의하여 구동독 지역의 5개 주(브란덴부르크, 맥클렌부르크-포어폼메른, 작센, 작센-안할트 및 튜링엔)가 독일연방공화국의 주로 편입되었으며 서독법이 동독 모든 주에 효력이 미치게 되었다(최영돈 2014, 101).

또한 서독이 동독 모든 교육기관의 관할권을 승계하게 되었다. 서독식 교육체제를 동독에 이식하는 방식의 교육통합에 가장 중요한 지침이 되었던 통일조약은 제37조와 제38조이다. 제37조에서는 통일 후에 동독 지역에서 발생할 것으로 예상되는 문제들에 대비하기 위한 동독 지역에서 이수한 교육의 자격과 학위의 인정 문제, 교원 채용을 위한 시험과 절차, 전학, 진학, 직업교육 및 학교제도의 새로운 정비 관련 내용을 언급하고 있다. 제38조는 학술심의회(Wissenschaftsrat)를 통한 학문기관과 연구기관에 대한 심의, 학문기관의 승계와 전환 및 폐쇄, 그리고 서독의 연구조직으로 흡수를 목적으로 한 교육계획과 연구장려 등에 관한 사항들을 기술하고 있다(김면 2012; 임선택 2000, 43; 정영수 외 2인 1998, 49-50).

통일독일의 교육통합은 다음과 같은 방향으로 진행되었다. 우선

교육개혁의 핵심 사안은 교육에서 정치색과 이데올로기적 흔적을 제거하는 작업이었다. 동독의 공산주의적 이데올로기와 정치교육에서 벗어나도록 하는 것이다. 당시 탈이데올로기 작업은 수업, 학교운영, 인적 자원 등 모든 분야에서 포괄적으로 전개되었다. 교육과정위원회의 교육과정 개정 작업도 탈이데올로기에 초점이 맞추어졌다. 새로운 교육과정에 의해 7-12학년의 '공민' 교과는 '사회' 교과로 대체되었으며 수업 내용도 민주주의 기본 이념과 자유주의 사회 경제 질서를 교육하는 데 치중하였다. 또한 러시아어 우위 제1외국어 교육은 영어와 불어로 대체되었다. 동독의 학교에서 '종합기술교육'을 이끌던 '사회주의 생산 입문' 교과는 서구적 개념의 '노동론'으로 바뀌어 학생들에게 미래의 노동 세계에 대한 기본 정보를 제공하고 이를 준비시키는 방향으로 바뀌었다.

통일독일의 교육개혁의 또 다른 방향은 동독의 당-국가 중심의 중앙집권적 교육체계를 연방주 중심으로 분권화함으로써 교육체제의 자율성과 다양화를 모색하는 것이다. 통일 후 동독 지역은 5개 신연방주로 편입되었고 동독의 중앙집권적 교육체계를 연방주 중심으로 분권화하는 작업이 활발하게 전개되었다. 신연방주에 사립학교도 생겨났다. 독일의 연방주는 교육, 문화 주권을 지니기 때문에 신연방주들은 학교제도를 새롭게 편성함에 있어서 독자적인 결정권을 행사할 수 있었다. 다만 연방주들 사이에 학교제도의 호환성과 기회균등을 보장하기 위해 개별 주들은 교육정책을 결정함에 있어서 연방 차원의 공통성을 충분히 고려한 채 체제를 정비하였다. 함부르크협정과 주교육부장관회의의 결정 사항들이 학제의 구조, 졸업의 조건, 의무교육 기간의 설정 등에서 연방 차원의 공통성을 결정하는 기준이 되었다(권오현 2006, 286-287). 또한 사회주의적 무계급 사회라는 이념에 기반을 둔

'강요된 평등'과 국가 수준에서의 '단일화'를 걷어내고 개인과 지역사
회의 취향과 여건을 반영하여 교육의 가능성을 다양화하는 것이었다.

(2) 신연방주 학제개편의 다양성

독일 통일 이후 동독 지역의 신연방주는 통일조약과 함부르크조약[1] 및
교육문화 관련 주정부 장관회의의 협정을 바탕으로 학교제도의 구조
적 전환 과정을 빠르게 진행하였다. 통일조약은 동서독 양측의 연방제
적 형태의 교육제도에 합의한 상태에서 '동독 교육의 원칙적인 동등
성'을 규정하였으므로 동독의 교육적 특징이 고려될 수 있는 공간이
보장되었다. 이에 따라 동독 지역의 각 주정부는 교육제도의 새로운 규
정을 통일조약에 맞게 1991년 6월 30일까지 법적으로 새롭게 정비해
야 하는 과제에 직면하였다. 짧은 기간 내에 동독의 사회주의적 단일학
제를 서독식 복수학제로 전환하기에는 여러 가지 어려움이 있었지만
1991년 여름까지는 모든 신연방주가 잠정적으로 새로운 학교법을 마
련하였다.

통일 후 학제개혁은 동독의 단선적인 학교제도를 서독의 3유형제
로 통합하는 것이었다. 동독의 단선형 학제 대신 서독의 다원적 학제
가 동독 지역에 도입되어 교육개혁의 핵심인 학제 변경이 빠르게 진행
되었다. 통일 직후 학교 교육구조의 개편과 관련하여 동독 주민들은 실
업학교에 대한 낮은 선호도를 보임과 동시에 김나지움(Gymnasium)
과 종합학교(Gesamtschule)를 졸업하여 대학에 진학하고자 하는 높은

---

1   함부르크조약은 1964년 10월 28일 서독의 주정부들이 교육제도의 기본구조를 동일하게
     하기 위해 의무교육 기간, 학교 명칭과 조직, 학교 간의 각종 증명서 인정 등에 관해 합의
     한 협약을 말함.

수요를 동반하였다. 따라서 동독 지역 신연방주들은 직업학교를 폐지하는 등 직업교육체계를 개편하고 6년제 초등학교를 폐지하고 다양한 유형의 중등학교를 병치시키는 다원적 학제를 도입하였다(자료8: 독일 통일 과정에서의 구동독 학교의 개혁; 통일부 2011, 232-235 재인용).

신연방주 학교의 복수화 정책은 종적 차원과 횡적 차원에서 동시에 진행되었다. 종적 차원은 기존의 10년제 일반종합기술학교와 2년제 고등학교의 2단계 체제를 초등교육(4년), 중등교육 1단계(6년), 중등교육 2단계(2-3년)의 3단계 체제로 개편하는 것을 의미하며, 횡적 차원에서는 중등교육 1에 하우프트슐레, 레알슐레, 김나지움을 기본으로 다수의 학교 유형을 병치하는 것을 의미한다. 동독 지역의 10년제 일반종합기술학교는 폐지되고 직업학교와 상급 고등학교도 서독의 모델에 따라 개편되었다.

개편된 신연방주 학제는 서독 학제의 특징이 반영된 연방 차원의 '통일성'과 동독의 특징이 반영된 개별 연방주의 '독자성'을 동시에 추구하는 방식으로 이루어졌다. 구체적으로 신연방주의 초등학교가 서독 학제를 따라 모두 4년제로 개편되었지만 브란덴브루크주는 6년으로 편성되었다. 중등교육에서 메클렌부르크-포어폼메른주만 서독의 3유형제를 도입(하우프트슐레 5-9년, 레알슐레 5-10년, 김나지움 5-12년)하였을 뿐, 나머지 신연방주들은 모두 2유형제를 채택하였다. 2유형제 중등과정에서 김나지움 외의 학교 명칭도 서로 다른데 작센주는 미텔슐레(Mittelschule)로, 작센-안할트주는 세쿤다르슐레(Sekundarschule)로, 튀링엔주는 레겔슐레(Regelschule)로 명명하였으며, 브란덴부르크주는 레알슐레만 두었다. 또한 교육기간에 있어서도 브란덴부르크주에서만 서독처럼 상급 김나지움에서 13학년을 이수하면 아비투어(대학입학자격)를 얻을 수 있도록 했지만, 다른 신연방주는 12학년을 이수하면 아비투어를 획득할 수 있도록 하였다.

　독일의 학제개편은 연방 차원에서 통일성을 유지하면서도 각 지역의 독자성을 존중하는 원칙하에 동독 지역의 신연방주들은 횡적 다양화를 추진하면서도 가급적 기존의 통합학교 체제가 갖던 장점을 유지하였다. 또한 대학 진학까지의 교육 기간이 서독의 13년과 달리 다수 동독 지역이 12년을 설정하도록 한 것은 동독 학제(10년+2년)의 전례를 따름으로써 경험의 연속성을 유지시켜 주었다. 초중등 과정의 총 학업 시간만 충족된다면 12년 학제와 13년 학제 모두 가능하도록 규정을 유연화하여 운영하였다. 다시 말하면, 함부르크협정을 바탕으로 동독 지역의 학제개편은 연방 차원의 '통일성'과 개별 연방주의 '독자성'을 동시에 추구하는 방식으로 이루어져 동독 지역의 주마다 학교의 수학 기간과 학교 유형의 명칭이 조금씩 차이를 보이고 있다(권오현 2006: 287-290).

(3) 통일독일의 교육제도

독일의 교육제도는 16개 주마다 차이가 약간 있으나 기본적으로 초등교육(4년), 중등교육 1단계(6년)와 2단계(2-3년)로 총 13년이며, 이후 고등교육으로 구성된다. 독일의 의무교육은 만 6세부터 18세까지 12년 동안이다. 모든 학생들은 만 6세에 초등학교(Grundschule)에 입학하여 4년 과정을 마치면 중등학교로 진학하게 된다. 초등학교 단계를 졸업하면서 학생의 진로과정이 결정된다. 학생의 성적, 적성 및 능력 등을 고려하고 부모님과 상담 이후 진학 시 어느 상급학교를 택해야 할지 결정하게 된다.

　초등학교에서 중등학교로 진학할 때 실업계인 하우프트슐레 또는 종합학교 5-6학년의 진로모색 단계로 진학할 경우 특별한 진학 절차가 없다. 그러나 레알슐레 혹은 김나지움으로 진학할 경우에는 학부모와 학교가 함께 협의하여 학생이 어떤 중등학교에 진학할 것인지를 결정한다.

중등교육 1단계

중등교육은 2단계로 구분된다. 중등교육 1단계에는 실업계인 하우프트슐레 및 레알슐레와 인문계인 김나지움 및 종합학교 등이 속하며, 하우프트슐레와 레알슐레의 경우는 1단계에서 정규 학교교육이 끝난다. 이 3가지 진로과정에 전체 학생의 비율은 김나지움 15% 정도, 레알슐레와 하우프트슐레 70% 정도, 그 외 종합학교를 비롯한 특수학교가 15% 정도에 이른다.

- 김나지움(Gymnasium, 인문학교)

  김나지움은 대학진학을 목표로 하는 학생들이 진학하는 과정으로, 학과과정을 수료하고 졸업시험에 성공적으로 합격하면 대학입학자격에 해당하는 아비투어(Abitur)라는 학력증서를 받게 된다. 대부분의 학생은 상급 인문학교를 거쳐 대학교로 진학하며 소수의 졸업생은 직업학교로 진학하기도 한다.

- 레알슐레(Realschule, 실과학교)

  레알슐레는 공업·상업 등 직업 실무와 관련된 이론과 실기를 교육받으며 졸업시험에 합격하면 중급증서(Mittlere Reife)라는 학력증서를 받게 된다. 사무, 기술직, 행정직 등 실무 업무를 수행할 능력이 있다는 증서이다. 레알슐레 졸업 후 김나지움에 편입하여 아비투어를 할 수도 있다.

- 하우프트슐레(Hauptschule, 주요학교)

하우프트슐레는 직업훈련을 원하는 학생들이 진학하고 졸업 이
후 대부분이 직업학교에 입학한다. 수업과정에서 기술, 경제, 정
치, 사회 등을 배운다.

- 종합학교(Gesamtschule)

종합학교는 위의 3유형제 학교의 특성을 모두 갖춘 학교이다.
이 학교는 전통적인 독일 학제의 차별화된 여러 진로를 제거하
고, 이를 통일화의 방향으로 진행함과 동시에 학생의 능력이나
흥미에 맞는 교육의 다양화를 꾀하는 일에 중점을 두고 있다.

중등교육 2단계
중등교육 2단계는 인문학교인 김나지움의 상급반(11-12, 13학년)과 다

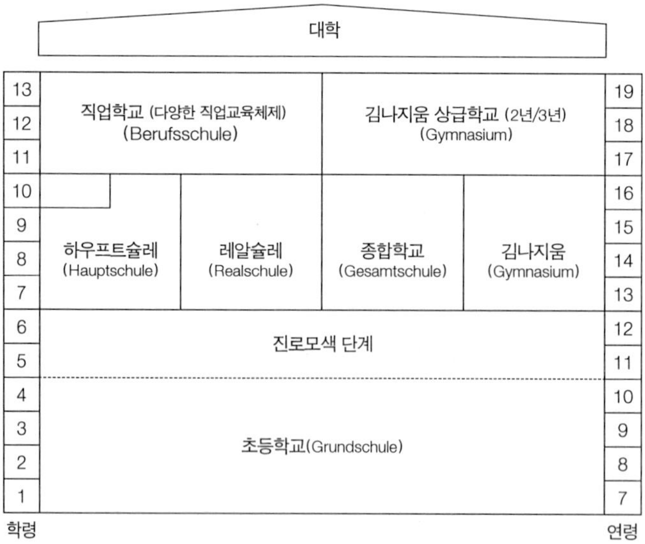

그림 4-2 통일독일의 학교제도

양한 분야의 직업학교들이 포함된다. 김나지움 상급반을 졸업한 학생
들은 대학에 진학할 수 있으며, 직업교육을 이수한 학생들은 취업을 하
거나 상급의 직업교육을 받는다. 하우프트슐레를 졸업하면 대부분이
직업에 종사하면서 직업학교에 다닌다. 직업교육을 담당하는 학교로
는 직업학교(Berufsschule), 직업전문학교(Berufsfachschule), 실업전
문고등학교(Fachoberschule)의 3종류가 있다. 중등교육 2단계를 선택
하는 학생 비율은 직업학교가 65% 정도, 직업전문학교 15% 정도이며
인문학교는 약 20%에 이른다(정영근 2012, 312-319; 김면 2012).

(4) 교육과정 및 직업기술교육

통일 후 신연방주의 새로운 교육과정을 구성하는 데 있어서 구연방의
교육과정이 기본 모델로 수용되었고, 실제로 구연방과 유사하게 교육
과정이 개발되었다. 초중등 교육과정 개혁은 정치적·이념적 성향의 교
과목이나 내용은 폐지하고 학교 내적 구조의 민주화를 달성하는 것이
었다. 이를 위해서 의무 군사교육과 국가시민 교과가 폐지되었다. 국가
시민 교과를 대신하여 새로운 사회과목이 편성되었다. 1990년 가을학
기부터 사회과에서 정치, 경제적 영역 이외에 철학적, 심리학적, 윤리-
도덕적 문제들이 함께 다루어졌다. 그 이유는 종래의 국가시민 교과교
육은 동독 독일공산당(SED)의 정당프로그램을 중심으로 하는 이념교
육이었기 때문이었다. 새로 편성된 사회과목은 자율적 민주주의 결정
과정을 가르쳐 주는 것이 주목적이었다.
　　동독이 붕괴됨과 동시에 외국어 교육의 전면적인 개편이 요구되
었다. 지금까지는 '러시아어'만이 의무과목이었고, 영어와 불어는 제한

된 범위 내에서만 허용되었는데 이제는 러시아어, 영어, 불어가 선택 의무과목으로 되었다. 그 결과 1990/1991년 학기에 영어를 제1외국어로 선택하는 학생(5학년)이 80% 정도로 증가했고 많은 러시아어 교사들이 러시아어를 가르칠 수 없게 되었다(정영수 외 1999). 새로운 교과목과 교육 내용이 도입되었다. 선택과목의 폭이 넓어지면서 환경교육, 철학 등과 같은 새로운 과목이 도입되었고 미술, 음악의 비중이 높아졌다. 동독 교육과정의 주요 특징이었던 종합기술 수업 원칙이 자본주의 시장경제 원리에 맞추어 교육 내용의 변화가 불가피했으며, 종교수업이 도입되었다. 국가와 당이 분리됨에 따라 학교 내 당조직도 분리되면서 이념교육이 폐지되었다. 국가청소년 조직인 파이오네르, 자유독일 청소년연맹 등이 폐지되고 대신 다양한 청소년 조직들이 조직되었다.

독일의 교육과정의 민주화도 이루어졌다. 중앙의 연방정부는 교육과정 결정에 거의 관여하기 않는다. 주요 권한은 원칙적으로 주정부에 주어져 있다. 다만 주교육부장관위원회(KMK)라는 자발적인 협의기구를 통하여 교육과정의 공통성을 유지하고 있다. 그 공통성의 정도는 학년별로 이수해야 할 교과목의 종류와 과목별 시간 배당이 정해져 있다는 점에서 비교적 높은 것으로 볼 수 있다. 즉 교육과정 편제는 주교육부장관위원회(KMK)에 의해 결정되고, 교육 내용은 주 정부에 의해 결정되며, 교사는 평가를 담당하는 등 영역별로 권한이 분산되어 있다(오기성·박창언·신효숙 2008, 36).

독일은 보통교육과 직업교육의 두 가지 진로를 모두 포괄하고 있다. 동독의 직업교육 기관은 국가의 주도하에 공장에서 운영하는 공장 직업학교이다. 통일 이후 동독 지역의 많은 공장들이 도산하면서 직업교육 자체가 위태로운 상황에 직면했다. 따라서 통일독일은 직업교육을 국가가 담당하던 체제에서 국가와 기업이 함께 실시하는 체제로 전환하였다.

서독의 직업학교는 기업과 학교가 상호 연계하여 직업교육 훈련을 실시하는 이원화제도(Dual System)로 세계적으로 인정받고 있으며 독일의 산업 및 경제의 토대를 이루고 있다. 중등교육 1단계를 졸업한 학생은 이원화 교육 시 직업훈련을 받기 원하는 사업체를 선택해야 한다. 훈련사업체를 선정하는 과정에서 학생들은 임금이 다소 높은 대기업을 선호하지만 대부분 중소기업으로 진학하여 직업훈련을 받고 있다. 기업이나 사업체는 훈련생을 모집하여 훈련 약정을 체결하고 대개 주 3-4일의 실기 훈련을 담당하며 직업학교는 주 1-2일 정도 교양과 기초 이론교육을 담당하고 있다. 사업체 훈련장을 배정받지 못한 학생은 전일제 직업전문학교에서 1년 교육 후 이원화제도로 전환 가능하도록 되어 있다.

직업교육 이원화제도의 장점으로는 노동시장 및 사업체 요구에 부합된 기능공의 교육이 가능한 점, 장기간 현장 훈련으로 적응력을 겸

표 4-3 직업교육 관련 이원화제도 운영 형태

구분	직업훈련	직업교육
교육훈련 장소	사업체 생산현장	직업학교
교육훈련 기간	주당 3-4일	주당 1-2일
근거	사업체와 약정체결	의무교육
교원	직업훈련교사(사업체 소속)	교사(교육공무원)
적용 규정	직업훈련 규칙	기본 교수지침
학습자 신분	훈련생(도제)	학생
운영 주체	사업체	직업학교
비용 부담	사업체	주정부
관리, 감독	상공회의소	주정부(교육부)

자료: 김면(2012).

비한 우수한 인력 양성이 용이한 점, 개인의 능력과 적성에 맞는 직종 선택이 가능한 점 등을 들 수 있지만, 반면 단점으로는 사업체의 재정적 부담이 너무 크다는 점을 들 수 있다.

한편, 통일 이후 동독 지역에서는 실업률의 증가와 경제성장의 둔화로 인해 기업들은 직업훈련에 참여하지 않으려고 하였다. 기업은 직업훈련 비용의 과다와 직종에 적합한 지원자의 감소 등의 이유로 직업훈련을 담당하는 것을 부담스러워 하였다. 이러한 점을 감안하여 1996년 이래 동독 지역 직업교육은 연방정부와 주정부가 '동부 지역 공동 이니셔티브'의 일환으로 비용을 서로 절반씩 부담하여 프로그램을 실시하였다. 주정부는 노동시장 및 직업교육 현황을 면밀히 조사하고 이에 맞춘 프로그램 운영을 지원하고 있고, 기업과 학교 간 산업협동이 자리를 잡아가고 있다(김면 2012).

(5) 동독 교사의 재임용 및 교사 양성

통일 후 신연방주에서는 동독체제의 청산 문제와 관련해 교사의 해고와 함께 서독 교육과정의 도입에 따른 교사의 재교육과 임용 문제가 중요하게 대두되었다. 통일조약 제37조에 따라 동독에서 인정한 학교 및 졸업장은 계속해서 유효하게 통용되었지만 소위 '성분조사'를 통해 교사의 정치적 성향과 전문성이 평가되어 수많은 교사들이 해직되었다. 동독 출신 교사들은 일단 모두 교원으로 그대로 임용한 후, 자격심사 후에 적합하지 않은 교사들은 해고되고 나머지 교사들은 재임용되었다. 자격심사의 내용은 교사의 전문능력, 교사로서의 적성, 특별히 국가보위부(Stasi)에 대한 협력 여부가 주요 고려 요건이었다.

국가보위부, 동독인민군(NVA), 동독 자유청년연맹(FDJ) 및 유사

국가기관에 근무한 경력이 있거나 협력했던 자가 해고의 대상이 되었다. 또한 다른 전공 없이 국가 및 사회강좌를 강의한 교사, 러시아어 교사, 어린이 단체인 피오니어 그룹(Pionier Gruppe)의 지도교사 역시 해고 대상자였다. 특히 마르크스주의와 레닌주의 등의 사회주의 이념을 가르친 정치교육 과목은 폐지되어 많은 수의 담당교사들이 해고되었다(김창환 2000, 108; 김영탁 1997, 382; 신세호 외 1992, 291; 정영수 외 1998). 동독 체제하에서 교장과 교감, 관리직 재임자는 서독 측 인사로 대부분 교체되었다. 통일조약 제37조의 내용이 교사의 해고와 재임용의 결정에 중요한 근거가 되었다.

정치적인 이유 외에도 과거 동독에서는 과다한 교사를 확보하고 있었고, 서독에 비해 학교 교사에 대한 보상이 상당히 컸기 때문에 각 주들은 비용 문제로 교직 감축을 시행하였다. 서독에 비해 학급당 학생 수도 적었기 때문에 서독 수준으로 조정함으로써 발생하는 잉여교사가 더욱 많아졌고 동독 교사들의 해고가 불가피했다. 한편 외국어나 음악, 미술 등 일부 교과목에서는 교사가 부족하였다. 이러한 현상으로 인하여 교사가 부족한 과목의 경우, 정치적으로 문제가 있고 전문성과 교육자로서의 자질이 의심스러운 사람도 재임용되고, 수요가 감소한 과목의 경우, 정치적으로 오염되지 않은 교사들이 해고되는 모순된 결과를 초래하기도 하였다. 재임용된 교사들도 서독 교사에 비해 신분상, 급여상 불평등 대우를 감수해야 했다. 계약해지, 조기 퇴직금 수령 등과 같은 노동시장 정책의 수단을 이용하여 신연방주들은 많은 수의 교사 해고가 통일 직후인 1990년대 초에 이루어졌고 신연방주 전체적으로 볼 때, 약 20%의 교사들이 해고되었다(강구섭 2012, 53; 김창완 2000, 108; 임선택 2000, 48).

대학의 경우에도 이념과 관련된 철학, 법학, 경제학 등의 과목이

표 4-4 통일 이후 해임된 동독 출신 교원 수

신연방주(동독)	전체 교원 수	해임된 교원 수
브란덴부르크	30,600	5,247
베를린	30,000	800
메클렌부르크-포어폼메른	29,923	8,400
작센	52,000	10,000
작센-안할트	36,000	10,230
튀링엔	40,000	2,000
	218,523	36,677

자료: 강구섭(2012, 53).

폐지되었다. 이념 관련 연구소들이 폐쇄되고, 관련 교수와 연구원들은 일정 기간 동안 기본급 70%의 보수를 준 후 해임되었으며, 이렇게 정리된 교수가 4,000여 명에 달했다(염돈재 2010, 289). 동독 대학교수의 수는 1989년과 비슷한 6,700명 수준으로(의과는 제외) 유지되었다. 1993년 중반 당시 교수 정원의 약 40%가 충원되었으며 1년 후에는 약 70%가 충원되었다. 종합대학교에 임용된 교수의 약 절반과 신규 임용된 교수의 약 2/3는 신연방주 출신이고, 특별히 혁신되어야 할 과목과 신설될 과목의 교수 자리에만 주로 서독 출신을 임용했다. 신규 임용된 교수의 11%는 여성이었다. 인력 개편을 통해 교수의 평균 연령이 매우 낮아져서 교수의 약 절반이 50세 미만이었다. 대학 사무직원의 거의 대부분은 신연방주 출신들로 충원되었다(김영탁 1997, 385-388; 통일원 1996, 527-536).

　한편 통일 후 계속 임용된 동독 출신 교사는 우선 교사 후보생 자격을 인정받았고 수습 기간을 마친 후 2차 국가고시에 합격해야 정교사 자격증을 취득할 수 있었다. 이는 서독의 교원양성 제도를 따른 것이다. 즉 서독에서는 대학의 교원양성과정 졸업과 동시에 1차 국가고시에 응시하여 합격한 후 일정 기간의 수습근무를 마치고 2차 국가고시에 합격해야 정식교원자격을 인정받았다. 수습 기간 연한은 수업 경험에 따라 단축되기도 했는데 1993년, 동독교사자격 인정 협정이 체결되면서 동독 교사활동 증명으로 수습근무 및 2차 국가고시를 대체할 수 있게 되었다(강구섭 2012, 53-54).

즉 통일 후 신연방주의 교사양성 제도는 서독의 제도를 그대로 적용하였다. 교사양성교육은 중등학교 학제가 복선적이라 그에 상응하는 분화된 중등교육 자격 및 양성과정으로 운영된다. 교원 양성과정은 초등이나 중등교육 모두 두 단계로 나뉘는데, 제1단계에서는 대학을 졸업하면서 국가고시에 합격하면 교직후보생 자격을 취득하게 된다. 제2단계는 교사양성세미나(Studienseminar)에서 12-24개월의 양성교육과 학교에서의 현장실습을 마친 후 2차 국가고시에 합격함으로써 정교사 자격증을 취득하게 된다.

표 4-5 통일 독일의 교사 양성교육의 단계와 내용

	교육기관	양성 기간	교육 내용	졸업시험
제1단계	대학 제1교과 전공 제2교과 전공 교육학	학사: 6(초등) - 9(김나지움) 학기 석사: 2-4학기	두 전공교과(교수법 포함) 각각 40%, 교육학 20% 정도의 비율로 이수(다양한 유형의 학교실습을 학기 중 및 방학 때 이수)	1차 국가시험 (교직후보생 자격 취득)
제2단계	교사 양성 세미나 일반교육학 세미나 제1교과세미나 제2교과세미나 수습근무 학교	12-24개월	현장에서의 수업 및 평가, 상담, 생활교육, 교재연구, 교수법 관련 지식과 능력 습득, 수업참관, 독립적 수업, 교사의 창의성 개발	2차 국가시험 (교사 자격 취득)

자료: 정영근(2012, 324).

동서독의 통합과 새로운 환경에 대처해 나가기 위해서 동독의 교사는 물론 독일 전역의 교사들을 위한 재교육과 계속교육이 실시되었다. 각 주에는 교사들의 재교육을 담당하는 기관들이 마련되었고 이 기관들이 여러 대학교와 다양한 성인교육 기관에 교사재교육을 위탁하였다. 동독교사 재교육은 우선 교육 종사자들의 편향된 이데올로기 의식을 제거하는 데 있었다. 해직되지 않은 교사들은 대학 및 교사교육 기관 등에서 재교육 이수가 의무적으로 부과되었다. 정치·사회과목 교사들은 자유민주정치, 법률, 시장경제 등에 관한 재교육과정을 수료해야만 교직에 남을 수 있었다.

각 주마다 교육법이 서독식 모델에 따라 개정되어 교과과정의 변화와 학교체제의 개혁이 이루어졌다. 동독 출신 교사들은 이러한 새로운 학교체제의 변화에 따른 내용이나 교수법을 익혀야 했다. 특별히 동독 시절에 없었던 과목을 담당하는 교사들은, 예를 들면 경제 분야에서 판매경제학, 마케팅, 인사관리, 회계학, 사회보험, 개인보험, 은행 등이며, 기술 분야의 경우 통신공학, 차량공학 등이고 일반 교양과목으로서 사회학, 정치학, 영어, 철학 등의 과목들은 재교육이 필수적으로 요청되었다(통일원 1996, 500; 임선택 2000, 47). 또한 교사 재교육은 새로운 통일환경에 맞는 교사의 전문성을 함양하고 민주주의 가치에 입각하여 지금까지의 타율성에서 벗어나 자유와 자율성을 바탕으로 독자적인 교육을 해나갈 수 있도록 해야 한다는 점이 강조되었다.

한편 통일 직후 동서독 교사, 교원의 통합을 위해 동서독 학교 간 자매결연을 맺고 자발적인 교사·학생들의 상호교류가 진행되었다. 예로 베를린시 당국은 양 지역 간 교육통합을 위해 교사 갈등 해소를 최우선 과제로 삼고 교사들을 1년에 1천 명씩 상대 지역의 학교로 교환 배치하는 프로그램을 추진하기도 했다. 그러나 상대방 지역의 학교에서 경험하는 상대편 교사의 낯선 시선, 상이한 의사소통 방식, 학교 분위기, 조직문화 등으로 인해 교사 간 유대감 형성이 용이하지 않았고 결과적으로 긍정적 성과를 거두지 못하였다(강구섭 2012, 59).

통일 이후 내적 통합은 주요한 과제로 제기되었다. 동서독 지역 간 교사와 청소년의 내적 통합을 위해 민주시민교육이 학교 교육과정에서뿐만 아니라 학교 밖에서도 다양하게 이루어졌다. 연방정치교육원과 주정치교육원은 통일 직후에 동서독 제도통합과 관련한 교육 지원에 중요한 역할을 담당하였다. 특히 동독 출신 교사들에게 민주시민교육을 중심으로 한 재교육을 실시했으며, 통일 후에는 동독과 서독 출신 주민들이 상호 이해를 촉진하도록 방대한 자료의 제공과 다양한 교육활동을 전개하였다. 사회통합의 교육 내용은 역사교육과 민주시민교육의 관점에서 이루어졌다. 즉 독일 분단, 동독의 역사, 동서독 관계, 통일과 통합과정 등의 주제를 통해서 분단 역사에 대한 객관적 지식을 제공하였으며 서독 지역 청소년들에게는 동독 상황에 대한 이해를 돕도록 하였으며, 시야의 지평을 유럽으로 넓힐 수 있도록 하였다. 또한 청소년들이 그들의 눈높이에 맞는 다양한 형식과 내용의 콘서트, 영화, 경시대회, 전시회 등을 통해서 자유, 민주주의, 인권존중, 통합, 갈등해결 등의 문제를 이해하도록 하였다(최영돈 2014, 102-105).

콘라드 아데나워 재단도 1990년부터 1992년까지 민주시민교육 사무소를 설립하여 운영하였다. 동독 출신 교사를 대상으로 한 민주시민교육은 교사가 매일 매일의 수업과 업무에 곧 바로 응용할 수 있는 교육 방식과 내용을 제공하는 것이었다. 1992년부터는 민주시민교육은 상황의 변화에 맞추어 대상별로 보다 심도 있고 전문적인 내용을 실시하였다. 자유와 책임, 유럽의 통합과정, 독일의 국내 통합, 국제정치 및 현대사, 분단 독일의 역사와 통일 과정 등과 같은 다양한 주제들이 다루어졌다.

청소년을 대상으로 한 다양한 민주시민교육 프로그램도 진행하였다. 다양한 교내 활동 프로그램, 청소년 프로젝트, 전시회 및 이벤트, 지역 행사, 작가 낭독회, 지역 코칭, 대학 강좌, 공개 정치 포럼 및 토론회 등의 형태로 이어지고 있다. 특히 차세대 양성 민주시민교육 프로그램에서 다루는 주제로는 현대사 및 독일 독재정권의 역사, 유럽통합 과정, 수사학 및 커뮤니케이션 교육, 미디어 및 언론정책, 저널리즘 교육, 민주주의 체제의 토대, 국제정치 및 국제사회에서 독일의 역할, 이주민의 통합, 갈등 극복 등을 들 수 있다(크리스토프 코넬리 2013, 7-8).

라. 통일독일의 교육통합 시사점과 통일한국의 교육통합 방향

(1) 교육통합의 방향

남북한 통일 방식과 과정에 따른 교육통합의 다양한 방식 모색

통일 후 남북한 교육통합 방안은 기본적으로 통일이 어떠한 방법으로, 어떠한 형태로 이루어지는가에 따라 좌우될 가능성이 높다. 그런 점에서 통일독일의 경험은 급변상황에 의한 남한 주도의 통일이든 남북한의 평화적, 점진적 통합이든 양 방안에 모두 시사점을 제시한다. 동독에 대한 서독의 흡수통일은 동독 지역의 교육체제를 서독의 교육체제로 흡수통합시키는 방식으로 교육통합이 이루어졌다. 교육통합의 과정이 완전히 서독 측 주도로 이루어졌기 때문에 동독의 모든 제도와 통일 과정에서 논의되었던 발전적인 구상들은 버려졌고 동독의 교육체제를 서독의 것으로 대치하였다.

  남북한도 통일의 형태와 무관하게 교육제도의 통합을 논의하기는
어렵다. 북한 지역에서 급변상황이 발생하여 남한에 의한 흡수통일이
이루어지는 경우에 대비한 교육통합 대책이 마련되고 있다.[2] 또한 완전
한 급변상황은 아니더라도 체제전환 국가들의 변화 동향 및 세계적인
변화 추세에 비추어 볼 때 남북한 통합은 자본주의적 경제체제에 기반
한 다원주의적 민주체제를 지향할 가능성이 높다는 연구가 제시되고
있다(신효숙 2002; 박종철 2002; 한만길 외 1998, 2001; 윤종혁 외 2002).
이런 점에서 통일독일의 교육통합 방안은 자본주의적 경제체제에 기
반한 자유민주주의를 지향한 남북한 통합에 적용 가능성이 높은 것으
로 시사되고 있다.

  한편 남북한 통합은 남한 측의 일방적인 주도가 아닌 상대방의 입
장을 충분히 고려하는 가운데 상호 합의에 의한 점진적 통일도 가능하
다. 이 과정에서는 통일 전 단계에서부터 활발하고 광범위한 상호간의
교류를 통해 남북한 교육체제 간의 공통분모를 확대해 나가며 점진적
통합을 준비해 나갈 필요가 있다. 이와 관련하여 남북한 체제의 상호
장단점을 보완하여 새로운 체제를 구성하고자 하는 주장과 현재의 남
북한 체제를 초월하는 새로운 '제3의 체제'를 구상하고 이에 근거해 통
합안을 마련하자는 주장도 논의되어 왔었다(문용린 1991; 한만길 1997;
김기석 2001). 두 나라가 통일이 될 경우, 양 교육체제를 근접시켜 통합
시키고 양 지역 간의 교육적 균형을 유지하는 것이 바람직하다는 것이
다. 두 나라의 교육체제를 병립시키면서 두 체제 사이의 가장 좋은 특
성들을 모아 하나의 새로운 교육체제를 만드는 것이 바람직하다는 것

---

2   급진적 교육통합 연구로는 〈통일대비 교육부분 대책 종합연구〉(한종하 외 1994), 〈통일
    상황 대비 교육통합 단기 대책연구〉(정용길 외 1996), 〈남북통일 이후 사회통합을 위한
    교육의 역할〉(안기성 외 1998) 등을 대표적으로 들 수 있다.

이다. 통일독일의 교육통합이 서독 교육체제를 동독에 그대로 이식시키는 과정에서 제기된 문제점을 살펴볼 때, 남북한은 점진적 통합을 통해 양 교육체제의 장점을 반영하여 새로운 교육체제를 만드는 것이 가능한지에 대해 심도 깊게 논의될 필요가 있다.

남한 교육체제의 변화와 개혁을 동반하는 교육통합 준비

독일 통합의 과정은 동독 교육뿐만 아니라 서독의 교육에 있어서도 새로운 개혁을 위한 기회일 수 있었다는 점에 주목할 필요가 있다. 통일 후 동독 교육개혁은 서독의 전통적 교육체계를 이식하는 것이었고, 통일독일에서의 진정한 교육개혁은 이루어지지 않았다. 사실 서독의 학제에서 표출되어 왔던 몇 가지 문제점들이 동독 교육체계에 의해 일정 부분 극복되었던 점이 인정되지 않았고 철저히 배척되었다(김면 2012).

한편 통일독일 20여 년이 지나면서 독일에서는 교육이나 의료·보육제도 등에서 동독의 모든 제도를 버린 것은 큰 잘못이었다는 인식이 확산되어 갔다. 동독의 취학 전 조기교육과 국가가 통합 관리하는 교육 방식이 새롭게 주목받고 있다. 또한 일찍부터 직업교육과 일반교육을 구분하는 서독식 제도보다 10학년까지 단일학제로 운영되던 동독 방식이 낮은 계층의 고등교육에 대한 접근 기회를 늘릴 수 있다는 점에서 주목되고 있다. 이러한 통일독일의 교육통합의 문제점을 반면교사로 삼아 남북한 교육통합은 점진적 통합안을 검토하고 양 교육체제의 장점을 반영할 수 있는 방안이 논의되어야 할 것이다.

우선 남한 교육체제의 개선·개혁이 병행되어야 할 것이다. 이 중에서도 남북한 주민 간 통합력을 증진시키는 교육통합 준비가 필요하다. 이런 점에서, 남북한 간에 분단으로 야기된 주민들의 가치와 의식

구조의 이질화를 극복하고 주민들 간에 동류의식과 연대감을 형성하는 통합력 증진을 위한 교육통합의 문제가 깊이 있게 논의되어야 할 것이다. 그런데 남북한의 사회통합은 주민들 간의 문화적·정서적 이질성을 극복하고 동질성을 회복하려는 노력만으로는 한계가 있다고 지적되고 있다. 남북한 주민이 문화 정서적으로 동질성을 이루었다고 해도 남북 간에 생활 기회와 생활수준에서 현격한 차이를 보이게 되면 사회통합은 어려울 것이기 때문이다.

이렇게 볼 때 사회통합의 역할로서의 교육통합은 일차적으로 사람들의 가치나 태도 변화를 이끌어내는 교육이 중요하다. 더 나아가 사회통합은 생활 기회의 형평성을 증대하고 기본적 사회적 시민권을 보장하는 과제와 함께 이러한 사회 가치와 이념을 실천하기 위한 강제력을 가진 법적·제도적 장치가 병행되어야 한다. 교육통합은 교육 복지적 측면과 기타 제도적 측면이 강화됨으로써 남북한 간 및 집단 간의 갈등을 최소화하고 개개인의 능력과 소질을 최대화할 수 있는 방향으로 마련되어야 할 것이다. 이런 점에서 통일 이전 단계에서부터 남북한 교육, 특히 남한 교육의 변화와 개혁을 전제로 한 교육통합 논의의 중요성이 다시 강조될 필요가 있다(문용린 1991; 김기석 2001; 윤인진 2001, 36-46; 신효숙 2012; 한만길 2012).

내적 통합을 위해 교육복지와 공동체 교육 원리의 강화

독일 통일은 서독의 자유민주주의 체제, 자본주의 시장경제에 기초한 교육이념과 교육제도가 그대로 이전되는 방식이었다. 통일 과정에서 서독 출신 주민들은 삶의 방식에서 크게 바뀐 것이 없지만 동독 출신 주민들은 민주사회와 시장경제체제에 적응하기 위해 노력해야 했다. 이 과정에서 동독적인 것은 버리고 바꾸어야 하는 열등한 것으로 인식되면서, 동서독 주민 간 정신적, 심리적 통합의 문제를 야기하였다. 자유민주주의와 자본주의 시장경제체제를 근간으로 추진되었던 독일 교육통합은 내적 통일의 문제가 제기되었고 이를 최소화하기 위한 방안과 노력이 모색되었다.

이런 점을 고려할 때 통일한국의 교육 비전은 남북한 모두에게 공통의 비전이 되어야 한다. 남북한의 구성원들이 합의할 수 있고 공유할 수 있는 비전으로 제시될 때, 각각의 교육현실을 변화시킬 수 있는 힘의 원천이 될 수 있는 것이다. 박상진은 통일한국의 교육철학의 방향으로 교육복지, 공동체 교육, 상생 교육, 변혁주의, 세계지역화를 제시하고 있는데(박상진 2014, 218-226), 통일독일의 내적 통합의 문제점에 반추해 볼 때 교육복지 실현, 공동체 교육에 기초한 교육원리가 강조되어야 할 것이다.

우선 교육복지의 교육원리가 필요하다. 개인의 욕망에 기반을 둔 시장경제인 자본주의 체제와 국가의 통제를 기초로 한 계획경제인 사회주의 체제의 한계를 극복하고 통합하는 열쇠는 교육복지이다. 교육복지는 개인의 삶의 질을 높이는 것과 다른 사람과 함께 누리는 것을 동시에 추구한다. 개인의 삶의 질을 높이기 위해서는 시장경제를 기반으로 경제발전이 추구되어야 하며, 동시에 시장경제 체제에만 사회를 맡기지 말고 국가가 계획적으로 보편적인 복지를 실현하기 위해 노력해야 한다. 교육에서 자율성과 경쟁, 효율성을 추구하되 부익부 빈익빈의 계층 간 위화감이나 소외 계층이 생기지 않고 누구나 교육의 혜택을 통해 자기실현이 가능하도록 '교육복지'를 통일한국의 기본 철학으로 제시해야 할 것이다.

예를 들자면, 통일독일의 취학 전 교육복지제도는 우리에게 시사하는 바가 적지 않다. 동독에서는 많은 여성들이 직업 활동을 하고 있었기 때문에 거의 모든 수요를 충당시킬 수 있을 정도의 유치원, 보육 서비스의 제공은 필수적이었다. 그러나 동독 지역의 기업들이 민영화 되면서 해당 작업장이나 기업에서 운영하는 보육, 유치원 시설은 기업 이 도산하거나 작업장이 해체되면서 사라지게 되었다. 서독의 취학 전 교육복지제도는 제한적으로 전일제가 운영되었고 공교육비 외에 사교 육비가 요구되었다(김누리 외 2006, 37).[3] 취학 전 교육복지제도는 여 성의 직업활동 측면에서도 필요하지만 저소득층 아동의 기본적 보육 과 잠재적 학습역량을 개발한다는 면에서도 중요하다. 인생의 출발점 인 유아교육 기회를 평등하게 제공하고 소득불평등이 교육불평등으로 연결되지 않도록 선제적으로 제어할 수 있어야 할 것이다. 따라서 통일 한국의 교육복지는 균등한 교육기회를 제공한다는 점에서뿐만 아니라 교육의 형평성을 제고하는 점에서도 중요한 교육원리이다.

둘째로, 공동체 교육의 원리가 필요하다. 교육은 우선적으로 개인 에 초점을 맞추어 자아실현을 목적으로 하지만 개인주의 교육이 심화 되어 이기주의적인 교육으로 전락하거나 지나친 부익부 빈익빈의 불 평등 교육으로 흐를 수 있다. 북한의 집단주의 교육은 당과 국가라는 집단의 이익에 충성하도록 교육함으로써 개인을 억압하는 획일주의 적, 전체주의적 교육으로 변질되어 버렸다. 한편 개인주의에 기반한 남 한의 교육을 살펴보면 학생의 민주시민 역량과 공동체 역량이 OECD 국가 가운데 최하위권이고, 성인의 민주시민 역량과 사회성 수준도 OECD 국가 중 하위권이다. 공동체 역량이 취약한 점은 통일 사회를

---

3   "동독 시절엔 여자가 직장에서 높은 자리에 올라갈 기회가 많았어요. 그런데 지금은 여 자가 일자리를 갖는 것 자체가 힘들어요. 예를 들면 유치원만 해도 그래요. 서독 사람들 은 자기들 유치원 제도가 좋다고들 하는데 우리 동독 여자들한테는 영 아니죠. 근무시간 때문에 문제가 제일 많이 발생해요. 직장 가진 엄가가 네 시에 문 닫는 유치원에 애들을 어떻게 맡길 수가 있겠어요."(구드룬, 인터뷰 당시 49세)

준비하는 관점에서 볼 때 대단히 큰 문제이다(김창환 2014, 66-67).

통일사회는 남북한 주민이 공동체 의식을 갖고 평화롭게 더불어 사는 사회이다. 개인주의 교육이나 집단주의 교육으로 전락하지 않으면서 개인과 집단이 긍정적으로 통합되는 공동체 교육을 강조해야 할 것이다. 개인의 자유와 자율성을 보장하면서도 사회와 국가 전체가 발전할 수 있는 방향성을 제시해야 할 것이다. 따라서 통일한국의 기본 철학으로 남북한 주민의 민주시민 역량, 평화 역량, 민족 공동체 의식에 기반을 둔 공동체교육이 강조되어야 할 것이다. 통일한국은 세계 여러나라가 긴밀하게 영향을 주고 받는 세계화 시대에 살고 있다. 배타적 민족주의로 전락하지 않고 민족의 정체성을 분명히 인식하면서도 세계화 시대 속에서 타 민족, 국가, 문화를 인정하고 개방성을 지니고 소통할 때 세계 속에서 건강한 정체성을 지닌 시민으로 살아갈 수 있다. 따라서 남북한이 함께 공유할 수 있는 민족 공동체 의식이 강조되어야 할 것이다.

(2) 학제개편의 방향: 국가적 통일성과 남북한 지역의 특수성을 반영한 학제개편

통일독일은 연방제적 사고에 기초해 통일성과 다양성을 함께 추구하는 방식으로 학제통합을 진행하였다. 전국적 통일성 차원에서 서독의 3유형제 학제를 근간으로 동독의 지역마다 학제 편성의 다양성이 존중되는 방식의 학제통합이 이루어졌다. 예를 들자면 서독의 학제는 대학진학까지 13년이 소요되는 반면에 신연방주 학제는 브란덴부르크 주에서만 13년이 소요되고 다른 신설 주에서는 동독 학제의 연속성 차원에서 12년이 가능하도록 하였다. 신연방주의 학교 수학 기간과 학교

유형의 명칭도 주마다 조금씩 차이를 허용하였다. 예로 다른 신연방주
는 초등학교 교육 기간이 4년인 데 반해 브란덴부르크주는 초등학교 6
년으로 설정했다. 중등교육에서도 메클렌부르크-포어폼메른주만 서
독의 3유형제를 도입하였을 뿐, 나머지 신연방주는 2유형제를 채택하
였다(권오윤 2006, 287-288).

　이러한 독일 학제통합 방향에 비추어 볼 때, 통일한국의 학제통
합 방향은 중앙 차원의 통일성을 유지하면서 지역적 다양성을 존중하
는 원칙하에 북한 지역의 다양성을 반영해야 할 것이다. 통일정부는 남
한과 북한 학제의 큰 틀을 제시하되 일정 기간 남한 지역과 북한 지역
의 다양성이 반영되도록 학제개편의 유연성을 허용해야 한다. 국가 수
준에서는 의무교육 기간, 초중등과정의 교육 기간, 학교 유형, 교육과
정 기준 등 기본 구조를 제정하여 모든 학교가 이를 준수하도록 한다.
남북한의 지역, 시도 및 학교 수준에서는 세부적 편성과 적용에 있어서
재량권을 발휘할 수 있도록 허용해야 할 것이다. 지역적 특성을 반영하
여 학교의 유형, 학교의 명칭, 학교급의 결합, 지역 특성교과 개설 등이
가능하도록 해야 할 것이다.

　통일독일이 전국적 통일성과 함께 지역적 특성을 고려해 학제 편
성의 다양성을 존중하였듯이, 통일한국의 학제는 남한과 북한이라는
지역적 특성을 반영한 학제 운영을 고려해야 할 것이다. 초중등과정의
총 학업 시간만 충족된다면 남한 지역은 초등학교(6)-중학교(3)-고등
학교(3)의 12년제를 운영하는 동안 북한 지역은 초등학교(5)-중학교
(3)-고등학교(3)의 11년제 운영을 고려할 수 있을 것이다. 남북한의
12년 학제와 11년 학제를 병행하여 시범적 운영을 거친 후 통합 학제
안의 제시가 가능할 것이다.

　통일독일이 동독의 단선학제를 3유형제 학제로 전환하여 중등학

교 단계에 진로탐색과 직업훈련 교육을 도입하였듯이, 통일한국도 이에 대한 검토가 필요하다. 북한은 인문계열과 실업계열의 구분 없이 11년제 일반 중등교육을 실시하고 있다. 남한은 대학 중심의 고학력사회로 고등학교 단계에 대학진학을 목표로 운영되는 인문계 고등학교와 기술인력을 양성하는 마이스터고, 특성화고가 함께 운영되고 있다. 남북한 통일은 독일 통합 과정에서처럼 동독 지역 산업 붕괴와 대량 실업의 가능성을 염려하고 있고, 동시에 대대적인 기간산업 복구와 건설로 다수의 기능인과 전문인력이 요구될 것으로 예측하고 있다. 따라서 고등학교 단계에 북한의 지역적 특성을 반영한 인문계와 실업계가 다양하게 운영될 필요가 있다. 통일한국의 경제건설 및 기술경쟁 시대에 대비하여 중등교육 단계에서 진로와 직업을 탐색하고 준비하는 직업교육체계의 신설을 고려해야 할 것이다. 특히 기업과 학교가 밀접한 연계 속에서 직업훈련 교육을 제공하고 취업을 연계하는 방안을 고려해야 할 것이다.

(3) 교육과정 통합 방향: 민주시민교육과 역사교육의 강화

통일 전에 동독은 사회주의적 가치와 세계관에 기초한 혁명적 인간을 양성하는 교육을 실시하였고, 서독은 자유민주주의에 입각한 교육을 실시하였다. 통일 이후 집단적인 행위와 가치에 습관이 된 동독인들은 통일사회에서 개인주의와 다양한 가치관을 쉽게 받아들이지 못하였다. 따라서 통일 이후 교육과정 통합의 핵심은 교련 과목과 국가시민 과목을 폐지하는 등 이데올로기 교육을 폐지하는 것이었다. 외국어 과목 중 주요 과목을 차지했던 러시아어는 감소하고 역사, 지리, 독일 문학 등의 탈이데올로기화도 뒤따랐다. 특별히 정치적이고 이념적인 색채가 없는 수학과 같은 과목은 일정 기간 잠정적으로 기존의 교과를 사용하다가 이후 새 교과서로 대체하였다.

통일한국의 교육과정은 체제유지 중심적인 정치사상 교육이 축소되고 학생들이 필수적으로 습득해야 하는 보편적인 교육 내용과 과목들이 많은 비중을 차지하도록 재편성되어야 할 것이다. 북한의 정치이데올로기 교육을 담당하고 있는 김일성, 김정일, 김정숙, 김정은 관련 과목, 현행 당정책 등의 과목은 폐지를 검토해야 할 것이다. 통일독일의 경우에서처럼 정치적이고 이념적 색채가 덜한 수학, 과학 관련 교과서는 일정 기간 사용하면서 남북한간 공동위원회에서 제작한 표준교육과정에 기초하여 통합 교과서를 제작하여 사용할 수 있을 것이다. 교육과정 운영에 있어서는 다양한 지역적 특성을 반영하여 운영되고, 학생들에게 선택과목의 폭을 확대하여 선택권을 확대하고, 학생 학습자의 자율성에 기초한 자기주도적 학습이 확대되어야 할 것이다(신효숙 2014).

통일독일은 1970년대 중반부터 독일 민주시민교육의 이론적 근간으로 적용되고 있는 "보이텔스바흐 합의(Beutelsbacher Konsens)"에 기초하여 학교 교육과정의 모든 교과와 정치교육 교과에 이를 적용하였다(김상무 2005). 이와 같은 장기적 측면에서 통일 대비 민주시민교육의 기본 이론의 제시와 적용이 필요하다. 통일독일은 통일 후 민주시민교육과 법치국가의 기본 가치체계 이해, 청소년 간 상호 이해와 이질감 극복을 위해 신규로 사회과목을 편성하였고, 그외 학교 교육과정, 교육 내용에서 이를 다양하게 반영하여 가르쳤다. 또한 동서독 청소년의 정체성 형성을 위해 역사교육이 강조되었으며, 이와 함께 의사소통능력 증진, 다양한 문화적 경험과 이해 등이 강조되었다. 통일독일의 경험에 비추어 남북한 교육과정 통합은 민주시민교육의 합의된 장기적 기본원칙을 제정하고 이를 학교 교육과정과 교육 내용 속에 적용할 필요가 있다.

통일독일이 동서독 주민의 내적 통합을 위해 분단 독일의 역사와 통일 과정, 독일의 국내 통합, 유럽의 통합 과정 등 역사교육을 중시하고 있다. 북한 및 남한 지역 주민, 청소년을 대상으로 통일한국의 국민임을 인식시키는 역사교육을 현 단계부터 준비할 필요가 있다. 남한국민과 북한국민들이 과거 남한과 북한의 각각의 국민임을 뛰어넘어, 이제는 통일한국의 한 국민임을 인식하고 자각토록 하는 국민정체성을 함양해야 한다. 이러한 국민정체성 회복은 역사교육에서부터 시작해야 한다. 남북한의 정권 유지를 위한 편협하고 왜곡된 역사교육 내용은 축소시켜 나가고 국제적 관계 속에서 통일한국의 발전을 모색하는 역사교육과 통합 역사교과서 편찬을 추진해 나가야 할 것이다.

통일독일은 연방정치교육원, 콘라드 아데나워 재단과 같은 다양한 기관이 전체 주민과 청소년을 대상으로 시대 상황의 변화에 맞추어 대상별로 전문적인 민주시민교육을 실시하였다. 통일 초기에는 동독 주민과 청소년을 대상으로 법치국가의 기본 가치체계 이해, 민주주의 원리와 가치 적용, 다양한 문화적 경험과 이해 등에 주목하였다. 이런 점에서 통일 대비 통일교육원은 전체 국민, 청소년을 대상으로 실시하고 있는 통일교육에서 남북주민 통합을 위한 교육프로그램을 강화하고 이를 확대 적용할 수 있는 체제를 갖추어 나가야 할 것이다. 또한 통일 대비 북한이탈주민지원재단은 북한이탈주민의 남한사회 정착 경험이 반영된 남북 주민, 청소년 통합을 위한 다양한 교재와 교육프로그램을 개발하고 통일 이후 이를 수정하여 확대 적용할 수 있도록 해야 할 것이다.

(4) 교사 통합 방향: 교원인력 재임용 기준 및 다양한 재교육
   프로그램 마련

독일 통일 후 신연방주에서는 동독체제의 청산 문제와 관련해 교사의 정치적 성향과 전문성을 평가하여 다수 교원이 해고되고 재임용되는 절차를 거쳤다. 신연방주 전체 교사의 약 20%에 달하는 교사들이 해고되었다. 교사는 체제와 이념을 다루는 핵심 인력이다. 교육통합의 최우선순위로 정치적 이력을 가진 교사의 해고와 재임용이라는 수순을 거쳤다. 동독 출신 교원이 해임된 자리에 서독 출신 교사나 행정가들로 채워졌다. 이는 단기간에 통일독일의 새로운 교육체제 형성이라는 점에서 긍정적으로 작용했지만 다른 한편 동독 지역의 불만과 국민통합의 문제를 야기하였다.

교육인력의 재임용과 양성 문제는 교사가 되려고 하는 구직자뿐만 아니라 현직 학교와 대학교에서 직장생활을 영위하고 있는 교원들 모두에게 중요한 문제이다. 교육제도와 행위자 이전, 인력과 지식 이전의 긍정적 자원을 더 강화하고 이에 수반되는 국민통합의 부정적 요소를 최소화하기 위해서는 통일 이전부터 구체적인 준비가 필요하다. 통일한국의 새로운 교육체제 형성은 최대한 많은 남북한 교육인력이 함께 참여할 수 있는 방안으로 준비되어야 한다. 이러한 기준에 맞추어 북한 교원 해고와 재임용의 객관적 심사기준을 마련하고, 다수의 남북한 교육인력이 새로운 교육체제 형성에 적극 참여할 수 있도록 다양한 재교육 프로그램을 마련해야 할 것이다.

우선 통일한국의 교육제도와 교육 거버넌스 개혁에 따른 교육행정인력 재교육 프로그램이 필요하다. 교육부문에서 교육행정의 개방성과 분권화의 도입, 중앙정부로부터 지방정부로 행정권한의 이양, 사교육 부문의 단계적 확대, 교육기관의 교육행정 및 재정자립 능력의 강화 등이 이루어질 것이다. 이에 따라 교육관리자들을 대상으로 통일 후 국내외 교육 환경의 변화에 따른 민주적 교육행정제도의 기획과 운영, 재정과 회계 관리 등 경영능력 강화 프로그램이 필요하다. 교육개혁의 현장인 일선 학교에서 변화를 주도하는 교사들을 위해서는 교직사회의 변화, 문제해결력과 창의력을 증진하는 교과교수능력의 함양, 정보통신기술 활용 능력 배양, 학교와 지역사회의 협력 등 교사의 전문성 개발 프로그램이 필요하다. 또한 통일 대비 남북한 지역 간 교육인력 교류에 대비하여 남한사회에 정착한 북한이탈주민 교원인력의 재교육과 교원양성을 준비해야 할 것이다.

마. 나가는 말

통일에 대해 남북한 체제통합의 문제뿐만 아니라 내적 통합에 대해 우려하며 통일 부정론이 보이지 않게 확산되고 있다. 그러나 정작 통일을 실현하고 그 과정을 거쳐온 통일독일은 동서독 통일 과정의 어려움과 많은 문제점에도 불구하고 통일에 대해 긍정적인 평가를 하고 있다. 체제통합에 있어서는 통일독일의 국제적 위상과 경제력이 이를 나타내준다. 내적 통합에 있어서는 물질적 생활여건의 동일화가 완전히 이루어지지 않았지만 점차 향상되고 있고, 통일이 동서독 주민에게 손해보다는 이익이었다는 손익평가를 하고 있다. 무엇보다도 동독 출신 주민, 청소년은 국가가 아닌 개인이 스스로 노력하여 미래를 선택하는 삶을 살 수 있다는 점에서 통일의 가치를 높게 평가하고 있다(김누리 외

2006, 220).[4] 이는 남북한 통일의 어려움에도 불구하고 남북한 통합의 중요성과 그 필요성을 보여준다.

이상으로 동서독 통일에서 교육 분야 통합 경험은 사회주의 체제가 자본주의 체제로 통합되는 과정에서 나타나게 될 문제점을 살펴볼 수 있었다. 또한 독일 통합의 경험은 다양한 방식으로 전개될 수 있는 상황에 대비할 수 있도록 교육통합의 시나리오와 구체적인 계획을 수립하는 데 시사점을 제시해 주었다. 무엇보다도 통일한국은 체제통합을 통해 달성되는 것이지만 내적 통합의 중요함을 제시하고 있다. 내적 통합을 위해서는 교육복지적 측면과 공동체 교육에 기초한 교육원리가 강조되어야 한다. 이러한 내적 통합을 위한 노력은 통일 후는 물론이고 현 단계에서부터 남한과 북한의 점차적 변화와 노력을 필요로 한다. 변화의 주체이자 동력으로서 남한사회가 먼저 통일 미래를 향해 준비하며 변화해야 한다.

제도적 측면에서 학제개편의 방향은 중앙 차원의 통일성을 유지하면서 지역적 다양성을 존중하는 원칙에서 북한 지역의 다양성을 반영해야 할 것이다. 교육과정 측면에서는 체제 유지 중심적인 정치사상 교육이 축소되고 학생들이 필수적으로 습득해야 하는 보편적인 교육 내용과 과목들이 많은 비중을 차지하도록 재편성하되, 특히 민주시민 교육과 역사교육이 강조되어야 함을 제시하였다. 교육인력 통합 측면에서는 통일한국의 새로운 교육체제 형성에 최대한 많은 남북한 교육 인력이 참여할 수 있는 방안을 준비하되 교원 해고와 재임용의 객관적 심사기준, 다양한 재교육 프로그램을 마련해야 할 것임을 제시하였다.

4　"이제 국가가 우리의 미래를 결정하는 것이 아니라 우리 스스로 앞길을 선택하고 결정할 수 있어요. 미래에 대한 무한한 가능성을 갖게 된 거죠. 이런 점이 통일이 우리 세대에게 준 가장 큰 혜택인 것 같아요."(리하르트, 남, 인터뷰 당시 17세)

통일한국의 새로운 제도 기반의 형성과 변화를 주도하는 인력이 교사들이라고 볼 때 이들에 대한 재교육과 양성은 교육통합에 관건이기 때문이다.

참고문헌

강구섭. 2012. "독일통일 후 동서독 교육통합 사례 연구."『비교교육연구』22(1).

권오현. 2006. "독일 통일 후 동독 지역의 교육통합 연구."『독일어문학』32.

김기석. 2001.『남북한 분단교육의 형성과 그 극복-통일후 교육통합을 위한 새로운 지평의
　　탐색』. 서울: 학술진흥재단 국제협력공동연구 보고서.

김누리 외. 2006.『나의 통일 이야기, 동독주민들이 말하는 독일 통일 15년』. 한울아카데미.

김면. 2012. "통일독일과 교육통합의 시사점."『체제 전환국의 경험과 북한 교육개혁 방안』.
　　한울아카데미.

김상무. 2005. "통일독일의 통일교육 권고안과 서독의 통일교육 지침 비교 연구."『교육의
　　이론과 실천』10(1).

김영탁. 1997.『독일통일과 동독 재건과정』. 한울아카데미.

김영윤·양현모. 2009.『독일, 통일에서 통합으로』. 서울: 통일부.

김용기. 2017. "한국과 독일의 통일교육 비교분석을 통한 한국교육에의 시사점 탐색."
　　『한국콘텐츠학회논문지』17(4). 한국콘텐츠학회.

김창환. 2014. "선진국의 교육 가치 및 제도와 정책."『통일한국의 교육 비전: 다음세대가
　　행복한 교육복지 국가』. 한울아카데미.

김창환 외. 2002.『독일의 학교 및 사회통일교육 프로그램 개발 및 운영실태 분석』.
　　통일부용역과제.

문용린. 1991. "통일후의 교육체제 구상."『통일한국의 미래상과 삶의 양식』. 서울:
　　한국정신문화연구원.

박상진. 2014. "통일한국의 교육 비전, 철학, 제도 및 정책."『통일한국의 교육 비전:
　　다음세대가 행복한 교육복지 국가』. 한울아카데미.

박종철 외. 2002.『남북한 '실질적 통합'의 개념과 추진과제: 민족공동체 형성을 중심으로』.
　　통일연구원.

신세호 외. 1992.『독일 교육통합과 파생문제점 분석연구』. 한국교육개발원.

신효숙. 2002. "교육통합."『한반도의 평화와 통일』. 서울: 백산서당.

_____. 2012. "러시아와 중앙아시아 국가의 교육개혁 경험."『체제 전환국의 경험과 북한
　　교육개혁 방안』. 한울아카데미.

_____. 2012. "북한 교육 실태와 남북 교육협력의 경험."『체제 전환국의 경험과 북한
　　교육개혁 방안』. 한울아카데미.

_____. 2014. "북한 교육의 문제점과 개선 과제."『통일한국의 교육 비전: 다음세대가 행복한
　　교육복지 국가』. 한울아카데미.

윤인진. 2001. "남북한 사회통합의 조건과 전망."『남북한 사회통합의 길 그 현황과 전망』.
　　서울: 금왕출판사.

윤종혁 외. 2002.『남북한 실질적 통합단계의 교육통합 방안연구』. 서울: 통일연구원.

염돈재. 2010.『올바른 통일 준비를 위한 독일통일의 과정과 교훈』. 서울: 평화문제연구소.

오기성·박창언·신효숙. 2008. 『남북한 통합 초·중등학교 교육과정 시안 연구』.
　　교육과학기술부.
임선택. 2000. 『통일에 대비한 남북한 교육통합에 관한 연구』. 한국교원대학교.
임춘희. 2012. "독일통일 이후 동독 지역의 청소년 정치교육." 경남대학교 북한대학원
　　박사학위논문.
정영근. 2012. "독일의 교육제도와 발전과제." 『비교교육학 이론과 실제』. 교육과학사.
정용길 외. 1996. 『통일 상황 대비 교육통합 단기대책 연구』. 서울: 교육부.
정영수 외. 1998. 『통일 후 독일의 국민통합을 위한 교육정책 연구』. 학술진흥재단 지원연구.
최영돈. 2014. "독일통일과 장기적 과정으로서의 사회통합: 독일 연방정치교육원의 역할을
　　중심으로." 『경영컨설팅리뷰』 5(2). KNU경영컨설팅연구소.
크리스토프 코넬리. 2013. "독일 통일을 통한 사회 전환 및 사회 변화." 『독일의 경험으로
　　배우는 북한이탈주민 교육 자료집』. 콜라드 아데나워 한국사무소-여명학교.
통일원. 1996. 『독일통일 6년, 동독재건 6년』. 통일원.
통일부. 2011. 『독일의 통일·통합 정책 연구: 부처·지방정부 연구-교육부』. 통일부.
_____. 2014. 『독일통일 이후 동서독 주민 의식변화 분석』. 통일부.
한만길. 1997. 『통일시대 북한교육론』. 서울: 교육과학사.
한만길 외. 1998. 『민족통합을 위한 교육대책연구(1)』. 한국교육개발원.
_____. 2001. 『남북 교육공동체 구성을 위한 교육통합 방안 연구』. 서울: 통일연구원.
_____. 2012. 『통일에 대비하는 교육통합 방안 연구』. 서울: 한국교육개발원.
한종하 외. 1994. 『통일대비 교육부문 대책 종합연구(VI)-급변상황에 의한 통일시의 남북한
　　교육통합방안』. 서울: 한국교육개발원.
_____. 1994. 『남북한 교육 및 학술 교류·협력의 방향과 과제』. 한국교육개발원.
허준영. 2012. "북한이탈주민 사회통합정책 방안 모색: 서독의 갈등관리에 대한 비판적 검토."
　　『통일정책연구』 21(1).

3

통일에서 심리적 통합으로:
독일의 경험과 한반도의 과제

전우택(연세대학교)

가. 서론: '심리적 통합'보다 먼저 생각할 사항들

분단 70년 동안 강고하게 고착되어 있었던 한반도의 상황이 급변하고 있다. 그에 따라 향후 남북관계가 어떤 모습을 가지고 어떤 방향으로 흘러갈지, 현재로서는 매우 유동적이라 할 수 있다. 그러나 그 모습과 방향이 어떠하든지 한 가지 분명한 것은 있다. 앞으로 상당 기간 동안 남북관계는 남한과 북한 사람들 사이의 교류가 증가하면서, 서로를 이해하고, 공동의 목적을 위하여 협력하며, 평화로운 공존을 위하여 서로의 발전을 돕는 일을 하여야 할 것이라는 것이다. 이것은 급격한 "최종상태로서의 통일"을 추구하기보다는, 독립된 두 개의 국가가 한반도라는 하나의 공간 안에서, 평화와 상호 번영을 추구하며 공존하는 '한반도 공동체 구성'을 향해 나아가는 것을 의미한다(전우택 편 2018, 3-8). 처음에 이것은 한반도 경제공동체 구성에서부터 시작하여, 한반도 문화공동체, 한반도 교육공동체, 한반도 복지공동체, 한반도 외교안보공동체, 그리고 최종적으로 한반도 정치공동체 구성을 향하여 점차 그 공동체의 성격을 심화시켜 나가기를 기대한다. 그러나 이러한 일들을 추진해 나가기에 남한과 북한의 사람들은 서로에게 이미 너무도 낯설고 이질적인 존재들이 되었다. 한반도의 분단은 70여 년의 세월이 흐르면서 완전히 다른 체제 하에서 태어나고 살아온 "다른" 남한과 북한 사람들을 만들어 놓았기 때문이다. 따라서 평화와 번영의 한반도를 만들어가기 위하여 이제 우리의 관심과 노력은 정치, 군사적인 "땅의 통일"에서 "사람의 통일", 즉 "심리적 통합"으로 옮겨가야 할 필요가 있다(전우택 2000, 2010). 그런 의미에서, 한반도처럼 이데올로기에 의하여 분단되었다가 다시 통일을 이루었고, 그 이후, 이질화되었던 사람들의 심리적 통합을 위하여 노력한 경험을 가지고 있는 독일의 사례는 우리에게 중요한 의미를 가진다. 비록 독일은 "통일 이후의 통합"을 다루어야 하였고, 한반도는 지금 "통일 이전의 통합"을 다루어야 한다는 점에서 큰 차이는 있지만, 독일의 심리적 통합 경험은 우리에게 시사하는 바가 매우 많다. 이에 대한 논의의 준비로서, 먼저 몇 가지 생각을 정리해 보기로 한다.

(1) 독일 통일은 서로 증오한 적이 없는 집단 간 통일이었다

독일의 경우, 구동독과 구서독 사람들의 갈등, 의심, 증오의 정도는 한반도의 경우와 비교하여 매우 낮았다고 할 수 있다. 비록 다른 체제를 가지고 있는 사회였고, 체제 경쟁과 인권적 문제 등에 있어 첨예하게 대립하였던 부분이 있었으나, 동독과 서독이 직접 전쟁을 한 적은 없었기 때문이다. 따라서 동서독의 심리적 통합은 한반도에서 이루어져야 하는 심리적 통합과는 유사한 측면도 있으나 분명히 다른 측면이 있음을 인식할 필요가 있다. 한반도에서는 남한과 북한으로 분단되기 이전, 즉 해방 전부터, 소위 민족진영과 공산진영 사이의 갈등이 있었고, 해방 직후부터는 한반도에서의 정국 주도권을 잡기 위한 좌우 갈등이 극심하였다. 그것은 제주 4·3과 여순반란 사건과 같은 폭력적 충돌들로 표출되고 있다가 마침내 6·25라는 민족적이고 국가적인 총체적 전쟁을 치르게 된다. 이때 남한 지역과 북한 지역에 살던 주민들은 그들의 이데올로기와 상관없이, 그들이 태어나 살았던 그 지역에서 극단적인 인간적 고통들을 겪어야만 하였다. 이것은 남북한의 정치 지도자들이 각각 가지고 있었던 사상을 스스로 더 강고하게 만드는 결과와 함께, 일반 주민들의 서로에 대한 증오와 불신을 극대화하는 결과를 만들었다. 시간이 지남에 따라 해방 전후의 충돌과 6·25를 경험한 세대의 사람들 숫자가 줄어들면서, 직접 경험에 따른 증오와 불신을 가진 사람들의 숫자는 많이 줄었어도, 여전히 남한과 북한에 그 여파는 강하게 남아 있으며, 그것은 남북갈등으로만이 아니라, 소위 남남갈등, 즉 북한과 통일에 대한 태도로 인한 남한 국민 간의 갈등으로 지금도 지속되고 있다. 그런 의미에서 독일의 통일 사례는 공산주의 체제와 자본주의 체제를 통합하는 '체제의 통합'에서는 매우 중요한 사례가 되나, 한반도에서 다루어야 하는 '심리적 통합'에 있어서는 충분한 사례라고 이야기하기 어려운 측면도 있다. 오히려 독일의 사례보다는 서로가 극단적으로 증오하고 불신하였다가 평화협정을 맺고, 점차 그 증오와 불신을 해소해 나가는 과정을 가지고 있는 북아일랜드와 같은 상황이 남북한의 심리적 통합과 더 유사한 조건을 가지고 있다고 할 수도 있다. 북아일랜드의 신, 구교도는 긴 역사적 갈등을 가지고 있었으며, 1969년부터 1998년까지 30년 동안, 170만 명의 북아일랜드 인구 중 3천 6백 명이 사망하고, 3만 명이 심각한 신체적 부상을 입는 큰 갈등을 겪은 지역이었다. 그러나 이들은 1998년 평화협정을 맺었고, 그 이후 물리적 폭력을 없앤 상태에서 사회적, 심리적 통합을 위해 다양한 노력들을 하고 있다(김정노 2015; 전우택·박명림 편 2019). 그러나 그럼에도 불구하고, 동서독의 심리적 통합은 여전히 우리에게 중요한 의미를 가진다. 즉 서로를 증오하는 직접적 경험을 가진 것은 없었다 할지라도, 공산주의 체제와 자본주의 체제라는 완전히 이질적인 체제 하에서 태어나고 자라나고 살아온 사람들이, 하나의 사회를 구성하여 살아가면서 가지게 되었던 다양한 심리적 갈등들과 그 해결을 위한 시도들은 분명히 미래 한반도 상황에 많은 것을 시사하기 때문이다. 또한 6·25를 경험하여 직접적인 증오심을 가지고 있는 세대의 사람들보다, 그 이후의 세대들로 태어나, 북한 사람들에 대하여 직접적인 증오심을 상대적으로 적게 가지고 있는 남한의 대부분 인구 집단이 현재 남북분단을 마주하고 있다는 점에서, 독일의 심리적 통합 사례는 우리에게 분명한 의미를 가진다고 할 수 있다.

(2) 독립된 '심리적 통합'이라는 현상은 없다

'심리적 통합'을 생각하면서 먼저 던질 질문이 있다. 한반도 공동체 구성에 있어 정치적 통합, 경제적 통합, 사회적 통합 등을 이야기할 때, 그에 더하여 이야기할 수 있는 독립된 '심리적 통합'이라는 것이 실제로 존재할까? 라는 질문이다. 통일 과정과 그 직후에, 서독과 동독은, 정치, 경제, 사회적 영역에서 매우 크고 중요한 사항들에 대한 긴급한 결정들을 내려야 하였다. 통일 방식과 속도, 화폐통합, 구동독 지역의 재산권 문제, 구동독 국가안전보위성(Ministerium fur Staatssicherheit. 일명 슈타지. 이하 슈타지로 칭함)가 작성하였던 비밀문서 자료들의 보존, 공개 열람 등과 관련된 사항, 구동독 엘리트들에 대한 사법적 처리 등을 포함하는 구동독 체제 과거청산 문제, 구동독 체제에 의하여 희생당하고 고통받았던 사람들에 대한 보상 문제, 구동독 지역 경제개발을 위한 비용 및 세금 문제, 구동독 국영기업들의 민영화 및 동독 사람들의 대량 실업 문제 등이 그것이었다. 이 모든 것에 대한 정책결정은 정치, 경제, 사회적인 정책결정이었으나, 동시에 동서독의 '심리적 통합'에 강력하게 영향을 끼친 결정들이었다. 즉 체제통합을 위한 모든 정책결정과 운영은 '심리적 통합'에 긍정적이거나 부정적인 측면에서 직접적인 강력한 영향을 끼쳤고, 결국 모든 정책결정은 결국 '심리적 통합'을 다룬 것이었다고 말할 수 있는 것이다. 따라서, 경제적 통합을 위한 조치를 별도로 다 취하고, 정치적 통합을 위한 조치를 별도로 다 취한 후에, "자, 이제부터는 심리적 통합을 위한 조치를 기획하고 실행해 봅시다"라고 이야기할 수는 없다는 것이다. 모든 사회적 사건들과 현상, 정책의 입안과 실행들은 그 자체의 고유한 성격과 함께 모두 심리적 측면을 동시에 가지고 있다. 그러므로 통일과 통합에 대한 어떤 정책을 결정할 때는 그것을 경제적 논리, 정치적 논리로만 보는 것이 아니라, 그것이 그 후 가지고 올 심리적 파급 효과, 즉 심리적 통합까지를 충분히 고려하고 결정을 내려야 한다. 그런 의미에서 통합에 대한 논의를 하면서 '심리적 통합'이라는 것을 독립적 영역으로 다루는 것은 사실상 어렵다. 그것은 통일과 관련된 모든 영역의 이야기들과 함께, 그속에서 다루어야 한다. 이러한 맥락 속에서 본 글에서는 가장 대표적이고 직접적으로 독일의 심리적 통합에 영향을 끼쳤던 정치, 경제, 사회적 사항들을 고찰해 보고자 한다.

(3) 자신과 다른 "타인"을 어떻게 대해야 하는가를 생각해야 한다

독일의 심리적 통합을 이야기할 때 생각하여야 할 사항이 하나 더 있다. 심리적 통합이라는 용어는 통합을 이루는 주체들 사이에 심리적 차이가 존재하고, 그 심리적 차이는 부정적인 갈등을 유발할 것이라는 전제를 가지고, 그것을 극복하기 위하여 만든 용어라 할 수 있다. 그러나 모든 차이가 갈등을 만들어내는 것은 아니다. 갈등은 '다름' 그 자체보다도, '다름을 대하는 방법'에 의하여 만들어지는 것이기 때문이다. 예를 들어, 한반도의 현대사 속에서 있었던 많은 비극들은 일차적으로 좌우 이념의 차이 자체에 의해 나타난 부분도 있지만, 그와 함께 '다름을 다루는 방법'에서 기인한 부분이 많았다. 자신과 다른 사상을 가진 사람들, 즉 타자(他者)들을 "그 다른 생각으로 인하여 이 세상에 더 이상 존재해서는 안 될 사람"으로 보았기 때문에 그들을 잔인하게 처리하여 발생한 비극들이었다. 이와 같이, 자신과 "다른 사람들", 즉 타자를 어떤 존재로 인식하고 대하는가에 대한 문제는 그동안 인류학, 사회학, 철학, 종교학 등에서 주요한 주제가 되어 왔다(정창호 2011). 그 인식은 크게 세 가지로 구분해 볼 수 있다. 첫째, 타자란 인간이라면 당연히 갖추고 있어야 하는 어떤 특성들을 가지고 있지 못한 '결핍된 존재(nothing)', 즉 인간이 아니거나 인간 이하의 존재로 보는 시각이다. 따라서 그런 타자를 비인격적이고 폭력적으로 다루는 것은 정당하다는 생각을 하게 된다. 둘째, 타자를 인간으로 인정은 하지만, 인간의 전체적 체계와 총체성을 고려할 때 '불완전한 인간'으로 보는 것이다. 따라서 이들을 다루는 것은 '완전한 인간'을 대할 때와는 다를 수밖에 없다고 생각하는 것이다. 셋째, 타자를 자신과는 다른 특성을 가진, 그러나 자신과 동일한 한 인간으로 보는 것이다. 즉 타자를 나의 삶 속에 존재하는 하나의 보편적 현상으로 보면서 나와 상호 보충, 상호 보완하는 존재로 보는 시각이다. 그러기에 이런 시각에서는 타인을 온전한 인간으로 존중하며 대하게 된다. 본 글에서 동서독, 남북한 사람들의 심리적 통합과 관련된 다양한 내용을 검토할 때, 타자에 대한 어떤 사고와 태도가 그 밑에 있는가를 검토할 것이다. 타자를 자신과 동등한 인간으로 볼 때에만 진정한 의미의 '심리적 통합'을 시도해 볼 수 있기 때문이다.

나. 독일에서의 심리적 통합

(1) 심리적 경험과 통합

다른 체제에서 태어나고 교육받고 살아왔기에 서로 이질적일 수밖에 없었던 동독 출신 사람들과 서독 출신 사람들이 통일된 독일에서 서로 만나고 함께 살아가게 되었을 때, 그들이 느낀 심리는 어떤 것이었고, 그것은 시간이 지남에 따라 어떻게 변화하여 갔는지를 정리해 보면 다음과 같다.

1차 감정: "서로 다르다"
베를린 장벽이 무너지고 난 후의 동서독 통합 과정 10년을 결산하면서 만든 1999년『독일 통일에 대한 연방정부 연례 보고서』는 동서독 간의 경제적 격차는 해소되어 가고 있으나 '내적 통일'은 여전히 어려운 상태에 있음을 이야기하였다(김누리 등 2006, 19). 즉 통일 이후 구 동서독 지역과 사람들의 소득수준 균형 잡기와 경제통합은 어느 정도 이루어졌으나 심리적 통합은 여전히 힘든 상황에 있다는 것이었다. 통일 이후 10년 동안 동서독 사람들의 마음속에서는 어떤 일들이 있었는지를, 같은 1999년도에 발표된 Reiner Zoll의 글은 다음과 같이 묘사한다 (Reiner Zoll 2006, 25).

> "서독 사람들은 동독 사람들에 대하여 말한다. '동독 사람들은 갈등을 견디지 못하고 폐쇄적이며 대인관계도 미숙하고 권위에 약하며 고루하다. 자의식, 자기성찰, 세계에 대한 개방적 태도도 모자라고 자발성, 개성, 근대성도 부족하다. 여전히 관에 의존하는 습관이 배어 있고, 권

위주의적인 교육 방식, 가부장적인 평등 모델, 차이를 인정하지 않는 집단주의, 잘못된 동독 전통주의에 젖어 있다. 자연에 대해서나 자기 자식들에 대해서 아주 무책임하게 행동한다. 게다가 난폭 운전을 일삼고 일도 열심히 하지 않는다.' …… 동독 사람들이 서독 사람들에게 내리는 평가도 좋을 리 없다. '서독 사람들은 거만하고 잘난 척하며 이기적이고 의심이 많으며 아이들을 좋아하지 않고 무자비하다. 감정을 겉으로 드러내지 않고 자기 약점을 털어놓지 않으며 잘못을 인정하지 않고 공동체를 위해 행동하는 법이 없다. 치열한 경쟁사회 속에서 과도한 개인주의와 잔인한 경쟁의식에 사로잡혀 있다. 참된 여성 평등이 무엇인지, 긍정적인 사회적 태도가 무엇인지 알지도 못한다. 그들은 기껏해야 날강도거나 식민지배자들이다. 간단히 말해 그저 '잘난 서독놈들'이다.'"

이와 같은 동서독 출신 사람들 간의 사고방식에 따른 갈등을 가장 극명하게 표현한 단어는 '오씨-베씨 간 갈등구조'[1]였다. 사실 이러한 동서독 출신 사람들 간의 심리적 특성 차이와 이에 의한 갈등은 통일이 이루어진 직후 구서독 출신 공무원들이 동독 지역으로 파견되어 가서 구동독 출신 공무원들과 함께 일을 하게 되면서 가장 먼저 극명하게 나타났다. 구서독 출신 공무원들은 구동독 공무원들의 특징을 '결단력 부족, 독창력 부족, 독립성 부족, 명령에만 의존, 책임지려 하지

1　독일어로 동쪽은 오스트(Ost)이며, 서쪽은 베스트(West)인데 서독 주민은 동독 주민을 동쪽에서 온 사람들이라는 의미로 '오씨'라고 부르고 동독 주민은 서독 주민을 서쪽에서 온 사람들의 의미로 '베씨'라고 부른다. 표면적으로 봤을 때는 단순히 출신 지역을 지칭하는 것 같은 이 단어는 사실 서로에 대한 빈정거림과 상징이 담겨 있는 개념이다. '오씨(Ossi)-베씨(Wessi)'의 '오씨'는 가난하고 게으른 동독 사람을 뜻하고 '베씨'는 거만하고 역겨운 서독 사람을 뜻한다.

않음, 권위적 행태, 국정 흐름을 이해하지 못함, 정치적 감각이 없음'
등으로 생각하였다. 이에 반하여 구동독 공무원들이 생각하는 구서독
공무원들의 특징은 '너무 거만함, 형식적이며 관료적임, 너무 독선적
임, 전체를 파악하지 못하고 특정 부분에 너무 치우침, 너무 정치적임,
이기적이고 계산적임' 등이었던 것이다(Reichard and Schroder 1993,
207-217).

2차 감정: "무시한다"

이런 '서로 다르다'에 대한 인식은 그것으로 그치는 것이 아니라 "내가
무시를 당한다"라는 의식으로 넘어가면서 더 큰 문제가 되어 갔다. 특
히 경제적, 사회적으로 통일의 주체로서 역할을 하여야 하였던 서독 출
신 사람들이 아닌, 종속된 존재로 있어야 하였던 동독 사람들에게 이
감정은 매우 컸다. 이때 동독 사람들은 "우리가 경제적으로 못사는 건
사실이다. 그러나 우리는 경제적으로만 열악할 뿐이지, 그 외의 영역에
서 우리는 서독 사람들보다 우월한 것이 얼마든지 있다. 그러나 서독
사람들은 우리가 경제적으로 열악하다는 이유로 우리의 다른 모든 것
들도 다 열등하다고 본다. 그것은 참을 수 없는 것이다"라는 의식을 가
졌던 것이다. 예를 들어 동독 사람들은 과거 자신들이 가지고 있었던
특징으로 공동체 문화, 연대의식, 협동심, 상부상조, 겸손, 남에 대한 배
려, 서로 무엇이든 함께 한다는 생각 등이 있었고, 이것은 동독이 서독
보다 더 나은 덕목이었다고 생각을 하였었다. 그러나 서독 사람들은 그
모든 것을 인정해 주지 않았고, 새로운 자본주의 체제하에서 가장 중요
한 것은 경쟁력과 경쟁의식이라고 강조하였다. 그리고 그에 의해 경쟁
력이 떨어진다는 이유로, 동독 사람들은 노동시장에서 차별받고, 생활
수준은 서독 사람들에 비하여 낮은 상태를 유지하여야만 하였다. 그러

나 이런 상황 속에서 구동독 사람들이 구동독의 장점들을 그리워하고 있다는 것을 서독 사람들은 이해하지 못하였다.

3차 감정: "과거로 돌아가고 싶다"-오스탈기(Ostalgie)

구동독 사람들이 구동독의 장점들을 그리워하는 마음의 상태를 상징하는 용어가 '오스탈기(Ostalgie)'이다. 이 신조어는 통일 후 구동독 사회를 동경하는 동독인의 마음 현상을 일컫는 말로, 동(Ost)과 향수(Nostalgie)의 합성어이다. 동서독인이 서로 느끼는 이질감은 시간이 지나면서 없어져 갈 것으로 예상되었지만, 동서 지역 간 경제적 생활수준 차이는 많이 줄었음에도 불구하고 오히려 심리적 분리와 갈등은 다양한 형태로 강하게 나타난 것을 표현한 것이라 할 수 있다(박채복 2000, 22-23). 이러한 구동독 주민들의 독일 통일에 대한 부정적인 감정은, 통일 이후 15년이 지난 2004년 8월에 있었던 그들의 시위에서 사용하였던 구호, 즉 "우리는 베를린 장벽이 다시 세워지기를 원한다. 그것도 그전보다 더 높은 벽을!"에서 극적으로 표현되었다. 그에 따라 독일의 통일이란 '한 민족 두 국가'의 형태를 '한 국가 두 사회'로 변화시킨 것에 불과하다는 이야기까지 있게 되었다(김누리 등 2006, 96). 이러한 현상은 독일의 통일이 정치적인 측면에서는 비교적 동서독 사람들 간 마찰 없이 이루어졌다고 하더라도, 경제적 측면에서는 많은 갈등을 가질 수밖에 없었고, 심리적 측면, 즉 가치적이고 정신적 차원에서의 갈등은 극심하였음을 보여준다. 이런 극단적 갈등을 설명하는 용어로서의 오스탈기 현상이 나타나는 이유를 베르너 페니히(Werner Pfennig)는 다음과 같이 이야기하였다(통일부 2011, 168-169).

"사람들은 나이가 들면서 많은 경우 기억력의 감퇴와 함께 과거 사건을 덜 불편했던 것으로 인식하고 왜곡하는 경향이 있다. 그 원인은 여러 가지가 있을 수 있으며, 심리적인 자기보호의 메커니즘이 작동하는 경우도 있다. 또한 "그때가 다 나빴던 것은 아니다"라는 이야기도 나오게 된다. …… (동독 사람들이 과거 동독에 대한 기억을 좀 더 긍정적으로 하는 이유는) …… 이는 다음과 같은 요인들이 복합적으로 작용한 결과이다. 즉 동독의 급격한 몰락, 황폐화된 동독의 사실상 상황에 대한 정보, 방향설정의 부재, 부분적으로는 무기력, 실업, 명백한 열등감과 감독을 받는다는 느낌, 많은 서독 출신 사람들의 거만함, (서독 출신 사람들의 동독의 역사와 삶에 대한) 지식과 섬세한 배려의 결여, 동독의 상황에 대한 비판과 함께 개인이 그동안 이룩한 성과도 비판받는다는 느낌 등이 그것이다."

칼-지그버르트 레베르크(Karl-Siegbert Rehberg)는 이러한 분위기를 다음과 같이 기술하였다(통일부 2011, 168-169).

"급격하게 변하는 역사에 휩쓸리게 되었고, 순간적으로 가치가 변하였다. 일례로 동독의 마지막 시기에, 동독 소비품은 갑자기 사용할 수 없는 것처럼 보여지면서 서독 물품에 완전히 밀려났고, 가치가 없는 것으로 여겨지던 동독 화폐를 서독-마르크로 환전했던 시기가 지나고 난 후, 마법에서 풀리고 '황금의 서독'이 자신들의 (동독)정부를 몰아냄으로써 (자신들은) 얻은 것이 없다는 첫 충격이 왔다. 많은 '학식이 있는 구동독 시민들'은 자신의 나라 안에서 자신이 '이방인'이 되었음을 느꼈거나, 혹은 작가 폴커 브라운이 이미 1990년에 비유적으로 표현한 바와 같이, "나는 아직 여기에 있는데, 나의 나라는 서쪽으로 간다"는 인식을 갖게 되었다. …… 그러면서 실망과 부정적인 경험이 곧 부분적이나마 과거에 대한 왜곡을 가져왔다. 1990년에는 소수의 구동독 지역 주민들만이 과거 동독의 교육제도, 보건의료제도 그리고 주거상황이 더 좋았었다고 믿었던 반면, 몇 년 후에는 다수가 명백하게 이러한 생각을 갖게 되었다. 통일 이후 일반적인 상황과 개인적인 만족도에 대한 평가에 있어서는 자연히 연령과 사회적 출신 그리고 직업 상황에 따라 커다란 차이가 있었다. 동독 지역과 서독 지역에는 아직도 (같은 의미를 표현할 때) 상이한 어휘를 가지고 사용하는 경우가 있지만, 이러한 상이한 어휘 대부분이 (그것이 원래 가지고 있던) 정치적 신랄함은 없어지고, 시간이 경과하면서 이제는 종종 민속적 성격을 가지게 되었다. 이러한 차이점은 예술적으로 형상화되었으며 여기서 흥미로운 발전을 확인할 수 있었다. 이전의 영화(Film)는 각각 서독 지역 주민들만, 또는 동독 지역 주민들만 그 내용을 상세하게 이해할 수 있었는데, 이후에는 예를 들면 동독 지역과 서독 지역 사람들이 영화 〈굿바이 레닌(Goodbye Lenin)〉(2003)이라는 영화를 보면서 함께 웃을 수 있게 되었다. 더 나아가 영화 〈타인의 삶(Das Leben der Anderen)〉(2006)은 (동독과 서독 출신 사람들 모두를 넘어) 국제적으로도 인정을 받아 최고영화로 선정되어 아카데미상을 수상하였다."

그런데 시간이 해결해 주고 있다

하지만, 이러한 동서독 출신 사람들 간의 사고방식에 의한 차이와 갈등은 시간이 지남에 따라 점차 개선되었다. 구동독인들의 통일된 독일(연방공화국)과의 일체감은 점차 증가하고 있다.[2] 특히 낮은 연령대일

---

2   1990년에는 9%, 2010년에는 25% 비율로 확인되었다. 통일부 2014b, 20.

수록, 그리고 고소득, 고학력의 구동독인일수록 본인의 정체성을 더욱 통일독일에 있다고 보았다.[3] 여기서 볼 수 있는 것은, 심리적 통합 현상은 모든 사람들에게 일정하게 나타나는 것이 아니라, 연령, 학력, 소득 등 사회적 조건에 따라 큰 차이가 있을 수 있다는 것이다. 이와 같이 시간이 지나면서 독일에서 심리적 통합이 이루어진 원인은 다음과 같은 세 가지로 생각해 볼 수 있다.

첫째, 독일 통일은 이미 기정사실이라는 것을 동서독 사람들이 모두 인정하고 받아들인 것이 중요하였을 것이다. 여러 가지 불만스러운 점들도 있고, 해결해야 하는 과제들도 많이 있었지만, 어찌 되었든 통일은 이루어졌고, 다시 분단 상태로 되돌아가는 것을 구서독 출신, 구동독 출신 누구도 실제적으로는 생각하지 않았다는 것이다(비록 구동독 주민들이 집단 시위를 하면서 외친 구호는 그렇지 않았다 할지라도). 구동독 출신들은, 자신들이 구서독 사람들에게 무시를 당하고 있어 기분은 나쁘지만, 통일독일의 시스템 하에서 더 많은 자유와 경제적 풍요, 그리고 무엇보다도 자기 아이들의 긍정적 미래와 그들이 향후 누릴 수 있는 기회가 많다는 것을 인정하였다. 서독 출신 사람들도 당장은 어려움이 있어도 궁극적으로 통일이 삶의 안전과 안정을 보장하고 더 큰 풍요를 가져다 줄 수 있는 방법이라고 생각한 것이다.

둘째, 통일을 기정사실로 받아들였기에, 상대방에 대한 불만과 오해 등을 나름 이해해 보려는 노력도 하고, 적응도 해보려 하였다는 것

---

3   통일부(2014a; 2011, 20-21). "특히 젊은 층에서 그러한 비율은 시간이 갈수록 상승하고 있음을 볼 수 있다(2010년=39%). 이런 현상과 대비해서 노령층(2010년에 60세 이상인 답변자=20%)의 비율은 확연하게 떨어진다.…(중략)…더 높은 소득을 받는 사람들의 그룹은 저소득자들(14%)보다 훨씬 더 확실하게 독일연방공화국에 속해 있다고 느끼고 있다(40% 이상). 이와 마찬가지로 대학 졸업자의 경우 35%까지 이미 자신을 연방시민이라고 생각하고 있다.

이다. 자기 주변 사람들과 이 주제에 대하여 대화도 하고, 방송이나 언론에서 그 문제들을 가지고 객관화된 논의들을 하는 것을 접하고, 관련된 영화 같은 것을 보면서 생각도 하는 과정들을 통하여, 점차 서로에 대하여 익숙해지고, 그 나름대로의 해결방안도 가지게 되었다는 것이다. 이것은 그야말로 나름대로 시간이 흘러가면서 이루어진 현상이라 할 수도 있을 것이다.

셋째, 통일 과정에서부터 그 이후 이루어진 통일독일에서의 다양한 정치, 경제, 사회적 과제 해결에 있어 통일독일 정부와 시민사회가 추구한 노력들과 정책결정들이 심리적 통합을 이루는 데 긍정적 역할을 하였기 때문이다. 이제부터는 이 세 번째 이유의 내용이 무엇이었는지 구체적으로 검토해 보기로 한다.

(2) 독일 통일에서 심리적 통합에 영향을 끼친 사안들

지금까지는 독일에서 통일 이후 동서독 출신 사람들 간에 어떤 심리적 갈등들이 있었고, 그것이 어떤 과정들을 거쳐 왔는지를 보았다. 이러한 과정에서 심리적 통합에 긍정적으로든 부정적으로든 영향을 준 주요 사안들을 보면 다음과 같다.

과거청산을 통한 심리적 통합

구동독 범죄에 대한 사법처리
동독이 붕괴되면서 과거 동독에서 이루어진 수많은 독재적이고 인권 침해적 행위들에 대한 사법처리를 요구하는 목소리가 높아졌다. 그러나 이 당연해 보이던 사법처리가 실제로 시도되자, 여기에는 많은 논란의 요소들이 있음을 알게 되었다. 그리고 그 핵심은 누구까지를 처벌하여야 하는가, 어떤 법을 기준으로 처벌하여야 하는가였다. 구동독 사회는 공산독재 체제였고, 법보다도 당과 지도자의 자의적 판단과 지시가 더 중요하였다. 그런 구동독과 대비되게 통일독일 사회는 제대로 된 법치주의 사회가 어떻게 운영되는지를 보여주려 하였는데, 그것이 처벌을 복잡하고 힘들게 만들었다. 특히 통일 과정에서 이루어졌던 동서독 간의 통일조약에서는 원칙적으로 행위 당시 동독법 규정에 따라 불법행위를 처벌하도록 하였기에, 과거 동독 지역에서 이루어진 정권적 차원에서의 행위에 대한 처벌은 더욱 어려웠다. 그러면서 동독 정권적 범죄행위와 관련하여 1996년 9월 30일 현재, 총 19,972건의 고발이 접수되었으나, 그 중 기소가 된 것은 367건(2.5%)에 불과하게 되었다. 이것은 경제 관련 범죄 166건, 동독 법조인의 법률왜곡행위가 94건, 국경 살상 사건이 80건으로 구성된 것이었다(염돈재 2011, 315-317). 이러한 낮은 기소율은 구동독에서 벌어졌던 모든 형태의 악과 연관된 모든 사람들을 다 법정에 세워 사법적 처벌을 받도록 하는 것이 현실적으로 불가능하다는 것을 인정하는 것이었다. 또한 독재 권력에 편승하여 가해를 하였던 가해자에 대한 처벌 청구는 1,000건이 넘었지만, 실제로 유죄판결을 받은 것은 그 중 46건이고, 그 중 금고형 이상의 처벌은 10여 건에 불과하게 된다. 이러한 불완전한 사법적 처벌은 과거 동독 체제에서 어떤 형태로든 부당한 고통을 겪었던 수많은 구동독 사람들을 크게 분노하고 실망하게 만들었다. 그러나 역설적으로, 그런 상황이 사실은 구동독 사람들을 내심 크게 안심하게 만드는 측면도 있었다. 즉 과거 동독에서 저 정도의 사회적 위치에서 저 정도 크기의 악을 저질렀던 사람들도 처벌을 안 받는다면, 스스로 생각하기에 그보다 적은 악에 연루되어 있었던 자신은 충분히 사법적 처벌을 당하지 않을

수 있겠다는 생각들을 구동독 사람들이 하게 된 것이었다. 이러한 의식
이 통일 이후 사회적인 안정을 만드는 데 크게 기여를 한다. 또한 이와
연결되어 180만 명에 달하였던 구동독 공공인력에 대한 심사 및 재임
용 문제도 사회적으로 매우 큰 논란의 사안이 되었다. 그런데 이것에서
도 통일독일 정부는 1990년 9월 23일부터 효력이 발생한 통일조약에
의하여 감정적인 처리가 아닌, 법과 규정을 근거로 하는 처리를 보여주
었다. 즉 정상적 해고규정에 의하여 자신이 근무하고 있는 기관이 폐
쇄되면 자동 휴직 기간으로 들어가 기존 봉급의 70%만을 받도록 하였
다. 그러나 예외적 해고규정에 의하여 구동독 시절 인도주의나 법치국
가적 질서에 어긋난 행위를 한 자, 즉 구동독 공직자로서 인권 탄압에
가담한 자이거나 동독 국가보위부(슈타지) 활동에 가담한 자들은 해당
사항이 밝혀지면 즉각 해고당하였으며, 기존 보수의 70%조차 받지 못
하도록 하였다(김영윤·양현모 편 2009, 154-156). 그런 의미에서 통일
독일에서의 사법처리와 과거청산은 '정의구현'보다는, 통일된 사회의
'미래안정'이라는 목적을 가지고 이루어졌던 과정임을 알 수 있다. 즉
통일에 의한 심리적 흥분과 보복 감정, 사회여론 등에 대하여 "불법행
위를 불법행위로 응징해서는 안 된다"는 것을 보여 줌으로써 이제부터
동독 사람들이 살아가게 될 통일독일 사회의 특징을 이해하고, 신뢰할
수 있도록 하는 것을 목표로 하였다는 것이다.

슈타지 문서에 대한 처리
통일 후 독일에서 사회적으로 큰 쟁점이 되었고, 사회적 통합과 심
리적 통합을 이루는 데 중요한 역할을 하였던 사안 중 하나는 슈타
지 및 슈타지 관련 문서들과 연관된 일들이었다(황병덕 외 2011; 박종
철 외 2013). 슈타지는 본래 동독 정부의 비밀경찰로 40년간 동독 주

민들의 모든 활동을 감시해 왔다. 동독이 무너지던 1989년 당시, 슈타지에는 91,015명의 공식 요원, 173,200명의 비공식 요원들이 종사하고 있었고, 동독 역사 40년을 통틀어 비공식 요원으로 슈타지에 종사한 사람은 60만 명 이상에 달하는 것으로 알려져 있다(Dummel and Piepenschneider(김영윤 역) 2010, 17). 이들은 동독 주민 400만 명을 감시한 것으로 알려져 있으며, 동독 인구가 1600만 명 정도 되었으므로 슈타지 정식 요원 1명이 국민 180명을 감시한 것으로 볼 수 있다. 또한 이들은 서독인 200만 명도 감시하였다고 한다. 이러한 방대한 감시 작업에 소요되는 비용은 동독 국방예산의 27-32%에 달하였던 것으로 알려져 있다(김영윤·양현모 편 2009, 183). 그런 방대한 감시활동에 의하여 만들어진 것이 소위 슈타지 문서였다. 이것은 동독에서 감시를 당한 사람들에 대한 기록일 뿐 아니라, 감시를 하였던 사람들에 대한 기록이기도 하였다. 감시를 하였던 사람들의 이름들도 슈타지 문서를 통하여 결국 다 노출되었기 때문이었다. 통일 과정에서 민사당(PDS)을 비롯해 몇몇 동서독의 정치인들은 슈타지 문서와 관련해 모든 문서의 소각 처리를 주장하였다. 이것이 공개되는 경우, 향후 엄청난 사회적 갈등을 불러일으킬 것이라는 것이 그 이유였다. 하지만, 가우크(Joachim Gauch. 1990년부터 2000년까지 동독 국가안보부 문서관리청 청장 역임. 후에 구동독 출신 최초의 독일연방 대통령에 취임)를 비롯한 구동독 원탁회의(Runder Tisch)와 시민위원회 출신들이 이를 반대하면서 큰 갈등이 있게 되었다. 그러면서 결국, 슈타지 문서는 독일 연방기록원의 감독하에 두기로 잠정 합의된다. 이후 슈타지 기록은 1991년 연방 소속으로 전환되었고 그해 12월 '슈타지 문서관리법(Stasiunterlagen Gesetz)'이 통과되면서 그 문서들에 대한 접근과 분류를 관리하는 '문서보관청(BStU)'이 설립되었다. 슈타지 문서관리법

에 따르면, 동독 출신 사람들을 포함한 모든 개인은 누구나 슈타지에
의해 작성된 본인의 신상정보가 담긴 문서에 자유롭게 접근할 수 있는
권한과 사본을 요청하여 보관할 수 있으며 본인 파일 내용을 공개할
수 있는 권한을 가진다. 그리고 요청 시에는 자신을 감시한 정보제공자
의 이름까지도 알 수 있었다. 원칙상 슈타지에서 일한 사람들은 공직에
나갈 수 없기 때문에 공직의 인사권자는 국가안보부로부터 공직 지원
자 개인에 대한 요약본을 받을 수 있었고, 민간 기업 부분에서도 슈타
지 전력 여부 확인을 문서보관청에 의뢰할 수 있었다. 때문에 동독 출
신 사람들은 취업을 위해 소위 "가우크 테스트(gaucked)"라 불린 슈타
지 기록 문건 검사를 받아야 했다. 어떤 사람들은 이런 조사를 "에이즈
테스트(AIDS Test)"[4]라고도 불렀다. 이로 인해 과거 동독 시절 슈타지
에 정보를 제공하였던 동독 주민들은 자신의 제보에 의하여 만들어진
슈타지 문서를 자신이 감시하였던 대상 사람들이 보고, 자신이 그 제보
자라는 사실을 알게 되면, 어느 순간에라도 자신을 고소하여 자신의 공
적인 삶이 끝날지 모른다는 극심한 불안, 즉 소위 "슈타지-정신불안증
(Stasi-Hysterie)"에 시달리기도 했으며, 그로 인하여 극단의 경우에는
자살을 한 사람들도 있게 되었다. 그러나 슈타지 문건은 감시자에게만
두려운 문건이 아니었다. 이것은 감시를 당한 사람들에게도 두려운 문
건이었다. 자신의 문건을 열람하게 되면, 누가 자신을 감시하고 슈타지
에 감시 보고를 하였는지를 알 수 있었는데, 이것이 그들에게는 너무
도 고통스럽고 충격적인 일이었던 경우가 많았던 것이다. 친구, 가족,
연인, 선생님 등 자신들이 가장 믿고 살았던 사람들이 그 서류에 감시
자로 등장할 수 있는 것이 두려워서 서류 열람을 신청하지 못하였다가

---

4   "'에이즈 테스트'라고 부르는 자들은 일반적으로 문서공개가 사회적 평화를 저해하고 마
    녀사냥식이 될 수 있음을 우려한다(황병덕 외 2011, 240)."

수 십 년이 지나서야 비로소 열람 신청을 하는 경우들이 지금도 지속되고 있는 상황이었다. 이러한 슈타지 문건과 연관된 일련의 상황들은 통일독일에 다음과 같은 영향을 끼쳤다고 할 수 있다.

첫째, 처음 슈타지 문서를 공개하기로 한 결정이 나면서, 구동독 전역에서는 개인적인 피의 보복이 수없이 일어날 것이라는 큰 우려와 공포가 있었다. 그러나 결국 그런 일은 일어나지 않았다. 슈타지 문건 공개 그 자체가, 감시를 받았던 사람들에게 역사적 승리감을 주었고, 자신들을 감시하며 밀고한 사람들에게 큰 처벌이 되었다고 느꼈기 때문이다. 이것은 구동독 주민들에게 역사청산의 상징으로 받아들여졌고 심리적 통합에 크게 기여하였다.

둘째, 슈타지의 문건이 즉각적으로 공개되는 결정이 이루어짐으로써, 앞서 언급된 통일독일에서 구동독 주요 지도부에 대한 사법처리가 매우 천천히, 그리고 매우 낮은 수위에서 이루어지면서 발생하였던 사회적 불만을 누그러뜨리는 큰 효과를 만들어 내었다.

셋째, 슈타지 문건 공개로 구동독 체제 하에서 밀고 등 부정한 일들에 연루되었던 사람들이 통일 이후 새로운 직장 등을 구하면서 많은 제약을 가지게 된 것이, 감시로 피해를 입은 사람들에게는 적절한 처벌이라고 받아들여지면서, 많은 구동독 사람들의 심리를 안정시켰다.

넷째, 결과적으로 새로운 통일독일에서는 모든 것이 법이 정한 절차와 원칙을 따라 이루어져야 함을 학습하고 그에 대한 사회적 신뢰감을 가지도록 하는 데 의미가 있었다. 슈타지 밀고자에 대한 보복과 처벌을 한 개인이 감정적이며 자의적으로 하면 안 되고, 적법한 법적 절차를 거쳐야 한다는 것을 받아들이면서, 이것이 구동독 주민들에게 민주국가의 성숙한 시민의식을 가지도록 하는 데 기여하였다.

의회의 과거청산 활동

통일 후 독일의회는 동독에 대한 과거청산 과정을 위하여 사법처리와는 별개로 의회에 '연방의회 과거청산특별위원회'를 구성하여 활동에 들어갔다. 이것은 사법처리가 목표가 아닌, 과거의 역사적 사실을 밝히고, 그에 대한 정확한 이해와 기록을 남겨, 사람들로 하여금 과거에 대한 진실을 알고, 그에 따라 과거 동독에 대한 오해 내지 착각을 가지지 않도록 하는 차원의 과거청산 시도였다고 할 수 있다. 과거청산특별위원회는 총 2차에 걸쳐 활동을 하였었다. 1992년 3월 구성된 1차 위원회 활동에서는 학문적이고 엘리트적 전문성을 가지고 동독에 대한 역사적 조명을 하였다. 즉 동독의 권력구조, 의사결정 과정과 책임 문제, 이데올로기의 기능과 의미, 동서독 관계, 동독의 평화혁명과 통일, 독재체제의 영향 등 6개 주제에 대하여 2년간 조사를 진행하였다. 이 조사 결과는 1994년 6월 15일, 15,000쪽의 보고서와 306쪽의 요약문으로 연방의회에 제출되었다. 1995년 6월에 구성된 2차 특별위원회에서는 교육, 연구, 문화에서의 동독 사회주의통일당(SED)의 영향, 동독의 제반 정책에 대한 평가 및 동서독 간의 접촉과 교류에 대하여 조사하였다(염돈재 2011, 318-319). 그리고 이 2차 특별위원회에서는 1차 특별위원회 활동의 후속 처리에 중점을 두어, 정책 입안을 하였다. 이때 사법청산, 범죄, 희생자 문제, 미래를 위한 구동독공산당(사통당)의 독재적 활동에 대한 역사교육과 희생자 추모 등이 논의되었다. 이러한 활동이 중요성을 가지는 것은 심리적 통합과 연관을 가진다. 즉 사법처리와는 별개로, 과거에 대한 정확한 이해가 없다면, 결국 시간이 지난 후에는 동독 출신 사람들이 오스탈기와 같은 복고적 의식과 행동들을 가질 수 있다고 보고, 그것을 예방하는 활동을 한 것이다. 이것은 사법처리보다는 간접적이지만, 그 효과 면에서는 더 강력한 심리적 통합을 추구한 방법이었다. 즉 과거 독재정권의 문제점을 명확히 이해하도록 하여 다시는 독일인들(구동독 사람들을 포함한)이 공산 독재 제도로 회귀하지 않고, 통일된 국가의 이념으로 하나가 되도록 하는, 즉 심리적 통합이 되도록 한 것이었다.

구동독 피해자들의 보상과 명예회복

과거청산에 있어 중요한 것 중 하나는 구동독정권에 의하여 피해를 당한 동독 사람들에게 통일독일 정부가 보상을 하는 것이었다. 구동독 체제 하에서 수십 만 명의 사람들이 투옥 등 다양한 형태의 정치적 박해를 받았었다. 이들의 명예를 회복시키고 정신적, 육체적 피해에 대한 보상을 하는 정책을 통일 정부가 시행하였다. 그 내용을 구체적으로 보면 다음과 같다. 첫째, 국가의 사과와 피해자들의 명예를 회복하는 작업을 하였다. 1992년 6월 17일, 연방의회는 피해자들의 명예회복을 위한 조치로서 공산주의 폭정으로 희생당한 사람들과 그 가족들의 고난과 희생이 고귀하며, 그들이 독일 통일에 기여했다는 점을 인정하면서 경의와 감사를 표시하는 결의안을 채택한다. 둘째, 과거 동독 시절의 재판을 무효화하는 과정을 가지고 사면, 복권을 시켰다. 복권은 1992년 11월 발효된 '제1차 사회주의통일당(SED) 불법청산에 의한 법률'에 따라 이루어졌으며, 형사법적 복권, 직업적 복권, 행정법적 복권이 이루어졌다. 셋째, 보상을 위하여 보상금을 지급하였다. 부당한 자유 박탈이 이루어졌던 박탈 기간에 대하여는 같은 기간만큼 매달 300마르크, 부당한 구속에 대해서는 구속 기간에 맞추어 매달 550마르크가 지불되었다(염돈재 2011, 317-318). 그러나 이러한 보상에 있어, 과거 고문 등으로 고통을 받았던 것, 정치적 박해로 직업 활동을 못하여 경제적 손실을 입었던 것, 정치적 박해로 인하여 구동독에서 정상적 교육을 받지 못하여 통일 이후 경제적 활동을 하는 데 무능해진 사람들에 대한 보상 등을 다 고려해 주기에는 어려움이 있었다. 정치적 핍박으로 직업 활동을 할 수 없었거나 소득상에 불이익이 있었을 경우, 연금정산 시 핍박을 받았던 기간을 연금납입 기간에 포함시킨 정도가 있었다. 또한 동독의 행정조치로 인해 동독 내에서 강제 이주를 당하였던 사람들의 경제적 손해 등을 보상해 주는 데도 어려움이 있었다. 그러나 과거 피해자들에 대한 보상은, 비록 금전적으로는 만족스러운 것이 아니었다 할지라도, 자신들의 과거 동독 시절 받았던 고통들이 새로운 통일국가에서 의미 있었던 것으로 인정받았다는 점에서 당사자와 그 가족들, 그리고 그들을 아는 모든 사람들에게 큰 자부심과 안정감을 주었다. 그리고 서독 출신 사람들도 통일세 납부를 통하여 통일 정부가 그러한 보상을 하는 것에 간접적으로 참여하는 것이 되어, 동서독의 심리적 통합에 긍정적인 영향을 끼쳤다고 할 수 있다.

경제성장을 통한 심리적 통합

독일 통일 후 사람들의 심리적 갈등은 경제적 사안들과 깊은 연관을 가졌다. 여기서는 그 내용과 그것이 해결된 과정에 대하여 보도록 한다.

동독 출신 주민의 경제적 차이에 대한 불만

1991년을 기준으로 동독 주민 1인당 국내총생산(Gross Domestic Product: GDP)은 서독 주민의 33%로, 절반에도 채 미치지 못하였다. 사실, 동독 주민들은 통일 전, 이러한 경제적 격차가 있음을 이미 알았고, 그것을 줄이기 원하였기에, 서독과의 급속한 통일을 정치적으로 선택한 것이기도 하였다. 그러나 일단 통일이 되고 나자 동독 사람들은 3차례에 걸친 경제 관련 심리적 충격을 받게 된다. 1차 충격은 실업

과 관련된 것이었다. 동서독 간 경제적 격차에 직면한 통일독일 정부
는 구동독 지역의 국영기업을 신속하게 민영화하였다. 하지만 이 과정
에서 기존 국영기업에 일자리를 갖고 있었던 사람들의 반 이상이 실업
상태에 들어가게 되었다. 2차 충격은 '2등 시민' 심리 충격이었다. 통
일 후 구조조정의 피해자였던 동독 주민들이 서독 주민의 세금으로 충
당되는 실업수당, 사회보험금, 연금수당 등으로 생활하게 되면서, 동독
주민들은 그들 스스로가 '2등 국민'으로 전락하였다는 의식을 갖게 되
었고, 동시에 서독 주민들 또한 동독 주민들을 자신들의 세금에 매달려
사는 종속적인 2등 시민으로 보게 된 것이다. 3차 충격은 구동독 주민
들이 직장에 나가 일을 하게 되면서 가지게 된 충격이었다. 직장을 가
서 일을 하게 되었을 때, 동독 출신 사람들은 동일한 일을 할 때에도 서
독 출신 사람들이 받는 임금보다 15-20% 정도 낮은 임금을 받는 것이
일반적이었고, 직장 내에서의 직급도 동독 시절에 자신들이 가지고 있
던 직급들보다 한 단계 낮은 직급으로 임명받게 되면서 그에 의한 충
격을 받았던 것이다(박종철 외 2013, 82).

　이러한 현상들은 특히 동독 출신 여성들에게서 더 뚜렷하게 나타
났다. 통일독일 사회에서 동독 출신 여성이 직면한 가장 큰 위기는 바
로 '실업'[5]이었다. 많은 동독 출신 여성들은 통일 직후 '대기업무(Kurz-
Null-Arbeit)'라는 조처와 함께 사실상의 실직상태를 맞는다. 독일 전
체 실업률의 절반을 동독 출신 여성들이 차지하고 있었고 이는 동독
출신 여성들에게 심리적인 무력감, 고립감, 상실감, 열등감을 갖게 했
다. 그러나 통일 후 특히 서독 출신 사람들과 중앙정부는 동독 여성들

5　"통일 직후인 1990년 동독 여성의 취업률이 90%에서 47%로 급격히 떨어졌을 때, 독일
　　정부는 동독 여성들의 대량 실업을 위기가 아닌 정상화 과정으로 보았다(도기숙 2006,
　　129)."

의 대량 실업 상황을, 독일이 전통적으로 추구한 가족모델인 '정상 가정(Normalfamile)'으로 돌아가는 일종의 '정상화 과정'으로 보았다. 여기서 '정상 가정'이란 남편이 직업 활동을 하고 아내는 직업을 가지지 않고 집에서 가사를 돌보는, 16세 이하의 자녀가 있는 가정을 지칭하는 것이었다. 이 같은 가족모델을 추구하기 위해 독일 정부는 부부 중 한 사람만이 경제활동을 할 때 조세를 감면하고, 맞벌이 부부의 경우 자녀보조금(Erziehungsgeld)을 지원하지 않음으로써 여성의 직업 활동을 간접적으로 제한하고 있었다. 그러나 독일 정부의 이 같은 정책은 과거 동독에서 여성들도 직장에 나가 일을 하도록 하고, 사실상 완전고용의 형태를 가지도록 하였던 것에 익숙해 있던 동독 출신 여자들에게 하나의 큰 충격이었다(도기숙 2005, 274; 2006, 123-141).

　또한 통일 이후 구동독의 경제발전이 지역에 따라 큰 차이가 나타나게 된 것도 동독 내 사회갈등을 만들어냈다. 즉 동베를린, 드레스덴, 할레, 라이프치히, 포츠담과 같은 특정 지역에서만 경제적 활성화가 이루어졌기에 구동독의 다른 주변 지역은 상대적으로 방치된 경향이 있었다. 이에 더해 동독에서 서독으로의 이주뿐만 아니라, 동독 내에서도 농촌에서 도시로의 인구유입이 증가하면서, 동독 주민들 간에도 지역 간의 경제적 격차가 늘어나게 되었다(박종철 외 2013, 82). 이것은 구동독의 공산체제 하에서는 없었던 문제였기에 이른바 '동-동 갈등'을 야기한다. 이러한 모든 요소들은 통일 이후 사회의 심리적 통합을 이루는 데 많은 어려움을 주었다고 할 수 있다.

서독 출신 주민들의 경제에 대한 불만

통일 직후부터 통일독일 정부는 동독 지역의 경제 재건을 위하여 막대한 투자를 하였고 동독 지역 사람들의 생존권 보장과 복지를 위해 기존 서독이 가지고 있던 사회보장시스템에 동독 사람들을 편입시켰다. 독일은 통일 후 20년 동안 사회재건 비용으로 약 2조 1000억 유로를 투자했고, 이 중 52%는 사회복지 분야에 사용되었다(양창석 2014). 이 것이 통일 비용 부담으로 인한 경제적 후유증이라는 결과를 낳았다.[6] 이에 따라 통일 직후 구서독의 기업들이 호황을 누렸던 것과는 반대로 대다수의 구서독 주민들은 일상생활에서 통일에 의한 실제적인 이익을 느끼지 못했다(염돈재 2010, 333). 오히려 구서독 주민들은 동독 지역으로 흘러가는 지원금으로 인하여 독일의 경제성장이 둔화되고 있다고 느꼈다. 그에 따라 구서독 주민들의 통일 비용에 대한 불만족이 있었고, 반대로 구동독 주민들은 구동독의 지역경제가 서독경제의 식민지가 되었다는 피해의식을 가져, 양 집단 사이의 갈등이 더 증가되었다(박종철 외 2013, 79). 이러한 현상은 심리적 통합에 역행되는 현상이었으나, 통일 이후 일정 기간 동안은 불가피하게 겪어야만 하였던 일들이었다.

경제성장과 그로 인한 심리적 통합

그럼에도 불구하고 시간이 지나면서 동서독 출신 사람들의 경제적 수입과 수준의 차이가 점차 줄어든 것은 구동독 사람들의 입장에서 가장 강력한 심리적 통합의 원인이 될 수 있었다. 독일 정부는 구동독 지역경제의 재건 및 동서독 지역 주민들의 생활수준 격차 감소를 위하여 매년 연방 예산의 25-30%를 투입하였고, 사회간접시설 확충, 민간 투

---

6   그도 그럴 것이 통일 비용의 절반 이상은 소비성 지출이기 때문이다. "통일독일은 1991 년부터 2005년까지 15년간 총 1조 4,000억 유로(약 2조 7,000억 마르크, 1,750조 원)의 통일 비용을 지출했다. 매년 연방 예산의 25~30%, 국내총생산(GDP)의 4~5%를 통일 비용으로 지출한 것이며, 통일 비용 가운데 실업급여 등 소비성 지출이 60%에 달해 통일 독일의 경제를 어렵게 하는 요인이 되었다(염돈재 2010, 321 재인용)."

자 장려, 다양한 법적 지원 활동을 하였다. 이에 따라 GDP로 비교할 때, 1991년에서 2008년 사이에 구서독 지역은 48% 성장한 것에 비하여, 구동독 지역은 212%의 성장을 보였다. 2008년 현재, 구동독 지역 사람들의 1인당 총생산량(GDP)은 구서독 지역 사람들의 71%이지만, 이것은 과거에 비하여 급속히 좋아진 것이며, 앞으로도 계속 증가할 것을 예측하게 하였다(염돈재 2010, 289). 구동독 지역의 수입 증가와 주거시설 개선 등을 통하여 결국 독일 경제가 전체적으로 살아나고, 이것은 다시 동서독 사람들의 소득의 격차를 더 줄이는 선순환으로 이어지면서 심리적 통합을 이루어 가는 가장 중요한 근거가 마련되었다. 구서독 사람들도 처음에는 구동독 지역에 대한 특혜적 지원으로 불만이 많았으나, 시간이 지나면서, 통일이 그들의 경제적 상태를 더 호전시켰다는 의식을 가지게 되었고, 그러면서 불만도 줄어들게 되었다. 결국, 경제적 성장을 동서독 사람들 모두에게 체감시켰던 것이 심리적 통합에 결정적 기여를 하였다.

사회적 문제에 대한 효율적 대응을 통한 심리적 통합

구동독 주민들의 다양한 문제들을 가정 단위로 접근하여 해결해 나감

1993년 독일 연방정부는 로제마리 폰 슈바이처(Rosemarie von Schweizer) 박사가 주도하여 작성한 '가족 보고서'를 의회에 제출하였다. 여기서 강조된 것은 "사회의 인적 사원은 가족에 의해 기초가 다져지고, 모든 사람들이 태어나서 죽을 때까지 그리고 전체 사회구조가, 이러한 가족의 역할을 필요로 한다"는 것이었다(통일부 2014a, 13). 이것이 통일과 연관되어 중요하였던 것은, 동독 사람들에게 있어 통일에 의하여 생기는 변화는 정치, 경제 시스템 등 거시적인 측면에서만

있는 것이 아니라, 개개인의 일상적인 삶 속에서도 있게 되고, 그 개개인의 일상적인 삶은 '가족 단위'로 경험되어진다고 본 것에 있었다. 이러한 시각에 따라 가족을 단위로 하는 지원 시스템을 만드는 것이 심리적 통합에도 중요하다고 보았다. 가족 단위에서 다루게 되는 주요한 지원 내용들은 다음과 같았다. 가족 내 노인들을 부양하는 것, 아이들의 양육, 동독의 높아진 이혼률(30%)에 대한 대처(부모가 이혼하였을 때 12세 미만 아이들의 4명 중 1명은 행동장애를 가진다는 보고가 있었다(Napp-Peters 1995)), 주택, 보건의료, 교육, 실업 등이 그것이다. 그런데 통일독일은 이러한 '가족과 가정의 과제'를 풀어가는 데 있어 그 일을 연방정부 단위의 일이 아닌, 지역사회 단위의 일로 바라보고 접근하였다. 즉 지역마다 '다기능가족센터'를 두어 여성, 노인, 아동, 실업에 의한 일차적 문제를 다루도록 하였고 사회의 기본적 '복지'와 연결하였다. 이러한 복지지원 시스템의 작동은 동독 사람들로 하여금 자신들의 삶에 대하여 근본적으로 안심할 수 있게 해주어, 그것이 통일에 대한 만족을 만들었고, 최종적으로는 심리적 통합을 이루도록 하였다. 이러한 복지에 대한 신뢰는 동독 사람들에게만 의미를 가지는 것은 아니었다. 동독 사람들의 삶이 안정되면서, 그들과 함께 살고 일하여야 했던 구서독 사람들 역시, 다양한 측면에서 그 안정감을 함께 같이 누릴 수 있게 되었다. 그것이 심리적 통합을 만들어낸 것이다.

구동독 사회의 문화를 이해하고 인정하는 것이 증가함

모든 종류의 통합이 다 어렵겠지만, 심리적 통합은 특히 더 오랜 시간을 요하는 어려운 과정이었다. 통일 직후 독일에서 실시한 경제통합과 내적통합(심리적 통합)에 소요될 기간에 대한 예측 여론조사의 결과, 당시 독일 사람들은 경제적 격차가 해소되고 내적통합이 가능하게 될 기간을 6-8년 정도로 생각하였다. 그러나 통일이 된 후 5년이 지나 같은 예측 여론조사를 하였을 때, 경제통합에는 14년, 내적통합에는 24년이 소요될 것이라고 응답한 결과들이 나왔다(양민석·송태수 2010, 6). 이것은 독일인들이 통일 이후 내적통합, 즉 심리적 통합이 얼마나 어려운가를 체험하면서 보여준 반응 결과였다. 이 내용 중 중요한 사항을 정리하면 다음과 같다. 통일독일에서 사회적 갈등이 빚어지는 요인은 동서독이 각각 체험했던 역사적 경험체계와 여기에서 비롯된 의식체계가 상이하였기 때문이었다. 예를 들어 동독인들과 서독인들은 서로 다른 경제체제 하의 노동환경 속에서 지내왔다. 동독에서는 취업가능 인구는 거의 예외 없이 일자리를 구할 수 있었고 정년까지 직장이 보장되었다. 또, 개인보다 집단이, 그리고 경쟁보다는 협동이 중시되었다.[7] 때문에 동독인에게 직장이라는 장소는 개인이 일을 하고 돈을 버는 공간이라기보다는, 지역공동체의 일원이 되어 서로 알고 배려하며 생활하는 곳으로서의 측면이 강하였다. 반면에 서독에서는 직장은 돈을 버는 곳이며, 노동은 개인의 사회적 자아실현을 위한 수단이기에, 일을 통해 얻는 성취감을 더 중요한 것으로 보았다(박희경 2006, 70-71). 이러한 동서독의 차이는 통일 이후 많은 심리적 갈등을 만들어낸다. 그러나 시간이 지나면서 점차 변화를 경험하게 된다. 예를 들어 통일독일은 저출산 문제의 해결을 위한 정책을, 과거 서독식 현금지급 정책으로부터 동독식 일과 직장의 병행 지원 정책으로 바꾸게 된다. 이런 것들은 동서독 출신 사람들이 서로의 과거 체제에 대한 이해를 좀 더

---

7   동독에서는 '노동'의 가치를 인성 개발의 핵심으로서 매우 중요하게 여긴다. 이는 사회주의 이데올로기를 기반으로 한 동독의 정치체제에서 주민들의 노동력을 동원하고 그 체제에 순응하도록 만들기 위해서는 노동을 정책적으로 강조해야만 했기 때문이다. 김누리 2006, 68.

깊이 할 수 있게 한 계기가 되었고, 그것은 심리적 통합에 긍정적 기여를 한 것으로 나타났다(통일부 2014a, 155-156).

정치 참여와 열린사회가 주는 공평한 기회를 통한 심리적 통합

선거를 통한 동독 주민들의 민주적 정치 참여

통일독일의 심리적 통합에 큰 영향을 끼친 것 중 하나는 통일과 통일 이후의 사회문제를 동독 사람들이 자발적이고 주도적인 선거 행위를 통하여 해결해 나갔다는 것이다. 즉 누군가의 결정을 수동적으로 따라가는 것이 아닌, 스스로 주도적으로 문제를 직면하고 해결 방법을 찾아 그것을 민주적 선거의 방식을 통해 현실화하는 것을 체험함으로써, 자신이 역사의 중요 참여자로서 활동하고 있다는 의식을 가지게 하였다는 것이다. 1989년 동독인들의 격화된 시위 확산은 10월 18일 마침내 최고지도자였던 호네커의 퇴진을 만들어낸다. 그리고 1990년 3월 18일, 통일 속도와 방식을 결정하는 동독 인민의회 의원 선거가 이루어졌는데, 여기서 예상과는 달리, 신속한 통일을 약속한 '독일연맹'(동독 기민당)이 압도적 승리를 함으로써, 동독 사람들은 스스로 서독과의 급속한 통일을 선택하였다. 그에 따라 통일 직전 구동독 지역은 과거 분단 전의 독일 제3제국 시대의 행정구역에 따라 5개 주로 재편된 후에 독일연방공화국(구서독)에 가입하게 된다. 그에 따라 10월 3일 독일 정부가 통일을 선포함으로써 독일은 마침내 통일을 이루게 된다. 다음 날인 10월 4일 전체 독일연방하원을 구성하였다. 이때 하원의원 총 663명 중 144명이 구동독 출신 의원이었다. 그리고 로타 드메지어 전 동독 총리 등 구동독 정치인 5명이 연방정부 무임소 장관으로 입각함으로써 동독 사람들이 정치적으로 소외되지 않고 자신들의 대표자를 가지게 된다. 10월 14일, 구동독 지역에서 주의회 선거가 이루어져 구동독 5개 주의 행정부가 구성되게 된다. 그리고 12월 2일에는 전체 독일에서 연방하원의원 선거가 이루어졌다. 즉 구동독 사람들은 통일 과정과 통일 이후에 다양한 선거를 통하여 그들의 지지정당, 그에 따른 통일 정책, 그들의 대표와 지도자를 직접 선택할 수 있었고, 동독 사람들의 이런 의식과 자부심이 심리적 통합에 결정적 역할을 하였다고 할 수 있다. 통일 이후 많은 고통이 있었다 할지라도, 그것은 자신들이 선택한 자신들의 일이라는 의식이 있었기에, 적극적으로 심리적 통합에 임할 수 있었던 것이다.

열린사회가 주었던 공정한 기회

통일독일은 통일이 된 이후에 동서독 출신 사람들에 대한 차별이 없는 열린사회를 추구하였다. 비록 통일 직후에는 정부나 기업의 고위직에 오를 수 있었던 동독 사람들은 거의 없었으나, 그것은 차별에 의한 것이라기보다는 훈련과 능력에 관한 사항이었다. 그리고 통일 이후 15년이 지난 후에 있었던 선거를 통하여 2005년 11월부터 동독 출신 메르켈이 독일의 총리가 되었고, 그 이후 그녀는 2019년 11월 현시점까지 14년간이나 장기간 총리로서의 활동을 하고 있다. 또한 구동독 출신의 요아킴 가우크(Joachim Gauch)가 2012년부터 2017년까지 제11대 연방대통령으로 활동함으로써, 그 기간 중에는 독일의 수상과 대통령을 모두 구동독 출신 인사가 하는 일도 있었다. 비록 정치 영역이 아닌, 다른 사회 영역에서는 이런 일들이 그렇게까지 많지 않은 것이 아직까지의 현실이기는 하지만, 적어도 통일독일 사회가 그만큼 동독 출신이냐 서독 출신이냐를 따지지 않고 그 자신의 능력을 보는 사회로서의 열린사회 모습을 보여 주었다는 것에서 중요한 의미를 가진다. 즉 통일 이후 독일은 동서독 사람들이 사회에 진출하고 기회를 가지는 데 있어, 적어도 구조적인 제한과 갈등을 제도적으로 가지지 않았다는 것이다. 이것이 구동독 사람들로 하여금 자신들이 살고 있는 사회에 대한 불만을 완화하도록 하였고, 그것이 심리적 통합으로 연결되었다고 할 수 있다.

다. 한반도에서의 심리적 통합을 위한 제안

심리적 통합은 결국 상대방에 대한 정확한 지식과 이해, 개인적인 긍정적 경험의 축적, 타인들을 통하여 듣는 그들의 긍정적 경험 이야기들의 축적, 심리적 통합을 촉진할 수 있는 사회적 결정 및 그와 연관된 제도의 도입과 운영 등을 통하여 이루어질 것이다. 독일에서의 경험과 한반도의 상황을 고려하면서, 남북한 통일에서 심리적 통합을 위하여 다음과 같은 것들을 제안하고자 한다.

(1) 심리적 통합에 대한 근본적인 이해가 필요하다

심리적 통합의 가장 반대되는 개념의 생각은 이런 것이라 할 수 있다. 즉 "결국 모든 것은 정치적, 군사적, 경제적 힘으로 해결되는 것이다. 심리적 통합 운운하는 것은 어느 한쪽의 힘이 압도적이지 않을 때 그럴 듯하게 포장하는 것에 불과하다. 역사상 인류의 모든 갈등은 결국 힘으로 최종 해결되었고, 힘이 약한 존재들은 그런 결과에 '심리적 순응'을 할 수밖에 없었다. 그것이 심리적 통합이라는 것의 실제 모습이다"라는 것이다. 그러나 심리적 통합이란 일방적으로 어느 한쪽이 다른 쪽을 무릎 꿇게 한 후, 일방적인 동화를 강요하여 이룰 수 있는 그런 것이 아니다. 만일 그렇게 한다면 일시적이고 표면적으로 "심리적 통합처럼 보이는 현상"을 만들 수는 있지만, 그것은 지속적이고 본질적인 심리적 통합과는 오히려 반대의 결과를 만들어내기 때문이다. 그리고 그런 갈등은 결국 더 큰 갈등과 충돌을 만들어낼 것이다. 오히려 인류 역사는 바로 그것을 보여준 역사라 할 수 있다. 심리적 통합이란 결국 많은 갈등과 차이점에도 불구하고, 서로에 대한, 그리고 서로가 함께 만들어낸 가치와 제도에 대한 신뢰를 바탕으로, "새로운 우리의식"을 만들어 가는 과정의 결과라고 할 수 있다. 이러한 "새로운 우리의식"을 단계적으로 만들어 가는 것이 "한반도 공동체 형성"에 핵심이라는 것을 이해하고 인정하는 과정을 이제부터 가지는 것이 필요하다.

(2) 심리적 통합은 공동의 합의된 가치와 실천을 가지고 이루어져 간다

심리적 통합은 서로에 대하여 잘 알고 익숙하게 되는 것을 넘어서는 것이다. 서로에 대하여 잘 알면 알수록 오히려 서로의 차이점을 선명하게 의식하게 되면서 얼마든지 심리적 통합의 반대 방향으로 갈 수도 있기 때문이다. 따라서 결국 중요한 것은 서로가 공동의 가치를 발견하거나 만들어 공유하면서 공동의 실천 행동에 나서는 것이다. 그런 의미에서 분단 상황에서라도 남한과 북한이 이 공동의 가치를 함께 만들고 함께 추구해 나가는 것이 매우 중요하다. 예를 들어 생명존중, 인간존중, 미래존중과 같은 가치들이 그런 가치가 될 수 있을 것이다. 물론, 남과 북은 그동안의 역사적, 사상적 흐름 속에서 각자 해석하고 정의 내리며 사회 속에 실천하여 온 각자의 생명존중, 인간존중, 미래존중의 내용과 방식이 따로 있어왔다. 예를 들어 그 존중을 받아야 하는 "생명", "인간", "미래"라는 것은 대체 누구이며 어떤 것으로 규정할 것에 대한 각자의 정의와 생각이 전혀 다를 수도 있다. 그래서 함께 만나고 함께 이야기 나누는 긴 시간들이 필요하다. 그러면서 서로 다른 부분들을 억지로라도 합치려 하지 말고, 그 다른 것은 일단 옆으로 놔두면서, 가장 기초적으로 먼저 동의하고 합의할 수 있는 개념으로서의 공동 가치를 만들고 그를 실천하는 작은 활동이라도 시작하여, 점차 좀 더 높은 단계로 이행해 나가는 것이 필요하다. 이런 과정에서도, 북한은 일반적으로 대원칙을 먼저 합의하여 세워놓고, 그에 따라 세부 실천 사항을 논의하자는 주장을 하여 왔고, 남측은 대원칙 합의가 어려우니, 일단 실천 가능한 작은 세부 사항의 합의들과 실천들을 축적해 나가면서 대합의를 향해 나가자는 주장들을 해 온 경향들이 있었다. 이것은 양측의 협상 전략과도 연결되지만, 사실은 자신들의 사회를 구성하고 운영하는 방식과도 연관되어 있어 간단한 문제는 아니었다. 그러나 그럼에도 불구하고, 이러한 협상 방식의 차이에 대한 이야기에서부터라도 대화를 시작하여, 꾸준히 공동 가치에 대한 논의를 해 나가는 경험 자체가 향후 점차 확대되어져 가야 하는 심리적 통합을 위하여 매우 중요한 것이라 할 수 있다. 이것 역시 쉬운 것은 아니지만, 예를 들어 남북한 접경 지역의 인수공통감염 질환 관리나 임산부 및 영유아들의 영양 및 보건 이슈는 복잡한 사상적 토론을 거치지 않고도 먼저 합의하고 실천할 수 있는 인간존중, 생명존중, 미래존중의 내용이 될 수 있을 것이다. 이런 경험들을 하나씩 축적해 나가는 것이 서로에게 매우 중요하다.

(3) 심리적 통합은 인내심을 가지고 걷는 긴 과정임을 받아들여야 한다

앞서 보았듯이, 통일 이후 구동독 주민들은 "더 높은 베를린 장벽을 세우자"고 외치며 시위를 하기도 하였다. 이런 구호를 외치는 구동독 주민들에게는 그럴 만한 그들 입장에서의 많은 이유들이 분명히 있었다. 그러나 구서독 주민들의 입장에서 보면, 이것은 도저히 용납할 수 없는 구호였다. 통일 이후 그동안 구동독 지역의 경제발전과 구동독 주민들의 복지를 위하여 엄청난 금액의 재정적 부담을 감수하며 참아왔는데, 구동독 주민들의 저런 이기적인 주장을 어떻게 용납할 수 있겠는가 말이었다. 그러나 구서독 주민들은 결국 참아냈다. 그리고 구동독 주민들도 그런 시위까지만 하고 그 이상의 행동들은 하지 않았다. 서로가 더 큰 최종적 목적을 위하여 인내심을 발휘한 것이었다. 심리적 통합이란 이런 측면을 가진다. 긴 시간을 수모라고 느끼면서도 인내심을 발휘하면서 서로의 생각과 불만을 듣고, 또 대화하고, 그러면서 서로에 대하여 더 깊은 이해를 하고, 그래서 결국 "새로운 우리"라는 새로운 정체성을 만들어 가는 그런 과정을 거치는 것이 바로 심리적 통합인 것이었다. 이것은 한반도에도 그대로 적용되는 원칙일 것이다. 이미 너무도 이질화되어 있고, 서로에게 경제적 이익을 가져다 줄 수 있는 방식과 내용에 차이가 있다고 할 때, 상대방의 어떤 주장 하나, 어떤 행위 하나에 일희일비하면서 즉각적인 대응을 하는 것을 참을 수 있어야 한다. 그리고 심리적 통합이라는 긴 여정에 얼마든지 있을 수 있는 갈등 표출이고, 그것을 해결해 나가는 것 그 자체가 또 다른 심리적 통합 실천이라고 생각하는 시각이 필요하다. 이것은 최고 정치지도자들부터, 사회단체나 비정부기구(NGO) 지도자들과 학자들과 같은 중간급 지도자들, 그리고 일반 국민들과 풀뿌리 지도자들에게 이르기까지 공히 함께 공유하는 생각이고 방향이며 목적이 되어야 한다. 따라서 이에 대한 다양한 토론과 생각의 공유 과정을 사회가 만들어 나가, 그 인내심을 발휘할 수 있게 되었을 때, 심리적 통합의 긴 여정을 성공적으로 마칠 수 있을 것이다.

(4) 북한이탈 주민들을 통한 심리적 통합의 실험이 경험되어야 한다

70년이 넘는 분단 기간 동안, 남북한 사람들의 교류와 만남은 아주 철저하게 금지되고 통제되어 왔다. 그래서 남한 사람들과 북한 사람들이 함께 만나 서로 솔직하게 자신들의 생각과 경험, 희망과 삶을 이야기 나눌 수 있는 기회는 거의 없었다. 그런 가운데 서로 다른 체제와 극단적 대립에 의한 상호 의심과 이질감만이 커졌다. 그래서 서로가 서로에게 "도저히 이해할 수 없는, 이상한, 악한, 받아들일 수 없는" 존재가 되어버렸다. 비록 몇 번의 남북한 교류를 통하면서 일정 부분, 서로에 대한 이질감보다 동질적 측면에 대한 기대감과 이해가 커진 것도 사실이지만, 기존의 강한 이질감은 여전히 한반도에서의 심리적 통합에 가장 큰 장애물이라 할 수 있다. 그러기에 결국 핵심은 서로를, 즉 남한 사람들 입장에서는 북한 사람들을, '더 잘 알아야 한다'는 것이다. 그리고 이 '더 잘 안다'는 것은 관념상의 북한 사람들 전체를 한꺼번에 묶어 이야기하는 그런 '북한 사람들'이 아닌, '진짜 한 인간, 인간으로서의 북한 사람들'의 삶과 생각을 더 정확하고 섬세하게 이해하여야 한다는 것이다. 그런 의미에서 남한에 들어와 있는 북한이탈 주민들은 매우 중요한 의미를 가지는 사람들이다. 이들은 북한에 있었을 때의 자신들의 삶과 생각을 남한 사람들에게 솔직히 이야기해 주고 있다. 그리고 그들은 남한에서의 적응 생활을 통하여 어떤 형태로든 간에, 그들 나름대로의 심리적 통합을 먼저 경험하고 있다. 그런 의미에서 북한이탈 주민들은 "한반도 심리적 통합을 위한 시범단"이라 할 수 있다. 이런 북한이탈 주민들이 지금 우리 곁에 와 있다. 이들이 경험하고 있는 다양한 측면의 모든 것들을 우리는 총체적이고도 분석적으로 잘 이해할 수 있는 모든 노력을 다할 필요가 있다. 그리고 이들과 함께, 남북한 사이에 심리적 통합을 어떻게 이룰 것인가를 생각하고 모색하여야 할 것이다. 그것을 통하여 미래에 더 큰 단위를 가지고 시행될 한반도의 진짜 심리적 통합이 완성될 것이다.

(5) 심리적 통합을 위한 중심기구가 필요하다

앞서 제안한 심리적 통합 개념의 형성과 이해, 남북이 공동으로 추구하는 가치를 만들고 단계적으로 실천하도록 하는 것, 중간에 여러 갈등 요소가 발생하여도 인내심을 가지고 전략적 전진을 할 수 있도록 방향감각을 유지하는 것, 북한이탈 주민들과 함께 의미 있는 방법들과 길들을 모색하는 것 등은 남북한 관계와 한반도의 미래를 거시적으로 보면서 심리적 통합을 위한 활동을 하도록 하는 미래지향적이고 전문적이며 지속적인 중심기구의 구성과 운영의 필요를 보여준다. 즉 남북관계의 현안을 다루기보다는 한반도의 미래를 준비하는 기구로서의 역할을 가져야 한다는 것이다. 통일부를 비롯한 국가기관들과 학계를 포함한 다양한 민간기관들이 이를 위한 논의와 구체적 준비 작업을 하기를 제안한다. 이 기구의 활동은 어떤 모습으로든 한반도 공동체 구성이 시작된 다음에도 지속되어야 할 것이다. 독일의 경우, 1992년부터 1996

년까지 진행되었던 연방의회 특별조사위원회 활동이 끝난 후, 1998년에 '동독과거사청산위원회'가 구성되어 지금도 활발한 활동을 하고 있다. 즉 통일을 이룬 후에도 독일 사회를 하나로 만드는 일을 해나가고 있는 것이다. 과거에 대한 기억을 어떻게 할 것인지, 그것을 차세대에게 어떻게 교육시킬 것인지, 독일의 통일 경험을 어떻게 전 세계인들과 공유할 것인지까지를 그 기관은 활동 내용으로 지속하고 있는 것이다. 앞으로 만들어질 중심기구는 이러한 심리적 통합을 만들어 가는 다양한 측면을 포괄하는 기구로서의 역할을 하여야 할 것이다.

라. 마치는 말: 삶을 인정하기

심리적 통합의 본질은 무엇일까? 그것은 결국 사람의 마음을 움직이는 것이다. 그래서 서로 다르다고 생각하고 있던 사람들과 어떤 영역에서는 하나가 될 수 있다고 생각하게 하고, 그것을 함께 느끼는 것이다. 그래서 "새로운 우리"가 만들어지는 것이다. 그런데 이것에는 중요한 과제가 하나 있다. 바로 타인의 가치에 대한 인정과 존중이다. 앞의 내용에서 보았듯이, 독일의 경우, 통일 이후에도 구동독 사람들은 과거 자신들의 일상적인 생활경험, 공동체적 삶의 양식, 일상적인 미덕, 전통적 가치 등 동독 사람으로서의 삶과 문화를 그들의 과거 공산주의 정치체계와는 별개로 인식하였다. 그래서 비록 정치적인 측면에서는 과거 동독이 심각한 많은 문제를 가지고 있었던 것은 사실이지만, 그 외의 삶의 영역에서는 분명히 많은 긍정적 측면을 가지고 있었다고 생각하였다. 그러나 서독 사람들은 이 둘을 구분하지 않았다. 동독은 정치체계에서 문제가 심각하였으므로, 동독 사람들의 일상적 삶에서도 긍정할 것은 하나도 없다고 본 것이다. 즉 동독 사람들을 "본질적으로 별볼일 없는 인간"으로 취급한 것이다. 그에 따라 통일 이후 구동독의 모든 것은 철저히 다 평가절하 되고 무시되었다. 구서독이 그렇게 많은 통일 비용을 투입하였음에도 불구하고, 통일독일이 심리적 통합을 쉽게 이루어내지 못하였던 중요한 이유가 여기에 있었다. 이러한 현상을 주의 깊게 본 구동독 비텐베르크 루터교회의 프리그리히 쇼를렘머(Friedrich Schorlemmer) 목사는 모든 것에서 부정되는 구동독 인간들의 삶에 대하여 "잘못된 체제 속에서도 참된 삶이 있었다"라고 이야기하며 대항하였었다(김동훈 2006, 336). 심리적 통합은 상대를 "존엄성을 가진 한 인간"으로 볼 때 비로소 시작될 수 있는 것이다.

한반도에서 심리적 통합 과정을 만들어 가는 것은 독일보다도 훨씬 더 어려울 것이다. 독일은 최소한 양 체제가 통일을 이룬 다음에 통합 문제를 다루었기에, 이미 역사의 수레바퀴는 돌아버렸다는 의식 속에서, 각자 불만은 있어도 통일을 기정사실로 받아들이고, 이제부터는 심리적 통합을 만들어 나가야만 한다는 공동의 목표의식이 있었다고 할 수 있다. 그러나 한반도의 상황은 그렇지 않다. 각각 독립된 국가로서 존재하면서, 그리고 때로는 경계와 의심의 대상으로, 때로는 협력과 타협의 대상으로 존재하면서, 그리고 같은 민족으로서의 언어, 역사, 문화를 공유하지만, 동시에 체제와 긴 기간 동안의 분단으로 인한 이질적 차이를 가지고 있는 존재들로서, 한반도의 남한과 북한은 자신들이 왜 심리적 통합을 향하여 움직여 나가야 하는지에 대한 확고한 의식을 가지고 있지 못할 수도 있기 때문이다. 여기에 더하여, 독일에서와 유사하게, 남한 사람들 중 일부는 북한 사람들이 '남한과 다른 체제'를 만들어 살아왔다는 것이기보다 그들이 '잘못된 체제' 하에서 굴종하며 살았고, 그래서 그 안에서 있었던 삶의 모든 것은 다 근본적으로 틀렸고 악하였다고 보는 시각을 가질 수 있다. 이것이 한반도에서 심리적 통합을 만드는 데 큰 장애가 될 수 있다. 북한이 공산주의라는 "잘못된" 체제 하에서 살아갔다는 것은 사실이더라도, 그래서 그들의 '인간으로서의 존재 및 가치'가 다 잘못되었었고, 그래서 무시되어도 별 수 없는 것이다고 생각하는 것은 심리적 통합을 막는 거대한 장벽이 될 것이다. 현재 북한에서 살고 있는 북한 주민들의 삶은, 사실, 그들 스스로의 생각이나 의지, 선택과는 아무런 상관없이 이루어져 온 부분들이 있다. 그것에 대한 인정이 먼저 필요하다. 그래서 "인간으로서의 삶 자체"는 남한 사람들이나 북한 사람들이나 사실 큰 차이가 없는 것이라는 그런 기본적인 시각과 생각이 있어야 비로소 우리는 "심리적 통합"을 꺼낼 수 있을 것이다. 어려운 일일 수 있다. 그러나 이런 어려움을 넘어서야 한반도의 평화를 만들 수 있고 번영을 만들 수 있고, 한반도 공동체를 만들 수 있다. 그래야 지금도 한반도에서 태어나고 있는 수많은 어린 생명들이 건강하고 행복하게, 그리고 "한민족"으로 태어난 것에 대하여 자랑스럽고 감사하게 생각하며 살아갈 수 있을 것이다.

참고문헌

김누리 등. 2006. 『머릿속의 장벽』. 서울: 한울아카데미.

김동훈. 2006. "통일 이후 동독 교회의 사회적 기능 변화." 김누리 편. 『머릿속의 장벽』. 서울: 한울아카데미.

김영윤·양현모 편. 2009. 『독일, 통일에서 통합으로 – 문답으로 알아보는 독일 통일』. 통일부.

김영탁. 1997. 『독일 통일과 동독재건과정』. 한울.

김정노. 2015. 『아일랜드 평화 프로세스』. 서울: 늘품플러스.

도기숙. 2005. "통일이후 동독여성이 겪는 사회·문화 갈등: 한반도 통일을 대비한 교훈." 『한국여성학』 21(1).

_____. 2006. "위기의 동독 여성." 김누리 편. 『머릿속의 장벽』. 서울: 한울아카데미.

문정인·이동윤. 2002. "남북한 통일의 유형별 시나리오." 『남북한 정치갈등과 통일』. 서울: 오름.

박종철 외. 2013. "통일 이후 통합을 위한 갈등해소 방안: 사례 연구 및 분야별 갈등해소의 기본방향." 통일연구원.

박채복. 2000. "독일 통일의 사회 심리적 변화와 갈등문제: '내적 통일'의 문제를 중심으로." 『아태연구』 7. 353.

박희경. 2006. "노동환경의 변화와 일상의 갈등." 김누리 편. 『머릿속의 장벽』. 서울: 한울아카데미.

양민석·송태수. 2010. "독일 통일 20년–사회·문화적 통합의 성과와 시사점." 『한독사회과학논총』 20(4).

양창석. 2014. "양창석의 통일이야기." 『(21) 경제력을 키우자. 파이낸셜뉴스』. 12월 3일. http://www.fnnews.com/news/201411161700129502

염돈재. 2010. 『독일 통일의 과정과 교훈』. 서울: 평화문제연구소.

전우택. 2000. 『사람의 통일을 위하여』. 서울: 오름.

_____. 2010. 『사람의 통일, 땅의 통일』. 서울: 연세대학교출판부.

전우택·윤덕룡·유시은. 2014. 『통일한국의 사회갈등 예측 및 해결방안 연구』. 통일부.

전우택 등. 2018. 『한반도 건강공동체 준비』. 박영사.

전우택·박명림 편. 2019. 『트라우마와 사회치유』. 역사비평사.

정창호. 2011. "독일의 상호문화교육과 타자의 문제." 『교육의 이론과 실천』 16(1).

통일부. 2011. 『(독일 통일 20년 계기)독일의 통일·통합 정책 연구: 제1권 분야별 연구』.

_____. 2014a. 『독일 통일총서, 09-가족분야』.

_____. 2014b. 『통일정책연구』 1권.

황병덕 외. 2011. 『독일의 평화통일과 통일독일 20년 발전상: 통일대계연구 남북합의통일 마스터플랜』. 서울: 늘품플러스.

Reichard, Christoph/Schroder, Eckhard. 1993. "Berliner Verwaltungseliten,"

Rollenverhalten und Einstellungen von Führungskräften in der Ost- und Westberliner Verwaltung (zusammen mit E. Schröter). In: W. Seibel u.a. (Hrsg.): *Verwaltungsreform und Verwaltungspolitik im Prozeß der deutschen Einigung.* Baden-Baden (Nomos) 1993, S. 207-217.

Dummel, Karsten/Piepenschneider, Melanie. 2010. *Was war die Stasi.* 김영윤 역. 통일연구원 북한인권센터.

Napp-Peters. 1995. *Familien nach der Scheidung*(Deutsch). Taschenbuch.

Zoll, Melanie (Hg.). 1999. "Ostdeutsche Biograpbien," Frankfurt a.M. S.9.

아산정책연구원. 2014년 10월 7일. http://www.asaninst.org/contents/피의-복수-걱정- 여론 -많아-단-한-건-살인-안-일어나-진실/

아산정책연구원 2014년 10월 7일. http://www.asaninst.org/contents/한-독-청년통일마당- 취재-기사-시리즈-1-과거청산-어/

V   독일과 한국의 비교연구

1

독일 통일, 통합의 국제정치적 환경과 한반도 통일

전재성(서울대학교)

가. 서론

분단국가로서 한국이 통일을 고대하고 준비하는 것은 당연한 일이다. 통일에 대비하고 통일을 준비하는 일은 1) 통일을 위한 대북 및 통일 전략, 2) 통일 과정에서 통일의 원활한 추진 전략, 3) 통일 이후 통합 전략으로 나누어 생각해 볼 수 있다. 한국은 그간 다양한 통일 방안과 통일전략을 추진하여 왔지만, 이 세 과정을 모두 포괄적으로 계획해 본 적이 많지 않다. 그 이유는 통일의 전망이 여전히 불투명하고 통일을 둘러싼 국내외 환경도 빠르게 변화하기 때문이다. 한국이 제안해온 통일 방안을 보더라도 정부는 1980년대 말에 마련된 민족공동체통일 방안을 수정, 보완해오고 있다. 통일 방안은 남북 간 교류협력, 남북연합, 통일국가 수립의 세 단계를 거치도록 입안되어 있다. 이 과정에서 통일 이후의 통합 과정에 대한 논의와 계획은 아직 불충분한 것이 사실이다. 통일의 과정과 전망에 대한 논의가 여전히 진행 중이기 때문이다.

한국 정부는 북한의 상황이 지속적으로 변화하면서 통일에 대해 더 많은 고민을 가지게 되었다. 김정은 정권 수립 이후 북한 내의 상황이 정확히 알려지지 않고, 불안요소가 간간이 지적되면서 통일이 급작스럽게 다가올 수도 있다는 전망도 등장했다. 박근혜 정부는 통일준비위원회를 설립하여 통일 이후 통합에 관한 그간 한국의 논의들을 종합하여 통일 이후에 부딪힐 어려움을 예상하여 준비방향을 제시하고자 노력하기도 하였다. 그러나 시간이 지나면서 김정은 통치하의 북한은 경제적인 안정을 유지함과 동시에 김정은 중심의 정치체제를 이어나가고 있다. 일련의 핵, 미사일 시험 이후 2018년 6월 역사적인 북미 정상회담이 개최되고 북한이 국제사회에 중요한 행위자로 등장하는 등

북한의 위상은 상당히 공고화되었다. 비핵화 협상에 치밀한 전술을 구사하면서 군사력 개발에 힘쓰는 북한과 향후 어떻게 통일을 이룩해 나갈지 고민이 심화되는 현실이다.

통일을 생각할 때 통일 이후의 통합 과제는 시간적으로 통일 이후에만 영향을 미치는 것이 아니다. 통일 이후 통합은 많은 비용이 들 뿐 아니라, 통일한국을 어떻게 건설하는가에 관한 국가건설 과제이기도 하기 때문이다. 통합 과정에서 발생하는 많은 문제들은 통일전략과 통일 과정에도 직접적인 영향을 미칠 수밖에 없다. 통합의 과정을 원활하게 하기 위해 가장 바람직한 통일 과정과 전략을 채택해야 한다.

통일한국은 인구 8천만에 달하는 지정학적 요충지에서 중강국의 출현을 의미한다. 한국의 통일은 동북아 국제정치는 물론 지구정치에서도 많은 의미를 가질 것이다. 북한의 비핵화, 북한 인권 문제의 해결, 불법국가의 정상화 등 다양한 지구적 규범 및 제도의 차원에서 의미를 가진다. 그러나 무엇보다 동북아 국제정치, 세력구도의 변화를 가져올 것이라는 점에서 한국은 물론 주변국에게도 중요한 사건임에 틀림없다. 변화하는 동북아 아키텍처에서 통일한국이 초래할 세력구도의 변화는 통일 과정에서 한국의 노력을 주변국이 어떻게 평가할 것인가에 많은 영향을 미칠 것이다.

독일통일은 냉전의 성격이 근본적으로 바뀌고 급기야는 종식되는 상황 속에서 이루어졌다. 서독은 동독과의 관계를 유지해 오면서 언제 어떻게 통일이 이루어질지 모르는 상황에서 정책을 수행했다. 통일 이전 대동독 정책과 베를린 장벽이 무너졌을 때의 통일 과정에 대한 정책, 그리고 통일 이후에 대한 준비가 일관된 틀 속에서 이루어지지는 않았다는 것이다.

통일을 둘러싼 국제환경도 급변하기 때문에 통일 당시 어떠한 국제환경이 있을지 알기는 어려웠다. 소련이 개혁 정책을 추진하면서 동구권의 공산주의가 점차 붕괴되는 과정에서 통일이 이루어질 것이라고 예상하기는 어려웠다. 다만 통일의 가능성이 높아졌을 때 최대한의 기민한 대응능력을 발휘하여 적절한 대외전략을 추구할 수밖에 없었던 것이다.

과거 두 차례의 세계대전을 일으킨 독일이 통일되는 것은 주변국의 안보전략에 엄청난 영향을 미치는 상황이었다. 동독을 편입 통일한 서독은 나토의 회원국으로서 통일 이후의 외교전략에 관해 주변국을 설득하는 과정을 거쳤다. 이후 소련이 해체되고 통일독일은 나토의 회원국으로서 다른 회원국들과의 긴밀한 협의 하에 점차 국제적 역할을 증가시켜 나가는 외교전략을 추진해오고 있다. 1989년 11월 9일 베를린 장벽 붕괴 이후 1990년 10월 3일 독일 통일에 이르는 과정에서 서독은 2+4회담을 통해 서독의 통일 이후 외교전략에 관해 주변국과 긴밀한 협의를 해왔다. 이 과정에서 미국은 통일독일을 나토의 틀 속에서 함께 협의할 것을 주장하였고 소련과 영국, 프랑스 등 주변국 역시 이를 받아들이면서 통일의 외교환경이 마련되었다고 할 수 있다.

한국의 통일을 생각할 때 통일을 둘러싼 국제정치변수, 대북전략과 관련된 외교, 통일외교 등은 통일전략과 긴밀히 연결되기 어려웠다. 동북아의 상대적 약소국이었던 한국에게 국제변수는 본질적으로 통제하기 어려운 변수였기 때문에 전략 속에 국제변수를 포괄하기가 쉽지 않았다. 통일 방안에도 국제변수 및 외교전략 부분은 상대적으로 적게 포함되어 있다.

한국의 통일은 통일한국의 외교적 지향, 특히 미중관계 속에서의 전략적 지향과 직결되는 문제이다. 통일 이후 한미동맹의 성격, 기능, 지속 가능성 역시 중요한 외교적 어젠다가 될 것이다. 또한 통일 이후 한국이 동북아 국제정치, 한중관계, 동북아 및 동아시아의 지역통합에 대해 어떠한 전략을 취할 것인가 역시 중요한 과제가 될 것이다.

　　이 글에서는 독일이 추진해 온 통일외교 및 통일 이후의 통합 과정에서 보여준 외교전략을 살펴보고 여기서 한국이 얻을 수 있는 교훈을 살펴보도록 한다.

나. 통일 과정의 비교 및 시사점

(1) 국제정치변수와 통일의 가능성

독일통일은 아데나워의 서방정책과 뒤이은 브란트의 "접근을 통한 변화", 그리고 콜 수상의 동방정책 계승 등 일관된 통일전략의 결과라고 볼 수 있다. 기민당과 사민당은 초당적 시각을 가지고 통일에 접근한 결과 국제정세가 빠르게 변화한 1989년 이후 1년 내에 통일을 이룩할 수 있었다.

　　아데나워는 서방 국가들과의 협력 및 경제력을 중심으로 한 "강자의 정치"를 통해 통일을 이룩하고자 하였다. 소련이 동독을 포기하는 것이 소련 스스로에게 이익이 된다고 판단할 때 통일이 된다고 믿었던 아데나워는 서독과의 협력 이익을 증가하는 한편, 서방과의 협력도 강화했다. 반면 브란트는 접근을 통한 변화정책을 추구하여 교류, 협력을 크게 증진시켜 동독 내의 대안세력들로 하여금 서독에 대한 친근감을 가지도록 노력하였다. 동독과의 정치적 분단은 허용하였지만 지속적인 내독 교역을 통해 양독의 특수관계를 유지하였다. 동시에 2차 대전에 대한 철저한 사과를 통해 통일 추구정책이 독일의 외교정책과 일관된 철학을 가지도록 유도하였다.

서독에게도 국제변수는 완전히 통제하기 어려운 외생변수였다. 아데나워의 통일정책은 냉전이 대립적인 모습을 지니던 1950년대 전후를 배경으로 하고 있었고 브란트의 동방정책은 유럽의 데탕트가 구체화되던 1970년대를 배경으로 하고 있었다. 각 정당의 정치철학이 반영된 것도 사실이지만 시대적 배경과 국제정치변수를 활용하여 양 당이 추구할 수 있는 통일전략을 추구한 것이 주효하였다. 콜 수상 역시 두 정책을 대립적으로 보지 않고 양자를 결합하는 통합적 모델을 개발한 것이 중요하다고 할 수 있다.

서독이 국제정치변수를 통제한 방법은 통일독일이 주변국에 위협이 되지 않도록 모든 이해당사국에게 서독의 평화롭고 협력적인 외교전략을 각인시키는 것이었다. 이로써 통일독일이 오히려 주변국의 이익에도 부합될 것이라는 인상을 주고 변화하는 국제정세에 기민하게 대처하며 때를 기다리는 정책이 핵심이었다. 서방정책은 서독이 경제력을 바탕으로 소련이 경제적 어려움을 겪을 가능성에 대비하여 소련과의 협력을 강화하고자 하였다. 1953년 동독 노동자 시위는 사회주의권의 약점을 노출시킨 사건이었고 아데나워는 더욱 자본주의 체제의 우월성에 기반하여 소련으로 하여금 동독 포기가 소련의 이익에 부합함을 설득하고자 노력하였다. 1955년 아데나워는 모스크바를 방문하여 소련과 정치, 경제협력 활성화 협정을 체결하기도 한다. 아데나워가 미국과의 관계를 강화하는 것을 가장 중시하였지만 동시에 경제력을 축으로 소련과의 관계 개선도 추구한 것이다. 더불어 포로송환 문제, 에르하르트 수상 시기의 에너지 외교 등 기민당의 대소련 외교는 할슈타인 원칙을 어기면서까지 유연성을 발휘하였다.

브란트의 동방정책은 서독의 대유럽 화해 협력 정책과 짝을 이루

는 것이었다. 1970년 동서독 정상회담 이후, 서독은 소련, 폴란드와 상
호무력포기조약을 체결하였고 폴란드에 대해 역사적 사과의 제스처
를 보냈다. 1982년 집권한 콜 수상의 통일정책 역시 브란트의 동방정
책을 수용하고 변화하는 국제정세에 기민하게 대처한 결과 냉전이 본
질적으로 약화되던 1980년대 후반을 맞이하여 통일을 이룰 수 있었다.
동독에 대해서는 24억 마르크 차관 공여의 새로운 정책을 추진하였고
동독 정부에 정치적 양보도 지속하였다. 1983년 동독 정부는 주민들의
서독 이주 허가를 확대하고, 중단되었던 양독 간 문화협정 재개 등의
성과를 거두게 된다(고상두 2015; 박래식 1998).

　결국 독일의 통일은 서독의 일관되고 초당적인 대동독 정책이 중
요한 핵심이었고 동독 주민들의 변화가 베를린 장벽 붕괴 및 통일을
추동한 것이 사실이다. 독일은 근본적으로 통일을 지향한 것이 사실이
지만 언제, 어떻게 통일이 실현될지 알지 못했다고 보아야 한다. 평화
공존 속에서 분단을 관리하면서 화해와 협력을 추구하는 것이 우선적
목적이었고, 역설적이게도 통일을 전면적으로 내세우지 않아 통일의
기반을 마련할 수 있었다.

　베를린 장벽 이후 2+4회담 결과 및 주변국의 인식은 매우 중요하
였다. 통일을 지원하는 국제적 환경은 하루아침에 만들어진 것은 아니
며 이전 시기의 서독 통일전략이 통일외교의 요소들을 지속적으로 담
고 있었기 때문이다.

　한국의 통일전략은 현재 대북 화해협력 정책과 원칙에 기반한 관
여 전략이 충분한 종합을 이루지 못하고 있다. 이는 독일의 경우와 다
른 역사적 배경이 작용하는 것도 사실이다. 첫째, 남북한은 치열한 전
쟁을 치렀고 여전히 평화협정을 맺지 못하고 있기 때문에 양독과는 달
리 전쟁과 폭력의 상황이 강력하게 한반도를 지배하고 있다. 둘째, 동

독에 대한 소련의 종주권만큼 현재 북한에 대한 중국과 러시아의 종주권이 강하지 않다. 특히 김정은 정권이 들어선 이후 중국의 대북 영향력은 매우 약화되어 있기 때문에 한중관계를 통해 통일을 이루는 외교전략은 과거 서독의 대소련 정책에 비해 효과가 약할 수밖에 없다. 셋째, 유럽의 공산주의는 독일의 마르크스에 의해 창출되었고 이념적 대립이 내생적이었던 반면, 북한의 공산주의는 외생적 기원이면서도 동시에 북한의 독재를 강화하기 위한 우리식 사회주의로 변모하였다. 남북한 간의 이념적 동질성을 찾기가 매우 어려운 구조여서 남북한 간의 정체성 격차가 훨씬 심하다고 볼 수 있다. 더구나 북한은 식민지에서 공산주의 독재로 직접 이행한 결과 시민사회를 경험한 적이 없기 때문에 한국 및 국제사회에 대한 공유된 정체성이 매우 약한 상황이다. 넷째, 독일 통일의 국제정치적 배경과 한반도 통일의 국제정치적 배경은 매우 다를 수밖에 없다. 약화되는 소련과 붕괴되는 냉전이 독일 통일의 배경이었다면, 부상하는 중국과 미중 간의 세력전이가 현재 한반도를 둘러싼 국제정치적 배경이다. 미국 중심의 단극체제가 약화되면서 북한은 핵을 개발하여 생존을 도모하고 있고, 북한은 미중의 경쟁체제가 다시 강화되어 북한의 지정학적 가치가 상승할 것을 바라면서 최대한 버티기 전략을 추구하고 있다. 분단 현상을 강화할 수 있는 새로운 국제정치적 환경이 마련되고 있는 것이다.

그럼에도 불구하고 독일 통일이 주는 함의는 일관된 통일전략, 한국의 경우에는 대북전략과 통일전략을 추구하면서 국제환경이 유리하게 변화하는 것을 기다리면 통일의 기회가 배가된다는 것이다. 독일 통일은 역설적으로 통일을 전면에 내걸지 않는 평화공존 정책으로 그 기반이 마련되었다. 한국 역시 통일을 전면에 내세울 경우 북한의 경계심을 높이고 북한이 가지고 있는 군사적 수단을 통해 한국과 미국, 국제사회에 대한 벼랑끝 외교를 통해 적대관계를 강화할 가능성이 높음은 지난 경험이 증명하고 있다. 통일을 추구할수록 평화공존을 앞세우고 북한 주민에 대한 관여를 증가시키면서 체제 동질성을 높여 놓는 것이 중요하다는 교훈을 얻을 수 있다. 북한은 한국의 관여 정책으로 전반적이고 꾸준한 변화가 있는 것으로 추정된다. 독일의 경우처럼 언제 그러한 변화가 정책적 의미를 가진 변수로 등장할 수는 사실 알기 어렵다. 북한의 군사적 위협이 점증할 때 이에 대비하는 것은 당연한 일이다. 한국은 북한의 군사력에 대한 억제, 북한의 핵개발 등 남북관계를 저해하는 행동에 대한 압박, 그리고 남북관계 개선을 위한 관여, 남북관계 발전을 위해 한국이 노력한다는 진정성이 발신되는 시그널링의 네 가지 정책을 조합해 나가야 한다. 가능한 모든 통로를 활용하여 북한 사회에 대한 관여를 꾸준히 추진하는 정치적 의지와 국가적 전략 문화를 창출하는 것이 중요하다.

국제정치변수는 상대적 약소국에게는 통제할 수 없는 변수이지만 유리한 환경이 조성될 때 통일의 가능성이 높아지는 것은 확실하다. 우선 통일에 반대할 수 있는 주변국의 이익구조가 창출되지 않도록 하는 것이 중요하다. 이를 위해서는 통일 과정이 평화롭고 안정적으로 이루어져 주변국이 통일 과정에 적응하도록 하는 것이 중요하며, 통일 이후 한국 외교정책의 모습을 선명하게 그려주어 주변국이 통일에 찬성하도록 해야 한다. 더불어 이에 대한 신뢰성을 높이기 위해 통일 과정에서 일관된 외교철학과 외교전략 문화를 유지하는 것이 중요하다. 마지막으로 이를 지탱하는 국내정치의 일관성 및 국민의 지지를 확보하여 이를 담보로 주변국을 설득하는 노력을 기울여야 한다.

(2) 평화적 통일 과정의 보장

통일은 대북전략과 통일전략의 일관성 하에서 가능할 것이다. 한국은 점진적, 평화적 통일을 추구하는 것을 공식 정책으로 표명해오고 있다. 동시에 북한 내 급변사태의 가능성과 이러한 사태가 예상치 못한 통일로 이어질 가능성에 대해서도 유의하고 있는 것이 사실이다. 그러나 급변사태 후 통일을 지향하는 것은 한국의 정책 범위 밖에 있다는 것이 대체로 합의된 사항이고 한국은 이러한 사태에 대비하기 위한 노력을 기울이는 데 최선을 다하고 있다.

통일 과정에서 가장 중요한 것은 전쟁 발발 가능성을 방지하는 것이다. 북한의 급변사태가 도래할 때 예상치 못한 북한의 도발, 폭력적 대응, 전면전의 가능성이 존재하며 이는 통일을 최악의 사건으로 만들 것이다. 통일 과정에서 폭력상황이 발생하지 않도록 외교적 노력을 기울이는 것이 중요하다.

한국은 한미동맹을 통해 북한에 대한 억제정책을 추구해왔다. 북한은 탈냉전기 악화된 안보환경과 생존조건을 만회하기 위하여 1993년부터 핵무기를 개발해왔다. 한국은 북한의 핵개발이 비확산에 관한 지구적 문제일 뿐 아니라 한국 안보에 대한 군사적 위협으로 인식하고 독자적 국방능력 강화 및 한미동맹 강화로 대응하고 있다. 김정은 정권이 등장한 이후 대립과 대화의 양극단을 오가고 있지만 북한에 대한 군사적 억제가 어떻게 효과적으로 추구될 수 있는지에 대한 의문은 여전히 존재한다. 김정은은 핵무기를 개발하는 한편 비대칭 전력에서 한국에 대한 우위를 여전히 지속하고자 하며 단거리 미사일과 신형 방사포 등 무기 현대화도 지속하고 있다. 이 과정에서 억제에 필수적인 상호 간의 기본 이해와 소통이 이루어지지 않고 있기 때문이다,

억제는 상대방의 공격을 제어할 수 있는 능력과 상대방에 대한 신뢰성 전달, 그리고 갈등적 상황에서 이루어지는 명확한 소통을 기초로 해야 한다. 현재 한국은 김정은 정권과 억제에 필요한 남북 군사상황에 대해 소통을 결여하고 있고 이 과정에서 한국의 공약에 관한 신뢰성을 명확히 실현하지 못하고 있는 것이 사실이다.

북한은 통일 이전의 동독이 소련에 의존하여 자국의 안보를 추구했던 상황과는 매우 달리, 중국에 안보를 의존하는 정도가 매우 약하다. 과거 동독은 소련의 종주권을 인정하고 경제적, 군사적 지원을 받아온 데 비해 북한은 자주적인 국방능력 강화에 힘을 기울이고 있다. 동독과 소련이 정치적, 경제적으로 일관된 체제를 유지했던 바와는 달리 중국과 북한은 매우 다른 정치, 경제 체제를 채택하고 있다. 중국이 북한에 대해 소극적, 적극적 안보보장을 하지 못하고 있는 상황에서 한국은 중국과의 다층적 협력을 통해 북한에 대해 억제에 필요한 신뢰성을 전달하고 소통하기도 어려운 상황이다.

동서독의 경우 양 체제를 안보적으로 지원하고 있는 미소 간의 억제 레짐이 명확히 작동하여 동독에 대한 서독의 억제가 가능했던 것이 사실이다. 미국은 나토의 틀 속에서 서독과 군사관계를 맺었고, 동독은 바르샤바조약기구의 틀 속에 갇혀 대규모 소련군(Group of Soviet Forces in Germany)이 주둔하고 있었고 소련의 군사전략을 벗어나기가 어려웠다. 그러나 남북의 경우 한미동맹은 굳건히 진행되고 있지만, 북중 간의 동맹관계는 상대적으로 약화된 것이 사실이다. 한국이 중국을 통해 대북 억제에 필요한 기본 사항을 전달하지 못할 경우 남북 간의 억제레짐이 작동해야 한다. 그러나 김정은 정권 수립 직후 북한은 그간 남북이 추진해왔던 군사회담을 비롯한 모든 소통을 단절한 바 있고, 도발을 감행하기도 했기 때문에 갈등적 소통이 제한되어 있었던 경우도 있었다. 독일 통일 과정에서 교훈을 얻을 수 있다면 한국은 최대한 중국을 통해 한반도 군사균형에 대한 한국의 인식과 전략을 북한에 전달하도록 노력할 필요가 있다.

(3) 통일 과정의 주변국 외교

독일은 베를린 장벽 붕괴 이후 통일에 이르는 동안 자신의 주권 내용을 신중하게 결정하고 주변국과 협의하였다. 즉, 양독 간의 합의뿐 아니라 다자지역합의를 통해 통일의 조건과 통일독일의 주권 내용을 확정하였다. 1990년 5월 5일에 처음 시작된 2+4회담은 외상회담의 형태로 총 4회에 걸쳐 이루어졌다. 이 회의에서 독일과 관련국들은 다음의 사항을 확정하게 된다. 즉, 통일독일의 영토를 독일연방공화국과 독일민주공화국 그리고 양 베를린 지역으로 확정하고 기존 국경선을 확정선으로 하여 추가적인 영토 요구, 예를 들어 오더-나이세 선 동쪽의 동부독일 지역 등에 대해 영토 요구를 하지 않기로 하였다. 통일독일은 평화를 위해 노력하며, 핵, 생화학 무기 등 대량살상무기를 보유하지 않기로 하였다. 또한 독일군의 규모를 37만 명으로 감축하는데 이는 양독의 절반에 해당하는 수준이었다. 또한 소련군은 1994년까지 동독 지역에서 완전 철수하며, 핵무기 및 외국군대를 동독 지역에 주둔시키지 않고, 핵무기를 배치하지 않기로 확약했다. 이로써 4대 전승국의 책임을 종료하고 통일독일을 완전한 주권국가로 재정립하였다(Zelikow and Rice 1997; 김동명 2010, 135).

독일의 통일은 한편으로는 2차 대전 이후 독일의 지위 정상화이자, 독일 주권을 구성하는 영토, 시민권, 주권 개념을 확정하는 일이었다. 이 과정에서 독일은 주변국이 합의할 수 있는 내용 구성에 최선을 다하게 된다.

　독일 통일 과정에서 서독은 통일이 주변국과 소련의 외교, 안보환경을 약화시키지 않는다는 점을 확신시키고자 노력하였다. 특히 통일독일의 국력이 매우 강화될 것이기 때문에, 독일이 팽창적 외교정책을 추진하지 않을 것이라는 보장은 소련뿐 아니라 영국과 프랑스에게도 매우 중요한 전략이었다. 영국은 2+4의 협상 과정에서 독일 통일에 대해 가장 반대하고 유보적인 태도를 취하였다. 그러나 협상이 진행되면서 미국과 프랑스 등 동맹국들의 태도가 통일 지지로 바뀌자 압력에 의해 입장을 바꾸게 되었다. 프랑스의 미테랑 대통령은 1989년 12월에 콜 크란츠를 방문하여 독일이 유럽연합에 머문다는 전제 하에 독일 통일을 지지하는 입장을 표명하게 된다. 서독은 유럽 통합의 필요성을 적극 지지하였고 유럽 차원에서 공통의 통화를 사용하며 공동의 외교, 안보정책을 추구한다는 점을 명확히 하여 프랑스의 지지를 얻어낼 수 있었다.

　이 과정에서 미국의 대독 전략은 매우 중요하였는데, 미국은 통일에 대한 원칙적 지지 하에 서독의 외교정책 방향에 대한 근본적 신뢰를 가지고 있었다. 미국은 독일 통일은 독일 주민 스스로의 결정에 의해서 이루어져야 하고, 통일독일을 나토와 유럽연합에 귀속시키며, 단계적 통일과 유럽의 안정을 강조하면서, 독일 국경선에 대한 확인 등을 원칙으로 하고 있었다. 통일독일이 나토라는 다자적 안보제도 하에서 적절한 한계 내에서 활동할 것이라는 점을 유럽 국가들에게 확신하도록 노력하였다. 소련은 애초에 통일독일이 나토를 탈퇴하기를 원하였지만 서독과 미국은 통일독일이 나토에 잔류할 때 더 안전하다고 설득하였다. 동독 영토 내에 나토군이 주둔하지 않을 것이라는 약속과 소련과의 접경 지역에 군사배치를 하지 않을 것이라는 보장도 포함되었다.

더불어 소련은 1985년 고르바초프의 페레스트로이카 정책 이후 자국의 개혁과 변화에 집중하고 있었기 때문에 미국이 통일독일을 관리한다는 비전에 동의할 수 있었다. 소련은 미국과의 전략적 경쟁을 추구할 수 없는 쇠퇴일로의 국가였기 때문에 나토의 강화를 염려하여 독일통일에 반대하기보다는 자국의 개혁 어젠다를 추구하기 위해 독일의 나토 잔류를 안심할 수 있었던 상황이었다.

소련이 독일 통일을 어떻게 생각했는가는 매우 중요한 요소이다. 소련의 우려는 1989년 12월 19일 유럽정치위원회에서의 셰바르드나제 연설에 집중적으로 표현되어 있다. 그는 일곱 가지 문제를 제기하였는데, 첫째, 독일 통일이 장기적으로 다른 국가들의 안보와 유럽 평화에 위협이 되지 않는다는 정치적, 법적, 물질적 보장이 있는가; 독일 통일이 유럽 현존 국경을 인정하고 어떠한 영토적 주장도 포기할 용의가 있는가; 독일에서 모종의 민족적 구조가 나타나 대륙의 군사적, 정치적 구조를 변화시키지는 않을 것인가; 통일독일의 군사적 잠재성은 어떻게 될 것인가; 독일 영토 내의 연합국 군대를 어떻게 할 것인가; 연합국의 군대는 헬싱키 프로세스와 어떠한 관계를 가질 것인가; 독일 통일 과정에서 독일은 다른 유럽 국가들의 우려를 받아들이고 문제를 해결할 용의가 있는가 등이다(Zelikow and Rice 1997, 224-225).

이러한 문제를 해결한 것은 2+4회담을 통한 것이었고 미국의 전략적 주도권이 중요했지만, 소련이 통일에 찬성하게 된 데에는 실질적 이득도 있었다. 이미 소련은 아데나워시대부터 상당한 경제협력을 제공받고 있었고, 콜 수상은 소련의 경제난 해소를 위해 50억 달러를 조건 없이 지원하겠다고 약속하였다. 독일 통일을 놓고 2+4회담을 할 당시, 1990년 6월 말에 이르러 소련과 합의가 이루어지는데 이 시기는 본 정부가 50억 달러 신용 공여를 소련에 약속한 시점이다. 콜 수상은 필요시 좋은 이자 조건의 추가 차관도 언급하였고 상당량의 식료품 제공과 통일 이후 협력 방안을 제시하는 등 소련으로서 필요한 조건을 제시할 수 있었다. 또한 유럽연합의 회원국들 역시 막대한 재정원조를 소련에 약속하였고 7월 초 텍사스 휴스턴에서 열린 G-7회의에서도 70억 달러가 넘는 대소 원조가 승인되었다(Bark and Gress 2004, 315).

이는 현재 미중관계와 남북 통일과는 상당히 다른 환경이다. 중국은 한미동맹 강화가 중국의 동북아 전략에 불리하다고 생각할 경우, 중국은 북한이 한국에 편입 통일되는 것을 지정학적 손실로 여길 가능성이 크다. 현재 김정은 정권이 지속적인 핵, 미사일 개발을 하고 이는 중국에게 부담 요인이기 때문에 북한을 전략적 부담으로 여기는 것이 사실이나, 북한이 한국에 편입 통일되고 한미동맹이 유지되는 상황에서 통일한국이 대중 봉쇄용으로 활용될 경우 전략적 비용은 현재의 전략적 부담을 훨씬 상회할 것으로 여겨질 것이다. 따라서 한국은 한미동맹의 존재가 중국의 전략적 입지를 약화시키지 않을 것이라는 전략적 방향을 제시하는 것이 매우 중요하다. 이러한 가운데 북한이 중국의 지정학적 입장을 활용하여 중국의 국익에 저해되는 행동을 하는 것을 한중 협력 하에 함께 막고, 남북관계 개선을 위해 중국이 더욱 노력할 수 있도록 한중 간의 전략대화를 강화하는 것이 필요하다.

돌이켜보면 김정일 정권의 핵개발과 김정은 정권의 병진전략은 한국에 대한 핵 위협을 지속적으로 가해왔다. 한국은 핵미사일 위협에 대해 한국형 미사일 방어체제를 구축하고 있고 킬 체인을 통한 선제적 방어도 추진하고 있다. 미국은 주한미군의 보호를 위해 사드체제 도입을 추진하여 현재 사드체제가 도입되었고 이 과정에서 중국의 강한 반발을 불러왔다.

북한의 위협 증가에 대한 한미동맹 강화는 동북아 및 아시아태평양의 지정학 질서에 민감한 관심을 기울이고 있는 중국에 많은 고려사항을 안겨주고 있다. 중국은 한미동맹이 군사적으로 강화되면서 향후 미국의 대중 봉쇄가 진행될 경우 한미동맹이 대중용으로 활용될 수 있는 가능성에 매우 민감하게 반응하고 있다. 사드의 구성요소인 X밴드 레이더의 탐사범위를 문제 삼아 주한미군의 사드 도입에 강하게 항의한 것이 한 예이다. 더불어 북한의 핵개발과 도발이 진행되면서 한미 간에 통상전력이 강화되는 것 또한 주시하여 왔다.

한국은 통일되더라도 주변국의 세력균형을 군사적으로 변화시키기에 충분히 큰 국가는 아니다. 미중을 제외한 일본과 러시아 등의 주변국가들이 통일한국의 팽창 가능성을 크게 염려할 정도는 아니라고 볼 수 있다. 문제는 미중관계인데 21세기 중국의 상황은 1990년대 초 소련과는 매우 다르다고 할 수 있다. 중국은 미중관계를 평화적이고 협력적으로 유지하려고 노력하는 것은 사실이나, 향후 다양한 조정 과정을 거친 이후 미국과 본격적 경쟁을 대비하고 있다고 할 수 있다. 이 과정에서 한반도가 단기적으로는 안정되는 것이 중요하나, 중장기적으로 아시아태평양의 지정학적 상황을 고려하면 통일한국이 미국의 영향력 하에서 지나치게 강화되는 것은 매우 경계하는 것이 사실이다.

한국의 팽창 가능성이 약하고, 미중관계가 갈등적으로 발전할 수 있다는 점에서 중국은 통일한국이 한미동맹의 틀 속에 있는 것을 환영한다고 볼 수는 없다. 구소련은 통일독일의 나토 잔류를 환영할 이유가 충분하였지만, 중국으로서는 통일 과정에서 발생할 한미동맹의 변화를 긴박하게 주시할 것이다. 소련이 통일독일과 관련된 기본 질문 사항을 정리하여 꾸준히 확인받고자 했듯이 중국 역시 통일한국의 미래에 대해 핵심적 확인 사항이 있고 이에 대한 정치적, 법적, 물질적 보장을 원하고자 할 것이다. 한국이 가지고 있는 다양한 정책 수단을 통해 과연 이러한 중국의 우려를 불식시킬 수 있는가가 핵심적 과제이다. 중국은 한중관계를 강화하고 북한의 비핵화에 대해 한미 양국과 협력하면서도 한반도 전략 자체는 변화시키지 않고 있다. 한국에 대한 태도 변화와 한반도에 대한 전략 변화는 구분되는 요소이다. 중국은 한국에 대해 자주적, 평화적 통일에 찬성한다고 말하지만, 북한에게도 같은 원칙을 표명하고 있음에 주목해야 한다. 한국이 통일 과정에서 통일 이후 한미동맹의 구체적 변화 방향에 대한 논의를 적절한 형태로 제시하지 않는다면 중국의 의구심과 통일에 대한 주저경향은 지속될 것으로 보아야 한다.

한국이 중국에게 제시할 수 있는 실질적 이득도 그리 많지 않다. 중국은 빠르게 부상하는 경제대국으로 한국과의 국력 격차가 크기 때문에 한국이 실리 차원에서 제시할 수 있는 바가 많지 않다. 이는 서독이 소련에게 제기할 수 있었던 실질적 지원패키지의 존재와 차이가 나는 조건이다. 통일 이후 한국의 대중 협력 역시 현재로서는 제시하기가 쉽지 않다. 다만 경제, 사회적 차원에서 통일한국이 중국 동북지역 개발에 관한 청사진을 제시할 수는 있을 것이다.

(4) 지역통합의 정도와 통일 가능성

독일통일 당시 유럽은 유럽연합의 틀을 완성해가고 있는 중이었다. 냉전이 종식되면서 마스트리히트조약을 통해 유럽은 진정한 지역통합의 기초를 이루게 되는데 서독은 통일과 함께 동서독의 경제통합뿐 아니라 독일과 유럽의 경제, 사회적 통합을 약속하게 된다. 통일독일의 외교정책이 팽창적으로 나아가지 않을 수 있게 막을 수 있는 하나의 조건으로 유럽의 지역통합을 들 수 있다면, 독일의 강력한 지역통합 전략은 주변국의 우려를 잠재울 수 있는 전략적 요소였다. 동시에 독일은 통일 이후 유럽 전체의 시장을 활용하여 경제강대국으로 부상할 수 있었고, 유럽과의 협력 속에서 유럽과 비유럽에서 안보적 활동을 적극화할 수도 있었다. 그러한 면에서 서독의 지속적인 유럽연합 정책은 통일 과정과 통일 이후의 통합 과정에서 중요한 전략적 요소였다고 할 수 있다.

반면 한국의 통일 및 통합 조건으로서 동북아시아 및 동아시아는 유럽만큼 우호적이지 않다고 할 수 있다. 독일 통일 당시 유럽의 안보 아키텍처가 양극 대립에서 미국 단극으로서의 점진적 이행이었다면 21세기 동아시아의 안보, 경제 아키텍처는 미국 중심의 단극에서 미중 간의 양극, 혹은 강대국들 간의 다극체제로의 이행이라고 할 수 있다. 소련의 고르바초프는 쇠락해 가는 국력 추이를 목도하면서 미국 및 유럽으로부터의 경제적 도움을 원하고 있었지만 중국은 팽창하는 경제력을 바탕으로 외교적, 군사적 영향력을 증가시키고 있다.

아시아는 높은 수준의 경제, 사회적 통합을 향해 나아가고 있지만 이러한 지역통합 과정이 역내 국가들 간의 안보경쟁을 완화한다고 보기는 어렵다. 미국은 소위 아시아 재균형전략을 통해 중국과의 신형대국관계, 대중 견제, 기존 양자동맹 강화 등의 정책을 추진하는 한편, 중국은 평화부상 전략 하에 소위 중국몽이라고 불리는 중국 중심 지역전략을 추진한다고 볼 수 있다. 동아시아의 중국 주변국들은 미중 양국과의 협력을 모두 강화하면서 미중 간 전략적 경쟁 속에서 전략적 선택의 기로에 서지 않기 위한 헤징전략을 다양한 형태로 추진하고 있다. 현재 동아시아의 안보아키텍처는 다자지역통합 및 질서를 향해 간다고 보기는 어렵고, 오히려 조각난 아키텍처의 경쟁적 모습을 보이고 있다.

미중 간의 세력경쟁과 다층적 지역통합이 결합되는 모습은 동아 시아의 제도적 균형(institutional balancing)의 형태로 나타나고 있다. 동아시아 국제정치가 제도화되어 규범과 규칙에 근거한 행위가 증가 하는 것은 사실이지만 미중 간 자신에게 유리한 제도를 활성화화기 위 한 노력도 동시에 가속화되고 있다. 통일한국이 어떠한 제도에 어떠한 형태로 참가하는가는 여전히 선택의 문제로 남을 것이다. 동아시아 지 역질서가 통합된 다자질서에 기반하지 않는 이상, 통일한국은 미중 양 국이 주도하는 대립적 제도에 참여하는 문제로 고민할 가능성이 높다. 이는 통일독일의 선택과는 매우 다른 모습으로 한국은 통일 이전 통일 전략과 통일 과정에서의 전략을 추진하는 과정에서 보다 통합적이고 광범위한 지역 전체의 다자협력체제를 추구하는 모습을 보여주어야 할 것이다. 지역통합의 정도가 낮은 한국의 경우 독일처럼 지역통합을 통일외교의 자산으로 활용할 수 없는 만큼, 지역통합을 향한 진정성을 함께 보여주어야 하는 부담을 가지게 될 것이다.

다. 통일 이후 통합 과정에서 한국 외교와 독일의 시사점

(1) 통일 이후 자율성 추구 외교

통일 이후 통합 과정에서 한국 외교의 핵심은 여전히 미중관계 전략이 될 것이다. 통일 한반도는 통일 이전에 비해 훨씬 강대국이 되겠지만 주변국과의 세력구도에서는 여전히 주변 4대 강국에 비해 상대적으로 약소할 것이다. 통일한국이 보다 자율성을 가지고 지역통합 및 미중관 계 협력에 기여하는 외교정책을 추구하기 위해서는 다양한 부분의 정책 조정이 불가피할 것이다. 동북아는 여전히 강대국 정치에 의해 좌우되는 부분이 큰 만큼 한국이 과연 통일 이후 어떠한 외교적 자율성을 발휘할 수 있을지가 주목된다.

이러한 관점에서 통일독일의 외교는 시사하는 바가 크다. 서독은 통일 이전에 나토의 틀 안에서 주로 경제력만을 바탕으로 외교를 추구할 수밖에 없었다. 그러나 통일 이후 1990년대를 통해 영향력을 확장한 결과 군사력을 사용하는 국가로 재등장하게 되었다. 통일독일은 유럽연합에서 인구 기준으로 가장 큰 나라이며 경제적으로도 가장 강한 국가이다. 독일은 리스본 조약을 비준하며 프랑스와 함께 유럽연합을 이끌어 오고 있으며 2008년 경제 위기 이후 남부 유럽 등 경제 위기를 겪는 나라들에 대한 구제정책에서 정치적 영향력을 키워나가고 있다. 독일은 유럽연합 재정의 20% 이상을 분담하고, 동구 국가들의 유럽연합 가입을 촉진하는 등, 유럽연합과 나토의 확장에도 앞장서 왔다. 나토는 "평화를 위한 파트너십(Partnership for Peace)" 정책을 통해 러시아와 새로운 관계 설정을 추구했고, 독일은 통일 이후 러시아에 대한 경제적 지원, 에너지 구입 등 다양한 수단을 발휘하여 러시아와 협력적 관계를 유지하고 있다. 독일은 천연가스와 원유 모두 30% 이상을 러시아에 의존하고 있다(김동명 2010, 280).

통일 이후 1998년까지 집권한 콜 수상과 이후 사민당과 녹색당 연정으로 집권한 슈뢰더 정부는 통일독일의 외교정책의 방향을 설정하는 데 많은 굴곡을 겪었다. 전 국가적으로 통일독일의 외교정책의 방향에 대한 논쟁이 진행되었고 이 과정에서 적극적 역할과 소극적 역할 사이의 담론이 전개된다(Katzenstein 1997; Moravcsik 1998).

통일독일은 급변하는 탈냉전 유럽의 상황에 처하게 되고 군사력은 10만 이하로 규정되었다. 이전 서독 영토의 나토군 40만과 동독군

30만에 비하면 매우 적은 숫자였다. 독일에 주둔하는 나토군으로는 미군 약 6만 명과 영국군 약 2만 명 정도가 있다. 독일은 강력한 통일 국가로 재등장하고 지정학적으로도 유럽의 중심에 처했지만, 급변하는 국제정치 상황에 대처하기에는 취약하다는 논의가 등장하게 된다. 현실주의에 기반한 적극적 자주노선 외교론은 독일의 국익을 냉정하게 계산하여 외교를 추구해나가고자 한다. 반면 온건론의 담론은 탈냉전의 상황에서 독일은 유럽연합과 국가 간 상호의존에 기반하고 있으며 독일의 군사력 역시 지구적 차원에서는 아직 약소하기 때문에 다자협력 중심의 전통외교를 추구하는 것이 바람직하다는 견해를 피력하고 있었다. 또 다른 견해로 민간강국(Zivilmacht)론을 들 수 있는데, 이 논의는 국제관계가 상호의존에 기반하고 있다는 사실에 근거하여 군사대국보다 경제대국, 강력한 교역국가를 지향하여 독일의 이익을 실현하고자 하는 논의였다. 지구화 시대에 거버넌스를 강화하고 이에 협력하여 독일의 이익이 증진될 수 있다는 논의이다(고상두 2004).

통일 이후 콜 수상은 무엇보다 유럽연합의 틀과 나토를 강화하는 통일 이후의 서방정책을 주축으로 하였다. 당시 나토는 소련이 사라진 이후 다자군사동맹으로서 존립 근거를 찾는 데 어려움을 겪고 있었는데 서독의 적극적 활동은 집단안보동맹으로서 성격을 재정의하는 데 도움이 되었다(이수형 2001). 독일의 대나토 정책의 축은 이후 미국이 단극체제를 유지하는 데 어떠한 도움을 주는가로 규정될 수 있다. 독일은 1991년 이라크 전쟁에 병참과 전비 지원으로 임하였고, 총 170억 마르크를 지원하였다. 동시에 1992년 유엔평화유지군 파병, 캄보디아 의무부대 파견 등 지구적 차원에서 적극적 행보를 하였다(장준호 2006).

1998년 집권한 슈뢰더 총리는 적녹 연립정부로 새로운 세대를 대표하며 자주적이고 적극적 국익신장의 이미지를 대변한다. 슈뢰더 정부는 미국과 나토에 대한 협력을 강화하는 동시에 유럽의 군사력을 확대하고 공동안보노선을 추구하는 정책을 동시에 추구하였다. 우선 1993년 3월에 시작된 코소보 공습에 독일 전투기 4대가 참여하였다.

1994년 7월 독일헌법재판소의 판결과 연방군해외파병법 제정 이후 연방하원의 신임안 가결을 통해 북미, 유럽 지역을 벗어난 파병을 실행할 수 있었다. 이 법안에 따르면 연방의회의 동의하에 해외 파병이 가능하고, 긴급구호활동의 경우 사후 승인을 받으며, 연방의회가 해외 파병 부대의 철수를 결정하고 연방군은 의회의 승인하에 나토 역외의 국제평화임무에 조건 없이 참여하여 전투작전도 수행할 수 있다는 것이다.

이로써 슈뢰더 총리는 국제사회의 일원으로 주권에 입각하여 국제적 다자주의 외교를 추구하고자 하였고 해외파병을 실현할 수 있었다. 이 과정에서 미국에 대해서도 보다 자율적인 정책을 추진하였는데 이라크 전쟁 반대 과정에서 무력사용 금지, 국제법 보전 등 현실주의와 규범주의를 적절히 종합하였다.

유럽적 차원에서 슈뢰더 총리는 1996년 EU정상회담을 통해 미군과 대등한 5만-6만 규모의 유럽군을 창설하기로 하였고, 1999년 유럽안보방위정책(ESDI)이 합의된 이후, 본격적으로 대규모의 독일군을 해외에 파병하기에 이른다. 2002년 슈뢰더 정부는 아프가니스탄에도 파병하고 이후 약 1만 명의 독일군이 보스니아, 코소보, 마케도니아, 고르기아, 아프가니스탄, 우즈베키스탄, 터키, 쿠웨이트, 바레인, 드지부티, 케냐, 아프리카 북동부, 아라비아해, 지중해, 이탈리아의 북대서양조약기구 군대투입본부, 미국 플로리다 등의 16개 지역에 투입되어 파병활동을 하고 있다.

슈뢰더 총리는 또한 프랑스와 긴밀히 협력하여 2003년 6만 명 규모의 유럽신속대응군 창설에 합의하고 이어 영국과 함께 나토로부터 독립적인 군사행동을 기획한다. 2004년 12월 보스니아-헤르체고비나 지역 유럽군(EUFOR)은 북대서양조약기구로부터 통제권을 인수하여 유럽연합 차원에서 군사력을 운용하기도 한다. 이러한 활동들은 모두 통일 이후 독일의 자율성을 보여주는 예이다.

동시에 독일은 여전히 나토의 틀 속에서 미국과의 군사동맹을 유지하고 있다. 통일 이후 미군 철수를 주장하는 좌파연합의 주장이 있지만 그 영향력은 크지 않고 여전히 독일은 유럽 내에서 최대의 미군 주둔, 핵무기 배치 등 강력한 동맹구조를 유지하고 있다. 반테러작전, 지역평화유지 등 새로운 기능을 유지하고 있고, 미군의 주둔으로 인한 경제적 이익도 얻고 있다. 특히 러시아의 영향력이 유지, 확대되는 가운데 견제 필요성이 여전히 존재하고, 이라크, 아프가니스탄 등 불안정 중동 정세에 대처하는 기능도 중요한 역할로 남아 있다.

독일 외교정책의 변화는 통일 이후 국내정치 및 정당지지 구조의 변화와 밀접한 관련을 가지고 있다. 통일독일의 정당체계는 양대 정당으로 기민/기사 연합과 사민당, 제3의 작은 세력으로 자민당, 좌파 연합 등으로 이루어져 있는데, 양대 정당의 비중이 점차 줄어들어 1980년대 중반 90% 안팎이었던 지지율이 2010년대에 이르러 55%까지 하락하였다. 또한 사민당의 세력이 슈뢰더 총리 집권 이후 줄어들고 있으며 과거 동서독의 연결 역할 및 사회민주주의 대표정당의 기능이 약화되고 있다. 반면 좌파연합이 강화되고 있고, 양대 정당은 점차 이념적으로 수렴되는 현상을 보인다. 여기서 중요한 것은 과거 동독 지역 주민의 투표성향으로 사민당에 대한 지지가 일반적이었는데, 2000년대 중반 이후 좌파연합으로 지지가 옮겨가면서 변화를 겪고 있다. 과거 동서독 주민들은 대체적으로 민주주의의 기본 가치에 대해 여전히 다른 생각을 가지고 있으며, 동독 주민들의 지지가 어떻게 변화할지가 독일 외교에도 많은 영향을 미치고 있다(김동명 2010, 188-194). 이는 통일 이후 과거 북한 주민의 투표성향이 한국의 정치지형에 미치게 될 영향에 대해 많은 시사점을 준다.

한국 역시 통일 이후에는 외교, 국방정책을 둘러싼 다양한 논의가 진행될 것이다. 미중 경쟁, 협력 구도가 지속되는 동북아의 세력균형 구도에서 현실주의에 입각한 국익 극대화, 자주외교의 담론이 등장할 수 있다. 반대로 동북아의 통합 및 경제적 상호의존을 강조하는 온건론으로 한국이 최대한 외교적으로 중립화되면서 주변국과 호혜의 관계를 유지하고자 하는 담론도 대두될 수 있다. 가장 바람직한 담론은 한편으로는 여전히 상대적으로 약소한 한국의 국익을 극대화하면서 동북아의 세력균형정치를 지역통합으로 이끄는 중견국의 역할을 하는 것으로 중견국 복합외교라고 할 수 있다. 한국이 통일되어도 중국의 부상과 이를 경계하는 미일동맹이 대립한다면 한국의 외교적 딜레마는 해결되지 않은 채 남을 것이다.

그러나 통일한국은 보다 유리한 입장에 처하게 되는 것은 확실하다. 통일한국은 중국과 1,000km에 달하는 국경을 접하고 동북 지역과의 활발한 교역을 하며 러시아와의 접경 지역에서도 한러 간, 혹은 한중러 간 협력이 활성화될 것이다. 또한 한중, 한러 간 국경을 통해 유럽까지 연결되는 역동적인 관계를 가지게 될 것이다. 이러한 상황에서 중국과 러시아에 이해관계를 가지는 한국 사회 내 부문이 눈부시게 증가할 것이고, 중국 동북 지방과의 통합도 진행될 가능성이 높다. 시민사회 간, 경제적 차원에서 한중러 간 협력이 증가되는 상황에서 안보 부문에서 한미동맹을 중국 견제용으로 강화하기는 무척 어려울 것이다.

민주화된 통일한국 내에서는 중국과의 협력에 이해관계가 달려 있는
많은 부문이 성립될 가능성이 높기 때문이다. 이 과정에서 한미동맹은
미국과의 관계를 강화하는 것은 물론 일본과도 전략협력을 할 수 있는
자산이 될 수 있다. 이를 어떻게 협력적이고 상보적으로 운용하는가가
관건일 것이다.

(2) 통일 이후 한미동맹

독일은 통일 이후 나토 잔류는 물론 미국과의 전략 협력을 외교정책의
축으로 삼았다. 그러면서도 미국으로부터의 자율성 확보, 이를 위한 유
럽 차원의 군사협력 정책, 동구권 및 러시아와의 협력을 통한 유럽 협
력 증진의 중견국 외교 등을 동시에 도모하였다. 프랑스와 협력하여 유
럽 차원의 국방력을 향상시켜 미국으로부터 자율성을 획득하고 동시
에 독일의 자율성도 확대하는 것이다(고상두 2009).

　　한국 역시 통일 직후에는 한미동맹을 외교정책의 축으로 삼게 될
것이다. 이 과정에서 지구적 차원의 안보 문제, 인간안보를 해결하는
역할을 상당 부분 보존될 확률이 높다. 이미 한미동맹은 지구적 차원의
보편적 가치동맹으로 활동하고 있고 이는 비교적 긍정적 평가를 받고
있기 때문이다. 북한이 사라진 상황에서 문제는 동북아 지역에서 한미
동맹의 역할이다. 현재 미일동맹은 일본의 소위 적극적 평화주의를 모
토로 중국을 견제하는 쪽으로 기능이 변화되고 있다. 한국은 통일 이후
중국 견제를 위해 한미일 협력을 할 것인가, 아니면 동맹의 지구적, 보
편적 역할을 강조하면서 중국과 협력관계를 유지할 것인가의 갈등에
직면할 가능성이 높다. 통일 이후 한국을 둘러싼 국제상황은 여전히 미
중 경쟁과 갈등, 중일 간의 치열한 경쟁, 중국 주변국을 둘러싼 미중의

경쟁과 주요 분쟁지역 관리 어려움 등의 문제에 부딪힐 것이다. 한국이 이러한 문제를 해결해 나가는 중견국 외교를 충실히 하지 않으면 주변 강대국 간 경쟁에 휘말릴 확률이 높다.

한미동맹의 역할 변화에 대처하려면 우선 한국 국방정책의 대강을 마련해야 할 것이다. 통일 이전 남북한의 군사력을 합치면 200만에 달하는 대군이지만 아마도 통일 이후 훨씬 적은 수의 군사를 유지하게 될 것이다. 이 과정에서 한국 국방전략의 목표, 구성, 기능에 대해 명확한 재정의 과정이 있어야 할 것이다. 통일 이후 명확한 적이나 안보위협이 없는 상황에서 한국의 안보위협은 동북아 국제정치, 특히 강대국 정치의 불확실성 자체가 될 것이다. 미국과 중국 모두 역사적 유례가 없는 강대국이며, 양국 간 세력전이가 어떠한 결과를 초래할지 현재로서 분석은 매우 어렵다. 강대국 간 세력전이 및 무력충돌의 가능성을 내재하면서도 상당한 수준의 경제적 상호의존을 보이고 있고, 국제정치의 성격 자체도 국가 중심에서 다차원 거버넌스로 변화했기 때문이다. 한국은 미중 간의 갈등 가능성을 낮추면서 동북아의 통합적이고 협력적인 안보거버넌스를 만드는 데 한미동맹을 활용하는 방안을 강구해야 할 것이다.

한국은 한미동맹을 유지하는 과정에서 미국으로부터 자율적 외교 안보전략을 추구하고자 하는 노력을 기울였다. 동맹은 안보라는 재화를 확보하는 대가로 안보자율성을 훼손당하는 부분이 있는 것이 사실이다. 한국이 통일 이후 미국과의 긴밀한 협력을 하면서도 통일한국의 외교전략 목표를 실현시키기 위해 얼마만큼 자율적인 국방정책을 추진할 수 있을 것인가가 관건이다. 그리고 핵심은 미중 관계 속에서 한국의 외교안보전략이 될 것이다. 독일은 통일 이후 소련의 세력이 약화되고 미국 단극체제 하의 외교환경에 처했기 때문에 외교적 딜레마가

훨씬 적었다고 할 수 있다. 그러나 한국은 미중 간 세력구도의 변화라
는 갈등적 환경 속에서 더 많은 어려움을 가지게 될 확률이 높다.

(3) 한국의 통일 비용과 국방비

한국은 통일 이후 독일보다 훨씬 더 많은 통일 비용을 감당하며 재정
지출에 처할 가능성이 높다. 양독 간의 경제격차는 현재 남북 간 격차
보다 훨씬 적었으며 인프라 및 노동인구의 노동력 등에서 한국보다는
유리한 입장이었다고 할 수 있다. 재정압박은 한국의 국방비 지출 한도
에 영향을 미칠 것이다. 한국이 통일 이후 북한 내 인프라 투자, 복지비
용 지출 등 재정지출을 하게 될 경우 상대적으로 국방에 지출할 비용
은 매우 적어질 것이다. 통일 비용을 감당하면서 북한과의 통합에 기초
한 기업이득을 창출하여 국력을 증강시키려면 상당한 기간이 소요될
것이기 때문에 그 과도기 동안의 국방정책을 어떻게 유지하는가는 매
우 중요한 일이다.

　독일의 경우를 볼 때 통일의 재정부담은 단기간에 걸친 것이 아니
라 최소한 20여 년에 걸친 장기적 문제라는 것을 알 수 있다. 또한 정
부가 혼자 부담하는 것이 아니라, 공공기관, 기업체, 사회단체, 민간자
본 모두가 참여해야 하는 문제로 상당 기간 동안 북한 개발이 이루어
져야 온전한 통일 국가의 모습을 갖추게 될 것이다. 준비되지 못한 통
일을 맞이할 경우 독일의 경우보다 심각한 경제타격을 입게 되고 실
업률과 경제성장률에서 많은 어려움을 겪을 것이다. 이 경우 온전한
외교, 국방정책의 국내기반이 약화될 것은 확실하다. 독일의 경우 통
일 이후 2% 안팎의 경제성장을 이루었고 이 과정에서 재정부담은 증
가하였다. 독일은 1990년대 공무원을 감축하고 국방비 외 외교 비용

을 감축하였는데, 일반행정비가 예산에서 차지하는 비중은 23.7%에서 16.8%로 감소한 것으로 나타난다(박주용·배상무 2000; 황의서 2008).

독일의 국방비를 보면 통일 직후 국방비가 지속적으로 감소하다가 2003년에 이르러서야 다시 증가세로 돌아서게 된다. 통일 이후 10여 년간은 국방비 지출이 매우 한정될 수밖에 없음을 보여주고 있다. 한국 역시 북한과의 통합 이후 빚어질 경제적 어려움을 예상하고 현실적인 국방, 외교비용 지출에 입각한 현실적인 외교정책을 수립하는 것이 중요하다. 또한 북한 지역 개발에 국제적 협력을 이끌어 내면서 비용을 낮추고 한반도를 둘러싼 지역협력의 가능성은 높이는 것도 중요한 일이 될 것이다.

표 5-1 독일 국방비(US billion constant Dollar)

연도	국방비	연도	국방비	연도	국방비
1980	34.2	1990	42.3	2000	28.1
1981	28.9	1991	39.5	2001	27.4
1982	24.4	1992	41.9	2002	29.3
1983	22.7	1993	37.2	2003	35
1984	20.4	1994	36.3	2004	38
1985	20.3	1995	41.1	2005	38
1986	27.7	1996	38.9	2006	38
1987	34.1	1997	33.2	2007	42.5
1988	35.1	1998	33.1	2008	48
1989	33.5	1999	32.6	2009	47.4
				2010	46.2
				2011	48.1
				2012	45.7
				2013	48.8

출처: 출처: Stockholm International Peace Research Institute, SIPRI Yearbook, 2014.

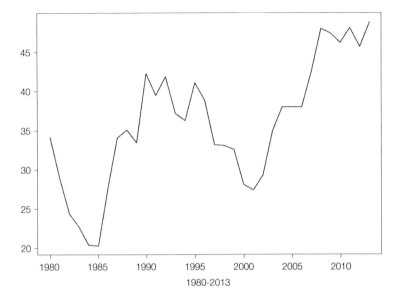

그림 5-1 독일 국방비 지출

라. 결론

통일은 통일을 위한 전략과 통일 과정의 전략, 그리고 통일 이후의 적절한 통합전략이 함께 이루어질 때 완성될 수 있다. 더욱이 통일을 뒷받침하는 외교는 변화하는 국제정치변수를 최대한 활용하고 이에 기민하게 대처해야 하기 때문에 계획이 어렵고 수행 과정에서도 많은 어려움이 따르게 마련이다. 서독은 동독과의 관계에서 외교역량을 축적하여 통일의 기회가 왔을 때 이를 충분히 활용하고, 국제환경에도 기민하게 대처하는 모습을 보여주었다. 또한 통일 이후 통합 과정에서도 국익을 증진하며 자율성을 확대하고 외교정책의 폭을 넓히는 성공을 보여주고 있다.

한국의 통일은 독일에 비해 어려운 점이 많은 것이 사실이다. 남북한의 격차가 크고 한국의 대북, 통일전략은 일관되지 못한 채 여전히 갈등을 겪고 있는 것이 사실이다. 남북 간의 공유된 정체성이 약하고 대립이 심화되어 있는 상황에서 과연 북한 주민들의 친한국화가 진행될 수 있을지도 의문이다. 더욱이 김정은 치하의 북한은 핵, 경제 병진 노선을 앞세우고 핵무기 개발에 지속적인 노력을 기울이며 핵실험을 시행하여 왔고 향후 비핵화 전망도 여전히 불투명하다. 국제적으로도 한국의 위상은 서독에 비해 강력하지 못하며 무엇보다 미중 간의 세력 경쟁이라는 구도가 통일에는 어려운 환경을 조성해주고 있다. 독일 통일 과정에 비한다면 한국은 본격적인 관여정책을 시작해야 할 초입에 놓여 있다고 볼 수 있으며, 미중 간의 대립구도가 심화되기 이전에 통일을 이루어야 하는 시한적 문제도 안고 있다. 국제환경이 허락하는 시간적 한계 속에서 독일의 동방정책과 같은 변화를 이끌어내야 하는 과제를 안고 있는 것이다.

이와 더불어 통일한국의 외교를 명확히 준비해야 통일 과정이 원활해지는 과제도 안고 있다. 통일한국이 주변국의 이익과 상보적이라는 확신을 주기 위해서는 통일한국 외교에 대한 명확한 청사진과 이를 실현할 수 있으리라는 신뢰성을 함께 주어야 하기 때문이다. 이 과정에서 중요한 것은 중국, 러시아와의 협력이 하나이고, 한미동맹의 미래 역할이 다른 하나이다. 한국은 통일한국의 국방정책의 대강을 명확히 하는 동시에 한미동맹의 새로운 지역적 역할에 대한 담론과 준비를 해나갈 필요가 있다. 통일한국이 미중 경쟁과 갈등 사이에서 전략적 치중을 해야 하는 상황에 부딪히면 통일에도 불구하고 외교적 딜레마는 지속되거나 혹은 더욱 심화될 것이다. 이를 피하기 위해서는 한미동맹이 미중관계의 발전에도 기여하고 지역안정에도 도움이 되는 방향으로 기능을 전환하는 노력을 기울여가야 할 것이다.

통일 이후 독일은 미국과 협력하면서도 자율적 외교전략을 추진하면서 독자적 군사력을 증대시키고, 주변국과 선별적으로 협력하는 모습을 보였다. 이는 독일 외교정책의 가치와 가용한 정책 수단에 기반한 선택이다. 한국도 통일 이후 어떠한 외교정책의 근본 가치를 가지고 외교를 해나갈지, 그 과정에서 가용한 정책 자원이 무엇인지를 매우 현실적으로 파악하고 있어야 할 것이다.

참고문헌

고상두. 2009. "독일 통일 이후 대서양 동맹의 변화."『유럽연구』27(3).
_____. 2004. "통일 이후 독일의 국제적 역할 변화: 논쟁과 실천."『국제정치논총』44(2).
_____. 2015. "독일통일에서 기민당과 사민당의 초당적 협력: 전개과정과 수렴요인."
    『국제지역연구』19(1).
김동명. 2010.『독일 통일, 그리고 한반도의 선택』. 서울: 한울.
박래식. 1998. "분단극복을 위한 독일의 외교정책."『한국동북아논총』8.
박주용·배상무. 2000. "통독 이후 독일의 재정정책과 한반도 통일."『한국동북아논총』16.
이수형. 2001. "북대서양조약기구의 전략개념의 변화에 관한 역사적, 이론적 고찰."
    『국제정치논총』41(3).
장준호. 2006. "현실주의 패러다임과 독일 외교정책: 슈뢰더 정부의 외교정책과 조기총선 이후
    전망."『국제지역연구』10(1).
황의서. 2008. "통일 이후 독일의 재정부담."『한국국제경제학회 동계학술발표논문집』. 257-
    290.

Banchoff, Thomas F. 1999. *The German Problem Transformed. Institutions, Politics, and
    Foreign Policy, 1945-1995.* Ann Arbor: University of Michigan Press.
Bark, Dennis L, and David R. Gress. 1989. *A History of Germany.* 서지원 역.『도이치
    현대사 4: 허상의 붕괴와 통일선택』(서울: 비봉출판사, 2004).
Berger, Thomas U. 1998. *Cultures of Antimilitarism: National Security in Germany and
    Japan.* Baltimore, MD, Johns Hopkins University Press.
Goldstein, Judith and Keohane, Robert O. 1993. *Ideas and Foreign Policy. Beliefs,
    Institutions, and Political Change.* Ithaca: Cornell University Press.
Katzenstein, Peter. 1997. *Tamed Power: Germany in Europe.* Ithaca: Cornell University
    Press.
Moravcsik, Andrew. 1998. *The Choice for Europe: Social Purpose and State Power from
    Messina to Maastricht.* Ithaca: Cornell University Press.
Zelikow, Philip D. and Condoleezza Rice. 1997. *Germany Unified and Europe
    Transformed: A Study in Statecraft.* Cambridge: Harvard University Press. 김태현 역.
    『독일통일과 유럽의 변환』(서울: 모음북스, 2006).

2

독일과 한반도의 분단 및 통일문제 비교연구: 독일 사례의 올바른 이해와 창조적 활용의 모색

김학성(충남대학교)

가. 문제제기

우리 정부와 사회에서 독일의 분단과 통일을 바라보고 이해하는 방식은 다양하다. 특히 탈냉전시대에 들어온 후, 독일의 분단관리 및 통일 사례에 대한 우리 사회의 인식은 심지어 대립적이기도 하다. 남남갈등 하에서 독일 사례는 각 사회세력이 자신의 대북·통일정책적 구상이 타당하다는 것을 단지 입증해 보이려는 증거자료로 활용되는 경향이 강하다. 물론 과거 서독사회 내에서도 독일 및 동방 정책을 둘러싼 정책적 갈등이 있었을 뿐만 아니라 통일의 원인도 단선적이 아닌 다선적 인과성을 가지고 있는 만큼 해석의 여지가 크다. 그러나 우리 사회에서 각자의 시각으로 독일 사례를 아전인수(我田引水)격으로 해석하는 일은 독일의 현실과 너무 벗어난 경우가 적지 않다.

독일과 한반도의 분단 상황은 많은 점에서 다르다. 그렇지만 평화통일을 지향하는 우리에게 독일 사례는 매우 유용하게 활용될 수 있다. 분단을 극복하기 위한 조건을 찾는 것뿐만 아니라, 통일 이후 통합의 문제를 구체적으로 생각해볼 수 있기 때문이다. 특히 통일독일의 통합과정은 향후 한반도 통일을 준비하는 우리에게 구체적으로 무엇이 필요한지를 찾는 데 유용하게 활용될 수 있는 역사적 사례가 아닐 수 없다. 물론 분단 및 통일문제의 차이점을 고려하면, 독일 경험을 그대로 원용하는 것은 의미가 없으며, 창조적 활용을 위한 노력이 필수적이다.

이와 관련하여 독일 경험에서 적절한 시사점을 모색하기 원하는 우리의 입장에서 취해야 할 가장 기본적인 접근태도는 다음 몇 가지로 간략하게 정리될 수 있다. 첫째, 독일과 한반도 분단의 유사성과 상이성을 충분히 고려하여 정책적 시사점 모색을 시도해야 한다. 둘째, 분단 극복을 위한 전제조건들이 충족되지 않은 상황에서 서독이나 한국이 선택할 수 있었거나, 있는 정책 대안들을 검토할 필요가 있다. 셋째, 분단의 평화적 관리 정책과 통일 사이의 인과관계를 규명하는 노력이 요구된다. 넷째, 이러한 것들이 가능하기 위해서는 무엇보다 독일 분단의 역사적·상황적 맥락에 대한 충분한 지식을 기반으로 동방정책 및 독일정책의 핵심구상 및 전략, 그리고 정책적 전개 과정을 정확하게 이해할 필요가 있다. 마지막으로 독일 사례를 결과가 아니라 항상 과정으로 이해하려고 노력해야 한다. 과정에 대한 이해가 없이 그 결과에만 주목하여 한반도에 적용하고자 시도한다면, 분단 현실의 차이 탓에 성공을 확신하기 어렵다.

　　이러한 문제의식과 접근태도를 바탕으로 본 연구는 독일 사례를 바라보는 우리 사회의 시각에 대해 살펴보고, 이를 통해 독일과 한반도 분단에 대한 현실적인 비교 방법을 고민해본 후, 한반도 분단의 평화적 관리 및 통일 준비에 독일의 경험을 창조적으로 활용하기 위해 반드시 생각해 보아야 할 것들을 요약적으로 제시하고자 한다.

나. 독일 통일에 대한 오해와 논쟁: 현상과 원인

독일의 분단 및 통일은 오래전부터 우리 정부와 전문가, 심지어 국민들의 주목을 받아왔다. 1969년 '국토통일원'이 설치되는 배경에는 서독 '내독성'의 전신인 '전독문제성'이 모델이 되었으며, 1970년대 초반 남북대화의 시작과 함께 추진되었던 대북정책들은 독일의 분단관리정책에서 많은 정책 아이디어를 빌려왔다.[1] 예를 들면, 동서독 UN 동시가

1　당시 국토통일부는 서독의 독일정책 및 동방정책을 중점적으로 연구하기 시작했으며, 학자들의 연구를 지원했다. 이와 관련, 1970년대 한국과 서독학자들의 학술회의 결과물

입을 모델로 남북한 UN 동시가입 제안, 독일의 내독교류를 이상적 목표로 삼은 (신)기능주의적 대북 접근들, 동방정책에서 명칭을 따온 북방정책(Nordpolitik), 「동서독 기본조약」의 내용을 참조한 「남북기본합의서」, '전독연구소'를 벤치마킹한 '민족통일연구원' 설치, 브란트(Willy Brandt)의 독일정책 및 동방정책을 모델로 삼은 '햇볕정책' 등은 대표적으로 손꼽힌다. 더욱이 독일이 통일된 이후 독일 경험의 긍정적이나 부정적인 측면이 모두 우리의 시선을 사로잡고 있다. 한반도 통일에 독일 사례를 적용하는 것이 적절하지 않다는 주장이 일각에서 대두하기는 했지만, 독일 통일은 여전히 우리 사회에서 통일의 바람직한 모델로 간주되고 있다.

이렇듯 독일 사례에 대한 연구와 시사점 모색 과정이 오래된 만큼 수많은 보고서와 연구 성과물이 축적된 것은 분명하지만, 이에 상응하여 활용된 정책의 실질적 성과는 미미하다. 오랫동안 독일의 경험을 원용해왔던 우리 정부의 대북·통일정책이 거둔 성과는 과연 무엇인지? 독일은 통일이 된 반면, 한국은 분단의 평화적 관리조차 제대로 하지 못하고 있다. 이러한 결과가 초래된 원인으로 여러 가지를 생각해 볼 수 있다. 우선 북한이 독일 경험을 이미 알고 있기 때문에 우리의 정책에 부응하지 않기 때문일 가능성이 높다. 뿐만 아니라 우리가 서독에서 성공했던 정책들의 정확한 작동기제를 제대로 이해하지 못한 채, 성공적으로 평가되는 정책만을 편의적·형식적으로 모방한 탓도 있다. 앞의 원인은 특히 냉전종식 이후에 더욱 분명하게 드러나며, 뒤의 원인은 1970년대 초부터 지금까지 여전하다.

편의적·형식적 모방 내지는 독일 경험에 대한 오해와 관련하여

을 편집한 최초이자 대표적인 저술로는 Kindermann(1976)을 들 수 있다.

한 가지 분명한 사실은 우리의 시각이 거의 예외 없이 서독의 대동독
정책에만 주목하고 있다는 것이다. 특히 서독의 어떠한 정책이 동독의
반응을 유발시켜 동서독관계를 진전시켰는지에 시선을 집중해왔다.
동서독관계가 1970년대 초 정상화되고, 이후 지속적인 발전을 거듭하
며 드러난 성과는 우리에게 매우 부러운 것임에 분명하다. 그렇지만 이
러한 성과를 단지 서독의 대동독정책 덕분이라고만 판단하는 것은 단
견이 아닐 수 없다. 서독의 정책이 성과를 거둘 수 있었던 배경들, 예컨
대 국제환경이나 동서독의 국내환경에 대한 충분한 이해가 없이 단지
성공적으로 보이는 현상에만 주목하여 이를 이끈 구체적 정책을 모방
할 경우, 정책 배경이 상이한 한반도에서는 소기의 성과를 결코 보장
할 수 없기 때문이다. 사실 우리는 그러한 배경요인보다 서독의 정책을
신기능주의 이론의 시각으로 바라봄으로써 동서독관계 발전의 성과
를 해석하고 이를 일반화하여 남북한에 적용하는 데 익숙해 있다. 서독
에서 동서독관계를 신기능주의적으로 접근하지도 않았을 뿐만 아니라
남북한관계를 신기능주의 통합이론으로 접근하는 것은 현실적이지 못
하다는 점을 고려하면,[2] 독일 사례에 대한 오해의 수준을 가늠해볼 수
있다.

　이렇듯 배경요인에 관한 낮은 관심은 분단 시기 및 통일 직후 독
일정책을 둘러싼 (서)독일 내부의 갈등 및 논쟁이 우리에게 잘못 인식
되는 주요 원인이다. 햇볕정책이 추진되고 남남갈등이 격화되면서 독
일 사례를 바라보는 우리 사회의 시각도 양분되었다. 햇볕정책을 추진
했던 진보진영은 브란트의 정책을 우리의 정책 모델로 삼는 데 반해,
보수진영은 독일 통일이 아데나워(K. Adenauer)와 콜(H. Kohl) 총리

2　한반도 분단에서 신기능주의적 시각의 적용이 적절치 않다는 논거에 대해서는 김학성
　(2008, 208-209) 참조.

를 비롯한 서독 보수정당의 정책 덕분이었다고 주장하며, 브란트의 독일정책 및 신동방정책은 분단관리정책에 지나지 않기 때문에 통일에 기여한 바가 거의 없다고 평가한다.[3] 보수진영의 이러한 시각은 햇볕정책을 비판하는 논리적 근거로 활용되고 있다.

그러나 1960년대 초 이후 1989년 11월 베를린 장벽이 무너진 직후까지 서독 내부에서 공식적으로 통일을 목소리 높였던 정치인이나 전문가는 거의 없었다. 여야를 막론하고 통일문제는 국제정치적 해결방법밖에 없다는 판단이 대세였다. 이는 서독의 정치문화를 이해하는 사람에게는 당연한 현실로 수긍될 수 있다. 그렇지 못한 사람들을 위해 굳이 어떠한 증거가 필요하다면, 1989년 2월 본(Bonn) 주재 미국대사로 부임했던 버넌 월터스(V. Walters)의 증언이 도움을 줄 수 있을 듯하다. 그는 회고록에서 1989년 자신의 취임 직후 만났던 서독의 주요 여야 정치인들 가운데 통일이 조만간에 가능하리라고 생각하는 사람은 아무도 없었다고 말했다(Walters 1994, 27-40).

이처럼 통일 전후 독일문제를 둘러싼 독일 내부의 논쟁을 독일의 역사적 현실과 문화를 기반으로 이해한다면, 단지 특정한 시점에서 드러난 현상에만 국한하여 우리의 시각으로 독일내부의 갈등이나 논쟁을 자의적으로 해석함으로써 독일 경험을 왜곡하는 의미 없는 논쟁을 피할 수 있을 것이다. 따라서 독일에 대한 정확한 이해를 비롯하여 독일과 한반도의 분단을 어떻게 비교할 것인가에 관한 고민이 매우 중요하다. 상이한 분단 상황을 염두에 두면, 독일 사례를 제대로 이해하기 위한 올바른 접근방식이 요구되기 때문이다.

---

3   이와 관련한 대표적인 저술로는 염돈재(2014) 참조.

다. 독일과 한반도의 분단 비교 방법[4]

독일과 한반도 분단의 진행 과정, 그리고 분단의 국내외적 환경과 조건이 다르다는 사실은 주지하는 바이다. 그럼에도 독일 사례가 우리의 모델로서 오랫동안 시선을 끌어온 배경에는 나름대로의 이유가 있다. 무엇보다 독일의 평화적 분단관리 및 통일 사례가 우리에게 한반도 문제해결의 방향설정과 관련하여 모범적으로 보였기 때문이다. 따라서 분단 상황의 차이 탓에 독일 사례를 원용하는 데 어려움이 있음에도 불구하고 항상 주목의 대상이 되어 왔으며, 양 지역 분단의 비교를 바탕으로 적절한 시사점을 모색하려는 시도가 끊이지 않았다.

일반적으로 무엇인가를 상호 비교를 한다는 것은 유사성을 전제로 하며, 이를 보여줄 수 있는 비교의 기준을 필요로 한다. 독일과 한반도 분단의 비교 기준은, 구조적 측면에 시선을 맞출 경우, 생각보다 쉽게 찾을 수 있다. 분단구조를 어떻게 규정할 것인지에 대한 생각은 다양할 수 있지만, 여기서는 경험적으로 접근하고자 한다. 즉 분단으로 인해 문제가 발생하며, 또 이를 해결하려는 정책적 노력이 이루어지는 영역을 범주화하고, 각 범주 내에서는 물론이고 범주들 사이의 연계성을 찾는 방식으로 분단구조를 규정할 수 있다. 구체적으로 말하면, 한반도와 독일의 분단이 어떠한 문제를 유발했으며, 또 남북한이나 동서독이 그에 대해 어떠한 정책적 대응을 해왔는지를 생각해보면, 분단구조가 비교적 손쉽게 개념화될 수 있다는 것이다. 우선 분단은 미·소가 대결하는 냉전 속에서 고착된 것으로서 국제환경 차원에서 여러 갈등과 협력을 야기했고, 이에 따라 분단국들은 국제환경에 대한 외교적 대

---

4   본 장의 내용은 필자가 오래전에 생각했던 내용을 발전시킨 것으로서 황병덕 외(2000, 32-36) 참조.

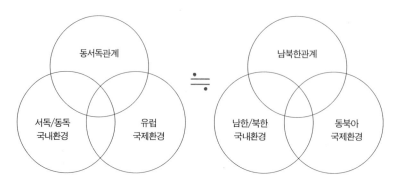

그림 5-2 비교 기준으로서 양 지역의 분단구조

응을 해왔다. 뿐만 아니라 민족적 차원에서 분단국 상호 간의 관계에 경쟁과 협력의 문제가 발생하며, 이는 환경변화에 따라 변화를 거듭해 왔다. 국제환경과 민족 차원에서 발생한 문제들과 이에 대한 정책대응 은 국내정치적 선택을 가능하게 만드는 국내환경과 불가분의 관계를 맺을 수밖에 없다. 요컨대 양 지역은 국제환경, 분단국 상호관계, 그리 고 국내환경의 차원에서 각각 내부 및 외부적으로 상호연계성을 가진 분단구조를 가지고 있다고 말할 수 있다.

〈그림 5-2〉는 독일과 한반도의 분단구조가 유사하다는 것을 보여 줌으로써 양 지역의 비교를 위한 틀을 제시하고 있다. 분단구조의 비교 가능성에도 불구하고 양 지역의 차원별 상황이 유사하다는 것은 결코 아니다. 냉전 시기 동서독관계와 남북한관계를 비롯하여 유럽과 동북아 지역환경, 그리고 동서독과 남북한의 국내환경 사이에는 커다란 차이가 있었다. 그렇지만 이러한 비교틀을 통해서 독일과 한반도 분단이 차원 별로 어떻게 달랐는지를 분석할 수 있을뿐더러, 이를 기반으로 양 지역 의 분단관리 정책 및 통일의 결과 차이가 발생한 이유까지도 추론할 수 있다. 독일이 냉전 시기 분단의 평화적 관리에 성공적이었고, 마침내 통

일을 실현시킬 수 있었던 이유를 규명할 경우, 차이점을 중심으로 우리가 필요로 하는 어떠한 실질적인 시사점을 찾을 수 있을 것이다.

물론 비교를 통해 시사점을 찾는 작업은 간단하지 않다. 일차적으로 양 지역의 차원별 상황차이가 크기 때문에 단순한 비교가 어렵다. 더욱이 양 지역의 분단구조는, 분석상의 이유로 차원 구분이 있는 것일 뿐, 세 차원의 밀접하고 복합적인 연관관계로 이루어져 있다. 예를 들면, 과거 서독의 동방정책(대소련 및 동유럽)은 독일정책(대동독정책을 포함한 분단관리정책)과 불가분의 관계를 맺고 있었으며, 사민당의 집권, 즉 브란트 정부의 출범이라는 국내정치의 변화는 기존의 동방정책과 독일정책을 변화시키는 동력이기도 했다. 세 차원의 복합적 관계는 한반도에서도 분명히 나타난다. 현재 한반도 긴장 고조의 가장 큰 원인을 제공하는 북한 핵문제는 한미동맹, 미중관계, 북중관계 등과 밀접하게 연계되어 있고, 이는 남북한 화해·협력을 가로막을 뿐만 아니라 한국의 국내정치적 갈등을 유발하고 있다.

이처럼 분단구조의 복합성을 고려하면, 독일 사례의 시사점을 찾는 작업 역시 어떠한 차원에 국한되거나 차원별로 분석하는 것으로 완성될 수 있다고 생각하는 것은 잘못이다. 만약 어떤 차원에서 바람직한 시사점을 찾아내더라도 이를 그대로 우리에게 적용하면 성과를 거둘 수 있을지는 매우 불확실하다. 독일의 경우, 어떤 차원에서 추진되었던 정책이나 성과는 다른 차원의 그것들과 밀접하게 연계되어 나온 것으로서 이들 사이의 선순환구조 속에서 비로소 성공적인 결과를 얻을 수 있었기 때문이다. 뿐만 아니라 독일에서의 정책들과 그 정책의 입안과 추진을 가능케 했던 기반 내지 배경에 대해 주목할 필요가 있다. 각 차원에서 입안되고 추진되는 모든 정책은 각각의 정치·경제·사회·문화적 기반 위에서 이루어지기 때문이다. 과거 서독의 성공적인 분단관리

정책이 바람직하게 보인다면, 단지 그 정책의 논리나 전략만을 본받을 것이 아니라 이를 가능케 했던 기반이 우리에게 현재 있는지, 없다면 반드시 그러한 기반을 갖추어야 할지의 여부 등에 대해 숙고할 필요가 있다. 이러한 과정을 통해 비로소 독일 사례의 창조적 활용방법이 논의되고 구체화될 수 있다.

〈그림 5-2〉의 기준에 따라 양 지역의 분단을 구체적으로 비교하기 위해서는 구체적인 비교 항목의 설정이 요구된다. 비교 항목의 설정에서도 양 지역의 분단 상황적 유사성이 전제되는 것은 결코 아니다. 주지하다시피 독일과 한반도 사이에는 분단 상황의 차이가 상당히 컸으며, 더욱이 비교 대상의 시간적 격차도 존재한다. 따라서 항목별 비교가 결코 쉽지 않을 수 있다. 그렇지만 이러한 비교 과정을 통해 역대 한국 정부가 서독의 경험을 원용했음에도 소기의 성과를 거두지 못했던 이유를 찾을 수 있으며, 나아가 비교 항목별로 부각되는 양 지역의 차이를 통해 창조적 활용의 가능성을 확인하는 기회로 삼을 수 있다. 즉 독일과 한반도에 각각 다르게 주어진 특수한 환경의 차이가 단지 정책적 노력을 통해 좁혀지기는 어렵지만, 그 차이에 기인하는 각 지역의 특수성을 분명하게 이해한다면, 우리가 독일 경험을 활용하는 데 큰 도움을 얻을 수 있다. 이와 관련하여 특히 독일에서 분단 상황의 변화가 어떻게 발생했는지를 종합적으로 이해하는 것이 매우 중요하다. 예를 들면, 패전국 서독이 분단 이후 자신들에게 주어졌으며 스스로 바꿀 수 없었던 국제환경에 어떻게 적응해왔고, 이러한 상황 하에서 자신들이 할 수 있는 것을 국내적으로나 동서독관계에서 어떻게 해왔는지를 이해하는 것이다. 이를 토대로 우리의 현실에 독일 경험을 원용함으로써 우리의 현 상황을 스스로 변화시켜나갈 수 있는 길을 찾는 것이 곧 독일 사례의 창조적 활용 방식이 될 것이다.

표 5-2 차원별 비교 항목

차원	국제환경			국내환경				분단국 관계		
비교 항목	분단 문제의 국제적 비중 및 위상	강대국 의 역할 비중	양자 관계와 다자관계	국력 (군사력 ·경제 력)	역사적 유산	정치 사회적 구조	정치 문화/ 분단 인식	상호 인식/ 갈등과 협력	관계의 제도화 과정 및 수준	이슈 분포 (정치·군 사·경제· 사회·문 화)

이 맥락에서 분단구조를 구성하는 세 차원별로 중요하다고 판단되는 비교 항목을 설정하면, 〈표 5-2〉와 같이 정리될 수 있다. 비교 항목들은 창조적 활용 가능성을 염두에 두고 환경 독립성 또는 의존성, 역량, 정책 추진 효과성 등에 초점을 맞추고 있다. 국제환경 차원에서는 무엇보다 지역별로 독일과 한반도의 분단이 어떠한 비중과 위상을 지니고 있었는지, 분단문제에 대해 주변 강대국들이 어떠한 역할을 했으며 그 역할 비중이 어느 정도 컸는지, 그리고 각 지역의 국제정치적 질서가 어떻게 배열되어 있는지를 비교해볼 필요가 있다. 이를 통해 양지역의 분단문제가 국제정치적 현실에 어느 정도 의존적인지를 가늠해볼 수 있다. 국내환경 차원은 주로 유형 및 무형의 통일 내지 분단관리 역량 수준을 알아보기 위한 항목으로 구성되어 있으며, 분단국 관계에서는 정책 추진의 원활성 내지 현실적 효과성을 가늠할 수 있는 항목들이 제시되고 있다.

라. 독일 경험의 창조적 활용 모색

앞에서 제시한 비교 방법을 염두에 두고 여기서는 독일 경험의 올바른 이해와 적절한 시사점의 모색을 위해 중요하다고 판단되는 지식과 문제의식을 정리할 것이다. 독일의 분단 및 통일문제를 올바로 이해하기 위해서는 판단의 기초가 되는 배경적 지식이 요구되며, 동시에 한반도 분단문제에 원용됨으로써 어떻게 긍정적인 효과를 미칠 수 있는지를 보여줄 수 있어야 하기 때문이다. 따라서 독일 경험에서 한반도 분단 및 통일문제 해결 과정에 미래지향적이고 상상력을 자극할 수 있다고 판단되는 몇 가지 논제를 중심으로 논의를 전개하고자 한다. 다만 독일 분단 및 통일의 역사에 대해서는 지면의 제약을 고려하여 생략하고자 한다. 이에 대해서는 이미 많은 논문과 서적이 출간되어 있기 때문에 이를 참고하면 될 것이다.[5]

(1) 실용적인 외교정책을 통한 대외적 통일역량 축적

독일 분단은 2차 세계대전의 산물이었기 때문에 분단과 통일의 문제는 일차적으로 국제정치적 차원의 문제였다. 또한 패전국인 동시에 분단 국이었던 서독은 미·소가 주도하는 동서진영 대결의 유럽환경 속에서 정상국가(normal state)처럼 대외정책을 추진하기는 어려웠다. 물론 냉전 시기 동안에도 국제환경의 변화가 발생하는 가운데 서독 정부의 외교적 공간이 확대될 수는 있었다. 예컨대 1960년대 초반까지 서방정책에 중점을 두었다면, 이후에는 서방정책을 발판으로 이전보다 더욱 적극적인 동방정책을 추구했다.

　　냉전 시기의 국제환경구조 하에서 분단국가로서 서독의 대외정책은 정상국가와 다른 특징을 보였으며, 이는 크게 네 가지로 요약될 수

5　독일의 분단 역사에 대해 가장 포괄적이고 자세하며, 객관적으로 기술된 저서로는 Garton Ash(1994)를 추천한다.

있다. 첫째, 동서진영 간 군사적 대립의 첨병 위치를 점하고 있던 서독
은 어떤 다른 주변국가보다 세계 및 지역 차원의 안보적 상황변화에
매우 민감했다. 그러나 패전국으로서 군사적 주권을 온전히 갖지 못하
고, 작전권을 나토(NATO)의 지휘체계에 일임하고 있었기 때문에 안보
문제는 동맹에 의존적이었다. 이러한 사정은 동독도 마찬가지였다. 그
결과 동서 대결이 심화되었을 경우, 분단문제는 안보문제의 하위적 지
위를 가질 수밖에 없었다. 세계적(global) 내지 유럽지역적(regional)
차원의 안보갈등이 민족적(national) 차원의 분단문제를 좌지우지했
기 때문이다. 그렇지만 동서 긴장완화가 시작되면서 분단문제는 진영
간 화해의 출발점이 될 수 있었다. 헬싱키 프로세스가 동서독관계 정상
화에서 시작되었다는 것이 대표적인 예이다.[6] 동서진영의 화해와 협력
은 나아가 서독의 대외정책적 전략의 선택폭을 넓혀준 결과, 1970년대
후반 아프가니스탄 전쟁과 미·소 중거리 핵미사일의 유럽 배치로 촉
발되었던 '신냉전' 시기에도 서독이 분단관리정책을 포기하지 않을 수
있었다.

둘째, 서독은 패전국의 굴레 탓에 어떠한 독자적 이익을 대외적
으로 강조할 수 없었다. 만약 자국의 이익을 내세울 경우에는 동서진
영에 속한 모든 국가로부터 패권주의를 다시 추구한다는 의혹을 받았
다. 따라서 1970년대 긴장완화 시대의 개막과 더불어 소위 '겐셔리즘
(Genscherismus)'으로 표현되듯이 대외정책목표를 추구하는 데 있어
자국의 고정된 이익을 강력하게 관철시키려는 것보다 가능한 한 균형
을 유지하거나 또는 최소한 이익의 상호보장을 구하기 위한 의사소통
과정에 중점을 두는 경향을 보였다.[7]

---

6   동서독관계의 정상화와 헬싱키선언의 밀접한 관계에 관해서는 Ropers & Schlotte
(1989) 참조.

셋째, 냉전 시기를 통틀어 서독은 유럽통합의 확대 및 심화에 대외정책적 노력을 집중했다. 특히 프랑스와 함께 역사적 갈등을 해소하고, 유럽통합을 진전시킴으로써 과거 패권 추구와 패전국의 이미지를 불식시키기는 데 주력했으며, 그 결과 주변국의 정부 및 사회로부터 신뢰를 점진적으로 획득할 수 있었다. 또한 서방동맹과 유럽통합은 서독의 경제적 역량을 증대시키는 기반이 되었다. 유럽공동체 시장의 통합뿐만 아니라 나토 덕분으로 안보적 무임승차가 가능했기 때문에 서독은 '상인국가'로서 무역을 통한 경제적 부를 증대할 수 있었다. 나아가 유럽통합은 서독의 자국 이익을 간접적으로 표방하거나 관철시키는 통로를 제공하기도 했다. 이는 유럽공동체의 공동 결정이 유럽국가에 이익이 되는 동시에 서독의 이익에도 합치하는 방향으로 전개될 때 더욱 증대했다. 실제로 1970년대에 들어오면서 이전과 달리 세계적·지역적 사안들과 독일의 민족적 사안이 동조화될 수 있었던 것은 단지 긴장완화뿐만 아니라, 그러한 것이 작동할 수 있었던 유럽의 다자주의적 기반과 이에 대한 적응 및 효율적 활용 등 실용성을 추구했던 서독 정부의 현실적인 정책 추진 덕분이었다.

넷째, 서독은 주어진 외교현실을 정확히 판단함으로써 독일의 분단 및 통일문제를 하나의 독립된 외교정책적 목표로 삼지 않았다. 어쩌면 과거 반성의 차원에서 스스로를 봉쇄함으로써 그러한 정책을 추진하지 못했다고 표현하는 것이 마땅할 수도 있다. 어쨌든 역대 서독 정부는 통일외교 대신에 자유, 경제부흥, 안보 등 여러 주요 외교목표를 추

---

7 세계 최장수 외무장관이었던 겐셔(D. Genscher)의 외교정책 행태를 빗댄 표현으로서 1970년대 중반 이후 서독 외교정책의 한 특징으로 지칭되는 소위 겐셔리즘은 서독 국내 정치적 상황과 국제정치적 위상이 부여한 외교적 자율성의 한계를 고려한 것으로서 대체로 성공적인 외교정책적 전략으로 평가된다. Kohler-Koch 1992, 63.

구하며, 이를 달성하는 과정에서 분단 및 통일에 관한, 간접적이지만 의미 있는 성과를 축적시켜왔다. 즉 분단 및 통일문제와 관련하여 서독 외교정책은 직접적으로 통일을 겨냥하기보다는 모든 외교목표를 조화롭게 실현시킴으로써 통일의 정신적·물질적 여건을 마련하려는 데 주안점을 두었다. 따라서 내용상 다차원적이고 각 목표를 포괄하는 복합적 성격을 지녔던 서독의 통일문제와 관련된 외교정책은 단순한 '통일외교'가 아니었다. 요컨대 통일문제가 외교정책을 견인하는 것이 아니었으며, 결과론적이긴 하지만, 오히려 거꾸로 모든 외교정책적 성과들이 서독의 통일역량 증대에 직·간접적으로 기여했다(김학성 1995, 17-18).

서독이 처했던 국제환경은 우리와 비교하여 여러 가지 차이점이 있지만, 그 중에서 두 가지가 분명하게 드러난다. 하나는 과거 패권국이었던 독일의 경우에 분단은 패전의 책임과 직결된다는 점, 다른 하나는 동북아시아와 달리 유럽 국제질서가 다자주의적 진영 대결로 이루어졌다는 점이다. 그렇지만 첫 번째 차이는 구조적 측면에서 보면, 그리 의미 있게 큰 차이는 아니다. 탈식민국가든 패전국이든 결과적으로 2차 세계대전 종식과 연이은 냉전이라는 새로운 국제질서의 형성 과정 속에서 분단되었고, 이 탓에 서독이나 한국에 대한 국제환경 차원의 구조적 제약은 비슷했다. 우리가 의도적이든 어쩔 수 없었던 간에 서독이 선택했던 대외정책적 방향에 주목하게 되는 것도 바로 그러한 유사성 탓이다. 냉전구조 하에서 분단문제는 항상 안보문제와 불가분의 관계를 가지고 있었다. 따라서 우리는 독일 사례에서 세계적·지역적 차원의 안보문제가 민족문제와 어떻게 동조화 내지 연계되었는지, 그리고 독일 경험이 우리에게 어떻게 원용될 수 있을지를 먼저 생각해야할 것이다.

독일에서 안보문제는 다자주의를 기반으로 하는 진영 대결 속에

서 전개된 데 반해, 동북아시아에서 안보문제는 기본적으로 양자주의
를 따르고 있다는 것이 가장 분명한 구조적 차이이다. 따라서 다자주의
적 기반이 약한 동북아시아에서 독일의 경험을 그대로 적용할 수는 없
을 것이다. 그렇지만 탈냉전 시대에 접어들면서 동북아시아에도 안보
문제의 다자적 협력이 중시되고 있다. 특히 북한 핵문제의 예에서 보
듯이 한반도의 평화적 현상유지를 위해서는 다자적 해결책 모색은 불
가피하다. 6자회담과 같은 다자회담에서 과거 '9·19합의'가 나온 것은
결코 우연한 일이 아니다. 실제로 동북아에서도 다자주의적 협력의 제
도화 필요성이 수시로 제기되고 있긴 하다. 그러나 유럽과 달리 동북
아에서 다자적 협력이 곧바로 다자주의를 의미하는 것은 아니다. 다자
주의는 단지 형식적인 조직원리를 넘어 규범적인 원칙이 개입된 개념
으로서 행위자를 결속시키는 심층구조를 바탕으로 협력이 이루어져야
한다. 또는 이러한 다자주의적 협력을 위해서 각 국가는 자신의 주권적
권능도 일부 희생할 수 있어야 한다. 그러나 동북아에서 강조되는 다
자주의는 민족국가를 넘어서는 공동체 형성보다 다자주의를 수단으로
삼아 국가의 힘을 키우려는 목적이 숨어 있다. 따라서 동북아에서 조만
간 유럽과 같은 수준의 다자주의적 협력 및 성과는 기대하기 어렵다.
이러한 현실에서는 현재 동북아의 양자적 동맹구조와 미·중의 경쟁을
충분히 고려하여 좁은 공간과 구체적 이슈에 적용 가능한 다자적 접근
의 가능성을 검토해야 한다. 필요하면, 서독이 서방정책과 동방정책을
적절하게 또는 균형 있게 추진했듯이 우리도 미·중의 관계를 고려하
면서 이슈별로 균형외교를 활용할 수 있어야 할 것이다. 특히 북한 핵
문제 해결이나 대북 경제지원 등의 이슈에서 미국과 중국을 포함하는
동북아 국가들의 다자적 협력이 진전될 수 있도록 외교적 노력을 기울
일 필요가 있다.

서독의 경험에서 얻을 수 있는 또 다른 시사점은 분단 및 통일을 목표로 삼는 외교정책의 추진에 관한 것이다. 현재와 같이 우리가 통일을 강조하는 외교를 추진하면, 당위성이라는 측면에서 주변 강대국으로부터 립서비스 성격의 동의를 구할 수 있지만, 실천적 의미를 갖지 못한다. 강대국들은 중단기적으로 동북아질서를 뒤흔들게 될 통일보다 한반도 현상유지에 대한 관심이 더욱 크기 때문이다. 따라서 북한정권의 내적 붕괴 가능성을 제외하면, 현실적으로 안보적 긴장 해소가 이루어지지 않은 상태에서 통일이 실현될 가능성은 거의 없다고 보아도 과언이 아니다. 즉 안보적 긴장 해소를 이룩하기 위해서는 분단 현실에 대한 인정이 반드시 전제된다는 것이다. 문제는 통일의 외적 여건 조성을 위해 요구되는 분단 현실의 인정이 현실논리상 분단의 현상유지와 일맥상통함으로써 통일의 달성이라는 목표와 상충하는 데 있다.

이렇듯 상충되는 논리를 극복하기 위해서 한국의 통일외교는, 더욱 멀리 뛰기 위해 움츠리는 '개구리의 도약'과 같은 접근태도를 가질 필요가 있다. 즉 통일외교의 목표를 장기적으로는 통일의 달성, 중단기적으로는 통일의 외적 여건 조성으로 분명히 구분하고, 정책적 중점을 중단기적 목표에 집중시키는 것이다. 이와 관련하여 한반도의 내외적 상황을 고려하는 포괄적 원칙, 즉 "한반도에서의 긴장 해소와 동북아의 평화 구축을 바탕으로 민족자결에 의한 통일의 달성"이라는 원칙을 표명하는 것이 더욱 현실적이며 바람직하다. 그러한 원칙 표명은 명분의 차원에서뿐만 아니라 실제적으로도 통일의 외적 여건 조성을 위한 밑거름이 될 수 있다. 무엇보다 북한 정권의 태도를 고려하여 북한 정권을 움츠러들게 만드는 남한식 통일의 당위성을 강조하기보다 북한의 태도 변화를 이끌어내는 방향에서 통일 여건을 조성하는 정책이 전략적으로 유용하다. 뿐만 아니라 실천성을 강조하는 여건 조성적 접근

태도는 한반도에서의 안보적 긴장 해소를 위한 정책적 유연성과 순발력을 향상시킬 수 있으며, 이에 따라 남북한관계의 협력적 공존이나 주변국들로부터 통일의 원칙에 대한 지지를 확보할 수 있는 여지는 더욱 커진다. 이를 위해서 통일이라는 목표에 너무 집착한 결과, 통일정책이 모든 국가정책을 좌우하는 방향타 구실을 함으로써 가용한 국가역량을 분산시키고, 나아가 전략의 선택폭을 스스로 축소시키는 양상이 반복되지 말아야 한다. 이와 관련하여 안보 및 분단문제를 외교정책적 최우선과제로 삼기보다 여러 차원의 주요 과제들 중의 하나로 취급하여 다른 과제들을 해결하는 과정 속에서 그 해결책을 모색했던 서독의 접근태도는 매우 시사적이다. 독일 사례는 통일 여건이 하나씩 축적되어 갈 경우에 원칙의 차원으로 미루어졌던 통일이라는 장기적 목표가 실현될 가능성이 비례적으로 높아진다는 점을 확인시켜준다.

(2) 정치·사회·경제의 민주화를 통한 대내적 통일역량 확대

분석적 맥락에서 나눈 세 차원 가운데 국내환경 차원은 매우 중요하다. 국제환경과 분단국 관계 차원은 대체로 외부로부터 주어진 것으로서 제약의 의미가 강하지만, 이 제약을 극복하고 어떠한 목표를 달성하려는 정책의 추진이나 성과는 일차적으로 국내환경에 큰 영향을 받기 때문이다. 요컨대 분단관리 및 통일을 위해서는 적절한 국내적 역량이 뒷받침되어야 한다는 것이다. 국내적 역량은 크게 물질적 및 이념적 부분으로 구분해볼 수 있으나, 현실에서 두 부분은 밀접한 연계성을 띠고 있다. 서독의 경우, 분단의 평화적 관리정책이 성과를 거둔 배경에는 물질적·이념적으로 충분한 역량이 있었다. 만약 그렇지 못했다면, 소련의 개혁정치에도 동독 주민이 서독과의 통일을 반드시 원했을 것이라고 확신할 수 없으며, 더욱이 통일에 대한 주변국가들의 인정을 받기도 쉽지 않았을 가능성이 높다.

통일의 원동력으로 작용했던 서독의 국내적 역량을 따져보면, 먼저 갈등의 평화적 해결을 위한 민주화된 정치문화의 정착이란 점이 먼저 떠오른다. 독일은 역사적으로 영국이나 프랑스와 다른 소위 '독자적 길(Sonderweg)'을 걸어왔다. 중부유럽의 맹주였던 독일에서는 서부유럽과 달리 부르주아 계급이 형성되지 못했고, 대신에 지성과 윤리성을 갖춘 관료엘리트들이 근대화를 주도했던 수직적인 정치문화전통, 즉 '절대관료국가(Obrigkeitstaat)'의 전통을 가지고 있었다. 2차 세계대전 직후 승전연합국들은 독일이 과거부터 걸어왔던 '독자적 길'에서 벗어날 것을 요구했고, 독일 내부에서도 이에 부응했다. 이에 따라 서독은 '탈나치화'와 더불어 서유럽 민주주의와 시장경제체제를 정착시키는 데 주력했다. 탈나치화 목표는 탈민족주의적인 정치교육과 유럽통합의 틀 속에서 시민문화의 정착을 통해 점차 실현될 수 있었다(Schwarz 1984, 56-97). 민족분단에도 불구하고 탈민족주의를 강조할 수밖에 없는 정치사회적 분위기는 나치의 악몽을 떨쳐버려야 하는 독일 특유의 숙명이 아닐 수 없었다.

그렇지만 시민민주주의와 시장경제체제를 구축하는 과정에서 서독은 독일 특유의 전통을 온전히 배제하지 않았다. 즉 자유주의만을 강조하기보다는 사회국가(social state)의 전통에 따라 '질서'를 중시했다. 이는 서독 정부 수립 당시 도입한 정당정치와 '사회적 시장경제(soziale Marktwirtschaft)'에서 잘 드러난다. 서유럽 국가들의 경우와 마찬가지로 독일의 정당들은 19세기 이념정당적 전통을 가지고 있다. 이들은 2차 대전 이후 국민정당으로 변화하는 과정을 겪으면서 서로 간에 정책적인 차별성이 점차 감소하는 경향을 보였다. 서독의 정당제도는 소수당의 난립을 막고 정치적 질서를 유지하기 위한 제도적 장치를 마련한 결과, 1957년 연방의회선거를 제외하고 어느 정당도 50% 이상의 득표를 얻지 못했기 때문에 연방정부는 언제나 이들 정당 간의 연립내각으로 구성되었다. '사회적 시장경제'는 사회국가적 독일 전통이 반영된 독일 특유의 시장경제체제로서 국가 개입을 통해 국민들의 복지 증진에 중점을 두는 것이다. 사회적 시장경제체제는 1960년대 소위 '라인강의 기적'과 같은 서독의 양적·질적 경제성장을 가능케 한 토대이며, 자본주의 체제에 내재하는 사회적 갈등을 완화하고 정치사회적 안정에 기여했다.

전통과 거리가 있었던 시민민주적 정치문화가 분단 이후 서독에서 짧은 시간에 정착될 수 있었던 배경에는 서독 정부의 적극적 지원으로 추진되었던 정치교육이 큰 역할을 했다. 분단 직후 서독 정부는 정부기구로서 연방 및 주 정치교육본부를 설립하고 학교 및 사회단체들에게 시민정치교육을 위한 다양한 지원을 함으로써 시민정치교육의 기틀을 확립했다.[8] 물론 다양한 시민정치교육 기관들 사이에 방향과 방법론에서 편차가 있었고, 경우에 따라 갈등이 야기되기도 했다. 그렇지만 1976년 '보이텔스바흐 합의'가 나왔듯이 독일 사회는 다양성을 인정하는 가운데, 최소한의 기본합의를 도출했다(허영식 1996). 정치교육은 독일 통일 이후 동독 시민들의 정치의식, 그리고 동서독 주민들의 상호 이해에도 적지 않은 기여를 했다.

정치교육의 덕분으로 1961년 베를린 위기를 겪으면서 서독 주민들의 분단 인식에 변화가 일어날 수 있었다. 즉 냉전 상황에서 강대국이 원치 않기 때문에 실현 가능성이 매우 낮은 통일보다 현실적으로

8   조직의 역사, 제도, 추진방향 등에 관한 자세한 내용은 연방정책교육센터 홈페이지 (http://www.bpb.de) 참조.

자유와 평화의 정착이 더욱 중요하다는 인식 변화였다. 또한 서독의 정치·사회문화는 1960년대 말 학생운동을 계기로 새로운 변화의 소용돌이에 휩싸였다. 학생운동과 더불어 당시 탈이데올로기, 탈물질주의, 시민주도 민주주의, 반핵 및 환경문제 의식의 고조, 인도주의, 평화주의 등으로 특징지어지는 1970년대 '신사회운동'의 조류는 탈민족주의와 맞물려 다른 서유럽 국가들에서 찾기 힘든 탈현대적 모습을 보였다(Löwenthal 1984, 54). 경제적 풍요 속에서 발생한 소위 탈물질주의적인 '조용한 혁명(silent revolution)'(Inglehart 1977)은 삶의 질을 우선시하는 정치·사회문화의 확산을 이끌었고, 이는 평화운동의 기폭제가 되기도 했다. 특히 1960년대 후반부터 사회 저변에서 영향력을 확대하기 시작한 이러한 사회문화적 분위기는 냉전 상황에서도 국민들 사이에 전쟁보다는 사회주의권과의 제휴를 더 선호하게 만들었고, 마침내 외교정책에서 이념적 편견을 완화 내지 극복되는 계기를 마련했다(Merkl 1981, 270-271).

　　냉전 시기를 통틀어 서독에서 탈민족주의적 정치교육과 민주주의에 대한 신봉은 사회세력들의 이념적 스펙트럼이 매우 폭넓게 펼쳐질 수 있는 결과를 낳았고, 이로 인해 사회적 갈등의 잠재력이 높았음에도 불구하고 소통을 통한 갈등의 민주적·평화적 해결 역량이 증대했다. 예컨대 서독 내부에 내재해 있긴 했으나, 드물게 표면화되었던 분단 및 통일에 대한 이념 내지 정책적 갈등은 서독 사회의 정치사회적 성숙함 덕분에 대체로 잘 극복될 수 있었다. 이렇듯 민주적 정치·사회문화의 기반이 확고해지면서 서독에 대한 주변 동맹국들의 신뢰를 점진적으로 확보할 수 있었다.

　　서독의 경제역량도 정치·사회문화 역량 못지 않게 분단관리 및 통일의 매우 중요한 배경요인이었다. 1951년 독일과 프랑스는 화해 및 전쟁방지와 전후 복구의 맥락에서 '유럽석탄철강공동체(ECSC)'를 시작으로 유럽경제통합을 확대·심화하는 데 주도적 역할을 했다. 유럽시장의 통합 과정에 힘입어 서독은 경제성장의 기틀을 마련했다. 서독의 경제력 증강은 1960년대 동독 정권이 동서독관계에 매력을 느끼게 한 주요 동인이었고, 나아가 1970년대 유럽통합의 중심국가로 발돋움하면서 서독에 대한 주변국 불신 해소는 물론이고 서독의 경제적 지역리더십을 가능하게 했다. 이렇듯 증대된 경제역량은 1980년대 후반 마침내 소련을 움직였고, 아데나워가 오래전에 기대했듯이 경제력으로 소련의 양보를 얻는 방식의 통일을 가능하게 만들었다.[9]

서독의 독일정책이 그러한 국내환경을 기반으로 성공을 이룩할 수 있었다는 점을 염두에 두면, 우리가 정책의 외형만을 그대로 모방해서 성과를 거둘 수 없었던 이유는 명확해진다. 국가역량의 측면에서 보면, 한국은 1970년대 중반의 서독과 비교할 만하다. 지난 세월 동안 경제적 발전, 정치적 민주화, 사회적 다원화의 과정을 겪으면서 한국의 국가역량은 엄청나게 증대해왔다. 무엇보다 경제적 역량의 증대는 괄목할 만하며, 이 덕분에 1960년대 말 서독의 대동독 인식 변화와 같이 한국은 북한을 더 이상 경쟁의 대상으로 보지 않을 수 있게 되었다. 그러나 세계적 강대국들이 경쟁하고 있는 동북아에서 한국의 안보적 입지는 상대적으로 더욱 약하다. 따라서 우리의 국가역량을 최대로 끌어올리는 것이 필요하고, 이를 위해서는 국내적으로 정치·사회적 역량의 확대가 필수적이다.

---

9   아데나워의 회고록에 따르면, 그는 서독이 경제적 발전을 이룩함으로써 머지않은 장래에 사회주의 체제의 결함으로 인해 경제적 문제를 겪을 소련에게 도움을 줄 수 있게 되고, 또한 평화공존과 중·소분쟁의 국제정치적 분위기를 잘 이용하면, 서독 중심의 통일 기회가 닥칠 것으로 확신했다. Adenauer 1966, 527-528.

　물론 1980년대 말 국내정치적 민주화와 냉전종식 덕분으로 탈냉전적 사회문화가 부분적으로 확산되면서 한국 사회에 커다란 변화를 초래했다. 한국 사회가 겪고 있는 정치·사회적 민주화, 다원화, 제도화 과정은 통일문제에 대한 국민의식 변화에도 그 여파를 미치고 있다. 그렇지만 보수와 진보 사이의 수평적 정권교체를 경험한 이후, 통일 논의는 정치·사회 갈등에 희생되는 경향을 보인다. 소위 남남갈등은 우리 사회에 민주적 의사소통이 아직도 뿌리를 내리지 못하고 있는 현실을 잘 보여주고 있다.

　남남갈등은 사실상 우리의 해묵은 정치·사회적 갈등을 다시 드러낸 것이다. 실제로 통일문제에 있어서 한국민의 의식구조는 단순한 갈등구조만으로 설명하기 쉽지 않다. 비록 외견상 이념갈등으로 보이지만, 내면에는 지역·계층·세대 갈등을 비롯하여 과거의 기억이 복합적으로 작용하고 있다. 즉 남북한 간의 전쟁 경험 및 반공이념교육의 뿌리, 산업화에 따른 정치·사회적 다원화, 그리고 한민족 특유의 동포애를 강조하는 민족주의라는 세 가지 요소가 서로 뒤얽혀 혼재하는 가운데 북한에 관한 정보 부족이 가세되어 한반도문제 전반에 대한 국민적 인식은 지역·계층·세대 간의 인식적 차이 이상의 복잡한 통일문제 의식을 낳고 있다. 북한을 적으로 보는 동시에 동포애적 감정을 가지는 것은 대표적인 예이다. 이처럼 통일문제는 한국의 정치·사회문화적 특수성을 반영하고 있으며, 특히 정치구조의 문제와 밀접한 관련을 맺고 있다. 이념적 다양성이 반영되지 못하고 있는 한국의 정당정치 구조는 국민적 합의를 토대로 일관성과 효율성을 가져야만 하는 통일정책의 형성과 추진 과정에 큰 장애거리가 아닐 수 없다. 보수, 진보, 온건 세력들의 각 정치적 견해를 반영하는 정당들이 존재할 때, 정치적 갈등이 민주적으로 해결될 수 있으며, 따라서 국민적 합의를 가진 정책의 도출이 가능하기 때문이다. 서독의 경우 기민당/기사당, 사민당, 자민당, 그리고 녹색당이 서로 정치 및 정책 갈등을 연출했지만, 그럼에도 불구하고 갈등 과정에서 분단관리 정책의 원칙에 대한 공감대가 형성되었고, 정책갈등 속에서도 상호 보완적인 협조를 유지했다는 사실은 우리의 귀감이 될 수 있다.

한국의 정치현실에서 통일정책을 둘러싼 정당들의 갈등은 엄밀하게 따져서 정책갈등이라기보다 정치갈등이다. 통일문제가 국내정치에서 차지하는 비중을 감안하면, 통일정책이 정치적으로 이용될 수 있는 여지는 충분히 있다. 서독의 경우에도 통일정책이 선거에 이용된 사례가 없지 않으며, 이에 대한 정치적 공방이 있었던 것도 사실이다. 그러나 통일문제는 민족적 문제이며 국가대계와 관련된 것으로서 한 정당의 정권 획득이나 정통성 확보를 위해 지속적으로 이용되는 것은 결코 바람직하지 못하다. 만약 정치적 이용이 상례화된다면, 이는 정부의 통일정책에 대한 정당성 상실을 초래할 수 있으며, 나아가 북한이나 주변 강대국의 한국 통일정책에 대한 불신을 자초할 수 있다. 정부와 정치엘리트의 정책 수행능력은 통일정책에 대한 건전한 정책갈등의 존재 여부에 큰 영향을 받는다. 단지 정치적 효과에 초점을 맞출 경우, 정부와 정책엘리트들조차도 정책의 정당성에 대한 확신을 가질 수 없으며, 구체적 통일정책에 대한 대다수 국민의 이중적 심리구조뿐만 아니라 보수와 진보 세력들의 비판에 민감해질 수밖에 없기 때문이다.

건전한 정책갈등을 통한 국민적 의견 수렴이 가능하기 위해서는 통일교육을 넘어 범국가적으로 민주시민교육에 대한 관심이 높아져야 할 것이다. 이를 통해 갈등의 평화적 해결을 모색할 수 있으면, 통일문제에 관한 이견들도 수렴되어 공감대를 가질 수 있다. 이를 토대로 정부와 엘리트가 통일의 원칙에 부합하며, 비전이 명확한 정책을 제시하

고, 이를 일관성 있게 추진하게 될 때, 분단관리든 통일이든 그 실현 가
능성이 증대될 수 있다. 서독 정부와 정치엘리트들은 결코 무분별하거
나 단기적 전략의 차원에서 독일 및 동방 정책을 추진하지는 않았다.
여야를 막론하고 분단관리 정책에는 분명한 원칙, 즉 "동독 주민의 삶
에 대한 고려"라는 동포애와 인도주의적 원칙이 철저히 전제되었다.
분명한 원칙의 고수, 그리고 명분을 충분히 갖춘 정책의도의 투명성은
독일 및 동방 정책에 대한 서독 주민의 지지뿐만 아니라 궁극적으로
동독 정권과 주변 강대국의 신뢰를 확보할 수 있는 기반이었다.

물론 6·25전쟁, 압축성장 등 고유의 경험을 가진 우리가 서독의
경험을 그대로 수용하기 어려울 것이다. 또한 민주시민교육을 통한 정
치·사회적 역량 증대를 위해서 많은 시간이 필요하다. 그렇지만, 서독
도 민주주의와 시장경제의 전통을 가지고 있지 않았음에도, 분단 이후
비교적 짧은 시간 내 문화적인 변화를 이루었다는 점을 주목해야 한
다. 시간이 걸린다고 그러한 정치·사회문화적 기반을 하나씩 마련해나
가길 주저한다면, 결국 남남갈등을 비롯한 자본주의적 사회의 고유한
갈등은 해소될 기회를 갖지 못하게 될 것이다. 이에 따라 분단의 평화
적 관리나 우리가 바라는 통일도 쉽지 않을 것이며, 설령 예기치 못한
통일이 다가오더라도 그러한 국내환경 속에서 통일은 축복이 아니라
재앙이 될 가능성이 매우 높다.

(3) 분단의 평화적 관리의 성공적 결과로서 통일

동서독은 1972년 「기본조약」으로 관계 정상화가 이루어지기 이전부터
꾸준한 물적·인적 교류가 있었다. 동서독 정부 수립 이후 서독은 동독
을 한낱 소련의 점령지(SBZ)로 간주하고 동독 정부를 인정하지 않았

기 때문에 정부 간 공식적 대화는 1970년대 초반에야 시작될 수 있었으나, 인적·물적 교류는 분단 기간 내내 있어 왔다. 패전 후 4강국의 점령 시기에 시작되었던 점령 지역 간 인적·물적 교류[10]가 1949년 양독 정부의 수립 이후에도 지속됨으로써 교류협력이 유지될 수 있었기 때문이다.

냉전 시기 동서독관계의 특징을 요약하면, 몇 가지로 정리될 수 있다. 첫째, 동서독 정부가 서로를 인정하지 않고, 정치적으로 대결하던 시기에도 인적·물적 교류는 항상 있었다. 이는 동족상잔의 전쟁을 치렀던 한반도와 큰 차이를 보이는 것으로서 기본조약의 체결로 동서독관계가 정상화된 이후 지속적인 관계 발전이 가능했던 하나의 주요 배경이다. 따라서 전쟁의 깊은 상흔이 상호신뢰 형성을 방해하는 한반도에는 독일 경험이 온전히 적용되기란 쉽지 않다. 그럼에도 불구하고 동서독관계의 정상화를 주도했던 브란트의 구상은 우리가 숙고할 가치가 충분하다. 브란트의 생각은 크게 세 가지로 요약될 수 있다. ① 독일 문제는 본질적으로 국제적 문제이기 때문에 동독불인정 정책은 무의미하며, 따라서 ② 공산주의 체제의 변화를 목표로 삼는 미국의 긴장완화 정책을 독일정책에 적용시켜야 한다. 그러나 ③ 현상유지 인정은 궁극적으로 분단의 현상 변화를 가능케 하는 국제적 여건을 조성하기 위

---

10 1945년 포츠담협정의 "점령 기간 중 전 독일을 하나의 경제단위로 간주한다"는 조항은 지역 간 경제교류의 기반이 되었다. 이에 따라 1947년 1월 미·영의 통합군정 당국과 소련군정 당국 간 경제 및 인적 교류를 위한 '민덴(Minden)협정'이 체결되었다. 그러나 소련이 곧 베를린 봉쇄를 감행하자 지역 간 교역은 중단되었다. 1949년 5월 독일문제에 대한 4대 전승국의 협상이 재개되고 베를린 봉쇄가 해제되면서, 점령군정 당국들 사이에 다시 '프랑크푸르트협정'이 체결되었다. 여기서 결제단위, 결제방식, 거래방식 등 향후 동서독 교역의 기본 규칙이 확정되었다. Gesamtdeutsches Institut 1985, 14-15; Hacker 1983, 360.

한 잠정적 조치이다.[11]

둘째, 기본조약 체결 이후 동서독관계는 기존의 인적·물적 교류 경험을 바탕으로 제도화의 수준을 제고하는 방향으로 전개되었다. 동서유럽의 긴장완화 덕분에 동서독관계가 정상화될 수 있었던 것은 분명하지만, 제도화 수준의 제고는 동서독 정부, 특히 서독 정부의 노력이 있었기 때문에 가능했다. 1970년대 동서독 간에 있었던 수많은 대화를 통해서 양국은 상호 협상전략을 충분히 파악할 수 있었고, 이를 바탕으로 최대목표와 최소기대치를 구분함으로써 제도화의 수준을 높이는 협상들을 성공시켰다(McAdams 1989, 235). 이와 관련하여 서독은 동독에 대한 경제적 이익보장을 대가로 반드시 인적 교류나 인도적 차원의 문제에 관한 동독의 양보를 받아내었다는 점에 주목할 필요가 있다. 예를 들면, 국경 지역에 동독의 중화기 철수, 동독 방문 서독 주민에게 의무적으로 부과되었던 동독 화폐의 의무환전액의 감액, 동독 정치범 석방 거래, 동서독 청소년 교류 등에서 보듯이 동서독 사이의 협상에는 상호성이 항상 전제되어 있었다.

셋째, 동서독관계의 확대를 통해 동독 정권은 어떠한 형태든 이익을 얻을 수 있었다. 1960년대부터 다양한 차원에서 직·간접 방식으로 이루어진 서독의 사실상 대동독 경제지원은 1980년대 초 침체 상황에 빠져 있던 동독 경제에 중요한 의미를 가졌다. 경제적 이익을 넘어서 정치적 이익도 무시할 수 없다. 동독 정권은 애초부터 정권의 정통성을 소련군에 의존하고 있었기 때문에 소련이 건재하는 한, 공산정권의 몰락은 생각할 수도 없었다. 따라서 동독 정권은 동서독관계 발전이 동독 사회 내에 미칠 영향에 대해 우려했으나, 이를 근원적으로 차단할

11   브란트의 정책구상에 대한 자세한 내용은 황병덕 외 (2000, 392-406) 참조.

수 없었기 때문에 오히려 동독 주민의 불만을 감소시킬 통풍구로 활용하고자 했다. 그러므로 일정한 보상이 보장되는 서독의 요구를 일정 한도 내에서 충분히 허용할 수 있었다. 이 탓에 소련이 전혀 생각도 못했던 개혁정치를 추진하자, 동독 정권은 생존의 기반을 잃게 되었다

넷째, 서독은 긴 안목에서 분단의 평화적 관리를 목표로 동서독관계에 접근했다. 앞서 언급했듯이 베를린 장벽 구축을 경험하면서 서독은 스스로 통일을 성취하기 어렵다는 사실을 깨달았기 때문이다. 만약 서독이 통일을 강조했다면, 동서독관계의 발전도 쉽지 않았을 것이다. 실제로 동독 정권은 독일의 현상유지를 국제법적으로 보장한 기본조약 체결 직후, 1974년 헌법 개정을 통해 서독과는 다른 "사회주의적 독일민족"으로서 동독의 국가적 존재 의미를 부각시키며 통일의 당위성을 부인했다. 이러한 입장은 서독의 의지에 반하여 기본조약에 반영됨으로써 통일에 관한 어떠한 언급도 기본조약에 담길 수 없었다.

독일의 통일 과정에서 입증되었듯이 동서독관계의 확대는 동독 주민들의 민주혁명과 통일 요구를 촉발시킴으로써 주변 강대국에 대한 서독의 외교적 입지를 강화했고 궁극적으로는 민족자결원칙을 관철시킬 수 있게 했다. 물론 서독이 결코 의도한 바는 아니었지만, 그러한 결과는 40여 년 동안 축적되었던 동서독관계 발전의 소산이었다는 점을 염두에 두면, 서독 정부와 국민들의 장기적 안목과 인내심을 바탕으로 유지 및 발전되었던 동서독관계의 전개 과정은 매우 부러운 일이 아닐 수 없다. 그렇지만 현재 북한의 체제생존전략은 독일의 경험이 한반도에서 반복되는 것을 어렵게 만들고 있다. 그러므로 북한의 변화를 촉진하기 위한 접촉의 범위는 제한적일 수밖에 없다.

사실 동서독관계도 1980년대에 들어오면서 비로소 상당한 진전을 보였으며, 그것도 1950년대 초반부터 30여 년에 걸쳐 축적된 경제교

류와 1972년 체결된 「기본조약」의 발판 위에서 이루어진 것이었다. 이전의 동서독관계는 인적 교류를 포함하고 있었지만, 이는 항상 안정적이지 않았으며, 또한 「기본조약」도 동독 정권에 대한 소련의 압력이 주동인이었음은 주지하는 바이다. 결과적으로 동서독관계에서 인적 교류의 폭이 확대될 수 있었던 것은 수십 년간에 걸친 서독의 직·간접적인 대동독 경제지원을 대가로 동독의 차단정책이 조금씩 완화된 결과였음을 상기할 필요가 있다.

　　동서독관계의 전개 과정을 이해한다면, 남북한 간의 교류 확대는 물론이고 이를 통일 여건 조성으로 활용하기 위해서는 인내심 있는 대북정책 추진 이상의 다른 방법이 없다는 것은 자명하다. 물론 북한의 체제생존전략이 최대 걸림돌이기는 하지만, 조급하게 경제적 대가를 미끼로 남북한 협상을 유도하려는 태도는 그리 바람직하지 않다. 이미 경험했듯이 북한 정권에게 이용만 당할 소지가 다분히 있다. 그렇다고 이와 달리 우리가 북한에 대해 너무 강경한 태도를 보이는 것도 남북한관계 개선을 어렵게 할 것은 분명하다. 이러한 문제의 극복방법과 관련하여 독일의 경험은 대북 접근에 있어서 두 가지의 바람직한 방향을 제시해준다. 첫째, 대북정책에서 경제 및 인도적 문제와 정치 및 안보 문제를 분리하여 철저히 실질적 차원에 초점을 맞춘 남북한 교류의 확대를 추구하는 것이다. 현재로서는 북한 정권의 호응을 얻어낼 수 있는 다른 현실적 방법을 찾기 어려울 것으로 판단된다. 남북한관계의 질적 개선을 위해서는 물론 많은 시간이 걸리겠지만, 경제교류와 같이 상호 이익을 추구하는 분야에서의 상호 접촉 및 협상 기회가 증대할수록 그 가능성은 높아질 수 있다. 둘째, 만약 대북지원이 필요한 경우가 생길 때라도, 이를 당장의 정치적 카드로 활용하여 북한 정권을 압박하거나 자극하기보다 장기적 안목에서 신뢰조성의 기반을 다지는 계기로 만들어야 한다. 즉각적으로 정치적 대가를 노리는 대신 북한 주민의 삶을 향상시키려는 의도, 즉 인도주의 원칙이 강조되는 대북지원은 중·장기적으로 북한 주민의 대남 인식에 변화를 초래할 가능성이 있다.

요컨대 동독과 북한의 정책 및 입장 차이가 생각보다 크다는 점을 감안하면, 결국 분단의 평화적 관리를 위한 방법과 수단에 더 많은 생각을 집중해야 할 것이다. 독일 사례를 통해서 분단관리는 중장기적 안목에서 추진되어야 한다는 점이 분명하게 드러난다. 물론 북한의 급변사태에 대한 준비 필요성도 독일 사례에서 찾을 수 있는 중요한 시사점이다. 독일도 예상치 못했던 동독의 급변으로 통일이 실현되었지만, 그 이전에 통일이 강조되었다면 동독의 급변에도 불구하고 그렇게 빠른 통일이 가능했을지는 의문이다. 사실 독일의 통일 사례는 그 자체로서 하나의 큰 아이러니가 아닐 수 없다. 즉 통일 대신 분단관리에 집중한 결과, 사회주의의 개혁 속에서 통일이 가능하게 되었고, 그 대신 예상치 않은 통일로 인해 통합의 어려움이 발생했다는 것이다. 결과론적이기는 하지만, 서독의 국제적 위상 탓에 분단관리가 곧 독일식의 통일 준비였다고 말해도 무방할 것이다. 무엇보다 분단관리 덕분에 동서독 교류가 지속되었고 일정한 수준의 동질성이 유지될 수 있었기 때문이다. 그렇게 본다면, 넓은 의미의 분단관리 속에는 급변사태를 비롯한 통일 준비가 내포될 수 있다. 다만 독일이든 한반도든 분단 현실을 감안할 때, 통일이 너무 강조되지 않는 것이 성공적인 분단관리나 실질적인 통일 준비에 도움이 될 것이다.

(4) 정책환경에 대한 현실적 판단과 정책 추진의 우선순위 선택

〈그림 5-2〉의 분단구조는 분석상의 이유로 세 차원으로 각각 구분되어

있지만, 현실에서는 독일의 분단 및 통일문제가 세 차원의 복합적 관계 속에서 전개되었고, 해결책도 모색되었다. 특히 독일 경험을 통해 세 차원의 교집합 부분이 어떻게 형성되는가에 따라 분단문제의 성격이 달라질 뿐만 아니라 해결의 방향이나 가능성에 차이가 나타날 수 있다는 것이 밝혀진다. 독일이나 한반도 모두 분단 초기에서부터 한동안 국제환경 차원이 동서독관계나 국내환경 차원에 미치는 영향 내지 비중이 상대적 컸다. 서독의 경우, 민주화와 시장경제체제의 확립 과정을 거쳐 점차 국내환경 차원의 비중을 키웠으며, 1960년대 미·소 및 유럽 긴장완화에 편승하여 동서독관계 차원의 비중을 증대시킬 수 있었다. 이러한 서독의 노력 덕분에 마침내 독일 분단이 국제환경에 전적으로 좌우되지 않는 상황으로 전개될 수 있었다. 즉 주어진 국제정치적 제약 속에서도 자신의 증대된 위상과 신뢰도를 바탕으로 분단문제에 대한 자율성을 확보할 수 있었고, 이는 소련의 개혁정치와 맞물려 통일을 추동하는 동력을 제공했다.

이러한 독일 경험을 염두에 두고 우리의 대북·통일정책을 되돌아보면, 한반도의 분단구조에는 여전히 국제환경 차원의 비중이 상대적으로 높다. 그러한 만큼 역대 정부는 소위 통일외교에 적지 않은 노력과 자원을 투자하고 있다. 동맹외교나 대중외교가 중시되고 있는 가운데 제로섬적인 시각을 가진 정치세력들은 어디에 더 중점을 두어야 할지를 둘러싸고 논쟁을 하곤 한다. 강대국의 틈바구니에 끼어 있는 우리로서는 군사적이든 경제적이든 생존 및 번영을 위해 필요할 때마나 미국, 중국, 일본 등 강대국과의 관계를 돈독히 해야 하는 것은 당연하다. 그러나 통일외교를 통해 강대국들을 설득하고, 이들 사이에 파고들어 영향을 미칠 역량이 현재 우리에게는 별로 없다. 우리 스스로 가장 잘 할 수 있는 것은 국내환경 차원에서 통일역량을 키우는 것이고, 다음으로는 남북한관계를 개선하고 발전시키는 데 역량을 집중하는 것이다. 만약 우리가 이념적·물질적인 내적 역량을 증대하고, 남북한관계를 한층 발전시킬 수 있다면, 그 자체로서 국제환경을 변화시키지는 못하겠지만, 주변 강대국들이 한반도 분단 해결 과정에 더욱 긍정적으로 주목하고 경쟁적인 관여를 촉발할 것이다. 이는 한반도 문제를 둘러싼 다자적 협력 가능성을 높이는 한편, 우리의 역할 및 위상을 증진시키는 데 도움을 줄 것이다.

　이러한 점을 직시하면, 분단 및 통일문제와 관련하여 우리가 일차적으로 노력해서 성과를 거둘 수 있는 것, 즉 "남남갈등의 평화적 관리 내지 해소"에 주력해야 하며, 이를 위한 다양한 실천 노력이 있어야 할 것이다. 분단의 평화적 관리는 통일이라는 목표를 위한 '개구리 도약'과 같은 것이 되어야 할 것이다. 이 맥락에서 통일 준비는 바로 분단의 평화적 관리와 결코 별개의 것이 아니다.

(5) 동독과 북한의 차이를 고려한 시사점 모색

서독의 독일정책을 모델로 삼을 경우, 동독과 북한의 차이점과 유사점을 염두에 두어야 한다. 두 국가 모두 사회주의 체제를 표방하고 있지만, 실제로 차이가 크다. 〈표 5-3〉에서 대비되듯이 국내적 측면뿐만 아니라 대외관계나 분단정책도 상이한 점이 적지 않다. 예를 들면, 체제 내부적으로 동독은 정권의 안정을 동독주둔 소련군에 의존한 데 반해, 북한은 외세에 의존하지 않고 김일성주의에서 정권의 정통성 기반을 확보했다. 여기서 동독과 달리 북한이 남한의 제안이나 호의를 쉽게 받아들이기 힘든 이유를 발견할 수 있다. 즉 외부의 영향력이 체제에 미치는 파장의 정도가 북한에서 훨씬 크기 때문이다. 또한 북한은 동독의

표 5-3 북한과 동독의 차이

	동독	북한
정치체제	- 당중심의 체계화된 집단관리체제	- 유일지배체제의 권력구도 - 군 중심의 권력체제 유지

사회·경제구조	- 공산화 이전에 근대화 경험을
	  바탕으로 시민사회적 기반 내재
	- 냉전 시기 공산권에서 가장 부국
		- 사회주의적 근대화전략을 추진하는
		  가운데 전통적인 권위주의와
		  일당독재가 혼합
		- 탈냉전기 경제적 파산상태

국제관계	- 안보를 소련에 의지함으로써 대소련
	  의존도가 매우 높음
	- 대서방외교의 주안점은 국제사회의
	  정식 구성원으로 인정받는 것
		- 주체사상을 바탕으로 외교적
		  자율성이 비교적 높음
		- 사회주의권의 붕괴와 중국의 변화에
		  따라 국제적 고립상태
		- 대서방 외교의 주목표는 체제생존과
		  직결

분단정책	- '2민족 2국가'를 내세워 통일의
	  불가성을 피력
	- 경제적 필요성에서 내독교류 확대 및
	  제도화
	- 서독의 사회적·문화적 영향력을
	  배제하기 위한 '차단정책' 추진
		- '1민족2국가' 형태의 연방제 통일방안
		  제시(제도통합 후대론)
		- 남북교류의 경제적 활용에 중점
		- 북한식 차단정책으로서 '모기장' 이론
		  제시

운명을 보고, 자신의 입장에서 독일 사례의 시사점을 찾고 있다.

이러한 차이에도 불구하고, 동독과 북한에 유사한 측면이 있다. 냉전 시기 자유진영과의 경쟁 과정에서 사회주의 국가들은 자신들의 체제논리에 따라 경쟁력을 키우려 시도를 거듭하는 가운데 스스로 변화했다. 소련의 개혁이 대표적이다. 동독의 경우에도 서독으로부터 다양한 문화적 침투를 경험했으나, 그것이 단기적으로 어떠한 결정적인 영향력을 발휘하지는 못했다. "접근을 통한 변화"라는 서독의 독일정책적 목표에도 불구하고, 1970년대/1980년대 동독 사회의 변화는 실제로 서독의 영향 탓이라기보다 1970년대 자신의 체제논리에 따르는 사회주의 발전전략을 추구한 결과였다. 물론 서독의 독일정책이 아무런 영향을 미치지 못했다는 것은 아니다. 사회주의 발전전략의 반복된 실험과 실패 속에서 외부의 영향이 오랜 기간에 걸쳐 조금씩 축적되고 대안의 모색 과정에서 주민들의 불만과 더불어 그 영향력이 표출되었다.

탈냉전기 국제적 고립 속에서 체제생존을 위해 모든 것을 걸고 있는 북한은 동독보다 외부의 영향에 더욱 방어적일 수밖에 없다. 그리고 생존을 위한 대안 모색은 철저하게 체제논리를 따르고 있다. 그러므로 우리가 북한을 조만간 변화시키는 것을 목표로 삼아 대북 강압 또는 유화의 방법으로 어떠한 정책을 추진한다면, 소기의 성과를 거두기는 어려울 것이다. 이러한 상황에서 우리가 현실적으로 할 수 있는 것은 분단관리이다. 만약 북한의 변화에 조금이나마 영향을 미치길 원한다면, 북한의 체제개선 노력이 시장지향적이고 개인의 자유나 인권을 증진하는 방향으로 나아갈 수 있도록 돕는 것이다. 독일과 같은 평화통일을 지향하며, 통일 이후 예상되는 후유증을 최소화하려면, 다른 대안을 생각하기 어렵다. 물론 분단의 평화적 관리를 위해서는 북한이 종종 선택하는 안보적 위기조성 전략에 대한 효과적인 대응책 마련이 필요하다. 기존의 동맹정책이 근간이 되어야 할 것이나, 북핵문제 해결을 위해 시도되었듯이 다자적인 안보레짐 형성을 통한 협력적 대안 모색이 꾸준히 추구되어야 한다.

(6) 독일의 통합 경험을 통한 우리의 통일 준비 과제 도출

한반도 분단은 현재진행형이기 때문에 통일 이전 서독의 독일 및 동방 정책이 우선적인 연구대상이 된다. 그렇지만 통일독일의 현실을 통해 분단 시기 서독의 독일 및 동방 정책과 통일 과정 및 통합문제가 어떠한 연관성을 가지고 있는지를 분석할 수 있기 때문에 서독의 분단관리정책을 통일의 결과와 연계시켜 되돌아봄으로써 더욱 의미 있는 시사점을 찾을 수 있다. 물론 독일의 통일 방식이나 통합 과정이 그 자체로서 우리에게 직접 시사하는 바가 적지는 않다. 그러나 한반도 통일이 미래를 향해 열려 있는 상황에서 독일 통일 방식과 이에 따른 통합 과정이 향후 한반도 통일에도 그대로 적용될지는 의문이다.

　　다만 남북한 간 격차가 큰 상황에서 평화통일이 실현된다면, 독일의 통합 경험은 한반도에 매우 귀중할 것이다. 이 경우에도 통합 과정에서 처음에 발생할 문제는 유사할 수 있으나, 이를 해결해나가는 방식과 그에 따라 이차적으로 발생하는 문제는 통일독일과 미래 통일한국에서 반드시 비슷할지 알 수는 없다. 예컨대 독일의 통일 비용 중에 복지부문의 비중이 매우 높은 이유는 통일 이전 서독의 정치·사회문화가 그대로 통일독일에 적용되었기 때문이다. 서독의 기본법에는 국민들의 사회경제적 삶의 수준이 균등해야 할 뿐만 아니라 연방주들 사이에 재정적 균형이 이루어져야 한다고 규정되어 있다. 따라서 통일 후 구동독의 신연방주들에서 그러한 헌법정신이 하루바삐 구현되기 위해서는 복지 비용의 비중이 매우 클 수밖에 없었다. 이러한 것이 현재 한반도의 법과 정치문화적 현실에서 수용되기는 어려우며, 미래 언젠가 통일이 되더라도 독일과 같은 일이 반복될지 확신하기 어렵다.

　　그럼에도 독일의 통일 과정과 통합 경험은 평화통일 시 어떠한 문제가 발생할 수 있는지 확인시켜주는 것만으로도 이미 의미가 있다. 독일 통일을 통해 우리는 대북·통일정책을 입안하고 추진하는 과정에서 통일 이후를 항상 염두에 두고, 통일 이후 발생할 문제(통일후유증)를 최소화할 수 있는 대안을 모색할 필연성을 확실하게 깨달았다. 여기서 말 그대로 '통일 준비'의 과제가 발견된다. 거대담론과 원칙의 문제를 재확인하는 것도 통일 준비로서 의미가 있으나, 보다 실질적이고 구체적 문제를 찾고 이를 최소화할 수 있는 대안을 모색할 때, 비로소 '통일 대박'을 기대할 수 있다.

마. 맺음말

본 논문은 독일의 분단 및 통일 사례로부터 한반도 분단문제를 해결하는 데 도움이 되는 적절한 시사점을 창조적으로 모색하기 위해 어떠한 접근방식이 필요한지에 대해 논의하고, 이를 기준으로 몇 가지 중요하다고 판단되는 것들을 요약적으로 정리했다. 독일 사례를 되돌아보면, 여기서 제기되지 못한 다른 중요한 시사점도 분명히 있을 것이다. 시각의 다양성을 인정하더라도 누구도 부인할 수 없는 하나의 사실이 있다. 독일 통일의 방법과 과정이 평화적이었으며, 그리고 통일 이후 동서독 통합이 여러 후유증에도 불구하고 성공적인 과정을 거쳐 오늘날 통일독일의 위상이 한층 높아져 있는 현실은 우연한 일이 아니라 분단의 평화적 관리가 성공적으로 추진된 귀결이라는 것이다. 분단의 평화적 관리가 반드시 독일 통일을 위한 충분조건은 아니라고 하더라도 최소한 필요조건이었던 것은 부정할 수 없다. 물론 분단관리에 집중한 탓에 통일을 예상하지 못함으로써 통합 과정에서 혼란이 없지 않았으나, 이는 패전국 독일의 숙명이었다. 독일은 오히려 숙명을 감내함으로써 결실을 얻었다.

　독일이 통일된 이후 우리 사회는 독일의 분단 사례보다 통합 과정에 더욱 주목하고 있다. 독일 통일로 인해 독일의 분단 사례는 역사가 되었으나, 분단 현실에 묶여 있는 우리의 입장에서는 독일 분단의 역사에 우선적으로 주목해야 하지 않을까? 물론 통일 이후까지 고려하여, 서독의 분단관리를 재평가하고, 바람직한 것과 그렇지 못한 것을 취사선택하는 접근태도는 의미가 있다. 그렇지만 미래가 불확실한 한반도 분단 상황에서 독일통합 과정을 유일한 모델로 간주하는 것은 위험하다. 현재 우리에게 주어진 제약 속에서 우리가 하고 싶은 것과 우리가 할 수 있는 것 사이에는 시간적 격차가 존재한다. 외적 제약으로는 한반도 분단의 현상유지와 긴장완화에 대한 강대국의 선호, 체제생존을 위한 북한의 모험주의와 예측불가능한 행동, 내적으로는 분단 및 통일문제를 둘러싼 남남갈등을 손꼽을 수 있다. 이러한 가운데 우리가 하고 싶은 것은 궁극적으로 평화통일이며 이를 위한 남북한관계의 발전이지만, 현재 우리가 당장 할 수 있는 것이 무엇인지에 대한 생각은 남남갈등에서 보듯이 혼란스럽다.

독일 사례는 그러한 간극을 어떻게 메울 수 있을지를 찾는 데 도움을 주는 좋은 선례이다. 즉 단기적으로는 외적 제약에 어떻게 순응하면서 우리가 원하는 것을 추진할 수 있는 계기를 만들 것인가를 고민하는 한편, 중장기적으로는 독일의 분단관리 정책 및 통일의 배경이 되었던 내적 역량 확보와 같이 우리가 할 수 있는 것을 점진적으로 추구하는 과정에서 독일 사례는 창조적으로 활용될 수 있다. 물론 창조적 활용이라는 것이 어떠한 고정되고 불변한 것을 의미하지는 않는다. 한반도 분단은 변화할 것이고 변화되는 현실 속에서 독일 사례의 시사점에서 강조되는 부분이 달라질 수 있기 때문이다. 이를 감안하더라도 결코 간과하지 말아야 할 것은 먼저 우리 사회에서 더불어 잘 살아가는 정치사회의 정착이 시급하다는 점이다. 이는 비단 통일을 위해서뿐만은 아니지만, 그러한 문화기반이 마련되지 않을 경우, 그렇지 않아도 여러 갈등에 통일로 인한 새로운 갈등이 추가됨으로써 통일이 대박이 아니라 재앙이 될 수 있기 때문이다. 독일의 분단관리 및 통합 사례는 우리가 어떠한 문화기반을 어떻게 갖추어야 할 것인가를 잘 보여주고 있다.

그러니만큼 독일 사례에 대한 정확한 이해는 더욱 중요해진다. 특히 분단관리든 통일이든 과정에 초점을 맞춰 이해하는 것이 필요하다. 이와 관련하여 독일 통일 방식에 대한 독일인과 우리 사이의 상이한 이해가 상징하는 바가 있다. 독일인은 동독 주민들이 자유와 민주를 선택한 과정에 초점을 맞추어 '합의통일'이라고 강조하는 반면, 우리는 서독체제 중심의 통일이라는 결과에 주목함으로써 '흡수통일'이라고 이해한다. 이처럼, 그리고 지금껏 그러했듯이 과정보다 결과에 주목함으로써 독일 사례에서 찾을 수 있는 유용한 시사점을 놓치는 잘못을 더 이상 범하지 말아야 할 것이다.

참고문헌

김학성. 1995. 『서독의 분단질서관리 외교정책 연구』. 서울: 민족통일연구원.

_____. 2008. "통일연구 방법론 소고: 동향, 쟁점 그리고 과제." 『통일정책연구』 17(2). 203-231.

염돈재. 2014. 『독일 통일의 과정과 교훈』. 서울: 평화문제연구소.

허영식. 1996. "정치교육의 체계와 운영." 『독일연방공화국: 정치교육, 민주화 그리고 통일』. 서울: 내왕사.

황병덕 외. 2000. 『신동방정책과 대북포용정책』. 서울: 두리.

Adenauer, Konrad. 1966. *Erinnerungen, 1953-1955*. Stuttgart: Deutsche Verlags-Anstalt.

Garton Ash, Timothy. 1994. *In Europe's Name: Germany and the Divided Continent*. London.: Vintage Books.

Gesamtdeutsches Institut. 1985. *Seminarmaterial zur Deutschen Frage*. Bonn: Gesamtdeutsches Institut.

Hacker, Jens. 1983. *Der Ostblock: Entstehung, Entwicklung und Struktur, 1939-1980*. Baden-Baden: Nomos Verlag.

Inglehart, Ronald. 1977. *The Silent Revolution: Changing Values and Political Styles among Western Publics*. Princeton: Princeton Univ. Press.

Kindermann, Gottfried-Karl. 1976. *Inter-system Detente in Germany and Korea; World peace promotion through inter-system Detente in Germany and Korea, a Comparative Evaluation*. München: tuduv Verlag.

Kohler-Koch, Beate. 1992. "Option deutscher Politik in einer veränderten internationalen Umwelt," in B. Kohler-Koch (hrsg.). *Staat und Demokratie in Europa*. Opladen: Leske + Budrich.

Löwenthal, Richard. 1984. "Cultural Change and Generation Change in Postwar Western Germany," in James A. Cooney et al. (eds.). *The Federal Republic of Germany and the United States: Changing Political, Social, and Economic Relations*. Boulder, Colo.: Westview Press.

McAdams, A. James. 1989. "Inter-German Relations," in Gordon Smith et als. (eds.). *Developments in West German Politics*. London: Macmillan.

Merkl, Peter H. 1981. "Die Rolle der öffentlichen Meinung in der westdeutschen Außenpolitik," *Im Spannungsfeld der Weltpolitik: 30 Jahre deutsche Außenpolitik (1949-1979)*. Stuttgart: Verlag Bonn Aktuell GmbH.

Ropers, Norbert & Peter Schlotter. 1989. "Regimeanalyse und KSZE-Prozeß," *Regime in den internationalen Beziehungen*. Beate Kohler-Koch (hrsg.). Baden-Baden: Nomos Verlag.

Schwarz, Hans-Peter. 1984. "The West Germans, Western Democracy, and Western Ties in the Light of Public Opinion Research," in James A. Cooney et al. (eds.). *The Federal Republic of Germany and the United States: Changing Political, Social, and Economic Relations*. Boulder, Colo.: Westview Press.

Walters, Vernon A. 1994. *Die Vereinigung war Voraussehbar.* Berlin: Siedler Verlag.